俄罗斯的发展道路

国内政治与国际社会

РОССИЙСКИЙ ПУТЬ РАЗВИТИЯ

ВНУТРЕННЯЯ ПОЛИТИКА И МЕЖДУНАРОДНОЕ СООБЩЕСТВО

庞大鹏　著

社会科学文献出版社
SOCIAL SCIENCES ACADEMIC PRESS (CHINA)

庞大鹏

中国社会科学院俄罗斯东欧中亚研究所副所长、研究员，博士生导师。中国社会科学院俄罗斯研究中心主任。主要从事俄罗斯及欧亚问题研究。研究方向为俄罗斯政治。2009年荣获第五届"中国社会科学院优秀青年"称号。2018年获国务院政府特殊津贴。出版个人专著：《从叶利钦到普京：俄罗斯宪政之路》（2005年）、《观念与制度：苏联解体后的俄罗斯国家治理（1991-2010）》（2010年，获2016年中国社会科学院优秀科研成果三等奖）；主编专著《普京八年：俄罗斯复兴之路（2000-2008）政治卷》（2008年，获2013年中国社会科学院优秀科研成果二等奖）；《普京新时期的俄罗斯：政治稳定与国家治理（2011-2015）》（2017年）。发表学术论文百余篇。

目　录

导　论 ……………………………………………………………… 001

第一章　欧亚空间：世界政治与历史俄国 …………………………… 024
　第一节　历史中的互动关系：东方与西方 ………………………… 026
　第二节　当代世界中的传导效应：转型与发展 ………………… 030
　第三节　从俄国历史理解历史俄国 ………………………………… 034

第二章　政治体系：体制特征与政治控制 ………………………… 044
　第一节　政治体制的基本特征 ……………………………………… 044
　第二节　新选举周期的政治特点 ………………………………… 052
　第三节　新选举周期的政治控制 ………………………………… 059

第三章　政治稳定：社会基础与制度保障 ………………………… 072
　第一节　政治稳定的社会基础 ……………………………………… 072
　第二节　政治稳定的制度保障 ……………………………………… 080
　第三节　政治稳定的政党基础 ……………………………………… 087

第四章　政治发展：治理方式与精英换代 ………………………… 095
　第一节　政治设计与控局能力 ……………………………………… 095
　第二节　政治治理方式与精英更新换代 ………………………… 100

第三节 普京修宪与政治调整 ················· 111

第五章 政治思想：保守主义及政治逻辑 ········· 129
　第一节 俄罗斯保守主义的发展脉络 ········· 129
　第二节 新时期俄罗斯保守主义的政治逻辑 ····· 141
　第三节 新时期俄罗斯保守主义的突出特点 ····· 146

第六章 经济道路："突破性发展"及政治约束 ····· 152
　第一节 "突破性发展"的动因与内涵 ········· 152
　第二节 "突破性发展"的政治实践与约束 ····· 156
　第三节 俄罗斯经济问题的政治性 ··········· 165

第七章 国际定位：从大欧洲到大欧亚 ········· 170
　第一节 欧洲情结与社会思潮 ············· 170
　第二节 "大欧亚伙伴关系"内涵 ··········· 174
　第三节 历史脉络与时代背景 ············· 181

第八章 国际秩序：制衡挤压与积极外交 ········· 191
　第一节 俄罗斯与外部世界 ··············· 192
　第二节 俄美关系：制衡挤压 ············· 203
　第三节 俄罗斯与中东欧：积极外交 ········· 210

第九章 外交决策：人格特质与战略文化 ········· 223
　第一节 俄罗斯外交决策的分析路径 ········· 223
　第二节 外交决策的现实因素：人格特质 ····· 227
　第三节 外交决策的历史要素：战略文化 ····· 233

第十章 国家认同：内政外交的联动性 ········· 244
　第一节 国家认同建构的历史考察 ··········· 244
　第二节 内在联动性：国家认同的传导机制 ····· 248

第三节　外部联动性：俄罗斯的国际观 ………………………… 255

第十一章　中俄关系：历史演变与发展方向 …………………… 263

第一节　新时期中俄关系的过渡与提升 ……………………… 264

第二节　新时期中俄关系的特点与动力 ……………………… 270

第三节　新时代中俄关系的新内涵 …………………………… 273

第十二章　欧亚合作：利益诉求与认知变化 …………………… 279

第一节　俄罗斯与"一带一路" ……………………………… 280

第二节　俄罗斯与欧亚经济伙伴关系 ………………………… 286

第三节　俄罗斯与上海合作组织 ……………………………… 295

结　论 …………………………………………………………… 316

参考文献 ………………………………………………………… 337

导　论

本书以俄罗斯 2016 年国家杜马选举和 2018 年总统大选为背景，结合苏联解体以来俄罗斯近三十年的发展历程，以发展道路为核心逻辑线索，着眼于国家治理各要素之间的相互作用，分析俄罗斯国内发展与国际社会之间的相互影响，研究俄罗斯国家发展道路的特点及对中俄关系的影响。

一　选题来源

当代俄罗斯发展道路问题的研究，从根本上看，属于对苏联解体后俄罗斯转型与发展的历史进程与影响因素的综合研究。它运用政治学、经济学、社会学等研究方法与基本概念，来考察俄罗斯从传统体制向现代化体制转变过程中的政治、经济、外交、社会以及思想文化等问题。它以研究俄罗斯在转型与发展过程中的国内政治与国际关系作为考察重点。

从学科建设的角度考虑，这是做好"俄罗斯政治"学科研究的需要。笔者对当代俄罗斯政治问题进行了分阶段研究：以观念演变和制度变迁为视角研究了 1991～2010 年的俄罗斯政治问题；以政治稳定为视角分析了 2011～2015 年的俄罗斯政治问题；本书拟定以发展道路为视角分析 2016 年以来的俄罗斯政治，当然并不局限于 2016 年以来的时间段。在做每一个项目的时候，笔者都追踪研究相应时期的俄罗斯政治形势，并形成系统性认识，同时还对俄罗斯政治学科某一个基础性重大问题进行历史研究和理论研究，形成一系列研究成果。笔者希望在此基础上逐步完成对当代俄罗斯政治的系统研究。

从应用研究的角度考虑，以"发展道路"为视角可以更好地完成新选举周期的政治研究。2016 年俄罗斯举行第七届国家杜马选举，2018 年举行第七届总统大选，发展道路的调整与完善，是这个新选举周期的核心议程。以发展道路为视角，可以对第七届国家杜马选举和总统大选进行比较透彻的观察，同时对事关俄罗斯全局性和根本性的问题做出深入研究，形成研究俄罗斯问题独特的观察视角、叙事主题和解释框架。

从基础研究的角度考虑，"俄罗斯的发展道路"是对当今国际局势与世界格局有重大影响的问题之一，也是不确定因素最多的问题之一。研究俄罗斯，首先就要回答俄罗斯是一个什么样的国家。从涉我性研究的角度看，研究中俄关系的前提也是首先要理解俄罗斯，而认识和理解俄罗斯的一个重要切入点就是对其发展道路的研究。

无论从学科的基础研究还是从学科的实际需要来看，研究俄罗斯发展道路问题都具有极强的现实意义和重大理论意义。

事实上，俄罗斯自独立以来，发展道路的基本含义并未发生重大改变，它依然是指俄罗斯选择什么样的政治经济制度和实行什么样的对外政策。从更深的层次看，发展道路还涉及俄罗斯民族国家属性和文明归属的问题，即俄罗斯究竟应该纳入西方文明还是纳入东方文明，应该保持和发扬自己的文明传统，还是根据自己的特点创造一种新的文明。所有这些辩论归根到底集中为一个焦点：俄罗斯究竟应该走向哪里，即俄罗斯究竟应该走什么样的发展道路，应该选择哪一种政治、经济和文化模式。这些争论又或多或少地同俄罗斯 19 世纪中期的西方派和斯拉夫派的争论，以及 20 世纪 20 年代出现的欧亚派思想，有内在的联系。[①]

其一，在社会政治制度和国家建设方面，俄罗斯究竟要建立什么样的社会制度，是建立西方式的资本主义制度，是回到过去，还是建立另一种新的独具特色的社会制度？俄罗斯作为新的独立的国家究竟是什么样的国家？它的职能和要完成的历史使命是什么，国家在社会经济生活中究竟应该发挥什么样的作用？

其二，在地缘政治方面，苏联解体以后，俄罗斯在欧洲的疆界被压缩到三百多年前即俄罗斯开始扩张前的范围内。因此就出现了这样的问题：俄罗斯是应该永远尊重独联体其他国家的独立，还是通过经济、政治和军事的一体化，逐渐使这些国家同俄罗斯重新联合起来，抑或是恢复苏联和俄罗斯帝国？也就是说，现在的俄罗斯应该像罗马帝国解体后的意大利和奥斯曼帝国瓦解后的土耳其那样，满足于自己的新角色，还是应不顾国内外环境，从历史、文化和地缘政治的特点

---

① 李静杰、郑羽主编《俄罗斯与当代世界》，世界知识出版社，1998，第 63 页。

出发，去完成恢复帝国的使命？

其三，在文化和意识形态方面，苏联解体以后，很多俄罗斯人产生了历史性的失落感，认为俄罗斯失去了自己的属性，因为至少在相当一部分俄罗斯人的心目中，俄罗斯不是指"亘古以来的俄罗斯土地"，而是指建立沙皇制度以来的帝国。许多人认为，俄罗斯要"作为俄罗斯而不是别的什么进入世界文明"，就必须形成自己的民族国家属性。而要做到这一点，就需要有一个"强大的思想"作为支柱。但是，这种新的思想支柱又是什么？

其四，在国际政治和国际关系方面，俄罗斯应成为"西方大家庭"中的一个成员，还是作为欧亚大陆上新的世界强国，奉行既面向西方，也面向东方的全方位的外交政策？

其五，在政治的优先次序方面，是集中力量于国内的发展，把经济、生态、基础设施和社会保障提高到新的水平，以此作为强国之路，还是像沙皇和苏联时期那样，仍然把重点放到对外部的强大上，即把追求大国地位作为主要的民族国家属性，而把对人民日常生活的关心置于次要地位呢？

所有争论的问题都直接涉及俄罗斯未来发展方向和应该采取什么样的内外政策。[1] 由此可见，发展道路是一个综合性的研究概念，对发展道路进行宏观审视和深入剖析，可以抓住俄罗斯问题的整体、本质、内在联系和发展规律，同时可以对俄罗斯问题进行去伪存真、由表及里的分析。

二 研究思路

基于上述对发展道路内涵的理解，本书以俄罗斯国情为基础和出发点，坚持历史研究和现实研究的统一，希望通过对俄罗斯发展道路问题较为系统的分析，可以对俄罗斯政治转型这一复杂现象有总体把握和深层次的透视。

本书的研究特色主要有以下三点。

第一，综合研究。发展道路的研究涵盖政治、经济、社会和国际关系等诸多领域，这需要在跨学科基础上加强综合性研究。所以，为了从更广阔的视野、更多的方位和更深的层次观察和研究发展道路，必须关注俄罗斯的经济发展、社会问题，以及俄罗斯对于国际形势的判断和自我国际定位，力求结合经济、社会与

---

① 李静杰：《俄罗斯关于"文明选择"的争论》，《太平洋学报》1997 年第 2 期。

国际关系等因素，综合研究发展道路问题。笔者注意把握问题要素之间的互动联系并以此带动综合研究。在理解诸要素之间的相互联系与相互影响的基础上，笔者提炼出若干影响俄罗斯全局的、长远的、根本性的重大问题，逐一研究，力求形成研究俄罗斯问题的学术体系。

第二，战略思维。俄罗斯是一个独特的国家，它的历史、文化、民族性格都有鲜明的特性。正因为如此，诗人费·丘特切夫才写出了著名的诗句："俄罗斯，用理智无法理解！"① 同时我们也认识到，独特都是相对的。在比较政治学的视角中，任何一个国家都是独特的，同时这种独特性也是相对的。因此，笔者对于俄罗斯问题的研究，遵循两个基本原则：一是对于什么是俄罗斯、俄罗斯何以为俄罗斯的问题，要从俄国历史去理解历史俄国，分析俄罗斯的独特性；二是对于俄罗斯会怎样、俄罗斯发展前景的问题，要从世界的角度去看俄罗斯，而不是只以俄罗斯的眼光看世界，也就是说要研究世界政治中的俄罗斯和全球史中的俄罗斯。只有这样才能培养研究俄罗斯的战略思维，理解俄罗斯的历史、现实与未来。本书在研究思路和论述内容上力求体现上述认识。

第三，学科意识。俄罗斯问题研究是以政治学为基础，综合经济、历史、文化、民族等其他学科的综合性研究。既需要深入了解俄罗斯的政治思想、政治制度和政治发展过程，又需要深刻认知俄罗斯的外部环境，从而更深切地认识俄国内政治的基本特征。为此，笔者选取政治学与国际关系学中的若干核心概念，强调科学意识和问题意识，提炼影响俄罗斯发展的重要因素，提出并牢牢抓住若干亟待研究和解决的关键问题。与此同时，笔者运用历史主义的写作方法，力求通过深入的研究和理性思辨，避免陷入理论和现有结论的教条中，科学辩证地理解和解释俄罗斯问题。

基于以上理解，笔者结合俄罗斯国内政治的发展变化以及国内政治与国际社会之间的互动影响审视和研究其发展道路问题。这里的国际社会是世界政治格局和世界经济体系的统称，它是指世界政治和经济的各层次行为主体之间的相互作用和相互影响。在研究过程中，笔者对俄罗斯问题认识的深度和广度不断拓展，对发展道路问题的理解也不断深化。本书的研究框架如下。

俄罗斯处于欧亚大陆板块，深受欧亚大陆地缘政治变迁的影响，又通过自

---

① Умом Россию не понять, аршином общим не измерить.

身变化塑造了欧亚大陆的政治图景。从世界政治史看，俄罗斯与世界政治的互动关系体现在俄罗斯是否与世界政治发展的历史潮流一致；这种一致或者偏离对俄罗斯发展道路产生何种影响；俄罗斯发展道路一旦确定又会对世界政治的发展留下什么印记。第一章从这个视角分析在欧亚空间内俄罗斯与世界政治的历史脉络。

第二章到第四章以第七届国家杜马选举和第七届总统大选为案例，分析俄罗斯政治道路的基本特点。俄罗斯需要一个什么样的稳定、什么样的发展，稳定与发展是什么样的关系？发展不仅包括经济发展，也包括政治发展。真正的政治稳定与政治发展是互为促进的。政治稳定并非简单的保持现状，而是指不断的连续改善。① 这种改善实质上是政治制度朝向更加稳定、不受一时一事影响的政治运动，它代表了政治体系的良性状态。如果只是维持现状，或者靠控制而不是依靠不断良性的体系运动，可能会导致出现稳定有余、发展不足的问题。第四章还对2020年普京修宪的政治意图进行了分析。

第五章研究俄罗斯的政治思想。这是支撑俄罗斯发展道路的观念基础。在当代俄罗斯，保守主义是俄罗斯坚持传统价值观的体现，是代表中派主义政治价值取向的符号。"普京主义"是俄罗斯保守主义在新时期俄罗斯意识形态的最新表述。本章以"三个普京"为分析框架，研究"普京主义"，分析俄罗斯保守主义的前景。

第六章以普京新时期"突破性发展"战略为切入点，研究俄罗斯的经济道路，分析俄罗斯经济的政治性特点。政治性是俄罗斯经济的内在特征，这是由俄罗斯的国家性质决定的。

俄罗斯国内对西方的看法与对国家自我认同和发展道路的辩论紧密地交织在一起。② 第七章和第八章分别从国际定位和国际秩序出发，研究俄罗斯与外部世界的关系。俄罗斯与外部世界的关系是一个内部进程和外部变化落差日益加大的历史进程，这一历史过程与内部政治秩序的变化互为影响。

---

① Бег с препятствиями – Каким для России станет наступивший политический год, http://www.itogi.ru/russia/2014/3/197201.html.

② Игорь Зевелев, Реализм в XXI веке – Американо-китайские отношения и выбор России, 23 декабря 2012, https://globalaffairs.ru/number/Realizm-v-XXI-veke-15792.

第九章和第十章从外交决策和国家认同的基本特点研究俄内政外交的联动性。在强调时间性的历史情景中，战略文化赋予俄罗斯地缘空间与精英共识的超时空结合。国家对外行为与国内政治是以一种双向影响的方式相互联系的，国际环境和国内环境具有不同的规律，决策者必须做出选择以应对其复杂性并决定解决问题的优先次序。

俄罗斯的发展道路问题对于中俄关系的发展有特殊意义。中俄关系是一对特殊的大国关系，只有加深对彼此发展道路的理解，睦邻友好才能持久。第十一章和第十二章在理解俄罗斯发展道路的基础上，研究中俄关系在双边和地区层面的合作，力求分析双方的利益诉求与认知变化。

三 研究综述

如果以政治研究为主轴，审视发展道路作为一个综合性学术概念的研究内容，可以分为基础性研究、相关性研究和理论性研究三个层面。基础性研究内容包括三个方面。第一，政治制度。包含国家权力结构研究：以总统制为核心的国家权力配置的运行及其变化，以及立法制度、行政制度、司法制度、政党制度、选举制度的主要内容、发展变化和最新特点。还包含国家结构形式研究：联邦制度的历史沿革与调整完善、民族问题、宗教问题、车臣问题等。第二，政治观念。指执政阶层的治国理念、政治文化、国民心态、民族心理、社会情绪、思维方式、行为方式及国家特性等。第三，政治行为。指利益集团的发展变化，精英的出现及更新，社会阶层的分化与代际更替、社会自组织与政治公共空间治理等。相关性研究内容包括四个方面。第一，政治与经济：垄断性经济结构与政治集权之间的关系。第二，政治与外交：国际政治观及俄罗斯与外部世界的关系对政治的影响。第三，政治与社会：保守主义取向的社会国家性质与政治稳定之间的关系。第四，政治与文化：东正教政治文明与政治治理之间的相关性联系。理论性研究内容也包括三个方面。第一，在俄国历史中理解历史俄国。第二，现代化视阈中的俄罗斯发展道路。第三，全球史中的俄罗斯。总之，通过研究发展道路需要回答的问题为：什么是俄罗斯，俄罗斯何以为俄罗斯？

（一）国内学者对于俄发展道路与俄罗斯问题的研究

从1708年中国设立第一所俄文学校，即康熙皇帝下旨创立俄罗斯文馆开始，至今，中国的俄罗斯研究已经有 300 多年的历史。1949 年新中国成立以来，俄罗斯研究有了质的飞越。20 世纪 50 年代，中苏友好和"全面学习苏联"的形势，促成了俄文在中国大普及的热潮。① 从单纯的俄文教育转向苏联政治经济外交的研究，则是 20 世纪 60 年代以来波诡云谲的国际形势起到了推波助澜的作用。中国与俄罗斯的关系经历了中苏关系和中俄关系两个大的历史阶段。1989年，中苏关系实现正常化。1991 年底苏联解体以后，中苏关系变成中俄关系。俄罗斯进入叶利钦时代。叶利钦时代中国对俄罗斯问题的研究是在原有苏联问题研究的基础上发展起来的。与其他国际问题研究相比，俄罗斯问题研究有其特殊性，并经历了一个从建立到逐步发展、成熟的过程，其间研究对象本身也逐渐成熟和相对定型。

20 世纪 60 年代，中共中央决定新建一批国际问题研究机构，国内最早的专门研究苏联东欧国家的机构成立，如中联部的苏联东欧研究所等。就当时哲学社会科学的研究需求而言，苏联问题研究的重心实际上是政治问题，包括主要关注苏共领导层的内部斗争、人事变动、理论观点、方针政策等。在这一阶段，苏联问题研究的主要成果有《斯大林时期苏联政治体制中的若干问题》《勃列日涅夫时期的苏联民主和法制问题》《安德罗波夫时期的苏联国内政治形势》《苏联政治制度的理论与实践》等。关于苏联的社会主义理论和苏联政治经济模式，研究成果有《苏联发达社会主义理论综述》《列宁关于反对国家官僚化的理论与实践》《苏联关于社会主义精神文明建设的理论》《苏联社会主义理论概述》《苏联的精神文明建设》等。上述研究成果大多具有开创性甚至具有本学科的奠基性质。

1991 年，苏联解体，"苏联"不复存在。15 个加盟共和国都成为独立国家。除 5 个中亚国家和 3 个南高加索国家之外，俄罗斯、乌克兰等 7 个国家均在欧洲东部地区。"东欧"这个地理概念涵盖了上述 7 国的地理范围。当时，我国外交部、新华社等单位也用"东欧"这一概念泛指原来的苏联东欧国家。因此，从1992 年 1 月起，一些研究机构开始改名。例如，中国社会科学院苏联东欧研究所改名为"中国社会科学院东欧中亚研究所"。但是，"东欧中亚研究所"这个

---

① 李明滨：《北京大学"俄罗斯学"发展历程》，参见李永全主编、庞大鹏副主编《"俄罗斯学"在中国》，社会科学文献出版社，2017。

名称并没有将研究所最为重要的研究对象——俄罗斯——强调出来。直到 2002 年 10 月,该研究所更名为"中国社会科学院俄罗斯东欧中亚研究所",此名沿用至今。

20 世纪 80 年代末 90 年代初的苏东剧变,改变了俄罗斯问题研究的学科建设重点。苏东剧变之前,重点研究的是苏联东欧国家社会主义建设的经验教训,以及如何发展同它们的友好关系。苏东剧变之后,国内的俄罗斯研究机构面临崭新的研究任务:从转型学的角度看,苏联解体后,俄罗斯从传统的社会主义制度向所谓"现代文明"社会转变,这样的转变在人类社会发展史中还未曾有过,这是俄罗斯人民自己的选择,毫无疑问,不管这种转变是顺利还是遭受挫折,是成功还是失败,都会在人类社会活动实践的历史中占有重要位置;从社会科学的角度看,这种转变无疑会为政治学和经济学的发展,特别是为转型政治学和转型经济学的形成和发展,提供丰富和新鲜的材料;与此同时,从中国的国家安全和现代化建设事业的角度看,俄罗斯同我国直接接壤,涉及我国极为重要的地缘政治和地缘经济利益,研究俄罗斯的基本国情,即俄罗斯的政治、经济、外交、社会、历史、民族和文化等各个方面的基本情况,对我国具有重要意义。

苏联解体前,我国从事苏联问题研究的机构和学者主要是对作为一个整体的苏联进行研究,而对其加盟共和国之一的俄罗斯的研究尽管也有涉及,但总的情况是俄罗斯研究包含在苏联研究之中,并且一般更注重对苏联联盟中央的研究,而从 1985 年到 1991 年,这方面的情况的确是必须加以重点关注的。因而,对作为苏联重要组成部分的俄罗斯的研究明显不足。主要表现是:以对叶利钦等民主派与苏共和联盟中央之间的斗争研究为主,而对俄罗斯本身的研究略显不足;对俄罗斯联邦内部的研究也是从苏联角度来进行的,对俄罗斯的联邦制,即俄中央与地方的关系问题、民族问题、对外关系、经济社会等方面的研究也存在着一些空白。

苏联解体后的叶利钦时代(1991~1999 年),俄罗斯联邦作为独立国家开始成为新的研究对象并受到极大的重视。俄罗斯独立之初,俄罗斯国内政治斗争十分激烈,形势错综复杂。在很大程度上,我国对俄罗斯研究的主要任务是观察、分析俄罗斯政治形势的发展,预测其发展的基本趋势;重点是研究俄罗斯政治制度转型、国家权力体系建立、党派斗争等迫切问题。这时的研究主要是追踪研究，分析各种政治现象并对发展趋势做出预测。经过近十年的发展、变化，到叶利钦总统辞职前后，本学科的研究领域逐渐扩展，研究不断深入，从开始时集中于政治领域特别是联邦中央权力斗争的研究，扩展到对联邦制及地方问题、民主政治、法治建设、政党体制、社会结构、社会思潮、社会文化等问题的研究；从一般的形势分析研究，转向对俄罗斯发展的内在规律性进行理论探讨，进而对俄罗斯转轨及发展道路做出理论总结。

　　叶利钦时期，我国对俄罗斯经济问题研究的主线是俄罗斯经济转轨问题。俄罗斯经济转轨问题囊括的内容较多：从经济体制的角度对苏联解体的深层次原因进行再探讨；经济转轨的基本要素和全部内容，包括转轨的理论和学说；转轨的起始条件、目标模式、外部环境、转轨战略、转轨绩效；转轨中宏观和微观层面的所有问题，包括所有制改造、宏观经济体系确立及运行、对外经济关系的发展、社会保障体制的重建、政府职能转换、中央和地方关系的调整；经济转轨的国际比较等。自俄罗斯独立以来，我国对俄罗斯的经济转轨问题进行了持续的关注，截至20世纪90年代末，发表了大量的研究成果。[①] 该时期对俄罗斯经济的应用性研究成果颇丰，主要以对中俄经贸关系的研究为主。对中俄两国经贸合作的历史进行梳理，对合作的重要领域、发展潜力、主要方式进行了深入的探讨，提出了有分量的带有前瞻性和指导性的对策建议。

　　对叶利钦时期俄罗斯总体外交政策的研究成果，主要有李静杰和郑羽主编的专著《俄罗斯与当代世界》，以及海运、李静杰总主编的《叶利钦时代的俄罗斯·外交卷》。《俄罗斯与当代世界》论述了在20世纪90年代俄罗斯社会政治与经济转型的背景下，俄主要政治力量与学术派别对国家外交政策方针的争论、俄外交政策的演变及其主要内容，以及俄对"近邻"、西方、苏联原盟友及亚洲国家的外交情况。《叶利钦时代的俄罗斯·外交卷》论述了叶利钦时期俄罗斯外交政策的形成和演变过程，阐述了这一时期俄对美国、欧洲、独联体、亚太地区和中国外交的实施情况，探讨了影响俄外交政策制定和实施的一些深层次问题，

---

① 其中主要的专著有：《独联体国家向市场经济过渡研究》（陆南泉主编，中共中央党校出版社，1994），《经济转轨的进程与难题》（陆南泉、李建民、朱晓中著，黑龙江教育出版社，1996），《新俄罗斯：政治·经济·外交》（薛君度、陆南泉主编，中国社会科学出版社，1997）。参见庞大鹏《"俄罗斯学"发展历程》，载于《"俄罗斯学"在中国》，社会科学文献出版社，2017。

诸如俄外交文化与决策机制、俄传统安全观和美国因素等。[①]

我国学者一般认为，苏联解体后，俄罗斯的发展进程可以分为四个特点鲜明的阶段：叶利钦时期是大破、大立和大动荡的时期；普京执政前八年是调整、恢复和实现稳定的时期；"梅普组合"时期是应对经济危机、开启全面现代化进程的时期；2012 年俄罗斯举行总统大选，普京重返克里姆林宫，学术界一般称这之后为"普京新时期"。从时代内容和历史发展的主导力量来看，苏联解体后俄罗斯转型与发展的近三十年可以划分为两个时期：叶利钦时期和普京时期。

对于普京执政前八年的俄罗斯，我国学术界较为一致的看法是：普京执政前八年完成了三件大事。第一，调整国家发展战略，建设强大的俄罗斯；第二，重建国家的权威和垂直的权力体系，实现国家的政治和法律的统一；第三，把经济命脉重新掌握在国家手中，俄从自由资本主义转向国家资本主义。通过这三项有的放矢的国家治理，俄罗斯建立了统一的国家政权，经济快速恢复，人民生活水平得以提高，以强国的姿态重返世界舞台。这一时期由于俄罗斯发展战略发生重大转变，我国学者对于俄罗斯政治、经济与外交领域的国家治理进行了深入研究。

我国学者对于俄罗斯联邦发展史上普京执政的前八年基本认识较为一致，大部分学者认为，普京执政的前八年在政治上是根据本国国情完善和强化新权威主义下的宪政体制的时期，是社会动荡走向政局稳定的时期，是"主权民主"主流价值观确立的时期；在经济上是以发展能源原材料部门为现实依托，以建立创新经济为长远规划，由自由市场经济向加强国家对经济的控制过渡，实现经济复苏和快速增长的时期；在外交上对西方是由以妥协求合作向以斗争保安全过渡的时期，是由反恐伙伴被迫成为美国战略竞争者的时期，是俄中战略协作全方位发展的时期，是突出务实外交、经济外交和能源外交的时期，是加速强军过程和恢

---

① 其他关于俄罗斯外交的著述包括：郑羽的专著《从对抗到对话：赫鲁晓夫执政时期的苏美关系》（中国社会科学出版社，1998）；倪孝铨的论文《西方援助和俄罗斯对外政策走向》（《东欧中亚研究》1993 年第 3 期）；顾志红的论文《乌俄关系现状及其发展前景》（《东欧中亚研究》1993 年第 2 期）；姜毅的论文《俄罗斯对独联体的政策》（《东欧中亚研究》1995 年第 4 期）和《俄罗斯与独联体的军事一体化》（《欧洲》1995 年第 12 期）等。参见庞大鹏《"俄罗斯学"发展历程》，载于《"俄罗斯学"在中国》，社会科学文献出版社，2017。

复俄全球性大国影响的时期。

"梅普组合"时期，为应对金融危机，实施了从"普京计划"到梅德韦杰夫"新政治战略"的转变，开启现代化战略，宣称这一现代化概念是全面的，包括人的现代化，力求打破俄罗斯社会广泛存在的家长式作风。2012年普京新时期开启。总起来看，我国学者对于普京时期的认识更加深入，普遍认为，俄罗斯继续坚持宪政民主的政治制度和市场经济的经济制度，虽然尚不完善，却是不可逆转的。俄罗斯基本实现了社会和政治的稳定，尽管现在遭遇西方制裁等困难，但已为现代化战略的实施创造了社会条件。与此同时，俄罗斯也面临严重的困难和潜在的危机。处理好传统与现代的关系，赶超西方，实现国家现代化，这是贯穿俄罗斯历史的一条红线，也是当代俄罗斯发展进程的基本内容。普京执政以来，俄罗斯从全盘西化向俄罗斯传统回归，在继承叶利钦改革成果的同时，强调俄罗斯新思想和主权民主，强调在俄罗斯历史、文化和精神的基础上保持俄罗斯特色并实现现代化。

"梅普组合"时期与普京新时期，俄罗斯一个共同的最大特点是均面临金融危机以来的诸多挑战。我国学者普遍认为，这一时期俄罗斯首先面临复杂的国际环境。金融危机以来，国际形势发生了深刻变化，呈现出很多新特点，不稳定、不确定因素明显增加，世界多极化、经济全球化继续深入发展，全球竞争与合作向多层次、全方位拓展；全球经济复苏乏力，大国博弈加深，国际安全局势恶化，地区冲突加剧，国际秩序调整加速，和平与发展受到来自各方面的挑战；国际金融危机深层次影响还在继续，世界经济仍然处在深度调整期，各国传统经济体制和发展模式的潜能趋于消退；同时，发展不平衡问题远未解决，现有经济治理机制和架构的缺陷逐渐显现，国际反恐形势也日益严峻。

我国学者还普遍认为，这一时期俄罗斯还面临复杂的欧亚地区形势。欧亚地区国际战略环境继续发生深刻变化，地区内各国求稳定、求发展所面临的内外压力进一步加大；俄罗斯经济增长速度大幅下降，甚至出现停滞和衰退危险；但俄对外政策积极主动，在国际重要热点地区和重大热点问题上频频出牌，赢得关注和重视；俄罗斯主导的后苏联空间一体化继续深化，并呈现不断扩大趋势；新东欧国家在"西向"和"东向"之间徘徊；中亚国家保持总体稳定，但安全与稳定仍是各国面临的挑战，经济增长与社会发展仍是亟待破解的难题。

因此，我国学者一致认为，俄罗斯向何处去仍然是值得关注和研究的重大战略问题。虽然普京致力于实现俄罗斯重新崛起与复兴，但是俄罗斯的发展面临三大挑战：一是如何把政治稳定与政治现代化结合起来，既能增强政治活力又能确保政治控制；二是如何调整经济结构和经济发展模式以避免经济衰退；三是如何应对俄罗斯与外部世界的变化以实现大国崛起的欧亚战略。

近年来，随着研究的深入，我国学术界开始对俄罗斯问题研究的方法论进行系统的总结与研讨。例如，2014 年 11 月，中国社会科学院俄罗斯东欧中亚研究所俄罗斯政治室组织召开了一次学科建设会。明确以学科建设的本体论和方法论为主题的研讨会在"俄罗斯政治"学科还是第一次。研讨会后，在对研讨会发言整理的基础上，经过与会学者精益求精的修改，形成了 23 篇笔谈，以《夯实理论基础 建立学科规范——"俄罗斯政治社会文化"学科建设笔谈》为题发表在《俄罗斯学刊》上。这组笔谈的作者涵盖了目前国内研究俄罗斯问题的主要专家学者；这组笔谈的内容涉及俄罗斯问题研究的方法论及俄罗斯政治学科的本体论；这组笔谈的意义在于，在国内刊物上大规模讨论俄罗斯研究的方法、内容与层次，尚属首次，这是对学科发展的一次重要推进。[①]

我国学者还深入研究了中俄新型国家关系的特点与动力。中俄全面战略协作伙伴关系深化的过程同时也是中俄新型国家关系形成的过程。[②] 中俄关系发展成为战略协作伙伴关系，有它自己的历史逻辑性。[③] 对于当前的中俄关系，我国学者的看法也较为一致，核心问题在于俄罗斯提出的"大欧亚伙伴关系"的战略构想与丝绸之路经济带建设之间的关系。

总起来看，苏联解体以后，我国学者对后苏联空间的发展进程进行了广泛和

---

① 李永全等：《夯实理论基础 建立学科规范——"俄罗斯政治社会文化"学科建设笔谈》，《俄罗斯学刊》2015 年第 2 期。

② 专著参见姜毅《新世纪的中俄关系》，世界知识出版社，2007；郑羽《俄罗斯能源外交与中俄油气合作》，世界知识出版社，2003；郑羽《全球多极化背景下的中俄关系（2012～2015）》，经济管理出版社，2015；等等。论文参见姜毅《安全两难与中俄关系》，《东欧中亚研究》2002 年第 5 期；姜毅《中俄边界问题的由来及其解决的重大意义》，《欧洲研究》2006年第 2 期；柳丰华《中俄战略协作模式：形成、特点与提升》，《国际问题研究》2016 年第 3期；等等。

③ 参见李静杰《新世纪的中俄关系》，选自关贵海、栾景河主编《中俄关系的历史与现实（第二辑）》，社会科学文献出版社，2009。

深入的探讨，已经形成一系列研究成果。中国同后苏联空间这些国家曾经有过相同的意识形态和社会制度，所以这些国家的改革无论是成功还是失败，都将对中国产生重要的影响。因此，追踪研究这些国家改革和发展的进程，从中总结经验和教训，客观上成为中国学者重要的历史任务。中国学者的普遍性共识体现在如下几个方面。

其一，后苏联空间转型国家在经历"休克疗法"的阵痛之后，开始对"市场原教旨主义"进行批判和反思。俄罗斯在普京时期重新恢复国家对社会经济生活的有效控制，政府特别是在加强法治建设、维护市场经济秩序、保障社会公正等方面发挥了积极的作用。如果说西方国家的再民主化是对传统民主制的发展和完善，那么一大批非西方国家则是刚刚开始民主制度的建设过程，其中包括后苏联空间的转型国家。大致来说，随着冷战的结束及西方国家的大力推动，众多的非西方国家在建立以多党议会制为核心的自由民主政体方面并没有遇到太大的障碍。但是，任何政治体制的生长都需要一个漫长的过程，加之这些国家又普遍缺乏西方式民主的传统，甚至缺乏民主所必需的基本文化条件，所以这些国家在巩固民主制度及使民主本土化方面仍然面临严峻的考验。

其二，在历史上曾经尝试过西式民主的俄罗斯，如今的民主制可以说已经基本站稳脚跟，但其具体的制度体现仍然有待探索和完善。转型期复杂的社会政治问题和矛盾使俄罗斯意识到，保证一种独立于社会利益纠葛的强势行政权力至关重要。因此，俄在制度上既没有考虑立法、行政、司法权力相互牵制的美国式总统制政府形式，也没有考虑政府与议会中的多数同进退的英国式议会内阁制，而是选择了一种介于议会内阁制与半总统制之间的制度，使总统既能够获得议会中多数党团的支持，又能够作为不同政党和利益群体之间的协调者和仲裁者。①

（二）国外学者对于发展道路与俄罗斯问题的研究

在西方当代民主化进程研究中，兴起于 20 世纪 50 年代的政治发展范式长期以来都是国别政治中类似政治模式与发展道路等问题研究的主导范式。但是，进入 20 世纪 70 年代以来，东亚、拉美以及东欧的许多国家与地区先后出现国家政

---

① 王缉思、唐士其：《三十年来的世界政治变迁：同一性与多样性并存》，《国际政治研究》2010 年第 1 期。

体大转型的政治变迁，这使得原有的主导范式无法有力地解释在这些国家与地区发生的政治变迁。

为了应对来自现实的挑战，比较政治学的一个新兴研究领域"转型政治学"在20世纪80年代应运而生。转型研究在国际学术界已经是一门相当重要的新的政治学领域，并已经出现一系列具有重要国际学术影响力的研究成果，20世纪90年代初，研究拉美权威主义政治向民主政治转型的学者菲立普·施米特，曾提出了"转型学"（Transitology）这一概念。转型学最初是在拉丁美洲发展中国家研究中形成的跨学科的理论学科。"转型学"这一概念把研究者的视线引导到转型的历史过程上来。从转型政治学视角来看，当今世界上现存的可资比较的政治转型方式，大体上可以分为南欧模式、拉美模式、东亚模式、俄罗斯东欧中亚模式等几种类型，各种政治转型模式都有其独特的转型特点。20世纪70年代以来，在以南欧、东亚、拉美及俄罗斯东欧中亚为核心的四个地区内，先后出现触及地区各主要国家根本政治制度的政治变迁。尽管从转型所内含的结构性变化、目标模式、具体内容与方式、内在动因以及转型作为现代化过程的深层背景等不同方面，初步显示出上述四个区域制度变迁与社会转型是一个具有某种深层内在联系的客观同一的历史过程①，但是在普遍性的背后是独特性的展现。

政治转型范式第一个方面的理论资源是"转型经济学"。20世纪80年代末90年代初，苏联和东欧各国在经济转型过程中几乎无一例外地陷入了经济发展的泥沼，各种在计划经济体制下从未遇到过的新问题不断涌现出来。在这种情况下，"转型经济学"应运而生。研究经济转型的专家热若尔·罗兰根据对转型国家的研究认为，发展理论框架内的"华盛顿共识"存在对"总体不确定性"假设忽视的重大不足；在经济转型中，政治约束具有重要意义，渐进改革有助于集结改革的支持者，加强政治上的可行性；即使事先的政治约束不太重要，休克式改革也只会增加改革的不可逆转性，而对经济效率的改善无所助益。与其说"转型经济学"是一种新的经济学理论，不如说是一种新的政治经济学范式，因为其将经济学分析工具与对经济和政治制度的严密论证结合起来。对经济改革的

---

① 冯绍雷：《原苏东、南欧、拉美与东亚国家转型的比较研究》，《世界经济与政治》2004年第8期。

研究难以绕过对政治改革的研究，经济学的理论资源被逐渐引入政治学的研究之中。比较典型的是斯迪芬·海哥德与罗伯特·考夫曼的著作《民主化转型的政治经济学分析》。①

政治转型范式第二个方面的理论资源是新制度主义。20 世纪 90 年代后期，一批学者开始尝试性地运用新制度主义关于制度变迁的理论分析当今世界范围内发生的政治转型现象。其最常使用的方法是所谓的"后韦伯主义"的阶级与国家构建框架，基于历史的事件进行广泛的比较研究。此外，新制度主义还将理性选择理论引入民主化研究之中。新制度主义不但关注正式的制度，而且也关注非正式的制度，这种研究取向对政治学研究产生了深远的影响。新制度主义关注的另一兴趣点是制度变迁，这被引入政治变迁研究之中。如研究政党应该如何转型；新的社会变革与社会联盟对国家有多大的影响。新制度主义是政治转型范式最重要的理论资源之一，它提供了新的语境。新制度主义对政治转型范式最为重要的贡献在于它提供了一个整合宏观、中观与微观的分析框架，使三个层面之间的互动分析成为可能，恢复了政治体系研究的生命力，给民主化进程研究提供了整体性的观察视野。

政治转型范式第三方面的理论资源来自自然科学。20 世纪 70～90 年代，自然科学最具影响力的理论是突变理论、混沌理论与复杂性理论。其中对政治转型理论最具影响的是复杂性理论。复杂性表现为一种众多因素相互作用的状态，是"交织在一起的东西"；复杂性表现了一种不可还原的特征，是一种将区分和关联相结合的思维，这一基本思想成为政治转型理论新的理论资源。整体性与交互性是复杂性理论基本的思维方式。复杂性理论还强调整体性，按照这种思想，转型必然是整体转型。在借鉴自然科学基本思想的基础之上，自然科学实验的研究方法也开始出现在政治转型的研究之中。②

从研究成果上看，道路选择与发展前景问题依然是研究焦点。2016 年西方研究俄罗斯政治比较重要的著作是《金融时报》驻莫斯科分社前社长克拉沃撰

① 王金红、黄振辉：《从政治发展到政治转型：当代民主化进程研究的范式转移》，《开放时代》2009 年第 7 期。
② 王金红、黄振辉：《从政治发展到政治转型：当代民主化进程研究的范式转移》，《开放时代》2009 年第 7 期。

写的《黑风、白雪：俄罗斯新民族主义崛起》，该书通过乌克兰危机等近年来发生的一系列事件来分析俄罗斯民族主义的发展及影响，在西方学术界引起广泛关注。这本书的作者从 1998 年开始常驻俄罗斯。该书认为，所谓欧亚主义就是坚信俄罗斯的国家认同是由其民族、地理和命运所决定的。乌克兰危机后，杜金的地缘政治思想和欧亚主义、保守主义理念很受推崇。但该书对杜金思想并不完全认可，反而认为俄罗斯的"新民族主义"实际上是乌克兰危机后的欧亚主义。就是说俄罗斯继承的虽然是欧亚主义，但又是新形势下的欧亚主义，是新民族主义。①

2016 年最能代表西方国际问题研究前沿的《外交》杂志在 5～6 月一期出版了俄罗斯专刊。俄罗斯当代著名的政治学家卢基扬诺夫、特列宁、帕夫洛夫斯基等撰写了一系列文章。其中，《全球政治中的俄罗斯》主编、俄罗斯外交和国防政策委员会主席团主席费奥多尔·卢基扬诺夫深入论述了俄罗斯政治与外部世界的关系。他在题为《普京的外交政策：寻求恢复俄罗斯的正当地位》的文章中指出：谈及在国际舞台发挥何种作用时，俄罗斯正在遭遇身份危机的阵痛，俄罗斯既没有融入自由秩序，也没有打造出属于自己的可行替代方案。与此同时，俄罗斯认为，苏联解体只是西方试图实行全球统治的第一步，在这一过程中，西方国家对南斯拉夫、伊拉克和利比亚发动军事干预，以及在后苏联空间的国家引爆"颜色革命"，这一切可能将在未来西方推动俄罗斯发生政权更迭的企图中达到顶峰。这一根深蒂固的观点来源于一种坚定的想法，那就是西方不仅寻求继续进行地缘政治扩张，而且希望让所有人都按照西方的方式来行动，在条件允许的情况下，他们会采取劝说或是树立榜样的方式，而在必要的情况下，也会诉诸武力。俄罗斯很难仅仅通过军事手段来扭转这一趋势。在全球化的世界里，影响力日益由经济实力所决定，而俄罗斯在这方面很薄弱，尤其是在如今能源价格不断下跌的情况下。军事力量或纯熟的外交手段只能在短时期内掩盖经济问题。②

在《外交》杂志的这一期俄罗斯专刊上还发表了巴黎政治学院经济学教授

---

① Clover Charles, *Black Wind*, *White Snow*：*The Rise of Russia's New Nationalism*, Yale University Press, 2016.

② Fyodor Lukyanov, Putin's Foreign Policy, "The Quest to Restore Russia's Rightful Place", *Foreign Affairs*. May/June 2016.

谢尔盖·古里耶夫的一篇文章，该文深入论述了俄罗斯政治与经济之间的关系。
在这篇题为《俄罗斯受制约的经济》的文章中，作者认为，俄罗斯经济面临三
大障碍：第一，它受制于众多根深蒂固的问题，包括腐败盛行、法治薄弱、监管
过度以及国有企业和拥有政界人脉的垄断企业占支配地位；第二，油价崩溃严重
打击了经济；第三，在俄罗斯"收回"克里米亚后西方施加的制裁将俄罗斯与
全球市场隔离开来，俄罗斯的反制裁措施，即报复性地禁止从西方进口农产品和
鱼类产品令问题更加复杂化了。制裁将俄罗斯与全球金融市场隔离开来，放大了
油价下跌的效应。如果俄罗斯在金融上与全球经济融为一体，它就能向西方银行
借钱，减轻油价的冲击力，但是制裁使俄罗斯不能向西方借钱，导致卢布急剧贬
值，民众的实际收入和工资减少。如果没有更深层次的结构性改革，俄罗斯经济
无法实现长期增长。在俄罗斯领导人中，对经济结构需要改革存在广泛共识。尽
管俄罗斯经济现状不好，其长期前景却较为光明。虽然俄罗斯要实施结构性改
革、重新融入全球经济以及建立现代政治经济制度不大容易，但是，只要俄罗斯
领导人愿意改革，俄罗斯就能够较快地赶上较富裕国家。俄罗斯拥有巨大的国内
市场和一支高教育程度的劳动力队伍；俄罗斯也受益于除油气之外的储量丰富的
自然资源，包括耕地；尽管俄罗斯人口增长停滞，逐渐老龄化，但来自邻国的较
年轻移民有助于抵消这些趋势。俄罗斯拥有很多关键的成功要素，包括储蓄和人
力资本，但要促进经济长期增长，需要加强对知识产权的保护、加强法治、鼓励
竞争、打击腐败以及融入全球经济。①

　　俄罗斯国内重要的报纸《俄罗斯报》是俄罗斯政府的机关报，俄罗斯国内
一流政治学家经常在该报上发表文章。2016 年 5 月 26 日，俄罗斯高等经济学院
世界经济与政治系主任卡拉加诺夫在题为《俄罗斯外交政策：新阶段?》的文章
中指出俄罗斯当前政治价值观的特点。他认为，当今俄罗斯社会精神状态和政治
观念的特点是爱国主义、国家民族主义和传统价值观，其已取代了 20 世纪 80 年
代的信仰缺失和衰落的共产主义思想，以及 90 年代流行而如今被认为没有生命
力的自由主义价值观。得到俄罗斯大多数人认同的传统价值观，在一度被崇拜西
方世界的精英摒弃后开始回归。俄罗斯多数民众和精英都能感受到新政策背后的

---

① Sergei Guriev, "Russia's Constrained Economy – How the Kremlin Can Spur Growth," *Foreign Affairs*, May/June 2016.

道德正确性。与 20 世纪 80 年代末至 90 年代的耻辱感和讨好西方的愿望相比，这是一个根本性转变。① 2016 年 9 月 19 日，政治评论家拉济霍夫斯基发表文章《复制老杜马》。文章认为，第七届国家杜马选举体现了俄罗斯社会最深刻、最基本的特质。与 20 世纪 90 年代的双头竞争模式不同，现有政治体制并无势均力敌的竞争对手，选战也不如当年那般紧张。为避免社会分裂、内战爆发，俄罗斯逐步形成了自上而下的、高度一体化的精英阶层。体制内政党虽各有所图，但都聚集在垂直轴心的周围。尽管民众的生活水平有所下降，但速度平缓，且大多数人的生活品质并未陡然滑坡。俄罗斯社会接受当前的政治体制，在任何政局稳定的国家中，社会与体制之间一定是匹配的。②

2018 年俄罗斯发生的"黑天鹅事件"是"统一俄罗斯"党在地方选举中的全面受挫。2018 年 9 月 9 日地方选举初步结果刚刚公布，就立刻成为俄罗斯政治研究的热点问题。俄罗斯各主要媒体及智库分析网站围绕国家杜马代表补选情况、联邦主体地方议会选举情况及联邦主体行政长官选举情况撰写了大量的分析与评论文章。③ 哈卡斯共和国第二轮选举出现候选人不断退选的罕见现象④，以及对俄共候选人涉嫌污蔑的报道和分析⑤，都反映了此次地方选举错综复杂的局面，以至于政治民调在 2018 年出现了少见的预测失误。⑥滨海边疆区的第二轮选举费尽周折。一个联邦主体地方领导人的第二轮选举屡次延期，这在以前俄罗斯

① Сергей Караганов, Российская внешняя политика: новый этап? https://rg.ru/2016/05/25/specialisty-predstavili-svoe-videnie-prioritetov-vneshnej-politiki-rf.html.

② Леонид Радзиховский, Воспроизводство, https://rg.ru/2016/09/18/radzihovskij-golosovanie-otrazhaet-fundamentalnye-cherty-nashego-obshchestva.html.

③ Данные протоколов № 1 окружных избирательных комиссий о результатах дополнительных выборов депутатов Государственной Думы Федерального Собрания Российской Федерации седьмого созыва по одномандатным избирательным округам 9 сентября 2018 года.

④ Зимин снял свою кандидатуру с выборов главы Хакасии. https://tass.ru/politika/5592192.

⑤ Избирком Хакасии подал в суд иск об отмене регистрации кандидата КПРФ в главы региона. https://tass.ru/politika/5664137, Мяхар просил прокуратуру проверить нарушения соперника на выборах в Хакасии. https://tass.ru/politika/5665924, Врио главы Хакасии планирует встретиться с кандидатом в главы республики Мяхаром. https://tass.ru/politika/5671790, Выборы главы Хакасии перенесли на 11 ноября. https://ria.ru/politics/20181015/1530645889.html.

⑥ Большинство жителей Хакасии против безальтернативных выборов, показал опрос. https://ria.ru/politics/20181017/1530841961.html.

的政治生活中是从未出现过的。① 而对临时地方领导人的报道超出正常范围，也属于地方选举中的少见现象。② 俄罗斯评论文章中出现"第二轮选举综合征"专有名词，特指各种地方选举中的罕见现象，包括候选人之间互相攻击这种现象在以往的地方选举中都是较少出现的。③ 可以说，对这次地方选举的分析是 2018 年俄罗斯政治研究的重中之重。④

俄罗斯民族问题复杂，对发展道路问题影响深远。民族问题与民族主义思潮、国家权力结构等问题相联系，亦同宗教与世俗化政权之间的关系相联系。而宗教与民族之间之所以存在关系，与主体民族信奉主导精神支柱有关。俄罗斯学者一直关注俄罗斯的民族关系。⑤ 普京在 2012 年总统选举前夕，先后发表过 7 篇重要的竞选文献。第一篇《俄罗斯要面对的挑战》是对时代特征及俄罗斯发展阶段的分析，这两个问题一向是俄罗斯意识形态理论体系的基础，是俄罗斯领导层制定国家战略和重大政策的依据，所以开篇论述时代特征很正常。但是，在第二篇竞选文献中，普京并没有像以往的竞选纲领或者国情咨文那样首先谈俄罗斯的经济问题，而是分析了民族问题。第二篇竞选文献的题目就是《俄罗斯的民族问题》。民族问题排在了随后论述的经济、政治、社会、安全与外交的前面，这本身就说明俄罗斯领导层对民族问题的极端重视。普京在《俄罗斯的民族问题》一文中表示，当前俄罗斯民族关系紧张的地区在扩大，宗教间紧张程度在加剧，激进民族主义和宗教排他性已成为俄罗斯极端主义组织和流派的思想基础。事实上，近年来俄罗斯由于民族问题引起的恐怖事件时有发生。在普京看来，全球性民族发展趋于多元化，很多国家也实行多元文化政策，而且全世界的

---

① Олег Кожемяко назначен врио губернатора Приморского края. http：//www. kremlin. ru/acts/news/58632.

② Кожемяко назвал главные проблемы Приморья. https：//ria. ru/society/20180929/1529625085. html；Кожемяко хочет создать центры торговли производителей Северо‑Восточной Азии. https：//ria. ru/economy/20181030/1531735104. html；Кожемяко：статус столицы ДФО потребует во Владивостоке новых соцобъектов. https：//realty. ria. ru/news _ infrastructure/20181018/1530950530. html.

③ В Приморье проверят ситуацию по долгострою строительной компании Ищенко. https：//ria. ru/society/20181005/1530028131. html.

④ Аналитический доклад‑Выдвижение и регистрация кандидатов на выборах глав регионов, назначенных на 9 сентября 2018 года, https：//www. golosinfo. org/ru/articles/142798.

⑤ Этнические факторы россиˇскоиˇ политики：взгляд из республик, http：//ecsocman. hse. ru/data/754/370/1217/011Etnicheskie. pdf.

移民现象还会加剧，这将会改变各大洲的面貌。他指出，这种过程是复杂的，很多国家都未能成功地同化移民。普京强调，尽管外在现象类似，但俄罗斯的情况是独特的。普京指出，俄罗斯是统一的多民族国家，贯穿独一无二的俄罗斯文明的主轴线是俄罗斯人民和俄罗斯文化。他认为，必须巩固"历史性的国家"，用国家和文化来促进各民族和宗教的融合。从这个意义上讲，俄罗斯学者对民族认同与冲突问题非常关注，大量的研究成果集中在民族问题上，尤其试图通过分析当代俄罗斯的民族关系建立一个能够预测和监测民族冲突风险强度的模型。[1] 地方自治和政权垂直化管理改革问题是理解地方治理的重要问题。[2] 除了政治治理，地方政权还要面临社会全方位转型带来的问题与挑战。[3] 俄罗斯社会发展的一个变化特点是代际结构的变化，青年问题因而成为影响发展道路选择与变革的重要因素[4]，青年的政治思想动态也是研究重点[5]。

对于普京时期的研究也是国外学者的关注焦点。卡内基国际和平基金会撰写的《长宿醉：普京的新俄罗斯和过去的幽灵》一书认为，[6] 普京成功地"操纵"人们对历史和记忆的普遍看法，从而团结俄罗斯民众，并唤起他们的反西方情绪，有效地维持了自己的长期统治。布鲁金斯学会发布了《恢复平衡：美国抗衡与接触俄罗斯的政策选项》[7] 的研究报告，由该智库的全球经济与发展项目组和美国与欧洲中心外交政策组联合完成。报告就乌克兰问题及俄罗斯对美国与欧

---

① Дмитриев Анатолий Васильевич, Диаспоры и землячества в современной России: факторы воспроизводства традиционных ценностей в инокультурных средах, Федеральный научно-исследовательский социологический центр РАН, г. Москва, 2017.

② А. Е. Чирикова, В. Г. Ледяев, Власть в малом российском городе, М.: Изд. дом Высшей школы экономики, 2017.

③ З. Т. Голенкова, Социальное пространство российских регионов: [монография], Институт социологии РАН., Москва: ИС РАН, 2017.

④ Д. Л. Константиновский, Г. А. Чередниченко и др., Российская молодежь в динамике десятилетий. Статистические материалы и результаты исследований: монография, М.: IS RAS, 2017.

⑤ Т. А. Хагуров, М. Е. Позднякова, Экстремальность и экстремизм в социальных практиках российской молодёжи, М.: ФНИСЦ РАН, Краснодар: Кубанский гос. ун-т, 2017.

⑥ Shaun Walker, *The Long Hangover: Putin's New Russia and the Ghosts of the Past*, Oxford University Press, 2017.

⑦ Baev, Pavel K. & Bruce Jones, "Restoring Equilibrium: US Policy Options for Countering and Engaging Russia," *Foreign Policy* 4, 2018.

洲大选的"干涉"提出应对建议。欧洲对外关系委员会发布《后普京时代到来》①研究报告，认为对普京最终卸任的预期将对普京本届总统任期的内政外交政策造成重大影响，预计下一届政府不会是反普京的政府，但普京卸任后俄罗斯的国际政治影响力将大幅下降。乔治敦大学欧亚、俄罗斯与东欧研究中心主任安杰拉·斯滕特 2019 年 2 月出版专著《普京的世界》，核心思想是俄罗斯的政策数百年来"始终如一"。普京的首要任务一直是重建俄罗斯的民族自豪感。整体而言，斯滕特将这种重建视为一件"消极"的事情，而且认为普京领导的俄罗斯不再与西方主导的国际体系打交道。这一点只从政治角度讲站得住脚；如果从金融角度来看，情况恰恰相反：克里姆林宫的内部人士比以往任何时候都更加认为俄与国际体系密不可分。②

从总体研究状况看，俄罗斯国内外关注的主题仍然是变革与转型。③ 转型中的政治民主化和经济社会现代化都是俄罗斯关注的核心点，而转型之中的俄罗斯面临的各种问题也是俄罗斯国内外学者的主要研究对象。俄罗斯聚焦转型以来的社会-政治现状并进行反思，聚焦后苏联时代俄罗斯的经验，分析后苏联时代俄罗斯资本主义的社会政治问题，认为在新的历史时期存在俄罗斯的国家认同和政治延续性问题。④ 俄罗斯社会中存在希望政权过度垄断的幻象，这种公共生活方式与个体的社会心理特点结合，就会形成一系列的国家行为特征，对政治、经济和社会进程产生很大影响。⑤ 俄罗斯科学院社会学研究所主编的《俄罗斯社会和时代的召唤》，综合地反映了俄罗斯社会在时代的召唤下面临的机遇和挑战以及发展的动力。这本书向读者展示了外部世界政治势力以及世界经济局势的转变对俄罗斯民众日常生活的影响，总结了俄罗斯社会各个群体在近年来经济和社会文化转型条件下所持有的新的社会现实态度，这在新的时代呈

① Ivan Krastev, Gleb Pavlovsky, "The Arrival of Post-Putin Russia," https://eng.globalaffairs.ru/book/The-arrival-of-post-Putin-Russia-19399.

② Angela Stent, *Putin's World: Russia Against the West and With the Rest*, Twelve Publication, 2019.

③ Международная научная конференция 《Будущее социологического знания и вызовы социальных трансформаций (к 90-летию со дня рождения В. А. Ядова)》, https://www.isras.ru/index.php?page_id=2922.

④ Оганисьян Ю. С., Социализм как первая стадия капитализма. Опыт постсоветской России: Монография. -М.: Современная экономика и право, 2015.

⑤ Тощенко Ж. Т. Фантомы российского общества. М.: Центр социального прогнозирования и маркетинга, 2015.

现了新特点。① 对于俄罗斯激进改革的后果及民主思想和价值的支撑问题，也是俄罗斯学者关注的焦点。后苏联时代在公民的政治偏好发生深刻变化的背景下，俄罗斯需要增强政治稳定。② 政治妥协精神和政治协商机制是政治民主化过程中较为重要的发展条件。俄罗斯学者致力于研究在未来政治体系民主化和以新的社会政策为基础的背景下，俄罗斯社会中政治协商的可能性问题。重点关注社会不均衡的变化趋势，在社会领域的政治治理和公民社会法律保障中寻找国际经验。③ 关注社会文化传统是达成政治共识的前提，并有助于促进政治妥协与协商的达成。④ 发展模式的稳定性是俄罗斯学者关注的焦点。⑤ "人的因素"也是俄罗斯学者在研究发展道路问题时一直强调的问题。从 2009 年时任总统梅德韦杰夫提出新政治战略开始，人的现代化一直被俄罗斯视为人力资源发展和实现现代化的基本要素。⑥ 现在被列入国家项目的教育问题被视为实现人的现代化的主要途径。早在苏联解体前夕，在多元化教育思潮中，虽然各派的理解和设想不一，但是人文化已经是民主化进程中一个响亮的口号。⑦ 教育的形式和制度与社会环境的关系以及教育在现代化进程中的作用，是俄罗斯学者研究的重点。⑧ 如同世界

---

① Горшкова М. К., Петухова В. В., Российское общество и вызовы времени. Книга первая, Институт социологии РАН. –М.：Издательство《Весь Мир》，2015.

② П. М. Козырева，А. И. Смирнов，Результаты радикальных реформ и проблема поддержки принципов и ценностей демократии в России. Серия《Российское общество. Современные исследования》，М.，：Новый Хронограф，2015.

③ О. М. Михайленок，В. В. Люблинский，Согласие в обществе как условие развития России. Выпуск 4. Неравенство в современном обществе. Политические и социальные аспекты：сборник статей，Институт социологии РАН，М.，：ИС РАН，2015.

④ Гофман А. Б. Традиция，солидарность и социологическая теория. Избранные тексты. Москва：Новый Хронограф，2015.

⑤ Л. И. Никовская（отв. ред.），В. Н. Шевченко，В. Н. Якимец，Социально - политическая трансформация в современной России：поиск модели устойчивого развития：сборник статей，Ин - т Справедливый Мир，Рос. ассоц. полит. науки，Ин - т социологии РАН，Москва：Ключ-С，2015.

⑥ Р. М. Валиахметова，Г. Ф. Хилажевой，Развитие человеческого потенциала как условие и фактор модернизации России и ее регионов：сборник статей Всероссийской научно - практической конференции，Уфа：Гилем，Башк. энцикл.，2015.

⑦ 王义高、肖甦主编《苏联教育 70 年成败》，北京师范大学出版社，1999，第 462 页。

⑧ М. К. Горшков，Россия реформирующаяся. Вып. 13：Ежегодник，Москва：Новый хронограф，2015.

各国重视家庭教育一样，俄罗斯也关注家庭教育的影响。①

本书力求以发展道路为核心对俄罗斯问题进行综合研究。笔者深知，对于俄罗斯问题还有很多没有研究透彻的领域。今后将继续加强理论研究、历史研究和比较研究，加强政治哲学和思想史的研究，从世界政治中的俄罗斯这个视角，培养国际眼光和全球视野，从而加深和拓展对于俄罗斯问题的理解。

① Семья，дети-жизненные ценности и установки：итоги социологического опроса населения в регионах России. Коллективная монография，Социологический факультет МГУ им. М. В. Ломоносова，Научно-исследовательский центр Фонда Андрея Первозванного，Институт социологии Российской академии наук. – Москва. : Фонд Андрея Первозванного и Центр национальной славы，2015.

第一章
欧亚空间：世界政治与历史俄国

早在 2006 年，时任俄罗斯战略研究中心主任的米哈伊尔·德米特里耶夫就断言：近 200 年来，世界经济中心将首次从最发达的国家转向中等发展水平的国家；20 年后的世界经济中心将位于欧亚地区。因此，俄罗斯要想在全球发展的新趋势中抓住机遇，必须找到 21 世纪自己在欧亚地区的位置。[①]

欧亚大陆是全球政治重要的地缘板块，历来是各大战略力量关注的地区。历史上，在欧亚大陆的地缘空间内，不同文明交流融合、兼收并蓄，对世界文明进程产生了深远影响。冷战结束后，俄罗斯学术界所说的"欧亚空间"，泛指俄罗斯、独联体国家及其西部和北部没有明显地缘政治倾向的一些邻近地区。西方认为，苏联解体后地缘政治意义上的欧亚地区，是指冷战后的后苏联地区，经常采用"欧亚"这一术语，取代"后苏联空间"。[②]

俄罗斯处于欧亚大陆板块，深受欧亚大陆地缘政治变迁的影响，同时也通过自身变化塑造了欧亚大陆的政治图景。以 20 世纪为例，俄罗斯在这一百年可谓多灾多难：在 1904～1905 年日俄战争中，俄国战败；1914～1917 年深陷第一次世界大战，俄罗斯帝国覆灭；1917 年十月革命后发生了三年国内战争；20 世纪 30 年代"大清洗"；1941 年苏德战争爆发，直到 1945 年第二次世界大战结束，苏联死亡 2800 万人，经济破坏惨重；1979～1989 年出兵阿富汗，使有所缓和的

[①] Михаил Дмитриев, Стратегия для небольшого государства. России нужно найти свое место в Евразии XXI века, Коммерсантъ, №217 от 21. 11. 2006.

[②] 何希泉、许涛、李荣、刘桂玲、魏宗雷：《欧亚地区安全合作与趋势》，《现代国际关系》2002 年第 7 期。

美苏冷战再度尖锐化，严重恶化了苏联的外部环境，这也是导致苏联解体的重要因素之一；1991 年苏联解体，至今俄罗斯依然在消化苏联解体带来的综合影响。[①] 这样一个跌宕起伏的大国，其历史与现实包含了太多如同斯芬克司之谜的谜团。

2018 年是欧盟委员会确定的"欧洲文化遗产年"。单从俄罗斯的视角审视欧洲百年风云，也可以看到 2018 年是很多重大历史事件的周年纪念年，因此 2018 年不仅是名副其实的欧洲历史文化年，也是俄罗斯历史上重要事件回顾总结的纪念年。从当下转身，俯瞰百年风云，俄罗斯作为举足轻重的大国因素沉浸在波诡云谲的世界历史中。

一百年前，1918 年，一战结束，而苏俄国内战争爆发。时间走过百年，现在世人重新审视一战，惊叹于当时政治思想的极端矛盾性。这种矛盾性最集中地体现在西欧国家在内部社会发展的同时，却在对外政策上受限于强权政治的反动状态。各种政治思想在这一时期相激相荡，不可避免地影响到俄国的国内发展。

八十年前，1938 年，《慕尼黑协定》签署。普京在 2015 年评价《慕尼黑协定》时指出，《慕尼黑协定》的签署让苏联清醒地意识到自己将独自面对纳粹德国，但苏联不希望苏德爆发直接的冲突，于是就有了《苏德互不侵犯条约》。《慕尼黑协定》被视为间接导致二战爆发的导火索之一。

七十年前，1948 年，捷克斯洛伐克"二月事件"爆发。在苏联的支持下，捷共采取行动把非共政党赶下了政治舞台。"二月事件"标志着东欧国家最终被纳入苏联模式的发展轨道，这加剧了苏联与以美国为首的西方阵营的对立，进一步确立了美苏冷战的国际局势。

五十年前，1968 年，捷克斯洛伐克爆发"布拉格之春"事件。这与赫鲁晓夫在苏共二十大上所做的秘密报告及之后开展的"揭盖子"运动密不可分，也是东欧国家对斯大林模式进行改良的政治尝试。苏联出兵镇压"布拉格之春"对其内政产生了重大影响：苏联的新经济体制改革就此戛然而止，开始了被后人

---

① 这里有一个细节可以说明一下。国内关于普京对于苏联解体的广泛说法是："谁对苏联解体不感到惋惜，谁就没有良心，而谁想恢复苏联，谁就是没有头脑。"实际上，普京的原话是："Кто не жалеет о распаде СССР, у того нет сердца. А у того, кто хочет его восстановления в прежнем виде, у того нет головы"。"谁对苏联解体不感到惋惜，谁就没有良心，而谁想按照原样恢复苏联，谁就是没有头脑。"后半句的重点是"按照原样"。

称为全面停滞的时期。

三十年前，1988 年，苏共第十九次全国代表会议启动苏维埃制度改革，被认为是苏联政治转型变化也是俄罗斯政治发展方向变化的开始。正是在这次会议上，苏共提出，发展需要有新的本质的变化，而这就要求采取根本的解决方法，要求采取积极的和主动的行动。复杂问题中的关键问题是改革苏联的政治体制。

纵观百年风云，俄罗斯的发展与世界政治的变化密切相关。本文所说的"世界政治"，不仅仅是指政治权力、利益结构、格局体系等传统意义上的政治学及国际关系学概念。人类社会从蛮荒走向文明，从相互隔绝走向"地球村"，世界越来越扁平化，同时也越来越立体化。全球主义的研究方法已经是国际政治问题研究的基本方法。"世界政治"作为全球主义方法论的概念依托，其内涵远远超出一般意义上的国际关系或者区域政治研究内容，它是对人类历史发展特点及比较政治研究的统称。那么，风云变幻中的俄罗斯，与世界政治究竟是一种怎样的相互关系呢？从世界政治发展史来看，俄罗斯与世界政治的互动关系体现在俄罗斯的走向与世界政治发展的历史潮流是否一致？这种一致或者偏离对俄罗斯发展道路产生了何种影响？俄罗斯一旦选择了发展道路又会对世界政治的发展留下什么印记？

第一节 历史中的互动关系：东方与西方

世界政治的发展可以大致划分为四个阶段。第一阶段为农耕时代，大约从公元前 2000 年到公元 15 世纪末，即西方发现美洲大陆、工业革命之前，其发展以农业生产为主，工商业不发达。这一时期世界政治最突出的现象是帝国兴衰交替，征战奴役，抢夺领土资源，发生过"十字军东征"之类的宗教战争，出现过拜占庭帝国那样政教合一的体制。第二阶段为西方扩张的时代，也就是 16 世纪末到 19 世纪末，西方工业化进程开始加速，伴随着生产力的上升，世界市场逐渐形成，西方强国开始向外侵略扩张和殖民。第三阶段为战争与革命的时代，从第一次世界大战至冷战结束。第四阶段为和平与发展的时代，从冷战后持续至今。①

在世界政治发展的农耕时代晚期，即公元 1500 年左右，在西欧民族国家的

---

① 王缉思：《世界政治潮流与美国的历史作用》，《世界政治研究》2018 年第 2 辑。

力量得到决定性巩固之际，俄罗斯在欧洲的东部脱颖而出。俄罗斯登上世界政治舞台之时，其原本很可能与当时世界政治的历史潮流一致，沿着典型的西方路线发展，但是四个具有划时代意义的影响因素驱使俄罗斯文明与西方文明之间产生了裂痕。

第一个影响因素是蒙古鞑靼人在 13 世纪征服了俄罗斯大部分地区，直到 15 世纪末俄罗斯才结束草原帝国长达两个半世纪的统治，这给俄罗斯文化留下了难以磨灭的影响。"莫斯科君主比较容易接受专制统治的思想……庄严接受沙皇和专制君主称号的伊凡四世在同库尔勃斯基王公论战的过程中加紧研究专制统治的新观点，这种观点是古俄罗斯所不熟悉的。"① 经过多年的纷争，俄罗斯才初步建立起君主和神权相结合的等级代表制君主国。② 相比之下，俄罗斯此时已经落后西欧整整一个时代。

第二个影响因素是 15 世纪最终打败蒙古人的莫斯科公国地处俄罗斯东北部的内陆深处，离西欧中心非常遥远，这妨碍了莫斯科与西方建立密切关系。进而，俄罗斯幅员辽阔，不止一次挫败了入侵者，但是，管理巨大的版图、协调各种地方性活动和文化，始终是政权棘手的任务。启蒙时期一些思想家把一国的政治体制与其疆域的大小直接相连，认为专制主义是俄罗斯天然的统治形式。草原边境的敞开刺激了俄罗斯社会的军事化，西部边界难以保护则强化了这一趋势。③

前两个因素一般被研究者视为俄罗斯疏远西方的主要因素。事实上，下面两个因素对于俄罗斯政治文化传统的影响也是举足轻重。

第三个影响因素是 1386 年以后波兰立陶宛王国的兴起。1386 年，波兰女王与立陶宛大公联姻，这不仅使波兰领土增加了一倍，而且使之成为一个奉行扩张政策的国家，从 15 世纪初开始，波兰立陶宛王国向俄罗斯大肆扩张。双方进行了旷日持久的战争，战争大大加剧了敌对情绪：由于在莫斯科公国心目中波兰立陶宛王国代表着西方，俄罗斯对整个西方文明也开始怀有敌意。1462 ~ 1505 年在位的伊凡三世使俄罗斯向着东方式的政治统治和帝国方向发展，其采用拜占庭

---

① 〔俄〕瓦·奥·克柳切夫斯基：《俄国史教程》（第二卷），贾宗谊、张开译，展凡校，商务印书馆，2013，第 141 页。

② 〔俄〕奇斯佳科夫：《俄罗斯国家与法的历史》（第五版，上卷），徐晓晴译，付子堂审校，法律出版社，2014，第 182 页。

③ 〔美〕梁赞诺夫斯基、斯坦伯格：《俄罗斯史》，杨烨等译，上海人民出版社，2007，第 7 页。

帝国文明模式对俄罗斯未来的政治发展至关紧要，这正是俄罗斯扩张主义政策的开端。伊凡三世外交活动的主要目标是反对波兰立陶宛王国，目的是夺取它们占领的西南罗斯土地。为此他与波兰立陶宛王国进行了两次战争，莫斯科公国的版图也随之不断扩大。①

第四个影响因素是 1453 年君士坦丁堡的陷落导致俄罗斯与西方建立通畅关系的可能性消失了。俄罗斯在 988 年皈依东正教信仰，是拜占庭传教士的功劳。西方的"十字军东征"，洗劫君士坦丁堡，拜占庭与罗马之间的仇恨日增。信奉东正教的俄罗斯对拜占庭表示同情。1438 年，拜占庭为了避免土耳其的威胁而宣布与教皇达成宗教和解，希望能以此换取西方的军事支持，但是西方没有提供任何帮助，1453 年君士坦丁堡陷落。俄罗斯的东正教集团曾拒绝跟随拜占庭向罗马表示宗教臣属，因此君士坦丁堡陷落后，俄罗斯得出结论：土耳其人获胜是上帝对拜占庭人背弃宗教行为的惩罚，俄罗斯应成为反对罗马思想意识的中心。②

正是上述世界政治发展和俄罗斯道路选择的互动，使俄罗斯从一开始登上世界政治舞台就处于一种既渴望进入欧洲主流历史脉络，却又难以融入欧洲的两难境地。俄罗斯作为东部斯拉夫民族的主要组成部分，无论从种族、宗教、历史、文化，还是从地缘等方面来说，都是属于欧洲。但是，长期以来，俄罗斯始终未能融入欧洲社会发展的主流。赶超西方，实现国家的现代化，使俄罗斯立于世界先进民族之林的志向，成为贯穿俄罗斯历史的一条主线。问题是俄罗斯如何才能实现这一夙愿，俄罗斯在各个历史时期采取的不同的现代化模式，既影响了其内政外交的联动性，又塑造了世界对于俄罗斯的认知。

在世界政治发展的西方扩张时代，俄罗斯从彼得大帝开始，逐渐脱离鞑靼东方文明的传统影响，开始向西化的道路转向。当亚洲南部诸群岛和印度半岛先后落入英国人之手的时候，在北方也同样出现了欧洲人向亚洲扩张入侵的现象，即俄国的领土扩大到了西伯利亚和远东，与此同时，波罗的海沿岸、乌克兰东部、白俄罗斯和克里米亚半岛也都被纳入俄国版图。

在俄罗斯精英的认知中，俄罗斯帝国与其他帝国不同：在西方，几乎总是把

---

① 朱寰、马克垚主编《世界史（古代史编 下卷）》，高等教育出版社，2011，第 201 页。

② 〔美〕菲利普·李·拉尔夫、罗伯特·勒纳、斯坦迪什·米查姆、爱德华·伯恩斯：《世界文明史》，赵丰等译，商务印书馆，1998，第 691~696 页。

帝国这个概念同武力占领别国领土联系在一起，被占领的地方成为帝国的殖民地，与帝国具有附属的社会经济关系；而俄罗斯从来没有殖民地，俄罗斯只有经济一体化的周边地区和边远地区。俄罗斯对于自身的这一认知与西方对俄罗斯的历史记忆有实质差别，也造成俄罗斯与西方关系的跌宕起伏。

到了西方扩张时代的晚期，也就是经过一个世纪的技术变革，到了19世纪末，人类生活发生了巨大的变化。这种变化之大，超过了自石器时代到农耕时代变化的总和。但是在19世纪欧洲飞速发展的时候，俄罗斯却在停滞不前。直到19世纪末，俄罗斯依然是一个17世纪晚期类型的大君主国。[1]

在世界政治发展的战争与革命时代，俄罗斯经历了两次世界大战和一次冷战。在马克思主义发展史上，关于"时代"的话语体系是列宁首创的。列宁观察到1917年俄国十月革命前夕国际形势发生的重大变化。他认为，帝国主义就是战争，战争必然引起革命。因此这一时代被称为"帝国主义和无产阶级革命的时代"。战争和革命作为时代主题，也为历史所证实。从第一次世界大战和俄国十月革命，到更为惨烈的第二次世界大战，再到20世纪50~70年代的朝鲜战争、越南战争，以及亚非拉的民族解放运动和武装斗争，这个以"战争与革命"为主要特色的历史阶段长达六七十年。[2]

在这一时期，苏联在美苏争霸中逐渐处于不利的位置。苏联解体加剧了俄罗斯在经济、军事、生态、信息等领域的安全危机，降低了俄罗斯在国际关系中的政治和军事地位。这一现实要求俄罗斯彻底改变其对内对外政策，首先要稳定独联体地区的局势，其次加强同欧亚大国的互利合作，以为俄罗斯加速实现现代化创造条件。

爬梳历史可以看出，在与世界政治发展相互作用、相互影响的整个历程中，俄罗斯最基本也是最稳定的特点就是其发展的迟缓性，以及由此相伴而生的落后的经济状况、原始的社会形态。[3] 这种基因影响如此之深，以至于当俄罗斯即将迈入21世纪第二个十年之际，时任总统梅德韦杰夫仍在大声疾呼："让我们先回答一个简单但又非常重大的问题。我们是否还要继续把落后的原料型经济、长期

---

① 〔英〕赫伯特·乔治·威尔斯：《世界史纲》，孙丽娟译，北京理工大学出版社，2016，第653页。
② 王缉思：《世界政治的终极目标》，中信出版集团股份有限公司，2018，第12~13页。
③ 〔苏〕列夫·托洛茨基：《俄国革命史》（第一卷），丁笃本译，商务印书馆，2014，第19页。

存在的腐败以及根深蒂固的只指望国家、外国、某种无所不能的学说或其他任何东西，但唯独不指望自己的陋习带到未来？背负这种种负累的俄罗斯是否还有自己的明天？"[①] 就像恰达耶夫 1836 年在《哲学书简》中说的那样，俄罗斯今天的问题就是过去悬而未决的问题的延续。

第二节　当代世界中的传导效应：转型与发展

当前，世界政治正处于和平与发展的时代，其开始的标志是冷战结束，具体事件是东欧剧变与苏联解体。"东欧剧变"一般是指从 1989 年 9 月波兰团结工会上台算起至 1991 年 6 月南斯拉夫解体。1989 年 11 月 14 日，苏联外长谢瓦尔德纳泽同法国外长迪马会谈。谢瓦尔德纳泽表示东欧国家改革的速度、性质和深度是每个国家、每个民族选择自由的不可分割的一部分，苏联认为不能对主权国家的这些纯内部事务进行干涉。1989 年 12 月 2 日至 3 日，苏美两国首脑在马耳他海域的苏联"高尔基"号客轮上举行会晤，就欧洲的局势达成一致意见：苏联重申对东欧的局势不加干涉，而美国则表示无意从中获得多方面好处。这次会晤被认为是冷战结束的标志。

与此同时，苏联的国内政策自 1988 年苏共第十九次代表会议开始也在发生变化，直至 1991 年 12 月苏联解体。1991 年 12 月 25 日，戈尔巴乔夫发表电视讲话，宣布苏联作为国际法主体不复存在，苏联解体了。自那时到现在已经过去快三十年了。20 世纪后期，人类社会发生的重大事件莫过于苏联解体和东欧剧变了。苏联解体和东欧剧变不仅影响了人类社会的发展进程，而且改变了世界政治地图和国际战略格局。这一事件对地区和世界的影响并没有随着时间的推移而消失，相反越来越明显。

苏联解体使一个国家裂变成 15 个国家；东欧剧变使 7 个国家变成了 13 个国家。这样在原"苏东地区"，已不是 8 个国家，而是 28 个国家了。三十年来，这 28 个国家继续处在激烈的变动中。从社会变革的角度来说，这是从一种社会制度向另一种社会制度的演变；从民族国家形成的角度来说，这是大多数国家从一

---

① Статья Дмитрия Медведева, Россия, вперёд! 10 сентября 2009 г., http://www.gazeta.ru/comments/2009/09/10_a_3258568.shtml.

个国家内的行政区域成为独立国家的嬗变。这些社会变革的过程至今还没有结束。过去三十年来，人们目睹最多的是从巴尔干经外高加索到中亚这一战略弧形地带局势的动荡，因民族、宗教矛盾和边界、领土争端导致的冲突和战争。与此同时，人们也非常关注这些国家内部的变化。

在这28个国家中，只有东欧少数几个国家经受的困难和曲折较少，较快地走上了稳定发展的道路。如果进一步观察，可以看出，那些较早摆脱危机并走上稳定发展道路的国家都具有这样两个特点：其一，它们在历史和文化上同西欧相同或更加接近；其二，在剧变以前由于进行过不同程度的改革，市场经济的许多因素已经具备。

俄罗斯恰恰缺少上述条件。尽管俄罗斯想尽力融入西方社会，但是，对俄罗斯来说，选择西方发达资本主义国家体制作为发展目标是一回事，而能不能实现这一目标则是另外一回事。俄罗斯还有一条漫长的探索之路要走。

在世界政治发展的现阶段，呈现同一性与多样化并存的时代特征。冷战结束以来，世界政治发展轨迹可以大致分为前后两个阶段。在前半期，政治自由化、民主化和经济市场化是世界政治变化的基本趋势，以至于美国政治学家弗朗西斯·福山宣称历史已经"终结"。而在后半期，尤其是2008年金融危机以来，自由化和市场化受到新的考验和质疑。那些已经采纳了自由民主制的国家，不得不通过艰难探索民主的"本地化"（在地化）来巩固和完善其基本制度，"市场原教旨主义"也受到不同程度的抵制和批判，曾经作为政治民主化与经济市场化意识形态基础的新自由主义不断遭到质疑。与此同时，世界范围内公共社会迅速发展，非传统安全问题（环境、能源、粮食、公共卫生等问题）凸显，宗教、民族问题被政治化，以及各种极端主义的兴起，都对各国政府的治理能力提出了新的挑战，并且重新定义着世界政治的内涵。技术推动了人类进步，但也造成了对地球生态越来越大的破坏，使各类非传统安全问题成为全球政治问题。上述时代特征不仅体现了世界政治发展的基本趋向，也体现了各国政治结构与政治发展的复杂性和多面性，甚至可以说，世界政治真正的多样化过程才刚刚开始。总之，与冷战时期相比，世界政治变得更为多姿多彩，同时在某种意义上也变得更为不确定。[1]

---

[1]　王缉思、唐士其：《三十年来的世界政治变迁——同一性与多样性并存》，《国际政治研究》2010年第1期。

世界政治在和平与发展阶段的时代特征与俄罗斯自苏联解体以来的发展特点相互契合。笔者用"转型与发展"来概括俄罗斯三十年来的变化。转型对应世界政治的同一性特征,发展对应世界政治的多样性特征。也就是说,在冷战结束后的十年间,也就是俄罗斯的叶利钦时代,世界政治趋向同一性,俄罗斯政治转型的目标正是建立西方三权分立的政体。大体在"9·11"事件后,普京执政时期,西方社会开始面临一系列国内治理和国际上非传统安全挑战,包括俄罗斯在内的很多国家也在探索适合本国国情的发展道路,世界政治的发展因此呈现多样性。

这种时代特征与发展特点的契合性可以从比较政治学的视角进行研究。当代俄罗斯脱胎于苏联,原苏东集团各国在转型前政治经济体制模式有相同之处,转型启动后,后苏联空间的俄罗斯、东欧和中亚地区三十年来的转型与发展具有不同的基本特点。

中亚地区是一种跟随性转型与发展。从历史因素看,中亚国家的政治转型是追随苏联政治转型的形势要求而进行的,中亚国家自身对此并没有充分的准备,具有一定的被动性特点。这首先表现为中亚国家在走向独立的过程中充满矛盾心理,它们既期望成为独立的主权国家,又不想让苏联解体,而是希望保留苏联以维系其经济发展。独立以后中亚国家的转型与发展仍深受俄罗斯的影响。

原属苏联的五个中亚共和国,虽然在独立之后都建立了三权分立的多党制民主政体,但随后出现的政治动荡甚至武装冲突迫使这些国家不得不在制度上进行调整,而一个基本的方向就是强化以总统为核心的行政机构独立于立法和司法机构的地位,从而转变为一种强势的总统制。由此可见,虽然代议制民主政体的根本原则乃是对国家权力的分散与制衡,但在这些转型国家,一种相反趋势的存在似乎具有其必然性:在某些情况下,政治强人往往发挥了超越制度之上的甚至是不可替代的作用。①

中东欧国家的转型进程不是没有制度性转型,但是它最突出的共同特点之一,是欧盟作为规范性力量对东欧的转型与发展起到了外部推动的作用,并在其中起到了引导和约束作用,可以称此为条件性转型。在西方看来,西方国家在中

---

① 王缉思、唐士其:《三十年来的世界政治变迁:同一性与多样性并存》,《国际政治研究》2010年第1期。

东欧国家转型关键时刻插手的最好例子，就是北约东扩和欧盟扩大的政策，这对东欧政治变革的轨迹产生了决定性的影响。[①] 在考察中东欧转型历程的研究中，格外受到关注的就是欧盟发挥的作用与影响，尤其是其政治条件性的杠杆作用。欧盟的引导和约束作用体现在东欧国家入盟的前后进程中。欧盟以条件性为工具，通过设立一系列标准与机制，约束东欧国家的入盟进程，而在入盟后诸如罗马尼亚、保加利亚等国家还受到欧盟特别设立的合作与审查机制的监督。这些都对东欧的政治转型与发展产生了重要影响。[②]

中东欧国家把加入欧盟和北约看作向它们依然脆弱的民主提供担保的手段。这些国家已经实现了民主选举，这在形式上可以界定它们为民主国家。但从成为巩固的、自由的、多元化的和尊重人权的民主国家这个角度来讲，绝大多数国家还有相当一段路要走。只有部分国家开始深化司法、税制、预算和决策透明度等方面的改革，以期进一步巩固民主制度。此外，改变这些国家的政治文化以便适应对民主的理解和实践，也须假以时日。由此，中东欧国家把加入北约和欧盟视为这两个组织对中东欧国家迄今为止已取得的政治转轨成就的肯定，以及获得完成转轨所必需的动力。加入北约的另一个作用是有助于中东欧国家彻底清除原社会制度的成分，同时，北约也给了中东欧国家一个有利于其发展自身民主制度的运作模式。[③]

相比较中东欧国家具有欧盟外部条件约束力的规范性转型，俄罗斯属于自主性的制度转型。在叶利钦时期，政治精英阶层提出了巩固国家和全民族国家思想；在普京时期，政治精英阶层提出了俄罗斯新思想、主权民主思想以及俄罗斯保守主义。伴随着治国理念不同，俄罗斯经历了国家主权独立、国家机构重建、巩固国家机构、提出强国战略、实施新政治战略以及推进全面现代化等六个具有鲜明特色的不同治理阶段。这些治理阶段体现了国家构建、国家能力建设、整顿政权秩序、形成政治单一性结构等一系列历史进程。形势变化孕育国家自主性的观念演变，观念演变又深刻影响了制度变迁。因为俄罗斯是自主性转型与发展，

---

① Grzegorz Ekiert, "Eastern Europe's Postcommunist Transformations", *World Politics Review*, 20 Mar 2012.

② 曲岩：《"规范性力量"视角下的罗马尼亚政治转型》，中国社会科学院研究生院 2018 年博士学位论文。

③ 朱晓中：《双东扩的政治学：北约和欧盟扩大及其对欧洲观念的影响》，《俄罗斯中亚东欧研究》2003 年第 2 期。

所以学者在分析俄罗斯政治问题时，习惯搭建一个融合了其历史遗产、结构性因素（社会与经济发展水平、地理位置、外部行为者的参与）和精英阶层观念等因素的综合分析框架，并在这一框架下进行研究。

中东欧地区条件性发展的困境在于新加入欧盟的国家如何才能在欧盟一体化的机制内确保国家的独立自主。条件性政治杠杆的压力与独立自主发展之间的平衡一旦被打破，"新欧洲"就会出现疑欧倾向。该问题的处理并不顺利，以至于欧盟最终出台了"多速欧洲"发展策略。俄罗斯自主性发展的问题不在于如何实现制度变迁，而在于确立了三权分立的制度后如何实现政治的良性发展。

也正是由于俄罗斯是自主性的转型，俄罗斯越来越呈现其特有的发展模式，而不是欧洲化或者西方化的特点。俄罗斯在普京治下从"全盘西化"向俄罗斯传统回归，在继承叶利钦改革成果的同时，强调俄罗斯新思想和主权民主，在俄罗斯历史、文化和精神的基础上保持俄罗斯特色并努力实现现代化，这是一条具有俄罗斯特色的俄罗斯化发展道路。

这种俄罗斯化的特点表现为其发展的聚合性而不是开放性，即俄罗斯在转型与发展过程中，一旦遇到难题，总会不由自主地选择自己历史上熟悉的、一脉相承的治理模式，具体而言，适应俄罗斯的是集中和优化一切政治资源实现跨越式发展。普京的强国战略实际上就是俄国聚合性特点在当代的折射：以大国主义、强国思想、国家作用和主权民主为内核的俄罗斯保守主义达成观念共识；以动员型模式实现追赶型发展是其路径依赖。

就像普京所言，俄罗斯即使会成为美国或英国的翻版，也不会马上成为它们那样的国家，因为在那两个国家里自由主义价值观有着深刻的历史传统，而在俄罗斯，国家及其体制和机构在人民生活中一向起着极为重要的作用。有着强大权力的国家对于俄罗斯人来说是正常的事情，因为国家被俄罗斯人视为秩序的源头和保障，是任何变革的倡导者和主要推动力。

综上所述，世界政治在冷战结束以来呈现同一性与多样性的发展态势，而俄罗斯相应地在转型与发展进程中，逐渐形成自主性、俄罗斯化和聚合性的发展特点。

第三节 从俄国历史理解历史俄国

理解俄罗斯，认识俄罗斯的发展道路，这是分析俄罗斯问题的前提。俄罗斯走上其所熟悉的发展轨道，是不是就意味着其有可能再次遭遇俄罗斯历史上钟摆式发展的兴衰规律？间断性是俄罗斯历史的特点。比如，亚历山大一世自由化改革的努力功亏一篑，尼古拉一世是踏着十二月党人的鲜血开始其统治的，俄国因此错过了思想启蒙的历史时机，其教育大臣乌瓦罗夫随后提出"东正教、专制制度、人民性"三位一体的"官方人民性"理论，其中专制制度是核心，东正教是精神支柱，人民性是指笃信上帝、忠于沙皇、服从地主。三位一体原则所体现的控制性，一直是俄罗斯政权的主要特色。当前，普京实施了一系列政治改革举措。这些举措增强了政治活力，但威权政体的可控性与低政治参与度的特点未变，国家主义的基本理念也未变。然而，普京执政的社会基础在变，中产阶级开始登上政治舞台，公民意识已经觉醒。普京的理念与举措还适合已经变化了的俄罗斯吗？俄罗斯有没有可能再次重复别尔嘉耶夫所说的间断性，乃至出现钟摆式的发展呢？俄罗斯为什么会具有这样的国家特性呢？这就需要认真研究历史形成的制度，以及现有制度中是否具有内在的机能障碍性特征，而要做到这一点，首要的应该是在俄国历史中理解历史俄国。

公元988年罗斯受洗以后，法兰克帝国和拜占庭帝国一直在争夺对斯拉夫国家的影响力。斯拉夫国家从两个不同的文化中心，即分别从拉丁西方和拜占庭东方接受基督教，因而斯拉夫国家彼此间出现了不同的文化差异。1054年随着东西教会的分裂，斯拉夫文明自然而然地被分为两个文明区——西方天主教文明区和拜占庭东正教文明区。鞑靼蒙古人的入侵，给罗斯带来了亚洲文化，但是罗斯文化的主流仍然是拜占庭文化，由于斯拉夫文明属于自然分裂，导致罗斯文明的传统一直是反西方的。东北罗斯统一于莫斯科后，仍继续这一逻辑，拒绝了西方文化的影响，因此，16世纪在欧洲兴起的文艺复兴未能扩展到俄罗斯。这对俄罗斯政治文化和传统的影响是什么？对俄罗斯国家身份认定的影响又是什么？

欧亚大陆的文明结构就像一个哑铃：一端是古中国文明和古印度文明，一端是古希腊文明和古罗马文明，而在欧亚大陆腹地上居住的草原民族，对古代东西方的交流与沟通起到了独特的纽带作用，它们保持着东西方文明的陆地联系，就像哑铃中间的把手。草原民族的文明使欧亚大陆文明形成了一个有机的整体。其中，西起伏尔加河，东至兴安岭，被称为"内亚"（Inner Asia）或"内欧亚"（Inner Eurasia）。从公元400年到1400年，是由内亚民族驱动整个欧亚大陆变动的时期。在世界历史上内亚的独立势力结果如何？地理环境和自然经济是不是古代欧亚文化的实际决定力量？由中亚路线向海上路线的渐移对俄罗斯文明的影响又是什么？

斯拉夫国家接受基督教的顺序和方式不同，比如大摩拉维亚国是从法兰克帝国接受基督教，而罗斯是从拜占庭帝国接受基督教。这直接导致后来波兰、捷克、斯洛伐克、斯洛文尼亚、克罗地亚等国成为拉丁西方文化区，而俄罗斯、白俄罗斯、乌克兰等成为拜占庭东方文化区。拉丁西方文化区的国家成为斯拉夫天主教国家，始终倾向于加强同西方国家的关系，因此，它们从历史上就一直在进行西方化的过程。而拜占庭东方文化区的国家成为斯拉夫东正教国家，拜占庭化的过程是与反西方化相辅相成的，因为欧洲基督教分裂为西方和拜占庭两个文明区后本来就互相争斗，斯拉夫国家分别受这两个文化区的影响，自然也就在文化上分裂了。

从某种意义上看，现代欧洲由三个主体构成——欧盟、俄罗斯和土耳其。亨廷顿认为土耳其是一个"被撕裂的国家"，即民主化未能脱胎于其文明母体，也就是说基督教文明与伊斯兰文明不相容。土耳其多年的入盟进程似乎证明了这一点。俄罗斯的欧洲情结这么强烈，却又具有拜占庭文化传统，那么，其是否也是一个无所适从的国家呢？

俄罗斯是否属于欧洲的问题可以追溯到五百年前。诺曼·戴维斯在《欧洲史》中提到："五百多年来，定义欧洲的核心问题在于是否将俄罗斯包含在内。"叶卡捷琳娜二世在 1767 年宣布俄国是欧洲国家。陀思妥耶夫斯基在俄罗斯最钟爱的诗人普希金雕像揭幕时动情地说："欧洲人不知道我们对他们的热爱。"按照陈乐民先生的看法，"欧洲"作为一个整体的观念在中世纪已经存在。虽然近代欧洲有民族国家兴起的时代，似乎欧洲在"分"，但欧洲还是作为一个整体的观念更加深入人心，欧盟能够形成并且发展正是根源于这种深厚的历史文化基因。宗教（基督教）、制度（罗马教会）、语言（拉丁文）等文化功能在中世纪的欧洲达到了一元性，万物归宗，基督教是这个三位一体的核心。基督教在中世纪成为欧洲的集体认同后一直深深影响着欧洲。文艺复兴、宗教改革与民族国家兴起被认为是中古基督教的近代化，是广义层面的欧洲共同经历与趋势。文艺复兴并不否定宗教，而是促进了宗教的人文化；民族国家也不否定宗教，而是使宗教民族化了；欧洲民族国家的民族认同并没有消除其对欧洲观念的认同，基督教普世主义等思想深深扎根欧洲。欧洲问题有统一的文明视角。

但是，欧洲哲学的轨迹在俄国从来没被俄精英复制或者内在化。在俄国作家们一次又一次谈论俄罗斯性格与俄罗斯灵魂中，俄国自我形象的中心预设被不断强化：俄罗斯缺乏防御能力，对外扩张不是一种殖民主义，而是一种自我保护。俄罗斯的国家身份认定，或者说俄罗斯的自我国际定位，从历史上就与帝国意识紧紧捆绑。这种自我意识在本质上缺乏对他者文化的尊重。这是当今俄罗斯融入世界的关键问题。与此同时，从转型政治学的层面来看，后发国家要在短时间内接受西方几百年锤炼完成的成熟民主形式，缺少的因素很多，如果说必须要完成从传统向现代的转型，那么需要构建哪些因素才能避免出现消化不良？即使都具备了这些因素，又如何排列组合才能实现平稳转型呢？

从公元 862 年开始，俄国只经历了两个王朝：留里克王朝和罗曼诺夫王朝。留里克王朝是 1598 年最后一位沙皇死后绝嗣，无人承继大统才导致王朝变更，而在罗曼诺夫王朝之前还出现过伪沙皇。从 862 年到 1917 年，一千多年间俄罗斯总共经历了两个王朝，这对俄罗斯政治文化和传统有什么影响？按照霍布斯鲍姆的说法，俄罗斯是众多古老王朝暨宗教古老帝国之中，唯一幸存于第一次世界大战战火下的国家。奥斯曼帝国灰飞烟灭了，哈布斯堡王朝化为乌有了。两大帝国都解体在战败的压力之下。只有俄国依然维持其多民族的面貌，从西边的波兰边界向东延伸，直至与东方的日本隔海为邻。

对于很多俄罗斯精英来说，俄罗斯不仅仅要成为欧亚国家，还应成为欧洲太平洋国家。"虽然俄罗斯非常热衷维护自身的战略独立性，但它不应把自己看成一个兼跨欧亚的国家，一种位于东西方之间的平衡力量，或是横跨两头的桥梁。其实，俄罗斯应当重新把自己确定为一个欧洲太平洋国家，应当不仅仅把眼光投向河对岸的中国，而且要越过大海放眼日韩，乃至越过大洋眺望北美洲与澳大利亚。"[1]当前在大国关系中，俄美关系要好于中美关系，中美矛盾超越俄美矛盾。俄罗斯的国际环境比中国要好。同时，美国外交分为内向型和外向型，轮换交替。内向型时期美国集中力量解决国内的社会问题，一般延续二十一年，被视为历史规律。如果这一规律成立，美国现处于外交内向型的周期。[2] 这一时期美国

---

[1]　Dmitri Trenin, China, "Russia and the US - A Shifting Geopolitical Balance," http://www.publicservice europe.com/article/1583/china-russia-and-the-us-a-shifting-geopolitical-balance.

[2]　Frank L. Klingberg, "The Historical Alternation of Moods in American Foreign Policy," http://www.manatee.k12.fl.us/sites/highschool/southeast/klingberg.pdf.

对外战略的外向性会降低。2011 年，普京不失时机地提出了"欧亚联盟"思想。普京提出"欧亚联盟"，这是俄罗斯高层重大的战略决策。能否实现暂且不论，但这一思想提出的本身就反映了苏联解体后，俄罗斯精英从未放弃重新控制后苏联空间的战略目标。欧亚联盟孜孜以求的经济利益后面隐藏着俄罗斯强烈的政治诉求：整合独联体，以"区域性帝国"的方式实现重新崛起。这是俄罗斯文明挥之不去的发展路径。

16 世纪以后，欧洲的国际秩序和近代性取代了东方的朝贡秩序和传统性。欧洲开始出现构建民族国家的要素。最终，主权概念形成于 17 世纪的《威斯特伐利亚条约》，欧洲民族国家正式形成。俄罗斯是否与这一进程同步？俄国近代意义上的民族国家形成于何时？是形成于伊凡四世时代吗？灭掉喀山汗国是标志性事件吗？这种不同步对俄罗斯文明的影响又是什么？欧洲是民族国家观念的诞生地，却与体现一体化宗旨的欧洲观念并行不悖。欧洲认同源自何处？首先是历史上共同的文化遗产；其次是共同的文化基因转型为共同的价值观，自由市场和民主宪政的理念成为欧洲精神强大的软实力；最后欧盟的身份认同也就自然出现。欧亚地区的一体化会有这样的前景吗？

俄罗斯历史上的民族主义既是扩张性的又是防御性的。扩张性旨在把自己的民族身份强加给其他民族，防御性是获取自己的民族身份。在俄国人谋求与欧美强国平起平坐的后面隐藏着有意识地对中欧弱小民族视而不见。与欧亚联盟的战略意图紧密相连，当前俄罗斯精英阶层表现出一种"新民族主义"倾向。这种意识不同于俄国历史上的民族主义：既不具扩张性也不具防御性。它突出强调俄历史上的伟大及其对现实的影响。本质上是想把新民族主义对内打造成一种精神和新的意识形态，对外使其成为一种软实力，服务于俄快速的整体发展和强国战略。但是，这会是帝国意识的现代版吗？索洛维约夫早就指出，俄国注定要进行文明的选择，并由此而产生社会历史不稳定性的危险。为了克服这种不稳定性，俄国往往需要超强的整合机制，它们要么以意识形态形式出现，要么以帝国的形式出现，目的都是战胜离心作用力。现在俄罗斯的新民族主义与欧亚联盟的结合，是俄罗斯发展前景中值得关注的趋势。

在苏联解体过程中，主张俄罗斯民族回到俄罗斯民族精神、民族文化本源去的一批思想家、学者和宗教界上层人士提出，要以传统的俄罗斯文化和东正教思想"拯救俄罗斯"。叶利钦抓住民众情绪的走向，提出了"复兴俄罗斯"的口号，使他得到了"新兴的"民主力量和传统的民族主义力量的支持，这也使他在同戈尔巴乔夫的政治角逐中取得了胜利。"复兴俄罗斯"是个什么概念呢？就是使俄罗斯联邦在政治上、经济上获得彻底的独立，脱离各加盟共和国的羁绊，利用自己拥有的强大的经济和文化实力以及丰富的资源，采用西方的一些行政管理和社会发展机制，把俄罗斯建设成富裕、强大的国家，让俄罗斯民族过上堪与西方国家媲美的富裕生活。"复兴俄罗斯"的民众情绪显然与苏联时期的民族政策有关。在苏联解体的过程中，俄罗斯的民族主义之所以迅速发展，俄罗斯人也要求独立，一个重要原因就是他们认为联盟并不代表其利益，一些俄罗斯人并没有把苏联看成自己的民族国家，他们认为苏联强调"拉平"地区差距，搞"劫富济贫"，俄罗斯人觉得自己成了"奶牛"，认为自己长期帮助落后地区，处于不平等地位，这种想法导致俄罗斯民族主义兴起，他们要甩掉包袱，最终俄罗斯民众心理的变化导致出现俄罗斯独立的政治诉求。

在波诡云谲的时代背景下俄罗斯走上独立道路。从 1987 年 8 月 23 日波罗的海三个加盟共和国立陶宛、拉脱维亚、爱沙尼亚首都发生反苏的民族主义集会和示威游行起，这三个共和国的主体民族带头掀起民族分离和独立运动，并通过了共和国主权宣言和独立宣言。随之，其他加盟共和国主体民族也纷起效尤，积极开展民族独立自主运动，谋求成为独立的主权共和国。这场规模巨大的民族分离运动最终导致苏联解体。在局势动荡、民族独立情绪高涨的历史时刻，1990 年 5 月 16 日，俄罗斯联邦举行第一次人民代表大会。1990 年 5 月 30 日，致力于实现俄罗斯独立与主权的叶利钦，当选为俄罗斯联邦最高苏维埃主席，成为俄罗斯的国家元首。叶利钦当选后立即发表声明："俄罗斯在一切问题上都将是独立的。"俄罗斯主权问题被列入俄罗斯第一次人民代表大会的议程。

1990 年 6 月 12 日，俄罗斯第一次人民代表大会以 907 票赞成、13 票反对、9 票弃权通过了《俄罗斯国家主权宣言》，宣布"俄罗斯苏维埃联邦社会主义共和国在其全境享有国家主权"，并表示了"在经过更新的苏联版图内建立民主的法治国家的决心"。也就是说，主权宣言宣布俄罗斯联邦拥有绝对主权，内外政策独立，俄联邦的决定和法律高于苏联的决定和法律，将设立俄罗斯联邦总统，俄罗斯总统与苏联总统是平等的、公务性的、建立在谈判基础上的关系。主权宣言从各方面维护了俄罗斯的利益，从主权的最高性、终极仲裁权力、非排他性以及自主性等属性上讲，俄罗斯实际上已成为新的独立国家。俄罗斯第一次人民代表大会在俄罗斯现代政治史的地位应该是里程碑式的。

叶利钦时期对于俄罗斯而言，是一个充满探索而又异常艰辛的时期。充满探索，是因为俄罗斯抛弃苏维埃制度，转向三权分立的宪政制度，这个过程对于叶利钦和俄罗斯人民，都是全新的、没有任何成功经验可遵循的转变；异常艰辛是指俄罗斯在转轨过程中付出了惨痛的社会代价。叶利钦试图在新的历史机遇下以经济市场化、政治民主化的发展模式实现富国强民的抱负。但是，理想和现实终究是有差别的。在叶利钦时期俄罗斯更多的是动荡不安。普京在评价叶利钦时期时表示，叶利钦时期的"俄罗斯在政治和社会经济动荡、剧变和激进改革中已经精疲力竭。民族的忍耐力、生存能力和建设能力都已处于枯竭的边缘。……俄罗斯正处于其数百年来最困难的一个历史时期。大概这是俄罗斯近二三百年来首次真正面临沦为世界二流国家，抑或三流国家的危险。"① 历史辩证地看，叶利钦时期的风风雨雨在俄罗斯的发展史上未必都是负面影响，它为俄罗斯提供了弥足珍贵的历史教训，并促使俄罗斯整个民族、整个国家深刻反省过去的失误，从而为未来积蓄力量。

在普京执政的前八年中，他提出的一整套治国思想、振兴俄罗斯的方针政策，以及国家发展战略，均为俄罗斯社会所接受。俄罗斯在普京的领导下，各个方面取得了巨大的成就。普京纠正了叶利钦时期全盘西化的改革路线，把建设强大的俄罗斯作为一切工作的中心。俄罗斯历史发生了转折性的变化。普京的历史功绩主要表现在以下几个方面。一是建立了统一的国家政权体系。在普京的领导下，俄罗斯建立了强有力的中央集权的国家权力体系，实现了自 20 世纪 80 年代后期以来前所未有的政治统一。二是实现了经济持续和快速发展，人民生活水平得以提高。三是俄罗斯民族精神重新焕发。20 世纪 90 年代，民族虚无主义盛行，各种思潮的角逐导致社会的分裂。普京提倡的反映俄罗斯民族精神的"俄罗斯新思想""主权民主"等得到社会的广泛认同。人民不再迷惘于诸如"什么是俄罗斯""俄罗斯走向何方"等所谓"文明选择"问题。爱国主义、强国意识已成为俄罗斯民族精神和主流意识形态的两大支柱。俄罗斯社会实现了自 20 世纪 80 年代改革开始以来空前的思想统一。四是普京带领俄罗斯以世界强国的姿

① Владимир Путин，россия на рубеже тысячелетий，https：//www. ng. ru/politics/1999-12-30/4_millenium. html.

态重返国际舞台。20 世纪 90 年代，俄罗斯曾一度沦落为西方的"小伙伴"。普京上台后，随着政策的调整和国力的增强，俄罗斯满怀信心，坚决捍卫国家和民族利益，国际地位和影响力日益提高，成为多极化世界的重要力量之一。

在普京执政时期，俄罗斯的联邦制度、政党制度、议会制度和选举制度不断完善。1993 年俄罗斯宪法规定，俄罗斯是一个联邦制国家，由共和国、边疆区、州、联邦直辖市、自治州、民族自治区等俄罗斯联邦平等的主体组成。这种联邦主体构成形式的多样性成为俄罗斯联邦组成的主要特点。如何在多样性的基础上实现联邦权力的统一性，就成为俄罗斯在处理中央与地方关系上的关键。在叶利钦时期，历史和现实的种种原因使然，俄罗斯未能处理好多样性与统一性的关系，造成中央权力软弱、地方政府自行其是的严重后果。为了改变这种局面，必须建立一个强有力的国家政权体系，从而为经济发展提供稳定的政治环境，普京执政以后采取了一系列有效的措施，调整中央与地方的关系，加强中央对地方权限的控制，并在此基础上重建国家垂直权力体系。以 2004 年 9 月的"别斯兰事件"为标志，普京的政策调整可以分为两个阶段。2004 年 9 月以前为第一个阶段，特点是巩固联邦，理顺中央与地方的关系，其中主要的政治举措是按地域原则设立联邦区、修改联邦委员会组成原则以及建立统一的法律空间。2004 年 9 月至今为第二个阶段，特点是深化调整，确立联邦主体执行机关的组建方式。从加强政治控制的效果看，普京时期俄罗斯在加强对地方权力的控制、调整中央与地方的关系方面取得了成功。

俄罗斯各主要政党现状较为平稳。俄罗斯政治舞台上始终保持着左、中、右和民族主义四种派别这样一种政治力量格局。从历次国家杜马党派构成情况的变化中，可以看出俄罗斯各主要政党现状的明显特点：一是"统一俄罗斯"党作为政权党长期占据政党主导地位；二是俄共作为一个组织严密、有牢固社会基础的左翼政党，长期保持议会大党的地位；三是右翼、中右翼党派更替频繁，但始终能够与以俄共为首的左翼力量相抗衡；四是游离于政权和反对派之间的政党，如公正俄罗斯党、俄罗斯自由民主党、自由派的"亚博卢"等也能够一直保持各自的社会基础，在国家杜马中占有一席之地。随着普京政权逐渐调整并改变激进的经济改革政策，左、右各派政治力量也离开了原来的立场，逐渐向"中间"靠拢，而这正是俄罗斯政治发展的基本轨迹。

俄罗斯的治国理念经历了从"俄罗斯新思想"到"主权民主"思想再到俄

罗斯保守主义的发展历程。以 1999 年 12 月普京发表的纲领性文章《千年之交的俄罗斯》为标志,普京在该文中提出了以俄罗斯传统价值观为思想基础的"俄罗斯新思想"。普京明确指出,支撑俄罗斯社会团结的思想基础是"俄罗斯人民自古以来就有的价值观",即"俄罗斯思想"。普京把"俄罗斯新思想"归纳为:其一,"爱国主义",即对自己民族"历史和成就的自豪感"和建设强大国家的"心愿";其二,"强国意识",强调俄罗斯过去和将来都是"伟大国家",而正是这一点始终决定着俄罗斯人的思想和国家政策;其三,"国家权威",强调"拥有强大政权的国家"是"秩序的源泉和保障",政权是改革的"倡导者和主要推动力";其四,"社会互助精神",认为俄罗斯人的传统更重视"集体活动",俄罗斯人"习惯借助国家和社会的帮助"改善自己的状况。而"俄罗斯新思想"的"新"就体现在它是一个合成体,它把全人类的普遍价值观与俄罗斯自身经过时间考验的传统价值观有机地结合在一起。普京的"俄罗斯新思想"具有很强的针对性,是对 20 世纪 90 年代以来在俄罗斯占主导地位的政治思潮的挑战和反正:"爱国主义"实质上就是俄罗斯民族主义,针对的是自戈尔巴乔夫以来俄社会中盛行的世界主义和民族虚无主义;"强国意识"主要针对"民主派"奉行的力图使俄罗斯尽快融入"西方文明世界大家庭"的欧洲-大西洋主义;强调"国家权威",针对的是 20 世纪 90 年代以来占统治地位的认为市场万能的自由主义;"社会互助精神",针对一度泛滥的以"个人主义"为核心的西方文化,为俄罗斯传统文化的核心——集体主义——正名。

2005 年 4 月 25 日,普京发表了 2005 年国情咨文。文章开宗明义地表示:"这次国情咨文涉及关于俄罗斯意识形态和政治领域一系列的原则问题。在俄罗斯当前的发展阶段明确这些问题非常重要。"在国情咨文中,普京指出,俄罗斯当前最主要的思想政治问题是俄罗斯要作为自由民主国家的发展问题。俄罗斯需要解决的最困难的问题是如何保护好个人价值并确保俄罗斯民主制度的发展潜力。当前对于俄罗斯而言,民主的价值同经济发展和社会稳定一样重要。俄罗斯在这个问题上解决得越好,俄罗斯在国际上的地位就越稳固。2005 年 5 月 17 日,时任总统办公厅副主任苏尔科夫在"实业俄罗斯"协会总委员会上做报告,第一次代表官方明确指出:俄罗斯的民主是依据本国历史、地缘政治、国情和法律,由本国自主确定的民主,即"主权民主",其政治内涵为:其一,俄罗斯选择民主的发展道路,认为自由、民主是全人类的共同价值,是人类社会发展的康庄大道；其二，俄罗斯是主权国家，必须独立自主地决定自己的内外政策，不接受外来干涉；其三，民主作为一种制度和原则，必须适合俄罗斯现状和发展阶段，必须适合俄罗斯的历史传统和文化特点；其四，民主化是一个过程，俄罗斯的民主还处在发展的初期阶段。

2008 年 11 月 20 日，"统一俄罗斯"党召开第十次代表大会，最高委员会主席格雷兹洛夫明确表示："统一俄罗斯"党意识形态的基础是保守主义。早在 2005 年 4 月，格雷兹洛夫就曾经指出："统一俄罗斯"党坚持保守主义。在当代俄罗斯，保守主义作为一种政治观念是与共产主义和激进自由主义相对立的。也就是说，虽然俄罗斯保守主义的核心观念也反对一切激进的革命，主张以妥协手段调和各种社会势力的利益冲突，但是在当代俄罗斯政坛保守主义为大多数人所认可的情况下，这代表了一种政治符号，即代表中派主义，更多强调的是一种政治价值取向。保守主义官方意识形态化的实质是"主权民主"思想。保守主义的常量是文化、精神、爱国主义和国家力量，其变量是指科学的发展、新技术的运用和民众生活水平的提高。加强国家政权、法治与秩序是俄罗斯强国的首要保证，也是俄罗斯民众的普遍要求。在俄罗斯民众的意识中，政治稳定被提到首要位置。稳定、效率、秩序、社会公正的方针具有团结人心的潜力。强国是目的，民主是手段，发展是核心，控制是实质，普京执政团队牢牢把握这些治国原则。爱国主义和强国意识已成为全社会的精神支柱。虽然各政治派别从政治倾向上分属不同阵营，但他们都把爱国主义和强国意识作为自己的意识形态基础。可以说，当代俄罗斯保守主义的基本特征将在俄罗斯相当长的发展阶段中占有重要的指导地位。

总之，1991 年苏联解体后，俄罗斯处在复杂的历史性过渡时期：一方面它要从一种社会制度过渡到另一种社会制度；另一方面又要从原来苏联境内的一个最大的行政区域过渡为一个新的独立国家。前者要求俄罗斯尽快从传统社会发展模式向新的模式过渡，后者要求俄罗斯积极探索适合本国国情的发展道路，完成国家构建，并更好地融入国际社会。

第二章
政治体系：体制特征与政治控制

政治体系是政治行为主体赖以存在的制度形式，是政治行为主体与政治制度的有机统一。体系问题的内核是制度形式背后的权力与利益问题，而权力与利益是政治学研究的基础性概念，所以就一般意义上的政治理论而言，政治体系本身就是政治学的核心问题。

第一节　政治体制的基本特征

苏联解体后俄罗斯的政治转型是根本政治制度的变迁。从政体类型学角度而言，国际政治学界有学者把俄罗斯的政治体制视为宽泛的"威权政治"，因为俄执政精英在保持权威控制的同时，其现代化体制内已经出现了有限多元化，从而具有现代化导向的新型权威政治的一般特征。

当代俄罗斯政治体制的建立过程跌宕起伏。如果从 1988 年苏共第十九次全国代表会议正式启动苏维埃制度改革算起，俄罗斯转型已经过去整整三十二年了，要是从 1993 年宪法通过，俄罗斯政治体制确立算起，转型与发展也已经二十七年了。尽管二十多年仅仅是历史的一瞬，但是对于俄罗斯国家与民族而言，这是一个全新探索的时期，充满艰辛，是俄罗斯从传统向现代奋力追赶的二十多年，这个历史过程本身曲折复杂。

1985 年 3 月戈尔巴乔夫上台执政。在分析苏联国内局势时，首先碰到的是经济发展停滞不前，国家正处于危机前的状态。1985 年 4 月，苏共中央举行全会，讨论了"加速发展战略"，为苏共二十七大的政治报告做准备。1986 年 2 月，苏共召开二十七大。当时分析二十七大的一些材料，一般都集中在三点上：

一是认为二十七大表明戈尔巴乔夫时代开始了，苏联进入新的发展时期；二是苏共对于发展阶段有了认识，不再提"发达社会主义"了，而是提"全面完善社会主义"；三是分析"加速发展战略"与以往战略的不同，既注重速度，也注重质量。实际上，现在回头来看苏共二十七大，在随后的历史进程中真正发挥了重要作用的举措是公开性原则的提出。那时人们还没有意识到改革举措的提出对于俄罗斯转型的意义。

从俄罗斯转型的视角看，公开性原则的提出标志着自由化的开端，而转型一般是从自由化发轫，随后进入民主化改革。1986 年 2 月实施公开性方针以后，苏联社会出现了前所未有的政治活跃。而且，由于经济改革的几项主要措施在执行中都不顺利，戈尔巴乔夫认为，这是因为在苏联形成了一种妨碍社会经济发展的特殊机制，这种机制阻碍了社会主义的进步和改革。1986 年 7 月，召开二十七大仅仅五个月后，戈尔巴乔夫在视察哈巴罗夫斯克（伯力）时就提出了"政治体制改革"的任务，并在 1987 年 1 月的苏共中央全会上做了《关于改革和干部政策》的报告，首次提到："改革就是要打破障碍机制。"从 1987 年开始，戈尔巴乔夫转入改革新战略，中心就是政治民主化。1988 年 6 月苏共第十九次全国代表会议上，要求实行竞争性差额选举产生苏联人民代表大会代表，改革苏维埃制度，俄罗斯政治转型正式启动。

1989 年 5 月 25 日至 6 月 9 日苏联召开了第一次人民代表大会，2/3 的代表在居民中通过差额选举产生，结果苏共一批高中级干部落选，更重要的是这让苏共党内民主纲领派代表进入了国家最高权力机关。尤其是叶利钦的当选，这使他不仅为自己在政治上平了反，而且也成了能直接向戈尔巴乔夫提出挑战的人物，成为反对派的领袖。

从俄罗斯政治转型的角度看，第一次全国性选举被称为俄罗斯转型过程中的奠基性选举。从俄罗斯转型实践看，此次选举的确有两点指标性的意义：一是政治多元化已经成为苏共不得不承认的一个事实，苏联党内的民主纲领派实行多党制的要求已无法拒绝；二是苏维埃制度改革。从实际运行看，这与原来的体制并无实质区别，如何解决这一问题？由于苏共内部出现不同派别和一些加盟共和国的党中央欲摆脱苏共中央的领导，苏共派别化和联邦化已成现实，将决策中心从最高苏维埃转回苏共中央已不现实，因此，戈尔巴乔夫开始尝试设立总统制。

1990 年 2 月，苏共中央全会通过了《走向人道的民主的社会主义》纲领草案。纲领从政治转型的视角看，有两点值得关注：一是提出取消苏共对国家及社会团体的领导地位；二是提出国家政治体制实行三权分立，设立享有必要全权的总统制。1990 年 3 月，苏联人民代表大会修改宪法，取消苏联宪法的第六条，同时规定苏联公民有权组织政党，戈尔巴乔夫当选为苏联总统。从 1989 年 5 月苏联第一次人民代表大会到 1990 年 5 月俄罗斯联邦第一次人民代表大会，短短一年的时间里，苏联的政治体制已经经历了两次重大变化：从设立专职议员到取消一党制、设立总统制。

这一年内的政治发展进程对俄罗斯的政治转型产生了重要影响。1990 年 5 月，当叶利钦在俄罗斯召开的第一次人民代表大会上当选俄罗斯最高苏维埃主席后，他马上表示："需要在一年内拟订出关于俄罗斯向总统治理方式过渡的法律。"1991 年 6 月 12 日，叶利钦以 57.3% 的得票率当选俄罗斯总统，俄罗斯 1.06 亿拥有选举权的居民中参加投票的人数为 74.66%。7 月，叶利钦在俄罗斯第五次人代会上宣誓就职。

仅仅一个月后，苏联爆发了"8·19"事件。叶利钦此时的政治威望达到顶峰。但是，创立一个新的民主制度的政体并没有成为叶利钦国家治理的首要议题。此时，解决国家边界和经济问题是叶利钦的两个首选项。

当时，社会情绪认为，就是因为 1988 年以来政治改革的步骤过于频繁，才影响了经济改革的顺利进行。哈斯布拉托夫也对叶利钦表示：一起为经济出力，宪法问题可以先放一放。但是，从 1992 年 1 月 2 日开始施行的"休克疗法"，导致经济形势急剧恶化，叶利钦与人代会之间的矛盾也因经济问题开始激化：人民代表大会和最高苏维埃中批评政府经济改革政策的各种政治派别逐渐成为真正意义上的总统反对派。俄罗斯最高苏维埃主席哈斯布拉托夫、俄罗斯副总统鲁茨科伊成为反对派的头面人物。

经济政策的分歧是对立的直接起因，国家权力体制之争使矛盾进一步加深。表面上看是"民主派"阵营内部在具体改革政策上的分歧，其实核心分歧是俄罗斯应该走什么样的发展道路、建立什么样政权的问题，是按照西方模式建立三权分立的政治制度，还是沿用苏维埃制度之争，是实行议会制还是总统制的权力之争。这种斗争性质决定了斗争的不可调和性。矛盾的激化以 1993 年 10 月的"炮打白宫"结束。新宪法通过。俄罗斯以总统制为核心的国家权力机制正式建立。

可见，俄罗斯政治转型进程中有四个关键节点：开启自由化；第一次全国性的真正差额竞争选举；建立多党制；通过新宪法。这四个节点反映的问题是：俄罗斯的转型是从自由化到民主化再到民主巩固的过程，民主化伴随政治精英的内部分裂，民主巩固需要新宪法的确立。

俄罗斯转型中先后出现过两次双重权力的时候，每逢此时，政治和社会就会出现紧张局面，解决这一问题的出路在于宪政制度的确立。民主关系到权力怎样获得和保持，宪政关系到权力怎样授予、分散和限制。对于在政治转型的基本路径上选择以国家为中心的俄罗斯而言，建立宪政制度尤为重要。

俄罗斯是一个拥有强大执行权力机构的总统制国家。普京就表示，如果总统软弱，就没有强大的俄罗斯。俄罗斯在一个中期历史前景内，需要一个强大的总统制政权。尤其是在稳定、完善的多党制尚未建立的情况下，俄罗斯除了强大的总统制政权，不可能存在其他的民主形式。[1] 梅德韦杰夫也指出，俄罗斯是一个总统制的国家，拥有强大的执行权力机关，这一政体应当维系下去，唯此，俄罗斯联邦才能得以保全。[2] 也就是说，俄罗斯精英阶层认为，俄罗斯政治体制的关键在于不断完善总统治理体系。

在俄罗斯的政治实践尤其是普京前八年的执政中，俄罗斯也确实逐步形成了一种保持宪政民主政体形式并实行总统统一领导的权力体制和管理方式。但是，这种体制是非均衡的民主政体。非均衡，既是指俄罗斯的政治体制在三权互相制约上存在缺陷，也是指现代形态的权力制衡机制——社会力量对国家权力的制约不完备。公民与政权分离的问题，苏联时期存在，当代俄罗斯也没有解决。它的实质是在代议制民主制度的形式下，由政治精英控制一切来确保所谓的政治自由与民主。这是一种一切都要靠上面下达指示才能负起责任的自上而下的体制。普京已经通过任命信任的人担任要职，在政权制度中建立起自己的权力体系，将权力资源集中在自己及其亲信手中。这个精英集团具有对其他集团的优势，成为政治进程中的主导力量。

---

[1] Встреча с участниками международного дискуссионного клуба 《Валдай》, 14 сентября 2007 г., http：//archive. kremlin. ru/appears/2007/09/14/2105_ type63376type63381type82634_ 144011. shtml.

[2] Беседа с представителями СМИ Центрального федерального округа, 24 января 2008 г., http：//www. medvedev2008. ru/live_press_01_24_smi. htm.

　　不得不承认，这是俄罗斯政治转型的一种路径依赖。[①] 政治阶层通过强力维持对国内的控制本来就是俄国历史上政治演变的常态，其国内几乎不存在政府无法控制或协调的势力。俄罗斯政治精英把革命以及 1991 年的解体均看作政治失控的一种教训，所以保留了控制机制以防历史重演。这种控制体现在俄罗斯生活的方方面面：一个主要政党统治国家，缺少多元化的媒体，群众示威活动受到限制，安全部门几乎渗入俄罗斯社会的各个角落。这样的控制特征在普京时期得到了恢复。这种政治实力既不是以金融也不是以经济为基础的，事实上，它的基础存在于政治机构和党派中，缺少真正的反对派，而且得到了军队和安全部门的支持。[②] 这种体制的特征就是民众低度的政治参与，这种民众低参与度的体制无法避免权力配置封闭性所造成的政治腐败和权力失范，如果社会矛盾持续积累，就会极大地削弱大众对社会体制的政治认同，从而造成转型时期的政治合法性危机。

　　俄罗斯转型与发展二十多年了，却越来越走上俄罗斯早已熟悉的道路，那转型的意义何在？尽管存在这些问题，但对俄罗斯的政治转型应该有一个基本判断：俄罗斯建立了宪政制度，并且正走在民主化的道路上。

　　梅德韦杰夫对俄罗斯的民主问题有过详尽的论述。综合起来看，他的观点集中在以下 7 个文献中：2008 年 11 月国情咨文[③]、2009 年 11 月国情咨文[④]、2010 年 1 月在国务委员会关于"政治制度发展问题"会议上的讲话[⑤]、2010 年 4 月在对丹麦进行国事访问前夕接受丹麦广播公司专访谈民主问题、2010 年 6 月在美

[①] 人类社会生活与交往活动中地域性因素作用的结果体现为各种制度的产生，而这些制度不仅规范了某个地域范围内人们的行为，同时也规范了他们的价值观念。这些制度的产生往往具有路径依赖（path dependence）的特征，制度路径依赖的结果又会进一步强化人类社会生活中的地域性特征。唐士其：《全球化与地域性：经济全球化进程中国家与社会的关系》，北京大学出版社，2008，第 4 页。

[②] Lauren Goodrich and Peter Zeihan, "The Financial Crisis and the Six Pillars of Russian Strength," http://www.stratfor.com/weekly/20090302_financial_crisis_and_six_pillars_russian_strength.

[③] Послание Федеральному Собранию Российской Федерации, 5 ноября 2008 г., http://www.kremlin.ru/transcripts/1968.

[④] Послание Федеральному Собранию Российской Федерации, 12 ноября 2009 г., http://www.kremlin.ru/transcripts/5979.

[⑤] Стенографический отчёт о заседании Государственного совета по вопросам развития политической системы России, 22 января 2010 г., http://kremlin.ru/transcripts/6693.

国发表演讲阐述俄罗斯推动创新经济和处理内政外交十大理念①、2010 年 9 月在雅罗斯拉夫尔世界政治论坛上发表题为《现代化国家：民主和效率的标准》的演讲②、2010 年 11 月发表关于俄罗斯政治停滞的博客视频③。

　　他的基本观点体现在如下几个方面。

　　一是如何看待俄罗斯的民主。俄罗斯已经建立起民主制度的基本框架，走在了民主发展的道路上，但存在两点不足。第一，2007 年国家杜马选举没能全面体现选民意志，"2007 年进入国家杜马的政党得到了 90% 以上选民的支持。但同时有近 500 万人把票投给了没有进入国家杜马的政党。这些人没有得到联邦一级的代表席位，尽管他们也表现出了公民积极性，参与了选举。这种不公平现象应当得到纠正"。第二，俄罗斯政治体系没有效率，"我们的国家机关成为最大的雇主、最活跃的出版者和最佳制片人，它自己就是法院、政党和人民。这样的系统绝对是没有效率的，并且只会催生出腐败。它助长大众的法律虚无主义，违背宪法，妨碍创新型经济和民主制度的发展"④。

　　二是如何看待经济与政治的关系。现代化的基础是建立在知识基础上的智慧型经济，而智慧型经济就需要智慧的人来完成，要想实现这一点，就必须在政治上灵活，适应社会多元性和思想文化的多样性。俄罗斯政治还处于企图借助简单的行政命令控制复杂社会进程的愚蠢阶段。⑤ 推动创新经济和处理内政外交的十大理念是：希望俄罗斯著名的人才有机会实现自我；所有俄罗斯公民都能得到所需要的最广义信息；维护所有权；俄应成为创新发展的带头人；俄需要强大的金融体系；让人民保持健康；最大限度地提高司法制度的威信；确保国家稳定；准备在平等和尊重国际法的原则基础上向与俄合作的人做出妥

---

①　Кремниевая долина впечатляет и вдохновляет, 24 июня 2010 г., http://www.kremlin.ru/transcripts/8160.

②　Выступление на пленарном заседании мирового политического форума 《Современное государство: стандарты демократии и критерии эффективности》, http://www.kremlin.ru/transcripts/8887.

③　Наша демократия несовершенна, мы это прекрасно понимаем. Но мы идём вперёд. 23 ноября 2010 г., http://www.kremlin.ru/news/9599.

④　Послание Федеральному Собранию Российской Федерации, 5 ноября 2008 г., http://www.kremlin.ru/transcripts/1968.

⑤　Стенографический отчёт о заседании Государственного совета по вопросам развития политической системы России, 22 января 2010 г., http://kremlin.ru/transcripts/6693.

协；俄罗斯外交政策面向未来。① 俄罗斯是年轻的民主国家，但已经走过了非同寻常的道路，对俄罗斯这种国家来说这又是非常迅速的。俄罗斯的政治体制不断发展，其基础业已形成，当然是宪法规定的，这个体制将确保每个公民有可能实现自己的宪法权利。同时，俄罗斯不能保证不犯错误，需要完善国家的政治体制。②

三是如何看待民主的标准。各国应遵循的五大"民主标准"：第一，在法律上体现人道主义价值观和理想；第二，国家要确保高超的技术发展水平；第三，要有保护自己公民不受犯罪团体侵害的能力；第四，要有高度的文化、教育、沟通及信息交流水平；第五，公民要有对自己生活于一个民主国家的坚定信念。③ 民主可能有多样性，而且民主有自己的历史渊源，但是共同的价值观终归会把我们联系在一起，在这个意义上有必要做这项工作。④

梅德韦杰夫 2010 年 11 月的国情咨文出人意料地未表达关于政治体制改革的观点。但这之后，梅德韦杰夫在其他场合又接连发表了一些其一以贯之的观点。2010 年 12 月 22 日，梅德韦杰夫访问印度，与大学生交流的时候明确表示，俄罗斯没有成为"超级大国"的奢望，俄罗斯愿意成为正常国家。⑤ 2010 年 12 月 27 日，俄罗斯召开国务委员会和国家项目委员会的联合会议，这次会议原本计划讨论扶持家庭和妇女儿童的问题，但针对球迷骚乱而引发的民族极端主义，梅德韦杰夫把会议重点放在了民族关系问题上。他明确表示，苏联时期处理民族问题的经验不可取。梅德韦杰夫说："能不能复制苏联时期的做法呢？我和你们都是实际的人，我们知道，这是不可能的。这样的实体并非建在纸上，也不是总统下令

---

① Кремниевая долина впечатляет и вдохновляет, 24 июня 2010 г., http://www.kremlin.ru/transcripts/8160.

② Кремниевая долина впечатляет и вдохновляет, 24 июня 2010 г., http://www.kremlin.ru/transcripts/8160.

③ Выступление на пленарном заседании мирового политического форума 《 Современное государство: стандарты демократии и критерии эффективности 》, http://www.kremlin.ru/transcripts/8887.

④ Выступление на пленарном заседании мирового политического форума 《 Современное государство: стандарты демократии и критерии эффективности 》, http://www.kremlin.ru/transcripts/8887.

⑤ Александр Корчницкий, Россия не будет бороться за статус сверхдержавы, 22 декабря 2010 г., http://www.utro.ru/articles/2010/12/22/945720.shtml.

建成的，而是全社会努力的结果。"梅德韦杰夫认为，苏联是建立在意识形态上的、制度森严的国家，而当代俄罗斯是另一种国家，不能把过去的办法照搬到现在。但同时，苏联时期提倡的"一种共性、一个整体"的思想是完全可以实现的，但需要通过其他方法。"俄罗斯同为一族的思想是有效的，没必要羞于提起它。我们确实需要研究出新的办法，尽管我们有时在提到这种新的苏联时期人民的共性时还会付之一笑。事实上，这种思想是绝对正确的。"①

2010 年 4 月，梅德韦杰夫说："其一，俄罗斯的民主绝不能超前。我不认为，我们正处于一种最低级的民主发展阶段，但我们暂时还不是那种已有了一百五十年、两百年或三百年历史的民主。俄罗斯的民主总共也就二十年。苏联没有民主，沙皇时期同样没有任何民主。因此，我们国家从传统意义上理解有一千多年了，但从民主意义上说，是二十年。其二，俄罗斯不用为自己发明任何新的民主价值观。当前俄罗斯处于世界发展的主流。其三，民主理应符合社会和经济制度的发展水平，因此，如果我们的民主逐步平稳地发展，那它就不会对国家存在和国家的完整构成任何威胁。但如果企图越过各阶段，推行未经我们历史检验的制度，当然，就有可能打破形势的平衡。我不想隐瞒，我们 20 世纪 90 年代在这方面曾出现过问题，分离主义卷土重来，高加索地区尤其突出，但我希望，我也相信，这一阶段已成为过去。"② 也就是说，俄罗斯的民主历史很短，民主化只能"逐步平稳地发展"，否则就会威胁到国家的生存和完整。但是，俄罗斯实行的民主不是什么别的民主，而正是世界上已"有一百五十年、两百年或三百年历史的民主"，俄罗斯已进入"世界发展的主流"。

"统一俄罗斯"党第十次代表大会宣布把"保守主义"作为党的意识形态，强调"俄罗斯应当在保守主义价值基础上完成现代化的任务"。什么是俄罗斯的"保守主义"呢？按照该党最高委员会主席、国家杜马主席格雷兹洛夫的说法，就是："爱国主义、重视家庭、历史记忆、尊重传统、健康和民族繁荣、保护私

---

①　Стенографический отчёт о совместном заседании Госсовета и Комиссии по реализации приоритетных национальных проектов и демографической политике, 27 декабря 2010 г., http：//www. kremlin. ru/transcripts/9913.

②　Интервью датской радиовещательной корпорации, 26 апреля 2010 г., http：//www. kremlin. ru/transcripts/7559.

有财产、尊重法律，民族和信仰的和谐。"① 可见，"统一俄罗斯"党的"保守主义"实际上就是上面所说的俄罗斯的"传统"。格雷兹洛夫还认为，现代化与保守主义并不矛盾，"因为只有实现经济、社会领域和国家管理的现代化，才能保持俄罗斯的价值和历史记忆，保持俄罗斯作为一个强国的所有一切"②。

第二节　新选举周期的政治特点

2015 年 9 月 2 日，根据 2014 年 2 月修订的《国家杜马选举法》的规定，俄罗斯中央选举委员颁布了关于 2016 年国家杜马选举的两项法律。③ 俄罗斯新一轮选举周期开始了。

俄罗斯进入新选举周期，政治形势出现的新特点是执政团队需要加强政治运作，确保政权党"统一俄罗斯"党在 2016 年国家杜马选举中继续维持一党主导的地位，以保持俄罗斯的政治稳定。这是普京政权 2016 年最重要的政治目标。普京采取的举措是严格管控反对派利用非营利性组织和网络公共空间开展组织和动员活动，严格控制政党制度和议会制度的运行机制。普京面临的政治挑战是经济衰退对于政治稳定的影响以及国际恐怖主义对国家安全的威胁。

苏联解体后，每当俄罗斯进入新选举周期，政治生态都会呈现国内各派政治理念交锋活跃、各派政治力量分化组合明显、西方积极评论俄罗斯国内政治局势的特点。这次新选举周期难以摆脱上述特点，这首先与 2012 年普京再次执政以来俄罗斯面临的国内外形势有关。

新选举周期俄罗斯面临复杂的国际局面及欧亚地区形势。可以说，普京 2012 年再次执政以来，受制于上述国际秩序的嬗变，俄罗斯内外政策的变化呈

---

① Сохранить и приумножить: консерватизм и модернизация – Борис Грызлов, председатель Высшего совета партии "Единая Россия", председатель Государственной думы, http: // www. izvestia. ru/politic/article3136012/.

② Сохранить и приумножить: консерватизм и модернизация – Борис Грызлов, председатель Высшего совета партии "Единая Россия", председатель Государственной думы, http: // www. izvestia. ru/politic/article3136012/.

③ О схеме одномандатных избирательных округов для проведения выборов депутатов Государственной Думы Федерального Собрания Российской Федерации, http: //www. cikrf. ru/law/decree_ of_ cec/2015/09/02/304 – 1740 – 6. html.

现孤立主义的倾向。这种孤立主义不是地缘政治意义上的，而是文化和心理上的。这与苏联时期的表现有所不同。苏联时期是主动建立对立阵营，当前是俄罗斯的举措造成西方的围堵和制裁。俄罗斯孤立主义的倾向和"围城战略"的定位集中体现在 2014 年 12 月俄制定的新版军事学说、2015 年 10 月普京在瓦尔代国际辩论俱乐部（简称瓦尔代俱乐部或瓦尔代）年会上的讲话以及 2015 年 12 月俄制定的新版国家安全战略中。需要指出的是，虽然俄罗斯孤立主义心态占据上风，但是俄罗斯的精英阶层毫不讳言地指出：无论在经济上、政治上，还是在心理上，俄罗斯都不打算离开欧洲大陆，俄罗斯与西方合作与伙伴关系的战略方向不会改变。①

政治挑战之一是经济衰退对于政治稳定的影响。2015 年，俄罗斯面临西方制裁、经济衰退、油价低位等挑战，俄罗斯的经济社会发展面临困境，普京2012 年上台之初制定的发展规划难以落实。② 但是，从 2015 年 9 月的地方选举看，政权党"统一俄罗斯"党在除了伊尔库茨克州以外的地方选举中都大获全胜，这说明普京执政基础雄厚，控局能力强。2015 年的经济衰退并没有对俄罗斯国内政治稳定产生实质性影响。

政治挑战之二是国际恐怖主义对俄罗斯国家安全的威胁。"伊斯兰国"组织2014 年 6 月宣布成立"哈里发政权"，此后开始吸引一些团体和武装人员对其宣誓效忠。2015 年其发展迅猛并出现两个新特点。第一，综合性。"伊斯兰国"有自己的根据地，财源丰富，招募手段多样化，这构成了新的危险。在"9·11"事件之后，恐怖主义已经改头换面，其危险和强大正以新的方式体现，并将对大部分身陷边缘化伊斯兰世界的贫穷人口充满诱惑力。第二，意识形态化。"伊斯兰国"不仅是一个组织，更是一种思想。"伊斯兰国"的思想纲领是在穆斯林居住的所有地方建立"大哈里发国家"，它带有"伊斯兰哈里发国"的全部特征（伊斯兰教法典，强行推行伊斯兰化，迫害俘虏、异教徒和异见者）。这对其他极端组织具有极大的吸引力，因而其武装分子人数迅速增长。

---

① Дмитрий Медведев, Новая реальность: Россия и глобальные вызовы, 23 сентября 2015, http：//www. rg. ru/2015/09/23/statiya-site. html.

② 普京在 2012 年 12 月 12 日的总统国情咨文中指出，大选前他已经发表了 7 篇竞选文献，而且就职当天还签署了 10 多项总统令。这些文件已经涵盖了俄罗斯的经济发展、社会管理、民生保障、对外政策以及军事建设等领域，是对俄罗斯的立场、近期以及中长期计划的详细阐述。

上述新特点导致恐怖主义出现新趋势。第一，"伊斯兰国"的存在及扩张之势已成为国际社会面临的真正威胁。第二，"伊斯兰国"事实上正在替代"基地"组织，在意识形态领域尤其如此。它不仅想重塑中东地区的意识形态，而且想要重塑该地区的政治制度。第三，恐怖分子的动向日趋复杂。"伊斯兰国"成员中有很多西欧人，其归国者中必然有准备在本国制造恐怖事件的企图。此外，反移民、退出欧盟、叫嚣极端民族主义的欧洲极右翼势力也逐渐坐大。欧洲的稳定与发展面临令人意想不到的危险，难民潮有可能只是一系列问题的开端。

国际恐怖主义出现的上述变化对俄罗斯国家安全形成挑战。俄罗斯军事介入叙利亚危机和组建新反恐联盟，都是基于自身国家利益做出的决策。军事打击不是目的，也不可能取得军事胜利，其目的是稳定国内局势和维护国家安全。

俄外交和安全政策的实质内容可归纳为两点：第一，俄是世界大国，是多极化世界中独立的一极；第二，俄是独联体范围内的"超级大国"，俄罗斯在这一地区居"首领地位"，对这一地区的和平和稳定"负有特殊责任"。

正是基于上述特点，2015年俄罗斯高调反恐具有多重目的：一是维护叙利亚合法政权，确保俄罗斯的地缘政治利益；二是要先发制人，避免恐怖主义蔓延至北高加索地区；三是要转移西方世界对尚未解决的乌克兰危机的注意力；四是要提振国内民众情绪，显示俄罗斯恢复大国地位的荣耀；五是要保住民意的支持，掩饰乌克兰战略的局限性和当前经济形势的颓势；六是要以打促谈，希望扭转与西方的被动关系。

尤其需要指出的是，俄罗斯高调反恐的国内因素值得关注，即俄罗斯国内伊斯兰教的政治化问题。伊斯兰教的政治化即伊斯兰主义是俄罗斯联邦社会制度及国家体制面临的最严峻威胁之一。其表现之一是俄罗斯穆夫提委员会中的不少成员经常发表与俄罗斯国家利益不相契合的主张，极端主义分子甚至从思想意识上将北高加索地区与俄罗斯的其他地区剥离开来。其表现之二是"瓦哈比院外集团"已经形成，并发展成为一个具有较高管理水平的专业团体。其表现之三是皈依伊斯兰教的俄罗斯族人参与北高加索地区的叛乱是俄罗斯国内安全威胁的一个新动向。其表现之四是北高加索地区安全问题，北高加索地区安全的主要威胁就是旷日持久的恐怖活动。恐怖分子的目的是在北高加索建立"伊斯兰国家"。车臣问题是俄罗斯政府处理高加索地区稳定与安全的一个缩影。

对于俄罗斯来说，在"收回"克里米亚和遭受西方制裁后，俄内外困境加剧，经济一蹶不振，国际孤立日益严重。高调反恐，有助于俄罗斯转移国际社会视线，从东乌克兰抽身，摆脱乌克兰困局。俄罗斯从争夺"新俄罗斯"转为打击"伊斯兰国"，俄罗斯希望通过高调反恐，扭转其外交被动局面，改善本国形象，促进与西方关系的改善，为国内稳定与发展创造良好条件。

为了应对俄罗斯进入新选举周期的政治生态，普京采取了一系列政治决策。

第一，严格管控反对派利用非营利性组织和网络公共空间开展组织和动员活动。

在 2011~2012 年反对派发起的所谓"为了诚实的选举运动"中，非营利性组织和互联网成为反对派组织和动员的重要工具。俄罗斯的非营利性组织发展壮大，互联网深度介入政治生活，网络公共领域出现。普京政权对非营利性组织、网络公共领域进行了有针对性的管控。一是管控非营利性组织。2012 年俄杜马通过了有关"外国代理人"的法案，严控境外资金；2015 年 5 月，总统普京签署了《不受欢迎组织法》，可以不通过法院判决禁止外国和国际组织在俄罗斯的活动。① 二是针对网络公共空间。2012 年至今，俄罗斯出台了一系列管理网络空间的法案，从"网络黑名单法""反盗版法""封闭极端主义网站法案"到"博主法案"。网络监察制度的法律基础已建立起来。管控的力度比对电视、广播和报纸等传统媒体的管控要大。俄罗斯反对派对此猛烈攻击普京，声称普京建立了新型的书报检查制度。但是，普京正是通过上述社会领域的国家治理，把反对派利用非营利性组织和网络空间动员民众和发挥影响力的途径基本堵死，使反对派陷入有劲使不出来的窘境。

从 2011 年第六届国家杜马选举结束以来，普京实行法律维稳，加强对政治和社会组织的管理，加强网络管理和监控，限制和打击政治反对派和非政府组织的违法活动。反对派若再想利用网络和社会组织动员并展开大规模活动已非易事。苏联时期俄罗斯社会具有总体性社会的特征，也被称为全能主义社会。社会体系国家化，国家几乎垄断全部重要资源，这种资源不仅包括物质财富，也包括人们生存和发展的机会及信息资源。苏联解体后，物极必反，叶利钦时期俄罗斯是弱国家强社会的模式，这种自发性的特点一直持续到"颜色革命"。2005 年开

---

① Путин подписал закон о "нежелательных организациях", 23 мая 2015, http://tass.ru/politika/1990676.

始，受到"颜色革命"的影响，普京政权开始修改非营利性组织法，限制非营利性组织的发展，2012 年以后，国家权力进一步实现了对政治公共空间的掌控。

第二，严格控制俄罗斯政党制度和议会制度的运行机制，反对派无法在现有体制内向普京政权发难。

经过修改的《俄罗斯联邦政党法》于 2012 年 4 月 4 日起生效。组建政党的最低人数要求由 4 万人降低至 500 人，取消了关于政党各地区分部的成员最低人数限制以及至少在半数联邦主体拥有分部的要求。另外，对政党提名的总统候选人和独立参选人征集签名的数量要求也大幅度减少，独立候选人需要的签名数量为 30 万人，议会外政党候选人为 10 万人，同时取消政党需要征集签名才能参加国家杜马选举的规定。2016 年 3 月 1 日，按照司法部的资料，俄罗斯有政党77 个。①

普京从政治运行机制上确保杜马选举的结果不出意外。在政党制度上，降低建党门槛，但不允许成立政党选举联盟，这实际上分散了反对派的力量。在选举制度上，从比例代表制调回混合选举制，但是又在 2013 年 6 月将全俄人民阵线改组为社会运动，联合 1000 多个社会组织，意在争夺未来单一选区的名额。普京的执政基础有"统一俄罗斯"党和"人民阵线——为了俄罗斯"社会运动的双保险，足以应对局势变化。

联邦制度改革主要就是联邦主体地方行政长官的选举方式问题。2012 年 5 月 2 日，梅德韦杰夫签署了恢复直选州长的法令，从 6 月 1 日起生效。根据直选州长的新法令，地方直选途径一是由政党推选候选人。没有规定必须进入地方议会的政党才有权推选，只要在司法部注册的政党都可以推选。而且，各政党既可推选该党成员，也可推选无党派人士为当地行政长官候选人。但政党候选人需要和总统协商。途径二是自我推举，但签名人数和程序需要地方法律规范。而且，总统有权对其认为渎职或不能解决利益冲突的地方长官解除职务。联邦主体居民通过直接投票的方式从候选人中选举出地方长官。2013 年，地方行政长官选举方式再次改革。3 月 2 日，普京签署法律，地区有权选择保留行政长官直选或者实行由地区立法会议选举行政长官的程序。如果有联邦主体决定取消地方行政长

---

① Список зарегистрированных политических партий，http：//minjust. ru/ru/nko/gosreg/partii/spisok.

官直选，那么在议会中拥有席位的各政党均有权向联邦总统推举 3 名地方行政长官候选人，联邦总统最终确定 3 名人选提交地方议会审议，地方议会从这 3 人中选出地方行政长官。达吉斯坦共和国和印古什共和国最先执行这一选举程序，两位共和国主席由地方议会选举产生。

通过上述政治领域的国家治理，普京政权不动声色地牢牢掌控住了政治局势，反对派更加式微。政治领域国家治理的特点是表面上的竞争性、实质上的控制性。

第三，有针对性地采取政治举措以确保"统一俄罗斯"党的政治地位。

首先，确定单一选区的数量和划分标准，以有利于"统一俄罗斯"党取胜。2015 年 9 月 2 日，俄中选委颁布了两项法律。一是公布了各联邦主体单一选区的数量。全国共 225 个选区，其中，莫斯科独占 15 个单一选区，莫斯科州是 11 个，圣彼得堡和克拉斯诺达尔边疆区是各 8 个，罗斯托夫州和斯维尔德洛夫州是各 7 个。其他联邦主体少数是 5 个左右，基本都在 1~2 个。二是宣布了单一选区的划定标准。单一选区按人口划分，基本上每个选区的人口平均在 50 万人左右，同时确保每个联邦主体至少有一个单一选区。按照这一标准，中选委公布了225 个选区具体的行政区划位置。①

可见，莫斯科、圣彼得堡等联邦主体是俄罗斯政治地理空间中的核心区域，也是单一选区的重点区域。在 2016 年的国家杜马选举中，即使"统一俄罗斯"党在莫斯科市按照党派原则的比例代表制竞选中不尽如人意，但是凭借行政资源和"人民阵线——为了俄罗斯"社会运动的力量，可以在单一选区中获胜，这样就避免了上一届国家杜马选举中"统一俄罗斯"党在莫斯科得票率不得力的情况。也就是说，至少目前看，混合选举制有利于"统一俄罗斯"党。这是普京表面上增加政治竞争性、实际上反而加强了政治控制性的又一举措。

其次，地方选举后，"统一俄罗斯"党采取了几项初步竞选举措，稳步推进竞选工作。2015 年 9 月 13 日，俄罗斯举行了 2016 年国家杜马选举前的最后一次地方选举。在这次地方选举中，有 16 个政党的 98 名候选人登记参选在 21 个联邦主体进行的行政长官选举，平均每个地方有 5 名候选人参选。有 39 个政党参

---

① О схеме одномандатных избирательных округов для проведения выборов депутатов Государственной Думы Федерального Собрания Российской Федерации, 2 сентября 2015 г. № 304/1740-6. http://cikrf.ru/law/decree_of_cec/2015/09/02/304-1740-6.html.

与竞选 11 个联邦主体的地方议会议员。其中,"统一俄罗斯"党没有像 2014 年那样大获全胜。在伊尔库茨克州,共产党候选人以 56.39% 的得票率战胜了"统一俄罗斯"党的候选人,后者得票率为 41%。[①] 俄共总体得票率高于 2014 年,地方选举没有出现主要议会党派默契一致的政治现象。对地方选举暴露出来的一些问题,"统一俄罗斯"党迅速采取了三项措施。

一是 2015 年 9 月 24 日,梅德韦杰夫发表了实际上带有竞选纲领色彩的文章,即在《俄罗斯报》发表题为《新现实:俄罗斯与全球挑战》的文章,阐述了其时代观、战略观和发展观。[②] 这与 2009 年 9 月 10 日梅德韦杰夫发表的《前进,俄罗斯!》一文阐述俄罗斯新政治战略有异曲同工之处。这篇文章在多大程度上代表了普京团队的思想,值得关注。

二是 2015 年 10 月 22 日,"统一俄罗斯"党宣布,将于 2016 年上半年举行代表大会,为国家杜马选举做准备。这次代表大会分两阶段召开:2016 年 5 月 22 日以无记名投票选出参加党派选举和单一选区选举的候选人名单,随后在 6 月的大会中正式确认该名单。[③]

三是 2015 年 10 月 24 日,"统一俄罗斯"党宣布,为了 2016 年国家杜马选举,实行候选人培训项目。[④] 从 2015 年 12 月 3 日的国情咨文看,普京还把反对派最具代表性的口号——"为了诚实的选举"接了过来,他在国情咨文中号召 2016 年国家杜马选举要诚实透明,从而率先占领政治道德的高地。

"统一俄罗斯"党的准备工作扎实推进。除通过地方选举确保地方领导人产生于"统一俄罗斯"党,从而确保中央对地方的控制外,"统一俄罗斯"党还通过决议任命或更换了可能影响政治稳定的敏感区域的地区执委会负责人,如在克里米亚及塞瓦斯托波尔、北奥塞梯和达吉斯坦等地区。此外,自由派右翼势力和俄共等左翼势力或者领导层老化,或者无人可推,根本无法同普京抗衡;反对派

① В Иркутской области избран новый губернатор, http://www. 1tv. ru/news/print/293087.

② Дмитрий Медведев, Новая реальность: Россия и глобальные вызовы, 23 сентября 2015, http://www. rg. ru/2015/09/23/statiya-site. html.

③ Фракция 《Единая Россия》 обсудила процедуру предварительного голосования, 22 октября 2015, http://er. ru/news/136052/.

④ В декабре 《Единая Россия》 запустит новый проект 《Кандидат》, 24 октября 2015, http://er. ru/news/136137/.

更是难有作为。普京执政的精英资源和政治基础安如磐石，为 2018 年总统大选打下了坚实基础。

第三节　新选举周期的政治控制

第七届国家杜马选举前在司法部登记的政党数目为 77 个，其中有 75 个政党宣布参加国家杜马选举。2016 年 6 月 17 日，普京签署总统令，确定 9 月 18 日举行第七届国家杜马选举。① 2016 年 6 月 22 日，经俄罗斯中央选举委员会确认，共有 14 个政党获准参选。② 2016 年 9 月 18 日，俄罗斯举行第七届国家杜马选举。根据 2014 年通过的《国家杜马代表选举法》第 3 款规定，第七届国家杜马选举采取混合选举制产生 450 席杜马议员，即其中 225 席由政党比例代表制产生，另外 225 席由单一选区多数选举制产生。③

一　国家杜马选举结果实现政治控制目标

首先看全联邦区政党比例代表制选举结果。只有获得 5% 得票率以上的政党才有资格进入由比例代表制决定的 225 席中。根据 2016 年 9 月 23 日中央选举委员会的最终统计结果，"统一俄罗斯"党得票率为 54.2%，俄罗斯共产党得票率为 13.34%，俄罗斯自由民主党得票率为 13.14%，公正俄罗斯党得票率为 6.22%。其他政党未能跨过 5% 得票率的资格线。

其次看单一选区多数选举制选举结果。由 225 个单一选区选举产生的席位中，"统一俄罗斯"党赢得 203 席，俄罗斯共产党获 7 席，俄罗斯自由民主党获

---

① Указ Президента Российской Федерации от 17 июня 2016 г. N 291 "О назначении выборов депутатов Государственной Думы Федерального Собрания Российской Федерации нового созыва", https：//rg. ru/2016/06/17/ukaz-dok. html.

② Постановление Центральной избирательной комиссии Российской Федерации от 22 июня 2016 г. N 13/106 – 7 г. Москва О списке политических партий, на которые распространяется действие части 2 статьи 44 Федерального закона от 22 февраля 2014 года N 20-ФЗ "О выборах депутатов Государственной Думы Федерального Собрания Российской Федерации", https：//rg. ru/2016/06/29/partii-dok. html.

③ Федеральный закон от 22. 02. 2014 г. № 20-ФЗ, О выборах депутатов Государственной Думы Федерального Собрания Российской Федерации, http：//www. kremlin. ru/acts/bank/38146/page/1.

5 席, 公正俄罗斯党获 7 席。此外, 祖国党和公民平台党以及一名自我提名的无党派独立候选人各获得单一选区一个议席。

综合统计两种方式的选举结果, 新一届国家杜马席位分配为: "统一俄罗斯"党获得新一届杜马 343 个议席 (上届 238 席), 俄罗斯共产党、俄罗斯自由民主党、公正俄罗斯党分获 42 个、39 个和 23 个议席 (上届分别为 92 席、56 席、64 席)。①

第一, "统一俄罗斯"党在政党比例代表选举中的大胜出乎意料。选前各种评论和分析对于该党获国家杜马宪法多数席位并无异议, 毕竟该党在单一选区占据明显优势。焦点集中在该党在政党比例代表制的选举预测上。在选前最后一次公布的民调中, "统一俄罗斯"党并不被看好。民调显示, 该党在全联邦区选举中仅有 41% 的支持率。② 但是, 最终选举结果显示, 该党在政党比例代表制选举中的得票率大大高出选前民调, 而且该党还创造了建党以来参加历届国家杜马选举的最佳成绩。

第二, 俄罗斯自由民主党与俄罗斯共产党势均力敌。自由民主党在 1993 年第一届杜马选举时曾异军突起, 斩获议会大党地位, 但自此之后, 该党始终徘徊在 10% 左右的得票率, 在历次选举中始终排在第三。但是, 在此次选举的选前民调、选举投票以及选后计票的整个过程中, 该党始终紧紧咬住俄罗斯共产党, 甚至在计票过程中一度反超俄共, 最后的选举结果也与俄共势均力敌。

第三, 单一选区选举未出现任何意外。"人民阵线——为了俄罗斯"社会运动 (此前称全俄人民阵线) 蓄力五年, 功不可没。选前"统一俄罗斯"党让出了 19 个单一选区, 只参加 206 个单一选区的选举, 最终"统一俄罗斯"党赢得 203 个单一选区。既确保了在单一选区的绝对优势, 又给了小党参政的机会, 尤其是体制内四党以外的小党赢得了个别席位: 祖国党领导人茹拉夫廖夫、公民平台党的领军人物沙伊胡特季诺夫在各自选区胜出, 各获得 1 席。实际来自"统一俄罗斯"党的弗拉季斯拉夫·列兹尼克独立参选获得 1 席。

① Постановление ЦИК о результатах выборов депутатов Госдумы, https: //rg. ru/2016/09/24/postanovlenie-dok. html.

② Александра Белуза, Глаз народа - социологи замерили рейтинги партий перед выборами, https: //rg. ru/2016/09/09/sociologi-zamerili-rejtingi-partij-pered-vyborami-v-gosdumu. html.

第四，公开投票率创历史最低。此次选举投票率仅为47.88%，比上届选举剧减近13%（第六届选举投票率达60.2%）。2006年12月6日，普京在2007年第五届杜马选举前曾经签署有关"取消任何选举中最低投票率的限制"的法律修正案。这个法律规定在此次选举中第一次派上用场。如果没有这个规定，此次选举未过选民半数的事实将造成选举无效，那就会对普京的政治布局乃至政治稳定都会产生不利影响。投票率低的原因主要有两个。一是由于缺乏政治竞争性，社会政治冷漠情绪加重。俄罗斯目前有2700万18~30岁人口，占俄罗斯投票人口的20%，这一年龄段是参与投票率最低的群体。对政治缺乏兴趣是目前俄罗斯年轻人的特点，在2011年大规模抗议活动后，俄罗斯年轻人已经逐渐适应了现行体制并改变了态度。[①] 二是在2015年12月3日的国情咨文中，普京已经把上届国家杜马选举中反对派最具代表性的口号——"为了诚实的选举"接了过来，在国情咨文中号召2016年国家杜马选举要诚实透明。此次选举技术环节最大限度地确保了公开透明，电子技术的广泛引用导致很难作弊。这从北高加索地区比较正常的投票率可见一斑。另外，有很多评论也指出，9月恰逢俄罗斯放假和农忙时节，对投票率也有一定影响。

第五，其他党派与进入新一届杜马的四党差距明显。其他获准参选的10个政党的得票率基本维持在1%左右，选前针对国家杜马的准入门槛，有政治力量提出：从原来7%门槛降至5%还不够，应该降到3%。此次选举结果证明，其他党派政治力量薄弱，甚至很难达到1%的得票率。从这个角度看，2011年以来的政党制度改革表面上增强了政治竞争性，实际上实现了更加严密的控制。诸多改革举措并没有改变俄罗斯国内政治力量的对比。

总之，"统一俄罗斯"党在新一届国家杜马中赢得343席，获2/3以上宪法多数席位，延续一党主导的政党格局。该党自2011年以来，通过清党、党内领导机构差额选举、党内预选等方式加强了党内建设。2010年人口普查时，俄罗斯人口有1.42亿，"统一俄罗斯"党最近一次党员人数统计是211万余人，[②] 占

---

① Пилар Бонет, Молодые россияне — от протеста к адаптации, http://inosmi.ru/social/20160919/237882747.html.

② "Очередной год провалов и нереализованных обещаний". Обзор основных событий в жизни партии 《Единая Россия》 в 2013 году, https://kprf.ru/opponents/er/127085.html.

人口总数接近 1.5%，可见发展迅猛。从政权党的地位和效率中可以判断出政权内部的情况。衰弱而力量涣散的政权永远不可能建立强大的政权党。在叶利钦时期，政权党往往不能在议会中获得多数席位。现在"统一俄罗斯"党的地位也说明了普京政权的稳固。

2016 年俄罗斯国家杜马选举的结果实现了普京政权保持俄罗斯政治稳定的目标，为普京运筹 2018 年总统大选奠定了坚实基础。作为政权党的"统一俄罗斯"党可在此届杜马中更有效地配合政府推行内外政策。这一选举结果也直接影响普京此后两年的国家治理，乃至为 2018 年总统大选的排兵布阵提供了保障，夯实了基础。

2017 年俄罗斯处于 2016 年国家杜马选举和 2018 年总统大选的"中期"阶段。普京政权的首要任务是确保这一选举周期政治的平稳过渡。普京政权在政治控制和社会治理上采取了严密的举措：加强政权党的控制力，挤压反对派的政治空间；在面对反对派示威游行、恐怖主义袭击、"颜色革命"等威胁时，通过多种手段维稳，保障选举前稳定的政治和社会环境。通过一年的政治治理，2017年俄罗斯实现了政治稳定，2018 年总统大选普京取得大胜。

二 普京参选面临的问题与应对举措

2017 年 12 月 6 日，普京宣布参加 2018 年总统大选。由于普京的控局能力超强，反对派的社会基础十分薄弱，普京再次当选稳操胜券。

第一，尽管 2016 年国家杜马选举结果对普京大为有利，但是从 2018 年总统大选的前景看，普京在执政上还面临一些新问题。

2017 年俄政治反对派颇为活跃。在全俄范围内爆发了多次抗议示威运动。2017 年 3 月 26 日，俄发生全国性的政治抗议活动，抗议活动的规模和人数是 2011 年"为了诚实的选举"运动之后最大的一次。6 月 12 日，在俄罗斯日这一天，反对派游行再次在俄多个城市举行。体制外反对派不断发声，以图提升自己的影响力，希望能在 2018 年的总统选举中有所表现。

一是俄民众对目前经济状况、生活水平下降不满。从 2017 年几次抗议运动看，在俄遭遇西方制裁和经济发展迟缓的背景下，民众生活水平下降，而民生问题与部分官员的贪腐问题形成对比，容易引起社会不满情绪。

二是互联网和社交媒体作为新兴媒体成为抗议活动的主要传播手段，以纳瓦利内的行动为代表。从 2017 年的实际情况看，尽管对媒体管控严格有加，但是对互联网和社交媒体上各种信息的传播速度难以控制，网络的影响力超越了传统媒体，新媒体尤其是网络媒体传播的广度和深度日新月异。

第二，面对执政中出现的问题，普京从几个方面采取举措应对总统大选：通过不断加强"统一俄罗斯"党的组织建设来巩固一党主导的政党格局；以挤压政治反对派生存空间来制衡政治对手；从法律维稳到前瞻性维稳直面恐怖主义和"颜色革命"的威胁等。

一是不断加强"统一俄罗斯"党的组织建设，巩固该党主导的政党格局。"统一俄罗斯"党在 2016 年国家杜马选举中赢得宪法绝对多数席位，一举收获 343 席，获 2/3 以上宪法多数席位，强势延续一党主导的政党格局。如此，"统一俄罗斯"党可以在国家杜马中独自通过包括宪法修正案在内的任何法律，这为普京布局 2018 年总统选举、调整国家内外政策提供了坚实的政治基础。

二是加强社会思潮的疏导，引领民意对政权的支持。自 2014 年克里米亚"回归"俄罗斯以来，普京的支持率就一直维持在 80% 以上。而后，虽然"后克里米亚共识"的热度有所衰减，但普京的支持率仍维持在很高的水平。而在 2012 年，普京是在全国上下的反对声浪中再次当选总统的。2014 年以来，国家的经济和政治困难巩固了"支持普京的大多数"，大多数俄罗斯人在乌克兰危机、西方制裁这些"决定命运的时刻"选择团结在总统周围，其主要理由是普京没有向西方屈服，其独立自主地制定了国家的发展道路，最大限度地保证了社会公平。[①]

三是完善政治治理方式，管控反对派在体制内的政治空间。普京已在俄罗斯的政党制度、议会制度、联邦制度和选举制度的运行机制上采取了相互关联、完整一体的举措。而且，设置重重约束，使体制外反对派很难参与政治生活。纳瓦利内曾是反对派中最有号召力的领袖，一度成为普京最大的政治对手。2018 年 1 月 12 日，根据中央选举委员会发布的公告，纳瓦利内被禁止参加总统大选。根据俄罗斯刑法第 4 款第 160 条，纳瓦利内因"基洛夫森林"事件，于 2017 年 2 月 8 日被基洛夫地方法院判处有期徒刑五年，缓期执行。根据俄罗斯选举制度，犯有严重罪行的公民十年内无权参加选举，这样，有犯罪记录的纳瓦利内就失去了作为候选人的资格。同时，根据相关制度设计还排除了建立政党联盟的可能

---

① Сергей Серебров, 2014-й — год прощания со стабильностью, 24 декабря 2014 г..

性。因此，反对派力量薄弱且不能有效联合，像纳瓦利内这样的体制外反对派除了搞街头政治，无法参与国家政治生活。这些举措都为普京政权运筹2018年总统大选打下了良好的政治基础。

四是加强社会管理，控制反对派街头政治的规模和影响力。普京在第三任期初始就颁布了诸多法令对反对派运动从传播方式、组织动员等方面进行严格管控，大大压缩了反对派政治参与的空间。2017年反对派的运动并未达到五年前的规模，与这些法令所起到的效力不无关系。其一，对互联网空间进行严格管控。2016年之前，俄罗斯已经对政治公共空间和网络公共领域的活动推出了许多法规，执法机构可以根据这些法案在非常情况下关闭互联网的信息传播渠道。2016年7月，普京又签署通过反恐怖主义法律修订案，① 以反恐怖主义的名义，在此前已经对社会领域严格管理的基础上进一步扩大了国家的权力。例如，除了按照法律的规定可以在家里做礼拜外，新法律禁止在家里做任何其他传教活动。② 这激起了很多宗教团体的反对。③ 2016年9月，"列瓦达中心"也被列入"外国代理人"名单。其二，对非营利性组织进行管控。非营利性组织是反对派组织和动员抗议示威活动的工具，2012年以来，普京政府颁布了《外国代理人法》《不受欢迎组织法》，一大批参与反对派运动的组织被列为"外国代理人黑名单"或"不受欢迎组织"而无法从事相应的活动。其三，修改《游行示威法》，使得游行示威必须在当局允许的范围内进行。在"3·26""6·12"的反对派示威游行中，多个城市的游行示威并没有被准许，属于"非法"范畴。据此，包括纳瓦利内在内的几百名游行示威组织者被拘捕。利用《游行示威法》，当局可以有效地控制反对派街头政治的规模和影响力。

五是将互联网的治理与日益严峻的反恐局势结合起来管理，有效抵制"颜色

---

① Федеральный закон от 06.07.2016 г. № 374-ФЗ, О внесении изменений в Федеральный закон 《О противодействии терроризму》и отдельные законодательные акты Российской Федерации в части установления дополнительных мер противодействия терроризму и обеспечения общественной безопасности, http://www.kremlin.ru/acts/bank/41108/page/1.

② К. М. Андреев, Как жить протестантам после принятия "закона Яровой"? http://szohve.org/novosti/tserkov-i-obshchestvo/1379-kak-zhit-protestantam-posle-prinyatiya-zakona-yarovoy.

③ Документ: "Этот закон направлен против Всевышнего Бога". Обращение верующих Московской церкви евангельских христиан-баптистов к президенту РФ по поводу нового антимиссионерского закона, http://www.portal-credo.ru/site/?act=news&id=121188.

革命"。2017 年 3 月 24 日，车臣发生了国民近卫军遭袭击的严重事件。2017 年 4 月 3 日，俄罗斯圣彼得堡地铁站发生爆炸，造成至少 14 人死亡、40 多人受伤。这是自 2013 年 12 月伏尔加格勒火车站恐怖袭击以来俄罗斯境内最严重的一次恐怖主义事件。2014 年乌克兰危机以来，俄罗斯社会持续稳定，已经连续近四年没有发生恐怖主义事件。

恐怖事件具有"独狼"与"团伙"结合的性质。事件背后反映的是北高加索地区安全问题。俄罗斯境内北高加索地区的冲突多与外高加索地区冲突相关，显露"冲突交织"现象。潜伏在俄罗斯南部北高加索地区的车臣、达吉斯坦等共和国内的"伊斯兰国"武装头目集体公开了向"伊斯兰国"效忠的网络视频。受此影响，"伊斯兰国"宣布北高加索为"该国"的一个"地方"。俄联邦安全会议秘书帕特鲁舍夫指出，已经有超过 1000 名俄罗斯人作为战斗人员加入了"伊斯兰国"，他们主要来自北高加索地区。俄罗斯面临的威胁是这些思想极端化并接受了良好军事训练的武装人员有可能从叙利亚战区回国并在俄罗斯实施袭击。

面对日益严峻的反恐局势，普京政权 2017 年继续强化 2016 年出台的反恐怖主义法律修订案。2017 年 7 月，俄罗斯在该法案基础上通过了新的网络监管法。新法以禁用 VPN 为中心，要求通信软件运营商停止向传播"违法信息"的用户提供服务。此外，还要求社交网络运营商让用户绑定电话号码，禁止匿名使用社交网络。实际上，《雅罗瓦娅法案》[①] 对构成恐怖主义和极端主义倾向的犯罪实施了更为严厉的惩罚，《刑法》中因此新增严惩"不揭发"行为的条款。在互联网上组织和召集恐怖主义行动以及为恐怖主义辩护都将被追究。随着《雅罗瓦娅法案》的施行，俄罗斯打击恐怖主义行动有了更为有利的法律武器。

除防范恐怖主义威胁，俄罗斯维稳的重要内容还包括严防"颜色革命"。按照新版国家安全战略，俄罗斯国家安全的优先方向定位为：受到以美国为首的西方外国特工机关情报活动、扰乱俄罗斯国家机关工作、"颜色革命"等的威胁。圣彼得堡地铁爆炸案后，继提出法律维稳后，普京又提出了要有前瞻性维稳的方针。前瞻性主要指防备西方的干预。总之，针对恐怖主义袭击、"颜色革命"威胁，普京政权未雨绸缪，采取了多种严密举措。这些威胁仍在普京政权的控制范围内，不会对

---

① 　2016 年 6 月，俄罗斯国家杜马通过了由"统一俄罗斯"党议员伊琳娜·雅罗瓦娅起草的反恐怖主义法律修订案。该法案因此又称《雅罗瓦娅法案》。

当前俄政局稳定产生实质性影响。

六是积极防范美国和西方国家插手俄罗斯内政。2017 年 11 月，"今日俄罗斯"电视台在美国司法部被登记为"外国代理人"。面对美国挑起的"媒体战"，为了避免西方国家插手大选，俄罗斯反应非常迅速。国家杜马随即通过了《信息安全法》和《媒体法》修正案，宣布管控"外国代理人"非营利性组织的相关法规也适用于外国媒体机构，"外国代理人"指涉的范围进一步扩大。同时，该修正案也赋予俄罗斯政府可以不经过法院判决而关闭"不受欢迎组织"网站的权力。2017 年 11 月 26 日，经总统普京签署后该法案正式生效。在随后的 12 月 5 日，俄罗斯司法部将"美国之音"广播电台、自由欧洲电台/自由电台等 9 家（其余 7 家为自由欧洲电台/自由电台经营的俄语及其他语种的媒体）美国支持的媒体列入"外国代理人"媒体名单。俄罗斯通过认定"外国代理人"不仅压缩政治反对派的生存空间、防范美国和西方插手俄大选，还可以将国内政治危机向"危机来自国外"的逻辑转化，降低政治风险，可谓一举多得。①

总之，为了应对挑战，普京政权在政治控制和社会治理上采取了严密的举措：加强政权党的控制力，挤压反对派的政治空间；在面对反对派示威游行、恐怖主义袭击、"颜色革命"等威胁时，通过多种手段维稳，保障选举前稳定的政治和社会环境。从选前民意调查结果来看，普京的支持率始终维持在 80% 左右，选前社会舆论对普京以高得票率再次当选总统有基本共识。

三　2018 年总统大选的结果分析

2018 年 1 月 31 日，俄罗斯中央选举委员会确认，除国家杜马中两个政党推荐的候选人外，共有 6 人通过选民登记签名的审查。② 2018 年 2 月 8 日，中央选举委员会最终确认共有 8 名竞选人获得总统候选人身份。2018 年总统大选的候选人除了普京为自荐参选的独立候选人以外，其他均为政党提名的候选人。截至 2017 年 10 月，俄罗斯司法部关于政党登记的最新资料显示，俄罗斯有政党 67 个③。进入

---

① 马强：《"外国代理人"：俄罗斯内外政策的一个关键词》，《世界知识》2018 年第 2 期。

② ЦИК России завершила прием подписных листов с подписями избирателей，http：//www. cikrf. ru/news/cec/34491/.

③ Список зарегистрированных политических партий，http：//minjust. ru/nko/gosreg/partii/spisok.

国家杜马的四个政党中，俄罗斯共产党推出了无党派人士格鲁季宁为总统候选人，俄罗斯自由民主党则由党主席日里诺夫斯基代表参选。"统一俄罗斯"党和公正俄罗斯党放弃推选候选人，支持普京参选。① 进入地方议会的"亚博卢"党和俄罗斯共产党人党分别推出了各自的党主席亚夫林斯基和苏拉伊金为总统候选人。没有进入各级议会的俄罗斯增长党、公民倡议党和全民联盟党也分别推出了各自的总统候选人季托夫、索布恰克和巴布林。② 2018 年 3 月 23 日，俄罗斯中央选举委员会正式公布了最终选举结果，普京的得票率为 76.69%，格鲁季宁为 11.77%，日里诺夫斯基为 5.65%，索布恰克为 1.68%，亚夫林斯基为 1.05%，季托夫为 0.76%，苏拉伊金为 0.68%，巴布林为 0.65%。③

选前全俄舆论中心公布的总统竞选人支持率排名显示，名列榜首的普京支持率一直在 70% 左右。普京的最终得票率为 76.69%，高出选前民调 6 个百分点，除选民对于普京治国政策的认同以及"后克里米亚共识"依然在起作用外，还得益于以下几个因素。首先，对总统选举法有针对性的修改既刺激了投票率，也催生了较高得票率，比如，对选举时间的修改。又如，大大简化了选民在所在选区以外地点投票的规则，此举能增加 560 万名左右的选民参加投票。其次，公正俄罗斯党没有推选候选人参选，该党支持者的选票基本流向普京。俄罗斯共产党由于推出富翁格鲁季宁参选，部分传统的俄共选民并没有支持他，流失掉的选票也转而流向普京。最后，选前曝光的俄英间谍案对普京实际是一种选举助攻。

普京此次竞选面临的问题主要是经济现状对民众生活水平的影响，而且这种影响引发的不满情绪逐渐导致俄罗斯的政治性抗议运动向社会性抗议运动转变。普京对此采取了一系列有的放矢的举措：加强政权党的控制力，挤压反对派的政治空间；在面对反对派示威游行、恐怖主义袭击、"颜色革命"等威胁时，通过多种手段维稳，保障选举稳定。可以说，普京获胜是国家治理综合运作的结果。

单就选举本身的技术环节而言，普京团队实际上也是缜密设计，组织出色，为

---

① 2017 年 12 月 22 日，"统一俄罗斯"党举行第十七次全国代表大会。会议决议称将全力支持普京参加 2018 年俄罗斯总统选举。公正俄罗斯党也放弃推选候选人，全力支持普京。

② Кандидаты на должность Президента Российской Федерации, http://www.cikrf.ru/analog/prezidentskiye-vybory-2018/kandidaty/.

③ Состоялось 152-е заседание Центральной избирательной комиссии Российской Федерации, 23 марта 2018 года, http://www.cikrf.ru/news/cec/39433/.

普京最终获胜打下了坚实的基础。2018 年总统大选普京虽然没有正式的竞选纲领，但是，从 2017 年 10 月 19 日普京在瓦尔代俱乐部年会总结性全会上的讲话，到进入 2017 年 12 月以后普京竞选性言论的密集发表，即在 12 月 14 日的记者招待会上、在 12 月 19 日的"人民阵线——为了俄罗斯"社会运动论坛上的发言、在 12 月 23 日的"统一俄罗斯"党第十七次全国代表大会上的发言以及 2018 年 3 月 1 日的国情咨文，所有这些言论和文献实际上已经构成普京较为完整的竞选纲领体系。概括起来看，普京竞选纲领的主要观点是：对外俄罗斯要争取世界领导权，对内俄罗斯不仅要巩固国家，而且要有突破性发展，包括培育政治新人、发展新经济、加快地区发展，以及建设更好的医疗、教育和基础设施等。

普京在上述讲话和文献中反复提及其治国理念，内在逻辑一以贯之，主要看法一脉相承。俄国内和国外普遍关注 2018 年 3 月 1 日的国情咨文，实际上此次咨文中提到的内容，除了首次展示军事武器实力外，其他涉及经济和民生的提法都在此前的几次政治会议上被反复提及。例如，在 2017 年 10 月的瓦尔代俱乐部会议上普京就明确指出：科技进步、自动化和数字化已经带来深刻的经济、社会、文化和价值观的变迁，以往在评估各国的作用和影响力时，参照的都是地缘政治地位、国土面积、军力和自然资源，如今科技正在成为另一个重要因素，将对政治和安全领域产生突破性乃至决定性影响。[①] 又如，2017 年 12 月 14 日，普京在任职总统以来的第十三次例行年度记者招待会上表示，将以独立候选人身份参加 2018 年总统大选，他表示：俄罗斯未来必须集中关注基础设施发展、医疗保健、教育、高科技及提高劳动生产率等问题。[②] 再如，2017 年 12 月 19 日，普京在"人民阵线——为了俄罗斯"社会运动"面向未来的俄罗斯"论坛上表明了未来国家的发展方向，首先是公民的福祉，要克服贫穷和不平等，其次俄罗斯也有恢复其世界主导地位的一切能力。[③] 2017 年 12 月 23 日，普京在"统一俄罗斯"党第十七次全国代表大会上阐述了俄罗斯所面临的主要任务，即保障发展、消除贫困、促进人口和经济增长、

[①] Заседание Международного дискуссионного клуба《Валдай》, http：//www. kremlin. ru/events/ president/news/55882.

[②] Большая пресс-конференция Владимира Путина, 14 декабря 2017 года, http：//www. kremlin. ru/events/president/news/56378.

[③] Владимир Путин выступил на Форуме действий Общероссийского народного фронта, 19 декабря 2017 года, http：//www. kremlin. ru/events/president/news/56410.

面向未来。当时这被看作普京此次总统选举的竞选纲领。[①] 上述关于经济和民生的观点在 2018 年 3 月 1 日的国情咨文中都再次被强调，差别是在各个领域提出了相对具体的指标。在国情咨文中宣示了俄最新军事武器，除了提振民意以外，也与普京自乌克兰危机以来所表述的国际观及由此带来的外交政策变化相贴合。普京的竞选口号是"强有力的总统——强大的俄罗斯"[②]，也有利于塑造勇于突破发展难题、维护国家安全的领导人形象。关于中俄关系，普京明确表示，无论 2018 年选举结果如何，中俄仍将是长期战略伙伴，发展与中国的关系是俄罗斯举国上下的共识，"一带一路"倡议与欧亚经济联盟及俄罗斯提出的发展亚洲广泛伙伴关系完全相容。[③]

事实上，普京此次竞选中表述的大部分观点在他执政期间都被反复提及过。举科技为例，普京在 2002 年的国情咨文中就提到要充分利用本国科技潜力。[④] 在 2006 年国情咨文中更是明确提出：在激烈的国际竞争条件下，国家的经济发展主要取决于它的科技优势，俄罗斯工业部门使用的大部分技术装备落后于国际先进水平几十年，必须鼓励在增加生产设备投资和创新投资方面采取重大举措。俄罗斯应该在现代化的动力工业、通信、空间技术和飞机制造等高技术领域充分展示自己的能力，应该成为智力服务的出口大国。[⑤] 这其实也说明，俄罗斯在国家发展上存在的问题不是在这次大选前才出现，也不是乌克兰危机后西方制裁等因素导致的，而是苏联解体后俄罗斯在国家发展过程中早已存在的很多普遍性的问题。从根本上说，甚至也不是苏联解体以后才出现的问题，有许多甚至是自俄国 1861 年大改革起就始终没有解决好的后发国家发展模式的问题，而且有很多观点已经成为关于俄罗斯问题的常识性认识。比如单就经济而言，大多数人都认为：俄罗斯重新崛起的关键在于现代化战略的实现，在于建立创新型经济模式和实现经济现代化，但其经济结构改革始终步履维艰。苏联早在 20 世纪 70 年代就提出调整经济结构，但历届

---

① Съезд партии 《Единая Россия》, 23 декабря 2017 года, http://www.kremlin.ru/events/president/news/56478.

② Сильный президент-сильная Россия, http://putin2018.ru.

③ Большая пресс-конференция Владимира Путина.

④ Послание Федеральному Собранию Российской Федерации, 18 апреля 2002 года, http://www.kremlin.ru/events/president/transcripts/21567.

⑤ Послание Федеральному Собранию Российской Федерации, 10 мая 2006 года, http://www.kremlin.ru/events/president/transcripts/23577.

政府都没能改变这种不合理的经济结构，未能降低对外部市场的依赖程度。20 世纪 90 年代改革开始后，即使有市场的参与，俄罗斯的经济结构也未见好转，在很多方面甚至恶化了。可见，俄罗斯经济结构调整的任务非常艰巨。从研究的角度看，苏联解体后，追踪研究俄罗斯国家发展问题，实际上涉及俄罗斯如何走向现代化、民主化以及如何融入当代世界等具有普遍意义的问题，无论是叶利钦时期的"国家振兴战略"，还是梅德韦杰夫提出的"全面现代化"战略，或者对"普京主义"的总结，都是俄罗斯对于这些问题的理论思考和有益探索。

其他总统候选人无论在竞选纲领还是社会基础方面都存在明显缺陷。俄共推选的格鲁季宁是俄罗斯农场主，选前支持率就一直徘徊在 7% 左右。虽然他最终得票率为 11.77%，高于选前民调，但是他的得票率低于俄共以往总统候选人的得票率。2000 年总统大选俄共候选人久加诺夫得票率为 29.2%，2004 年俄共总统候选人哈里托诺夫得票率为 13.69%，2008 年久加诺夫得票率为 17.72%，2012 年久加诺夫得票率为 17.18%。在普京时期俄共总统候选人的平均得票率为 19.45%。格鲁季宁创俄共推举总统候选人的最低得票率。他提出了 20 条竞选纲领，实际源于 2016 年 6 月 25 日俄共十六大上提出的振兴国家的十个发展方案。俄共传统的部分选民对他富商的身份存有疑虑，并没有支持他。俄罗斯自由民主党的候选人日里诺夫斯基选前民意支持率一直位列第三。他此次提出了 111 条竞选纲领，一如既往地大谈俄罗斯族为国家主体民族地位的前景。克谢尼娅·索布恰克作为俄罗斯大选史上最年轻的总统候选人，主张俄罗斯应向议会制共和国过渡，竞选口号是"反对所有人"。选前民调一直徘徊在 1.5% 左右。"亚博卢"党的候选人亚夫林斯基此次没有被禁止参选，他提出了当选百天的行动路线图，选前支持率不足 1%。他的主张主要是应与西方搞好关系，实现与西方关系的正常化。俄罗斯增长党主席季托夫本身就是普京智囊团的成员，他自己也表态说参选并不是要获胜，而是为了唤起民众关注小企业创新问题，关注经济增长战略。选前其支持率在 0.3% 左右徘徊。俄罗斯全民联盟党的创始人巴布林主打爱国主义旗帜，选前支持率也是在 0.3% 左右徘徊。俄罗斯共产党人党主席苏拉伊金的竞选纲领号召对资本主义发动十次斯大林式的痛击，选前支持率在 0.1% 左右徘徊。正如普京指出的，现政权的反对派并没有提出真正有用的国家发展建议。

2018 年俄罗斯国内形势高开低走，以年初总统大选普京成功实现高投票率和高得票率的"双 70%"开局，以地方选举后普京罕见的低于 35% 的信任指数结束。

面对新的总统执政任期，普京明确了执政目标，迅速稳妥地安排了人事布局。但退休金制度改革引发俄罗斯的社会情绪动荡。"统一俄罗斯"党在 26 个联邦主体的行政长官选举、16 个联邦主体的地方议会选举和 7 个国家杜马单席位选区的补选中全面受挫。2018 年俄罗斯地方选举错综复杂的局面前所未有。地方选举结果表明，俄罗斯的政治稳定存在重大隐忧。政治思潮也以总结乌克兰危机以来俄罗斯的国家认同为主要关注点。"后克里米亚共识"对政治稳定的心理支撑作用在弱化。"2021 问题"和"2024 问题"成为俄罗斯未来发展的焦点。

　　2018 年"统一俄罗斯"党在地方选举中全面受挫以及俄共影响力上升，这是一个客观现实。在未来两年的地方选举中，"统一俄罗斯"党不容有失，这样才能为 2021 年国家杜马选举打下基础。同时，俄罗斯政治总体稳定的前景可以预期。一是普京政治治理的手段十分高超，以这次地方选举为例，普京继续通过代理行政长官制度遏制不利局面的蔓延，同时因地制宜，针对地方的不同情况采取相应举措。二是"统一俄罗斯"党尽管在此次地方选举中受挫，但是从全国范围看，依然是地方议会第一大党。俄罗斯政局总体可控。

第三章
政治稳定：社会基础与制度保障

第七届国家杜马选举适逢苏联解体二十五周年。每次选举前后，俄罗斯政治自动进入一个新的选举周期。在这个周期内，各派政治力量分化组合，既要赢得在国家杜马的有利位置，又要着眼于随后举行的总统大选。因此，国家杜马选举历来都是俄罗斯政治研究中的指标性事件。不仅如此，2016年的第七届国家杜马选举除了具有常态性应用研究价值之外，还具备俄罗斯问题基础性研究的学术意义。众所周知，2016年恰逢苏联解体二十五年，俄罗斯的转型与发展已经走过1/4世纪了。从长历史时段的视角看，可以总结俄罗斯纷繁复杂现象背后的机理，探求其中相互关联且具有某种共性的内在逻辑。

以分析第七届国家杜马选举为切入点可以较好地审视和研究俄罗斯的政治稳定问题。"普京主义""后克里米亚共识""危机源自国外"是俄罗斯第七届国家杜马选举背景的核心要素。这三大要素已经可以确保新选举周期的议会和总统选举不会出现大的意外。即便如此，普京政权为了确保选举万无一失，依然在政治控制上采取了更为严密的举措。从深层次看，本次选举折射出苏联解体以来俄罗斯在稳定与发展之间的战略权衡。俄罗斯目前的体制模式总起来看是维持稳定有余、促进发展不足。政权党"统一俄罗斯"党的议会宪法多数席位既为普京全面规划2018年总统大选前的内外政策奠定了坚实基础，也使普京在高民意聚集的前提下面临必须实现经济快速发展的巨大政治压力。稳定是基础，但真正意义上的长期稳定则须建立在发展的基础上。

第一节 政治稳定的社会基础

苏联解体二十五年来，按照政治主导力量可以划分为叶利钦时期和普京时期。普京时期虽然是现在进行时，但是在普京长达十六年①的执政生涯中，已经形成内在逻辑清晰一致的治国理念和举措，这被称为"普京主义"。"普京主义"的内涵是俄罗斯政治的控制性、俄罗斯经济的政治性和俄罗斯外交的聚合性。"普京主义"让俄罗斯走上了一条俄罗斯化的发展道路，这与俄国历史上业已形成的治理传统与路径一脉相承，因此在当前俄罗斯的发展阶段，其实现了传统与现代的统一，较好地保障了俄罗斯的政治稳定。

审视普京执政以来的俄罗斯政治现实，只要"普京主义"存在，俄罗斯的国家杜马选举和总统大选都没有出现大的意外，或者说大体吻合普京团队确定的政治目标。在这个大的前提下，由于每次选举前后俄罗斯国内外形势的不同，有时会出现一些波动，但是这些波动无碍普京政权总体政治目标的实现。

在2011年第六届国家杜马选举中，"统一俄罗斯"党最终未能取得2/3的宪法多数席位。虽然"统一俄罗斯"党以238席获得在国家杜马的相对多数席位，但是毕竟未能获得宪法绝对多数席位，类似宪法修正这样的法律提案也就不可能较为容易地提出。尽管"统一俄罗斯"党可以联合体制内建设性的反对派力量取得300席以上的绝对多数提案权，但毕竟不是可以一党主导的政治局面。当然，从全局看这并不会影响普京政权总体政治目标的实现，但是这对于普京政权的触动不可谓不大，否则梅德韦杰夫不会在当年12月的国情咨文中马上宣布一系列涉及政治体制运行机制的改革措施。

正是基于上届国家杜马选举前后的政治局面，普京对于2012年再次执政以来的政治生态治理目标非常明确：确保政治稳定。政治稳定的首要含义被认为是政权体系的稳定。正如笔者在第一章所述，普京采取政治举措概括起来有三点：第一，严格管控反对派利用非营利性组织和网络公共空间开展组织和动员活动；第二，严格控制俄罗斯政党制度和议会制度的运行机制，使反对派无法在现有体制内向普京政权发难；第三，有针对性地采取政治举措以确保"统一俄罗斯"党的政治地位。通过上述政治领域的国家治理，普京政权不动声色，牢牢掌控了政治局势，反对派势力更加式微。政治领域国家治理的特点是表面上的竞争性和实质上的控制性。2015年的地方选举就反映了这一特点。2015年9月13日，俄

---

① 2008～2012年，梅德韦杰夫担任总统，普京担任总理，被称为"梅普组合"。"梅普组合"时期，普京实际仍为俄权力的核心。

罗斯举行了 2016 年国家杜马选举前的最后一次地方选举。在这次地方选举中，有 16 个政党的 98 名候选人登记参选在 21 个联邦主体进行的行政长官选举，平均每个地方有 5 名候选人参选。有 39 个政党参与竞选 11 个联邦主体的地方议会议员。"统一俄罗斯"党依然大获全胜。只是在伊尔库茨克州，由于竞选策略和时机的问题，俄罗斯共产党候选人以 56.39% 的得票率战胜了"统一俄罗斯"党的候选人，后者得票率为 41%。① 总之，从 2011 年第六届国家杜马选举结束以来，普京实行法律维稳，加强对政治和社会组织的管理，加强网络管理和监控，限制和打击政治反对派和非政府组织的违法活动。反对派若再想利用网络和社会组织和动员大规模活动已非易事。

政治体系内部的稳定确保了普京雄厚的执政基础，政权控局能力加强。可以说，现政权吸取 2011 年国家杜马选举的教训，未雨绸缪，早就为"统一俄罗斯"党在 2016 年国家杜马选举中获胜奠定了基础。但是，毕竟"统一俄罗斯"党在 2016 年国家杜马选举前民调支持率不高，在 45% 左右，甚至更低。选前俄罗斯国内外很多评论指出，该党像 2011 年选举那样获得相对多数没任何问题，甚至由于在单一选区"人民阵线——为了俄罗斯"社会运动的存在，最终获得宪法绝对多数席位也没有问题，但是，该党在全联邦区的政党比例代表制选举中难以得到超过半数的支持率。最终选举结果却大大超过选前预期。"统一俄罗斯"党 54.2% 的得票率提醒世人，"后克里米亚共识"是 2016 年选举的最大变量，是"统一俄罗斯"党超高得票率的刺激性因素。

"普京主义"确保选举没有大的意外，"后克里米亚共识"则让 2016 年选举出现的波动向更加有利于普京政权的方向发展。"统一俄罗斯"党超出了该党参加前三届国家杜马选举的平均得票率。② 如果说此次选举有一些"波动"，那么"统一俄罗斯"党 54.2% 的得票率以及最终获得该党参加国家杜马选举以来最高的 343 席这一结果确属较大"波动"。需要指出的是，"统一俄罗斯"党按照政党比例代表制的得票率并没有超过 2007 年全民挽留普京、普京威望达到顶点时的 64.3% 得票率。2007 年时"统一俄罗斯"党凭借 64.3% 这一该党历史上最高

---

① В Иркутской области избран новый губернатор, http: //www. 1tv. ru/news/print/293087.
② "统一俄罗斯"党参加了 2003 年、2007 年和 2011 年三届国家杜马选举，得票率分别为 37.57%、64.3%、49.32%，平均得票率为 50.4%。

得票率获得杜马 315 席，2016 年由于单一选区的存在，"统一俄罗斯"党得以超过 2007 年获得杜马 343 席。也就是说，此次"统一俄罗斯"党获得该党历史上也是国家杜马历史上一党所获的最多席位，很大程度上得益于普京政权对于单一选区选举超前的政治设计和运作，同时，也与国家杜马选举复杂的计票程序和超低投票率有关。除了政治设计以外，笔者这里想强调的是"后克里米亚共识"对于此次选举的重要意义。

俄罗斯 52% 左右的联邦预算收入来自油气出口，随着国际油价暴跌，俄罗斯财政收入锐减，政府在民生诸如医疗、教育、提高工资等方面的投入相应减少，公民的可支配收入也随之减少，普京在 2012 年总统竞选时的诸多承诺难以兑现。按照一般的认识逻辑，普京的民意应该下滑，民望应该处于低潮，但是，俄罗斯社会出现了"后克里米亚共识"的社会情绪，普京民意支持率反而达到 80% 以上的高位。2015 年下半年俄罗斯空袭叙利亚后，普京的支持率甚至一度冲高到 90%，可见普京的内外政策获大部分民众支持。安全是俄国家观念中的硬道理，而领土又是俄罗斯安全之本。普京 2014 年"收回"克里米亚，2015 年打击国际恐怖主义，其举措符合俄罗斯国民心态和社会情绪的根本点。即使是俄罗斯自由民主党、俄罗斯共产党和公正俄罗斯党这些体制内的反对派也是促成"后克里米亚共识"的主干政治力量。①

"后克里米亚共识"是指乌克兰危机爆发后，"收回"克里米亚成为促进政治稳定的新因素。正如俄罗斯政治技术研究中心主任布宁指出的：普京几乎是不费一枪一弹，将克里米亚"并入"俄罗斯，这唤起了俄罗斯民众心中的"帝国主义情怀"。普京的支持率攀升到难以企及的高度，而且还将保持相当长的一段时间。② 为了实现强国梦，恢复昔日超级大国的荣耀，俄罗斯民众宁可忍受经济上的困难："我不在乎禁令。我不害怕。二战都熬过来了，我们能渡过这一难关。"③ "后克里米亚共识"已经对俄罗斯社会产生了多重影响。比如，利莫诺夫

---

① Олег Анатольевич Матвейчев, Новая политсистема тест сдала, http: //www. ng. ru/politics/2016-09-20/3_ kartblansh. html.

② Игорь Бунин, Образ Путина: до и после крыма. Что дальше? http: //www. politcom. ru/17456. html.

③ Anna Pivovarchuk, Russian Culture: Back in the U. S. S. R. // The Moscow Times, October 9, 2014.

领导的"战略31党"在俄罗斯代表着一种反普京的情绪，却因为是否支持克里米亚问题而分裂。2015年12月民调显示，如果近期进行总统选举，75%的受访者将会投票支持普京。

乌克兰危机爆发后，从某种意义上说，俄罗斯经济已经成为政治稳定的"人质"。在大多数俄罗斯民众眼中，在接纳克里米亚之前，能取代普京的人选并不存在。即便是在2011年底发生大规模抗议活动的时候，也没能出现一个能取代普京的政治家，连统一的反对派领导人都没出现。乌克兰危机爆发后，增加了促进政治稳定的新因素——克里米亚。很多分析人士指出，俄罗斯经济面临的困难，远低于20世纪90年代"休克疗法"时期，甚至不如1998年金融危机时艰难。俄罗斯社会达成的共识是加强国家政权、法治与秩序，这是俄罗斯强国的首要保证，这也是民众的普遍要求。2012年普京在其新任期刚开始时就表示，进入21世纪的十二年里，俄罗斯走过了极为重要的复兴和巩固阶段，现在的目标是要建立富裕和安康的俄罗斯；未来几年对于俄罗斯和全世界而言都具有决定性甚至转折性意义，全球正在步入大变革甚至是大动荡的年代；在这个时代和阶段，俄罗斯唯有稳定才能发展。因此，在俄罗斯民众的意识中，政治稳定早已被提到首要位置。无论是在2016年国家杜马选举还是自2012年以来历次地方选举结束以后，普京总是强调类似的观点：正是那些捍卫俄罗斯国家利益、主张政治稳定和国家发展及巩固国家的政治力量才能获得支持。①

可以说，普京第三个总统任期竞选承诺大部分未能兑现，统计学客观上对普京不利，但社会学帮了他的忙，拉平了负面统计数据。普京政权还有意引领社会思潮，加强"后克里米亚共识"。最典型的例子是普京在2016年9月16日，国家杜马选举前的静默日，参加独联体峰会。在讨论莫斯科是否有权担任2017年独联体轮值主席国的问题时驳斥乌克兰驻吉尔吉斯斯坦大使的反对意见，重申了俄罗斯在乌克兰危机和克里米亚问题上的立场。普京的表态实际上是做给国内看，有意引导国内社会舆论。

从社会思潮上看，社会思潮也被政府有意引领，强化"后克里米亚共识"和普京效应。"危机源自国外"已经成为俄罗斯社会的共识。这其实会加深俄罗

---

① Встреча с вновь избранными руководителями субъектов Российской Федерации, 17 сентября 2014 г, http://www.kremlin.ru/news/46634.

斯社会的孤岛意识，是一把双刃剑，可以确保政治稳定无忧，但对促进政治发展无益。"后克里米亚共识"本质上是对乌克兰危机后俄罗斯社会情绪的概括，因为其符合普京政权的治国理念——俄罗斯保守主义——的需要而被政权有意用来引导社会思潮。危机与制裁背景下的俄罗斯，经济困难，"五月总统令"的目标难以实现。日益高涨的民族主义思潮成为维持和巩固政权合法性的强心剂。"后克里米亚共识"有助于强化民族主义思潮，从而为政治社会稳定及选举周期服务。可以说，乌克兰危机让俄罗斯打开了将会长久影响本国及周边地缘政治空间发展的潘多拉盒子，甚至有可能成为冷战结束以来俄罗斯转型与发展的转折点。① 而围绕乌克兰危机产生的"后克里米亚共识"，明显改变了俄罗斯国内政治的社会氛围。复兴的俄罗斯民族主义正在崛起已经是不争的事实。如何看待这一现象也是研究俄罗斯政治的焦点问题。正是由于"后克里米亚共识"的存在，普京的民意支持率居高不下，右翼和左翼势力根本无法同其抗衡。当然，对"后克里米亚共识"，西方和俄罗斯自己的解读是不一样的，存在本质区别。这也是"后克里米亚共识"充满研究魅力的原因，它是战后国际政治基本矛盾在观念上的鲜活体现。"后克里米亚共识"因而也是理解2012年以来普京新时期俄国内政治特点的关键点。它体现的是俄罗斯政治稳定的社会因素和国际关系因素，反映了俄罗斯作为一个外向型扩张性的国家其内部政策与外部因素之间的关系，对认识俄罗斯发展道路及国家特性有见微知著的学术意义。

"后克里米亚共识"的意义不言而喻，而"危机源自国外"的认识则是政治稳定的"助推器"。2015年11月，从俄罗斯科学院社会学研究所发布的调查报告《俄罗斯社会：在危机和制裁下的一年》② 可以看出，尽管有"后克里米亚共识"，俄罗斯民众业已感受到危机给生活带来的影响。引起危机的主要原因当然是国内因素。俄罗斯真正需要做的是实施重大的改革，包括对经济机构的调整和发展模式的纠偏，否则只能是简单重复，简单循环，永远落后。必须采取能够进一步提升自身竞争力的发展模式，但这种模式不是赶超模式。俄罗斯确保经济中期和长期的稳步增长面临两个风险：一是人为加速的风险；二是对经济低速乃至

---

① Сергей Серебров, 2014-й — год прощания со стабильностью, Утро, 24 декабря 2014 г..

② Российское общество: год в условиях кризиса и санкций, http://www.isras.ru/files/File/Doklad/Ross_obschestvo_god_v_usloviyah_krizisa_i_sanktsiy.pdf.

零增长习以为常，并准备长期接受这种情形的心态。如果这种心态在社会中占了上风，将开启通向长期衰退的道路。① 大选之年对于国内问题的上述认识如果成为社会的普遍共识，显然对于政权党的选举，对于普京政权的稳固，乃至对于俄罗斯的政治稳定都是负面因素。

从社会调查看，关于危机的根源，大部分俄罗斯民众并没有从国内因素进行考虑。75% 的民众认为"危机源自国外"，很大程度上这已经是俄罗斯社会的共同认识，这无疑对普京政权确保俄罗斯的政治稳定有利。究其原因，与主流媒体"围城战略"的宣传有关。

普京 2012 年再次执政以来，受制于国际秩序的嬗变，俄罗斯内外政策的变化呈现孤立主义的倾向。这种孤立主义不是地缘政治意义上的，而是文化和心理上的。这与苏联时期的体现有所不同。苏联时期是主动建立对立阵营，当前是俄罗斯的举措造成西方的围堵和制裁。俄罗斯孤立主义的倾向和"围城战略"的定位集中体现在 2014 年普京的"3·18"讲话、2014 年 12 月制定的新版军事学说、2015 年 10 月普京在瓦尔代俱乐部的讲话以及 2015 年 12 月制定的新版国家安全战略中。

2014 年普京的"3·18"讲话是普京国际政治观的集中体现：第一，从历史看，俄罗斯是冷战结束以后地缘政治博弈的受害者；第二，从现实看，俄罗斯一直以来面临由美国主导的直接或者间接的外部威胁，这种威胁的表现为对内是武力违宪夺权，对外是单极霸权挤压战略空间。2014 年 12 月 26 日，普京签署新版军事学说。② 上一版产生于 2010 年。2010 年版的主要内容在新版军事学说中都得到了保留，与此同时，新版军事学说增加了五项全新内容，其中明确指出，通过信息传播手段来破坏俄罗斯人捍卫祖国和精神价值观的历史爱国主义传统已成为俄面临的外部危险之一。这一观点在以往任何一版俄罗斯军事学说中都未被提出过。③

2015 年瓦尔代俱乐部会议的辩论主题是"战争与和平"。2015 年 10 月 22

---

① Дмитрий Медведев, Новая реальность: Россия и глобальные вызовы, 23 сентября 2015, http：//www. rg. ru/2015/09/23/statiya-site. html.

② Военная доктрина Российской Федерации, http：//www. rg. ru/2014/12/30/doktrina-dok. html.

③ Федор Лукьянов, Внутренняя империя— о России в процессе пересмотра мирового порядка, Огонёк, №50 от 22. 12. 2014.

日，普京在瓦尔代俱乐部年会上讲话，提出冷战的结束为意识形态对立画上了句号，但争端和地缘政治矛盾的根基并没有消失。所有国家现在和将来都会存在自身利益，有时它们的利益并不一致。而世界历史的发展总是伴随着大国及其联盟的竞争。重要的是，要让这种竞争构筑在特定的政治、法律、道德准则和规律框架内，否则竞争和利益碰撞将引发尖锐的危机和激烈的冲突。不择手段地推进一家独霸模式只会导致国际法和全球调解体系失衡，这预示存在政治、经济和军事竞争可能失控的威胁。①

2015 年 12 月 31 日，普京签署新版国家安全战略，这是对 2009 年出台的《2020 年前俄罗斯联邦国家安全战略》的调整修订。从文化上强调保持恢复俄罗斯传统文化及传统价值观。虽然指出与美国合作的必要性，但尤为突出的是第一次明确了美国对于俄罗斯的安全威胁，提出"俄罗斯奉行独立的内外政策，招致力图维持世界事务主导权的美国及其盟国的反制"。新版安全战略阐述了六大长期国家利益，明确了九大国家战略优先发展方向。但是国家利益和国家安全的优先方向受到了以美国为首的西方外国特工机关情报活动、扰乱俄罗斯国家机关工作、"颜色革命"等的威胁。②

正如俄罗斯政治技术研究中心主任布宁指出的：俄罗斯精英需要这场危机。当然，必须看到，虽然俄罗斯孤立心态占据上风，但是俄罗斯的精英阶层毫不讳言地指出：无论在经济上、政治上，还是在心理上，俄罗斯都不打算离开欧洲大陆。俄罗斯与西方合作与伙伴关系的战略方向不会改变。③

总之，"普京主义""后克里米亚共识""危机源自国外"是俄罗斯第七届国家杜马选举时大背景的核心要素。这三大要素已经可以确保议会新选举周期和总统选举不会出现大的意外。即便如此，普京政权为了确保选举万无一失，依然在政治控制上采取了更为严密的举措。

---

①　Заседание Международного дискуссионного клуба《Валдай》, 22 октября 2015 года, http：//www. kremlin. ru/events/president/news/50548.

②　Указ Президента Российской Федерации от 31 декабря 2015 года N 683, "О Стратегии национальной безопасности Российской Федерации", http：//www. rg. ru/2015/12/31/nac - bezopasnost-site-dok. html.

③　Дмитрий Медведев, Новая реальность：Россия и глобальные вызовы, 23 сентября 2015, http：//www. rg. ru/2015/09/23/statiya-site. html.

第二节　政治稳定的制度保障

为了确保政治稳定和国家杜马选举获胜的绝对把握，普京政权在俄罗斯的政党制度、议会制度、联邦制度和选举制度上采取了相互关联、完整一体的举措。这里笔者从对国家杜马选举有直接影响甚至是决定性影响的《俄罗斯联邦国家杜马代表选举法》（简称《国家杜马代表选举法》）修订入手，详细解读普京的政治控制实质。

《国家杜马代表选举法》修订的背景之一，是俄罗斯议会制度自身的改革需要。俄罗斯议会制度改革是从选举俄罗斯人民代表开始的，以 1993 年十月事件为标志结束。此时，是俄罗斯人民代表大会制度。1993 年 12 月新宪法通过前，俄罗斯议会选举依据的法律是《俄罗斯苏维埃联邦社会主义共和国人民代表选举法》。1993 年 10 月 1 日和 11 日，叶利钦以总统令的形式分别签署并颁布了《1993 年俄罗斯联邦会议国家杜马代表选举条例》和《1993 年俄罗斯联邦会议联邦委员会选举条例》。在杜马代表选举条例中第一次提出了建立"混合式代表选举体制"的主张。1993 年 12 月举行的第一届国家杜马选举采用了混合选举制。从此时开始到 2007 年第五届国家杜马选举前，一直采用混合选举制。2005 年 5 月 19 日，普京签署《国家杜马代表选举法》。取消"混合选举制"，改为"比例代表制"。自 2007 年开始，比例代表制实行了两届。这一改革是为了培育全国性大党——"统一俄罗斯"党。2011 年 12 月，梅德韦杰夫在国情咨文中再次提出全面实行政治体系改革的建议，其内容主要包括直选各地区行政长官、简化政党注册手续以及降低总统选举候选人登记门槛、改变国家杜马组成原则等。2012 年普京国情咨文提出恢复混合选举制。选举原则与方式的根本变化必然要求重新制定完备的有关国家杜马代表选举的法律。

《国家杜马代表选举法》修订的背景之二，是"后克里米亚共识"导致主要议会党派在政治生活中出现默契一致的现象。进入新一届国家杜马的"统一俄罗斯"党、俄罗斯共产党、俄罗斯自由民主党与公正俄罗斯党之间在意识形态和政党纲领上的差别本来就已模糊，乌克兰危机爆发以来，随着外交局面的错综复杂、国内民族主义的情绪持续高位，各主要议会政党原本的区别更是几乎消失。"统一俄罗斯"党作为政权党与其他议会反对派政党在意识形态甚至是选举问题上，都更容易找到共同语言。这在地方选举的问题上表现得尤为明显。例如，2014 年在很多地方行政长官选举中，如卡巴尔达-巴尔卡尔共和国、塞瓦斯托波尔、克里米亚等地，俄罗斯共产党、俄罗斯自由民主党、公正俄罗斯党均宣布支持"统一俄罗斯"党提名的候选人。滨海边疆区和奥伦堡州的州长均来自"统一俄罗斯"党，他们随后向联邦委员会举荐了来自公正俄罗斯党和俄罗斯自由民主党的议员进入议会上院。到了 2014 年 9 月 14 日的地方选举日，各党均对总统提名的州长候选人表示支持。在奥伦堡州，俄罗斯自由民主党候选人卡塔索诺夫虽然得到当地俄共及公正俄罗斯党分部的支持，但还是被本党将名字撤下；在巴什基尔共和国，"公民力量"党让自己的候选人萨尔巴耶夫弃选；在奥廖尔州，"俄罗斯爱国者联盟"劝退了本党代表莫夏金，祖国党也撤回了对伊萨科夫的提名。①

按照修改后的政党法，政党不能组成联盟参选。上述类似政治同盟现象的出现反映了各政党之间的高度默契。议会各政党之间为了政治利益达成心照不宣的默契并不鲜见，但在地方选举中如此大规模的合作与意见一致充分说明"后克里米亚共识"的深远影响。地方选举中出现的这种各政党之间的默契联合，一直持续到 2016 年的国家杜马选举。选前据俄罗斯媒体披露，"统一俄罗斯"党等议会四党之间在单一选区席位的分配上达成了秘密共识，以至于在俄罗斯政坛至少在表面上呈现各党派大团结的局面。

即使出现这样的局面，普京依然在议会制度的运行机制上采取了周密的控制举措。2013 年 3 月 1 日，普京向国家杜马提交新的《国家杜马代表选举法》草案②。国家杜马经过广泛讨论，直到 2014 年 2 月 14 日才三审通过该法。2014 年 2 月 22 日，普京正式颁布总统令公布该法。③ 从该法公布之日到 2016 年选举前，该法又经过了 8 处修改。④ 具体分析 2014 年通过的新的《国家杜马代表选举法》

---

① Ирина Нагорных, Алексей Октябрев, Единая и многопартийная – Как и почему партии консолидируются вокруг власти, Коммерсантъ, 23 сентября 2014г. .

② Президент внёс в Госдуму законопроект о смешанной системе выборов, http: //www. kremlin. ru/events/president/news/17601.

③ Федеральный закон от 22 февраля 2014 г. N 20-ФЗ "О выборах депутатов Государственной Думы Федерального Собрания Российской Федерации", https: //rg. ru/2014/02/26/gosduma-dok. html.

④ 2014 年 11 月 24 日、2015 年 7 月 13 日、2015 年 7 月 14 日、2015 年 10 月 5 日、2016 年 2 月 15 日、2016 年 3 月 9 日（修改两处）、2016 年 4 月 5 日共进行了八处修改。

的法律条文就可以清晰看到在议会制度的运行机制上普京有的放矢地采取了一系列控制措施。①

该法第 4 款第 8 条规定，犯有严重罪行的公民十年内无权参加国家杜马选举，这等于剥夺了类似霍多尔科夫斯基和纳瓦利内这样的现政权反对派参加国家政治生活的可能性。

该法第 6 款第 4 条规定，政党可以提名非本党成员参选，第 39 款第 5 条具体细化为在全联邦区名单中可以提出的非本党候选人不得超过全联邦区名单的 50%。第 40 款的第 8 条规定，在单一选区可以提出非本党成员的候选人，而且并没有规定非党成员的比例。这项规定首先是为"人民阵线——为了俄罗斯"社会运动参加单一选区选举打开了大门；其次也为类似政权党"统一俄罗斯"党这样的全国性大党利用自己的政治影响力吸引社会独立人士加入该党竞选阵营留下广阔的运作空间。

该法在规定可以有非党成员进入选举名单的同时，在关于全联邦区和单一选区候选人名单组成规则的条款中又都明确规定，不允许提名其他党派的成员为本党候选人。也就是说，虽然可以提名非本党成员参选，但是非本党成员只能是其他政党以外的公民。这其实等于规定在选举过程中不能建立政党联盟。这又是有利于"统一俄罗斯"党这样的全国性大党整合力量。其他类似左翼派别的政治力量，由于建党原则和条件的宽松，出现了大量左翼小党反而实际上削弱了类似俄罗斯共产党这样全国性大党的力量，因为不能成立竞选联盟而造成力量分散。

该法第 44 款第 1 条和第 3 条规定，进入最近一次国家杜马的政党以及进入联邦主体立法机构的政党可以参加在全联邦区的选举；未能进入国家杜马和地方议会的政党，如果要参加全联邦区选举，需要征集不少于 20 万选民的支持签名，而且在每一个联邦主体的支持签名不能超过 7000 个。根据上述规定，2014 年 10 月 28 日，俄罗斯中央选举委员会统计了当年地方选举后进入地方议会的政党及国家杜马已有的政党，公布了可以不用征集签名参加国家杜马选举的 14 个政党，分别是："统一俄罗斯"党、俄罗斯共产党、俄罗斯自由民主党、公正俄罗斯党、"亚博卢"、右翼事业党、俄罗斯爱国者党、公民平台党、共产党人党、俄

---

① 本文对《国家杜马代表选举法》法律条文的分析，均参见 О выборах депутатов Государственной Думы Федерального Собрания Российской Федерации。

罗斯退休者党、祖国党、共和党—人民自由党、绿党、公民力量党。① 到了 2016 年选举前夕，俄罗斯中央选举委员会最终公布的参选名单依然是上述 14 个政党。可见，每个联邦区不超过 7000 人、总数不少于 20 万人的签名对于小党来说难以企及。对于有一些全国性影响但整体力量薄弱的政党来说，选举法现有的参选规定也是非常严苛，它们基本没有参选的机会。这也再次说明，普京政治运行机制改革表面上增强了政治的竞争性，实际上却加强了政治的控制性。

该法第 44 款第 2 条的规定，进入国家杜马和地方议会的政党可以提出自己在单一选区的候选人。除去符合条件的政党可以提名外，单一选区也接受自我提名的候选人。该法第 44 款第 5 条规定了单一选区自我提名的原则。自我提名的参选人应征集不少于参选的单一选区选民总数 3% 的支持签名，若是少于 10 万人的选区，则需要征集不少于 3000 人支持签名。上述规定也是对"统一俄罗斯"党有利。该党作为政权党，行政资源得天独厚，并得到普京的大力支持，在单一选区拥有强大的政权支持力度，自我提名的候选人要想在单一选区获胜，只有获得"统一俄罗斯"党的支持才有可能。事实上，最终唯一当选的自我提名候选人列兹尼克是从"统一俄罗斯"党退党参选的社会人士，与该党有着千丝万缕的联系。

随着议会制度和选举制度的变化，俄罗斯在政党制度建设上也出现新特点。一是体制内实际不存在反对派。正如圣彼得堡政策基金会所指出的，亲政权的政党联盟正在实际形成当中，议会党派选择不与政权对抗，事实上表明自己是亲政权的政党联盟中的一员。② 二是右翼政党的影响力进一步下降。俄罗斯社会经济和政治研究所在 2014 年地方选举分析报告中指出，右翼自由派政党的活动积极性显著下降，即便它们结成同盟，在杜马选举中取胜的机会仍不容乐观，甚至会被选举拒之门外。③ 2016 年国家杜马的选举结果佐证了上述观点。

---

① Сведения о политических партиях, допущенных к участию в выборах депутатов Государственной Думы Федерального Собрания Российской Федерации без сбора подписей избирателей（По состоянию на 28 октября 2014 года），http：//www. kp. ru/daily/26502/3371344/.

② Рейтинг Фонда《Петербургская политика》за июль 2014 года，http：//www. fpp. spb. ru/fpp-rating-2014-07.

③ Фонд ИСЭПИ представляет доклад "Избирательный цикл-2014：институциональное значение региональных и муниципальных выборов для развития партийной и избирательной систем"，http：//politanalitika. ru/upload/iblock/652/652212b2e68f8737d90410e0cee7ca8b. pdf.

　　总之，"控制局势"的议题是普京在俄罗斯政治领域的核心任务。① 而普京也通过在俄罗斯基本政治制度的运行机制上进行的一系列针对性极强的改革，实现了对政治体系的内部控制。

　　问题在于政治机制缺乏竞争性导致出现政治退化现象。俄罗斯政治生态出现各主要政治派别高度默契一致的局面，这种局面反映的是政治竞争的弱化。还在2011年国家杜马选举前，2010年11月，梅德韦杰夫曾经指出包括政党机制在内的政治制度改革的成效没有达到预期效果，俄罗斯政治制度改革处于停滞的状态，而停滞会导致不稳定，停滞对执政党和反对党来说都是非常有害的。如果反对党在议会竞争中没有一点获胜的机会，那么它就会退化，并逐渐被边缘化。而如果执政党在任何地方和任何时候都没有失败的可能，那么它也会铜锈化，最终也会退化。摆脱困境的途径就是要提高俄罗斯政治竞争力，政治体制能够得到重大调整，变得更加公开和灵活，最终变得更加公正。只有政治竞争力和存在有分量的反对党才能保证国家真正的民主。② 俄政治局势的发展印证了梅德韦杰夫关于政治退化现象的担心。

　　政治退化现象主要表现在两个方面。

　　一是集中管理模式与强力领导人紧密结合，政治人格化现象严重。这种结合的问题在于政治体系难以得到持续改良。到下一个十年，普京时期出于自然规律也将走向终点。在这种情况下，公认领袖的离去可能会引发一连串冲突并演变为政治失序。③ 叶利钦时期政治转型的问题在于俄罗斯各主要派别缺乏政治妥协观念，出现政治分歧时往往以政治对抗的途径解决问题。现在俄罗斯政治生态则走向了另外一个极端，政治竞争严重弱化，以民主的手段实现了集中，反而对俄罗斯民主化的推进产生了阻碍。

　　二是政治体系的权威性很难树立。政党机制趋同性的同时，弊端也暴露出来——社会不再信任政党体制的权威。根据2014年地方选举以后的调查数据显示，70%的受访者知道政党及其领导人、纲领及活动，但仅有4%的人信任这些

① Путин в логике велосипедиста, http://www.gazeta.ru/politics/2014/07/26_a_6146541.shtml.

② Наша демократия несовершенна, мы это прекрасно понимаем. Но мы идём вперёд. 23 ноября 2010 г., http://www.kremlin.ru/news/9599.

③ Владислав Иноземцев, Как изменится Россия в 2020 году, 26 декабря 2014 г., http://rbcdaily.ru/economy/562949993485467.

政党。俄罗斯舆论基金会的民调也表明，近两年来，不明白多个政党存在有何必要的公民比例从 28% 增至 39%。如果民众不认同这些政党存在的合理性，那么选举机制带来的合法性就会降低，政治退化最终会对政权党以及体制内反对派产生负面影响。[1] 在叶利钦时期出现的政治现象是由于国家权力机构之间缺少政治妥协精神，政治生活中不断出现对抗，社会对议会、政党、法院等执行权力机构的信任度逐年下降。[2] 现在从俄罗斯的政治实践看，如果没有建立在良性竞争机制条件下的政治对抗，社会对国家权力机构的信任度也会下降。这也从另外一个方面说明：政治妥协精神是俄罗斯政治转型中具有长远意义的问题。所谓政治妥协，不仅仅是避免政治对抗，也包含良性的政治竞争。而且，政治妥协是一个综合性的问题，不仅仅指在政治生态上达成政治一致或竞争。政治妥协问题的根本解决，将与俄罗斯的地域范围、地缘政治、种族、文化、地区差异以及其他很多因素有关。[3]

政治性抗议运动有逐渐向社会性抗议运动转变的趋势。高度政治共识客观上也造成了一种政治压力，没有政治派别公开质疑政府行为，即使体制外反对派的抗议运动也远没有了 2011 年的声势。库德林领导的公民倡议委员会以"俄罗斯人政治情绪监测"为主题进行了调查。调查报告认为，人们对体制内政党的不信任、对经济形势恶化不满、对外交成就的怀疑正与日俱增。即便如此，虽然也出现了零星的抗议示威，但是当前俄罗斯抗议运动的特点是人们不赞成政治性抗议，而只支持社会性抗议。这既受俄罗斯高度一致的政治局面有关，也与随着外部局势的恶化，民众担心重蹈乌克兰覆辙有关。[4] 从各政党 2011 年以来的政党建设方向也可以佐证这一变化。2011 年国家杜马选举结束后，"统一俄罗斯"党在两个方向加强了党的建设。其一就是加大力度关注社会问题。2013 年 10 月召开了第十四次代表大会。梅德韦杰夫谈到了"统一俄罗斯"党所肩负的重要社

① Ирина Нагорных, Алексей Октябрев, Единая и многопартийная – Как и почему партии консолидируются вокруг власти, Коммерсантъ, 23 сентября 2014 г..

② Gabriel A. Almond, Russell J. Dalton and G. Bingham Powell, Jr, European Politics Today, Longman, 1999, p. 326.

③ Глухова А. В. Почему в России так трудно достигается согласия? / Никовская Л. И. Экономика и Политика в Переходном Обществе: Кризис Взаимодействия. М.: Эдиториал УРСС, 2000, с. 162.

④ Мониторинг политических настроений россиян, http://polit.ru/media/files/2014/12/25/Мониторинг_политических_настроений_россиян.ppt.

会责任："宪法规定俄罗斯是一个社会福利型国家。我们有提高预算供养人员工资的重大责任在身。尤其是医生、教师、军人。"① 梅德韦杰夫要求"统一俄罗斯"党讨论社会重大民生问题。其二，"统一俄罗斯"党开始了一场清理党员队伍的运动。中央机构向所有联邦和地区级领导人下达认真处理所有投诉的指示。② 体制内反对派社会性抗议活动的目标也很明确，在教育、卫生、反腐和发展中小企业这样一些极其重要的领域纷纷提出自己的纲领。③

"人民阵线——为了俄罗斯"社会运动（简称人民阵线）的壮大除了着眼于单一选区选举以外，也是普京推动政治发展的尝试。人民阵线是围绕普京战略建立的，遵循普京提出的国家发展思路和价值观。有评论指出：2013 年普京决定改组和加强人民阵线是因为他对实施国家发展战略的速度、对纲领性竞选文章和"五月总统令"的实施机制失望。几乎所有方面的工作，包括住房公用事业改革、医疗卫生改革、教育改革都在空转，陷入官僚主义的泥潭。普京赋予人民阵线的权力是公民可以直接提出任务，并提出为完成该任务需要出台法律和国家决议的建议，以推动解决那些陷入官僚主义泥潭的问题。④

美国政治中有一个概念叫"中期"，即四年总统任期的时间中点。俄罗斯政治的"中期"则是一个新现象，因为原先的四年总统任期中基本上不存在任何中期。一切都十分紧凑：总统大选，一年间歇期，规划新的竞选热点，新一届杜马选举，新一届总统选举。现在，杜马选举和总统任期分别延长为五年和六年后，俄罗斯政治的"中期"概念也出现了。在"统一俄罗斯"党赢得史无前例的超高席位后，社会和民众会把"中期"后所有的问题都归结到政权党的身上，普京要直面一系列棘手的问题：经济增长疲软，精英团结出现裂痕且需要更新换代，民众有可能出现厌倦和不满情绪，在叙利亚等问题上遭遇地缘政治困境。这样一个"中期"无法回避。⑤

① Стенограмма выступления Дмитрия Медведева на XIV Съезде《Единой России》, 5 октября 2013 г., http：//er. ru/news/108479/.

② Светлана Субботина,《Единая Россия》очищает себя от недостойных, Известия, 21 июня 2013 г..

③ Три перемены 2015 года: что будет с обществом и властью, http：//rbcdaily. ru/politics/562949993472179.

④ Петр Скоробогатый, Все на фронт, Эксперт, 17 июня 2013 г..

⑤ Константин Гаазе, Новая пятилетка Путина: правила игры, http：//www. ia-centr. ru/expert/16008/.

第三节　政治稳定的政党基础

"统一俄罗斯"党被视为俄罗斯中派政治力量的核心代表。普京当选俄罗斯总统后为巩固执政地位，将"统一俄罗斯"党打造成为政权可以依靠的全国性大党。"统一俄罗斯"党的指导思想是俄罗斯保守主义。俄罗斯建立了"统一俄罗斯"党一党主导的政党格局。"统一俄罗斯"党作为俄罗斯的政权党，积极进行自我革新，是俄罗斯政治体系下普京倚重的政治力量，其未来目标是建立国家发展的保障体系，引领俄罗斯走向世界领导地位。

一　"统一俄罗斯"党的历史演变

"统一俄罗斯"党的前身是俄罗斯执政当局在 1999 年为了国家杜马选举而组建的统一运动竞选联盟，由时任总理普京亲自抓运作。由于有普京的公开宣传，该联盟依靠在车臣问题上的强硬立场在很短的时间里赢得了民众的广泛支持，获得国家杜马选举中约 25% 的选票。统一运动竞选联盟的胜利是普京个人的胜利，反映出俄罗斯民众期盼结束混乱的政治秩序。

1999 年俄罗斯国家杜马选举结束后，统一运动竞选联盟加快了组建政党的步伐：2000 年 5 月 27 日，统一党成立；10 月 28～29 日，统一党召开二大，宣布统一党是"总统政权党"。2001 年，统一党和"祖国"运动组建联合政党，于 4 月实现了在国家杜马中的合并，7 月 12 日，两党正式联合，成立全俄罗斯"统一和祖国"联盟；10 月，在联盟二大上，"全俄罗斯"运动被吸收为联盟成员。

2001 年 12 月 1 日，全俄罗斯"统一和祖国"党成立，简称"统一俄罗斯"党，成为支持总统的最大中派政治力量。以谢尔盖·绍伊古为首的统一党的成员主要是中央和各级政府机关的官员和职员，以尤里·卢日科夫为首的"祖国"运动的成员大多是首都莫斯科的政治精英、企业界人士和知识分子，以明季梅尔·沙伊米耶夫为首的"全俄罗斯"运动则代表各地方的实力派和官吏的要求。三个政治组织一致的方面主要体现在它们都支持俄罗斯总统普京。2001 年 12 月 18 日，"统一俄罗斯"党在俄罗斯司法部登记注册。2002 年 11 月，格雷兹洛夫当选"统一俄罗斯"党最高委员会主席。

"统一俄罗斯"党正式成立后，普京为保障"统一俄罗斯"党成为政权可以依靠的全国性大党，在制度建设上下足了功夫，各种法律和机制保障举措频频出台。《政党法》《国家杜马代表选举法》《政府法》等一系列法律的修改为"统一俄罗斯"党大展宏图奠定了政治基础。在 2016 年结束的第七届国家杜马选举中，"统一俄罗斯"党赢得 450 席中的 343 席，获 2/3 以上多数席位，延续一党主导的政党格局。①

2017 年 1 月 22 日，"统一俄罗斯"党第十六次代表大会举行，会议实现了该党中央领导机构的更新换代，通过了新一届最高委员会成员名单，梅德韦杰夫连任该党主席，任期五年，俄罗斯联邦委员会主席马特维延科、国防部部长绍伊古、莫斯科市市长索比亚宁以及文化部部长梅津斯基、农业部部长特卡乔夫等连任新一届最高委员会成员，确保了该党核心领导层的稳定。在 2017 年 9 月 10 日的地方选举中，"统一俄罗斯"党在 16 个联邦主体行政长官的选举中大获全胜，该党候选人均高票当选。2017 年 12 月 22～23 日，"统一俄罗斯"党十七大举行，普京和现任党主席梅德韦杰夫出席，会议通过决议称将全力支持普京参加 2018 年俄罗斯总统选举。

二 "统一俄罗斯"党的指导思想

"统一俄罗斯"党的指导思想是俄罗斯保守主义，与俄罗斯总统普京的执政理念一脉相承。以 2005 年国情咨文为标志，普京治国理念的形成与发展在总体上可以划分为两个阶段。1999 年 12 月至 2005 年 4 月为"俄罗斯新思想"时期。这一阶段形成了普京执政的思想基础，并在此基础上提出强国战略，俄罗斯也逐渐形成了带有普京特色的发展模式。2005 年以后为"主权民主"思想时期。这一阶段概括了普京的政治模式及发展道路，并在"主权民主"思想的基础上提出了"俄罗斯保守主义"。

2007 年，普京在瓦尔代国际辩论俱乐部会议上解释了"主权民主"的含义，指出"主权民主"是一个混合体，主权是俄罗斯与外界相互关系的本质，民主则是俄罗斯的内部状态，指俄罗斯社会的内在。普京认为，要从外部保障俄罗斯

① Постановление ЦИК о результатах выборов депутатов Госдумы，https：//rg. ru/2016/09/24/postanovlenie-dok. html.

的国家利益，营造一个积极有效并造福本国公民的舒适社会。

在 2013 年 12 月的国情咨文中，普京将新时期的政策内涵解读为捍卫传统的家庭价值观和始终如一地坚持俄罗斯的立场。他表示俄罗斯确有成为领导者的雄心，但不会强推俄罗斯模式，也不会谋求恢复以往的超级大国地位。普京指出，俄罗斯推崇建立在相互尊重基础上的价值观和价值导向，坚持保守主义的立场，尊重国家主权、独立和民族的独特性。这是普京自 2008 年后首次重申俄罗斯的保守主义立场。

在当代俄罗斯，保守主义没有贬义，是俄罗斯坚持传统价值观的体现，是代表中派主义政治价值取向的符号。2017 年 11 月 1 日，国家杜马主席沃洛金作为官方代表正式提出俄罗斯传统价值观是家庭、信仰、团结、祖国、公正，回应了 2013 年普京重提保守主义命题的内在含义。① 同时，俄外交和国防政策委员会主席团主席卢基扬诺夫指出，普京保守主义理念反映了他的新发展哲学，重视的是人的现代化；若要长期在外交上采取灵活多变的战术方法，俄罗斯需要在内部营造一种氛围，让社会乃至更广义上的人的潜力都发挥出来；军事实力仍是大国捍卫自身不可侵犯的手段，但是在技术和智力领域的竞争才是重中之重，决定着国家在全球的影响力；最重要的竞争是人才的竞争，对人心、智慧的争夺，对创新人才的关注、吸引，并为他们实现自我价值创造条件。②

早在 2000 年 2 月 27 日，普京在"统一俄罗斯"党的前身——统一运动竞选联盟成立大会上就明确表示：只有当一个党有了自己的思想体系，其提出的价值观念能够为百万民众所接受和支持，比行政方式和资源的力量更有号召力，其才能成为真正的党。从普京执政理念看，俄罗斯要想重新崛起，首先需要社会团结和凝聚力，如果出现了与执政当局的政策与理念不同的政策和政治纲领，俄罗斯就无法实现团结与稳定。政权党和一党主导的选举政治在这个方面发挥了特殊作用。除了政权党，其他各政党必须服务于团结与稳定这一目标。因此，虽然俄罗斯宪法规定俄罗斯不能有统一的国家意识形态，但实际上俄罗斯的官方主流意识形态是"统一俄罗斯"党坚持的俄罗斯保守主义，俄罗斯国内各政治力量在这

---

① Володин сформулировал пять базовых ценностей России, http：//www.interfax.ru/russia/585679.

② Незаменимая держава, https：//ria.ru/analytics/20130920/964803117.html.

一问题上存在一个最基本的政治共识。

三 "统一俄罗斯"党的政治地位

2009年11月，梅德韦杰夫在"统一俄罗斯"党十一大上发表讲话，将该党定位为"执政党"："统一俄罗斯"党在国家杜马中拥有3/4的表决权，在各地区的立法会议中也占据大多数席位，它得到俄罗斯总统普京的支持，是当之无愧的执政党。

然而，尽管普京和梅德韦杰夫都称"统一俄罗斯"党是执政党，但是严格来说，"统一俄罗斯"党只能被称为政权党。它与执政党的主要区别在于，俄罗斯宪法并没有规定：在国家杜马选举中获胜的政党有权组织政府和推举政府首脑。也就是说，做决定的中心来自党外。例如，"统一俄罗斯"党作为国家杜马中的主导政治力量并不能决定总理的人选，它所能做的是通过在议会的代表资格使执政当局的决定合法化。只有把政府变为政党政府的情况下，即赋予"统一俄罗斯"党组建政府的权力，而不仅仅是总统人事决定等方面的表决工具，政权党才能成为执政党，才能在法律意义上为所做出的决定承担责任。

俄罗斯的"政权党"一词被用来特指后苏联空间国家中的政党组织。1993年因首次举行国家杜马选举，俄罗斯出现了第一个政权党——"俄罗斯选择"运动民主力量联盟（简称"俄罗斯选择"运动），它成为俄罗斯前总统叶利钦的执政基础。后来政权党的意识形态色彩日渐淡化，被赋予了越来越多的行政色彩，其政治独立性也日益削减。在政权党存在的整个时期，它逐渐成为总统对政党体系施加影响的工具。

从政权党的地位和效率中可以判断这个政权内部的情况。衰弱而力量涣散的政权永远不可能建立强大的政权党。在叶利钦时期，政权党往往不能在议会中获得多数席位：1993年，"俄罗斯选择"运动获得15%的议会席位；1995年，"我们的家园——俄罗斯"仅获10%的议席。此外，政权党内部常常出现裂痕，这体现了政权内部存在的激烈竞争：1993年，"俄罗斯选择"运动与沙赫赖领导的"俄罗斯统一和谐"党相互较劲，实际反映的是"俄罗斯选择"运动领导人盖达尔和切尔诺梅尔金争夺总理宝座的较量。1995年，中右翼联盟"我们的家园——俄罗斯"受到中左翼"雷布金联盟"的遏制，反映出叶利钦亲信之间的政治斗争。政权党最尖锐的一次矛盾出现在 1999 年，那时政权出现了自上而下的分裂，地方上的政权党结成亲莫斯科的"祖国——全俄罗斯"联盟向执政当局发难。①

普京上台后，形势得到彻底扭转。执政当局开始系统地控制政党体系。"统一俄罗斯"党在俄罗斯政坛居于关键位置。在中央层面，"统一俄罗斯"党是普京在国家杜马中实施强国战略的坚实保障；在地方层面，"统一俄罗斯"党作为势力最为广泛的全国性政党，是普京防止地区分裂和巩固联邦统一的核心力量。在政党体系中存在一个占优势的政党，这无论在哪种政治体制下对于执政当局都是有利的。从政治绩效的快捷性来看，占有主导地位的政权党可以对国家现代化提供有效的立法支持。对致力于实现俄罗斯强国梦的普京来说，依靠"统一俄罗斯"党是俄罗斯政治现实的需要。

当前俄罗斯的政党体系已比较稳定。俄罗斯目前政党体系的基础由国家杜马中的四大政党构成，除"统一俄罗斯"党外，还有俄罗斯共产党、俄罗斯自由民主党和公正俄罗斯党。从政治生态的角度看，其他三党都不是真正的反对派：一方是"统一俄罗斯"党，另一方是体制内的温和反对派，由此形成的体系处于一种相对稳定的平衡状态。目前，由于执政当局对政治运行机制的牢牢把控，体制外反对派还不能算是真正的政治力量，他们没有决定性的能力，无法影响现行政治体制。②

四　"统一俄罗斯"党的自我革新与未来目标

"统一俄罗斯"党之所以有当前在俄罗斯政党格局和政治体系中的地位，与该党近年来的党内改革密不可分。2009 年俄罗斯的金融危机和 2011 年国家杜马选举后爆发的抗议运动让该党开始自我革新。

一是通过了新的纲领性文件。③ 2009 年 11 月 21 日，"统一俄罗斯"党第十一次代表大会通过了新纲领，其中最重要的内容是承认"统一俄罗斯"党的意

---

① Татьяна Становая, Что такое《партия власти》в России? https：//ria. ru/analytics/20050608/
40488891. html.

② Слабое звено и новая стратегия Кремля, http：//www. apecom. ru/articles_ article. php？ id＝406
_0_20_0.

③ Устав Партии《Единая Россия》, http：//er. ru/party/rules/#1.

识形态是保守主义。该党的保守主义思想是否与普京提出的创新发展战略以及现代化构想相符，一直是人们热议的重点。"统一俄罗斯"党力图将总统的指示与保守主义意识形态结合起来。该党中央执行委员会主席沃罗比约夫表示，现代化改造与保守主义毫不冲突，总统的提议与"统一俄罗斯"党的纲领一脉相承。从改革的逻辑上而言，"统一俄罗斯"党新纲领的核心是对传统的扬弃，其中至关重要的是保住俄罗斯的文化和价值观，并在此基础上改革经济和社会。[①] 原国家杜马主席格雷兹洛夫评价保守主义是稳定和发展的思想，在没有停滞和革命的情况下不断对社会进行创造性革新。[②]

二是加强党内竞争。新纲领规定"统一俄罗斯"党代表必须参加各级选举的政治辩论。放弃参加政治辩论，避开与其他政党候选人的辩论曾是"统一俄罗斯"党的一项特殊竞选策略，此举引起了其他政党的不满。"统一俄罗斯"党现在也着重推举善于进行公开辩论的政治家。

三是"统一俄罗斯"党政治纲领的核心与执政阶层稳定优先的本质要求一致。坚持政治稳定，坚持传统价值观和民族团结是俄罗斯的主要力量和爱国主义思想。普京明确表示：俄罗斯是自给自足的国家，将在现有的条件下发展自己的生产和技术，更坚定地进行改革，外部压力只能使俄罗斯社会更加团结。俄罗斯的优先任务是在顾及全球现代化趋势、在传统价值观和爱国主义基础上团结俄罗斯社会的同时，继续完善民主和开放经济的体制，加快国内发展。[③]

出身于"统一俄罗斯"党高层、曾在政府和总统办公厅担任重要职位的国家杜马主席沃洛金明确表示：普京在"统一俄罗斯"党第十七次全国代表大会上的发言具有纲领性意义，明确了国家发展的目标、任务和前景。"统一俄罗斯"党需要继续自我革新，确定未来目标，致力于国家发展和实现经济现代化。[④]

---

① "Единая Россия" начинает консервативную модернизацию, http://ppt.ru/news/73209.

② Грызлов：идеология "Единой России" основана на консерватизме, http://www.vesti.ru/doc.html? id=225134&tid=63493.

③ Заседание Международного дискуссионного клуба 《Валдай》, http://www.kremlin.ru/events/president/news/46860.

④ Володин назвал выступление Путина на съезде 《Единой России》программным, https://www.pnp.ru/politics/volodin-nazval-vystuplenie-putina-na-sezde-edinoy-rossii-programmnoy.html.

2017 年 12 月 23 日，普京参加"统一俄罗斯"党第十七次全国代表大会并发表讲话，规划了"统一俄罗斯"党的未来目标。他指出，俄罗斯政府和"统一俄罗斯"党此前的工作是基础，但是并不能确保俄罗斯未来的发展。党的执政地位要想得到巩固，需要确立并实现更加宏伟的目标。[①]

对于"统一俄罗斯"党和俄罗斯政府而言，对内首先要赢得民众的拥护与支持，这就要求制订和落实面向保护和发展公民权利与自由的计划；其次要致力于稳定，但稳定不是因循守旧，不是停滞不前，为此要扩展俄罗斯直接民主的机制，并尊重有能力和负责任的反对派，而不是让夸夸其谈的民粹主义上台，这将对建立强大的公民社会产生影响；最后对外不谋求对抗，维持东西方外交平衡，但不会牺牲俄罗斯公民的安全和国家利益。[②] 总而言之，"统一俄罗斯"党的目标可以概括为引领俄罗斯走向世界领导地位。[③]

普京一手创立了"统一俄罗斯"党，是该党得以顺利发展的最强大的政治资源。同时，"统一俄罗斯"党也是普京最坚定的支持力量，在普京国家治理体系中居于重要支撑地位。普京为了塑造全民总统的形象，并不在"统一俄罗斯"党的党内担任实职。2018 年总统大选，普京就作为自荐的独立候选人参选。普京的政治期望是赢取俄罗斯公民的广泛支持。可以说，"统一俄罗斯"党的是俄罗斯政治体系的一部分，同时又是当今俄罗斯政治体制中重要的关键部分。俄罗斯的政治体制需要在"统一俄罗斯"党与其他政治团体自由竞争的过程中得到更新和改善，从而为实现普京的强国梦奠定政治基础。

也正因为"统一俄罗斯"党是自上而下建立的政权党，因此依附于国家政权体系。国家治理的成效因此也直接影响"统一俄罗斯"党的民意支持率。2018 年普京再次担任总统以来，由于涉及民众切身利益的退休金制度改革等并没有得到广泛支持，"统一俄罗斯"党民意支持率下滑，并在地方选举中得到体

---

① Гарантия развития: Путин выступил на съезде "Единой России", https: //ria. ru/politics/20171223/1511591762. html.

② Владимир Путин выступил на пленарном заседании XVII съезда Всероссийской политической партии 《Единая Россия》, 23 декабря 2017 года, http: //www. kremlin. ru/events/president/news/56478.

③ Владимир Путин выступил на Форуме действий Общероссийского народного фронта, 19 декабря 2017 года, http: //www. kremlin. ru/events/president/news/56410.

现，在包括地方立法机构席位在内的选举中接连受挫。"统一俄罗斯"党是政权党，但不是真正的执政党，这是俄罗斯政党制度乃至政治体系中非常独特的现象，它造成的直接后果就是："统一俄罗斯"党行政资源突出但是决策能力较弱，既需要承担执政阶层治理举措不力的政治后果，又不得不面对社会基础薄弱的弱点，这种两难境地制约了"统一俄罗斯"党发挥决定性的政治作用。

第四章
政治发展：治理方式与精英换代

尽管面临国家发展的困境，但由于选前采取了缜密的政治设计，普京的控局能力极强，加之反对派社会基础与政治实力过于薄弱，2018 年总统大选从选前就没有悬念。俄罗斯总统选举法的修改主要遵循了既要提高投票率，又要在竞选常规环节加强控制的原则。普京在此次大选中表述的大部分观点在他以往的执政生涯中都曾被反复提及。普京连任之后，俄罗斯政治的关注点在于政治治理方式的调整以及精英的更新换代和普京的接班人问题。俄罗斯复兴的基础在于解决好国内发展的问题，而俄罗斯发展之困在于需要破解具有国家特性和历史继承性特点的俄罗斯难题。

第一节　政治设计与控局能力

2017 年 12 月 6 日，普京宣布参加 2018 年第七届俄罗斯总统大选。[①] 普京第四次站在俄罗斯总统大选的政治舞台上。2000 年普京第一次参选时，话语掷地有声，誓言整顿国内政治秩序，集中精力搞国内建设。2004 年第二次参选时，得益于第一任期充满朝气的国内改革，普京民望高企，普京没有让"统一俄罗斯"党推举他为总统候选人，而是以独立候选人的方式参加竞选。普京认为，俄罗斯已经成功避免了苏联解体以来最危险的经济和政治发展趋势，需要转入快速发展的现代化新时期。转眼又是十多年过去了，其间普京经历了选情复杂的

---

① Посещение Горьковского автомобильного завода, 6 декабря 2017 года, http://www. kremlin. ru/events/president/news/56319.

2012 年选举，现在再次迎来一场"具有特殊意义和分界性质"[1] 的 2018 年选举。2018 年 3 月 18 日，普京以 76.69% 的超高得票率获得了第七届俄罗斯总统大选的绝对胜利。

第一，这次选举普京面临挑战。这主要体现在俄罗斯面临很多发展的难题，普京的经济业绩乏善可陈。2012 年竞选时普京发表 7 篇竞选文献，对俄罗斯政治、经济、外交、民族等各个领域的问题进行分析并展望前景，随后在就职典礼一结束就签署了 11 项总统令，在投资额、就业岗位、劳动生产率等方面制定了具体指标，力求提高经济发展速度，保证经济持续发展，增加公民实际收入，并使俄罗斯经济达到技术领先的地位。[2] 需要指出的是，人们津津乐道的"俄罗斯经济进入世界前五强和人均 GDP 达到 3.5 万美元"这一目标，并不是在"五月总统令"中提出的，而是 2011 年 4 月 10 日时任总理的普京在政府工作报告中提出的。但是，第三任期过去了，上述目标并没有实现。当前俄罗斯贫困问题突出，贫富差距拉大。在经济危机的背景下，贫困问题是俄罗斯面临的十分严重的社会问题。2016 年，俄罗斯的贫困人口占总人口的 14.6%，意味着有 2000 多万人生活在最低生活标准之下。在 2016 年的国情咨文中，普京用了很长篇幅来阐述民生，强调社会保障事业的发展。普京指出："我们所有政策的意义就是人的积蓄，人力资本的成倍增加就是俄罗斯最主要的财富……我们要坚守传统价值和家庭，坚持人口政策，改善生态环境，促进人的健康、教育和文化事业的发展。"[3] 国家战略研究所所长米哈伊尔·列米佐夫认为，要在总统选举的背景下解读国情咨文。针对国情咨文中重点提及的社会保障体系，列米佐夫认为，社会领域和人力资源对未来的俄罗斯发展有着巨大的推动作用，但是相比于经济和生态指标，俄罗斯的某些社会指标非常低，如两极分化水平、居民健康指数等。国情咨文重点提及这方面的内容是一个积极的信号。普京在 2017 年的国情咨文中也坦承了这一点，并制定了脱贫时间表，提出未来六年要使贫困率下降一半。贫

---

[1] Послание Президента Федеральному Собранию, 1 марта 2018 года, http://kremlin.ru/events/president/news/56957.

[2] Подписан Указ о долгосрочной государственной экономической политике, http://www.kremlin.ru/events/president/news/by-date/07.05.2012.

[3] Послание Президента Федеральному Собранию, http://www.kremlin.ru/events/president/news/53379.

困化和贫富差距拉大的现实滋生了社会不满情绪，俄罗斯的社会性抗议活动都与此相关。经济落后是俄罗斯面临的主要威胁。① 在这次选举中，包括普京在内，执政当局宣传政绩时，都是策略性地选择宣传普京2000年执政以来而不是近六年的成绩。

第二，尽管普京选举面临困难，但这仍是一场没有悬念的选举。这主要是因为普京控局能力强，"后克里米亚共识"的社会效应持续发挥作用，反对派社会基础与政治实力过于薄弱。与2012年大选时普京为赢得首轮获胜而进行严密政治谋划的紧张气氛不同，这次大选俄罗斯国内外讨论的焦点之一甚至只是"两个70%"的问题，即力争使俄罗斯选民的投票率和普京首轮的得票率都过70%。俄罗斯选民是1.09亿人，两个70%意味着有一半左右的选民，即5300万左右的选民支持普京。这是总统办公厅负责内政的副主任基里延科在2016年12月国家杜马选举之后不久就明确提出的政治口号。② 2016年9月国家杜马选举时公众47.88%的超低投票率让普京团队忧心忡忡。对于一个政治人格化的体制而言，投票率在某种意义上讲也是政治合法性的表征，"两个70%"因此成了2018年大选的某种政治象征。从普京时期来看，2000年总统大选的投票率和得票率分别为68%和52.9%，2004年为64.39%和71.31%，2008年为69.6%和70.28%，2012年为65.34%和63.60%。普京时期总统大选的投票率平均为66.83%，得票率平均为64.52%。投票率从来没有达到或超过70%，得票率两次超过70%，2004年为最高。可见，2018年总统大选67.5%的投票率虽然没有实现70%的目标，但是略高于平均值，而且远超2016年国家杜马47.88%的低投票率，普京团队在打破政治冷漠局面上取得了很大突破。76.69%的得票率不仅突破普京自己在2004年大选时的历史最高值，而且被认为是创纪录的大选成绩。普京最终取得了超过5600万选民的支持，单从结果上看，普京以另外一种方式实现了"两个70%"的目标。2018年3月23日，俄罗斯中央选举委员会正式公布选举最终结果后，普京在总统网站上发表了对俄罗斯公民的视频讲话，一开始就强调了四个数字：高于67%的投票率、超过7300万选民参加投票、高于76%的得票率以及

---

① Послание Президента Федеральному Собранию.

② Кириенко обозначил результат-В Кремле обсудили получение 70% голосов за своего кандидата на выборах，https：//www.rbc.ru/newspaper/2016/12/26/58600eff9a794781b168ae26.

超过 5600 万选民的支持。这是俄罗斯总统选举历史上最高的得票率，意味着普京获得民众前所未有的巨大支持。①

第三，这次大选的政治设计还体现在总统选举法的延续性上。现行总统选举法是 2003 年通过的，延续至今，其间历经 30 余次修改。总统选举法与杜马代表选举法形成鲜明对比：总统选举法相对稳定，杜马代表选举法除了 2011 年第六届选举以外，每次国家杜马选举前都要另起炉灶，重新制定新的选举法。具体来说，1993 年宪法通过以来，俄罗斯总统选举法只经历了 1995 年、1999 年和 2003 年三版，并稳定在 2003 年版上。俄罗斯《国家杜马代表选举法》则经历了 1993 年的国家杜马代表选举条例及 1995 年、1999 年、2002 年、2005 年和 2014 年五版，共通过了六个关于国家杜马代表选举的宪法性法律。可见，总统选举法的延续性较强。这与总统选举比国家杜马选举相对稳定的现实一致。这主要是因为俄罗斯议会代表的产生方式、选举原则及监督机制需要随着政治生态的变化而修改以达到有利于执政当局的政治效果。因此，俄罗斯议会制度、政党制度及议会代表选举制度的变化都是为了政权执政利益的最大化，而立法、行政与政党机制一旦达到了这一效果，对于树立总统的政治权威极为有利，对于总统选举而言也是稳固的政治基础。总统选举法的相对稳定也说明，普京政权对于总统选举早已在相互关联的政治领域采取了娴熟的政治设计，而且效果明显。

在强调总统选举法延续性的同时，也必须指出：执政当局如果准备做出重大政治调整，需要总统选举法配合时，总统选举法一定会被实质性修改直至重新制定。例如，1999 年 12 月 1 日俄罗斯国家杜马通过了新的总统选举法，取代 1995 年的总统选举法。恰恰是在 1999 年 12 月 31 日新版总统选举法公布的当天，② 叶利钦总统宣布辞职。根据俄罗斯宪法，联邦法律由国家杜马通过。国家杜马通过后，在五日内转交联邦委员会审议。联邦委员会在十四日内审议。联邦委员会通过后，在五日内送交俄罗斯联邦总统签署和颁布。总统应在十四日内签署联邦法

①　Обращение к гражданам России-После обнародования Центральной избирательной комиссией официальных итогов голосования на выборах Президента Российской Федерации Владимир Путин обратился к гражданам России, 23 марта 2018 года, http：//www. kremlin. ru/events/ president/news/57121.

②　Федеральный закон от 31 декабря 1999 г. N 228 – ФЗ "О выборах Президента Российской Федерации", http：//base. garant. ru/110004/#friends.

律并颁布。一般而言，联邦法律尤其是宪法性法律，从预读到通过至少需要一个月的时间。换句话说，一部联邦法律如果从国家杜马三读到最终正式公布能在一个月内完成，这属于非常快的速度，一般与执政当局想要迫切采取的政治举措紧密相关。1999 年的总统选举法就以叶利钦时期极为少见的加速度在一个月内正式公布。因此，不能不让人产生一个判断：同一天内新的总统选举法公布与叶利钦辞职看似巧合，实际上有内在的联系。事实也的确如此。1993 年宪法只是规定了当总统辞职时，总统选举应在总统权力提前停止行使后的三个月内举行，而且，总统职位暂由政府总理临时代理。但是，无论 1993 年宪法还是 1995 年总统选举法都没有对总统辞职的情况下提前举行总统选举的具体程序予以明确规定。1999 年总统选举法恰恰增加了有关提前选举总统的内容，并对此做了具体而详细的规定。可见，总统选举法也是执政当局谋求政治利益的重要手段。

第四，从总统选举法本身的修改来看，主要遵循既要提高投票率，又要在竞选常规环节加强控制的原则。为了提高投票率，此次选举前对 2003 年版的总统选举法中的选举时间、选举原则等方面进行了修改。大选投票日的时间调整到克里米亚"回归"纪念日——3 月 18 日，主要就是考虑到跨群体的情绪共振和情感共鸣，刺激投票率的上升。这次对 2003 版总统选举法的最大调整主要体现在对 2011 年修改的选举原则的改变上，即降低总统选举候选人登记门槛。原先自荐和议会外政党提名需要 200 万人签名，现在前者为 30 万人，后者为 10 万人。这次选举前因为这一规定，在最开始的竞选阶段，一度出现 70 人表达参选意愿的政治局面。这对于政治动员而言无疑是一剂强心剂，可以有效提高投票率，在达到这一政治目的的同时，总统选举法在竞选登记、参选审查、参选小组的人数和组织结构、选民签名登记审查以及最终的竞选资格认定等方面又增加了相当严格的规定。事实上，俄罗斯表面上政治竞争性加强但实际上政治控制更严密的现象在总统选举的过程中再次得以体现。什么样的政治精英可以参选以及如何参选是体现政治控制性的标志。参选门槛貌似低了，但实际运行效果是 2018 年总统候选人从最初报名的 70 人到报名截止前的 15 人再到最终的 8 人，程序合理合法又控制严密。通过参选资格的规定将纳瓦利内这样的体制外反对派排除在国家政治生活之外。类似纳瓦利内的反对派除选择街头政治外，无法参与国家政治生活。这些运筹都为普京赢得 2018 年总统大选奠定了基础。

第五，这次大选的国际背景特殊。乌克兰危机后俄罗斯面临冷战结束以来最严峻的地缘政治环境。俄罗斯与西方在政治、经济、外交乃至体育等各个领域陷入长时段软对抗的博弈状态。为了国内的稳固发展，普京连任之后将调整对外政策、改善俄美关系放在重要位置。问题在于主观意愿难以代替客观现实。现实是特朗普上台以来美国外交问题内政化，反俄不仅是美国各政治派别达成共识的最大公约数，也被深植于美国社会意识中。就像反美主义在俄罗斯民意基础深厚一样，反俄意识在当前的美国已成为政治正确的社会意识。至少取消对俄制裁等政策调整的决定权在国会而不是在总统手中。

第二节　政治治理方式与精英更新换代

从一开始，有关 2018 年总统大选俄罗斯国内外热议的话题就不是选举结果，而是普京第四任期会带来什么，普遍认为普京获胜不是问题，问题在于其连任之后的前景。回答这个问题，需要梳理普京已经带来了什么，还有没有调整的空间，这又会对俄罗斯的未来产生什么影响。

普京执政以来，先后两次对政治体系的运行机制进行改革。2000～2005 年，针对叶利钦时代地方权力自行其是、多党政治无序等现象，普京在政党制度、联邦制度、选举制度、议会制度上进行了一系列改革。通过改革，培育了一个全国性的政权党，加强了垂直管理，维护了联邦统一。2011 年底俄罗斯爆发的政治抗议运动，暴露了普京时期形成的这种低政治参与度的政治体制的弊端。因此，2011 年 12 月 22 日，梅德韦杰夫在国情咨文中再次明确表示应对政治体系进行全面改革，① 对政党、议会、联邦等制度的运行机制再次做出调整。这次改革是为了增强政治竞争性，应对政治抗议运动提出的政治诉求。

从这两次政治体系的改革来看，2000～2005 年是以收为特点，2011～2013 年是以放为主，但是，无论是前一次加强中央权力的改革还是后一次加强政治竞争性的改革，最终的政治效果却是类似的：一是控制的本质没变，而且 2011 年以来的改革更具软性控制的特点；二是政治生态的特点依然是"统一俄罗斯"党一党主导，改革后的联邦会议及地方行政长官的选举依然掌握在普京政权手

---

① Послание Президента Федеральному Собранию, 22 декабря 2011 года, http://www.kremlin.ru/news/14088.

中；三是基本政治制度在运行机制上相互贯通，联邦制度、议会制度、政党制度和选举制度的运行机制在政治控制性上互相补充；四是实现了对社会自组织和政治公共空间的管理。

普京连任之后俄罗斯政治发展需要关注的具体问题至少有两个方面。

一是青年政策问题。普京执政以来，以 18～30 岁为主体的"普京一代"已经成长。2011 年底第六届国家杜马选举后大规模抗议运动中，"普京一代"通过新媒体等形式在政治舞台上显现政治能量。但是，目前俄罗斯并没有系统的青年政策。当务之急是社会领域的青年政策需要调整，"普京一代"的问题需要妥善解决。

青年政策出现真空。俄罗斯真正重视青年问题是从 2005 年左右开始。在2005 年前后独联体地区出现"颜色革命"后，普京政权开始重视青年对于政治稳定的意义，随后在 2006 年 12 月普京签署《2006～2016 年俄罗斯联邦国家青年政策战略》①。现在政策适用期已过，以青年为主的社会群体对普京政权的不满开始在普京第三个任期显现，俄罗斯迫切需要制定新的青年政策。

青年群体存在政治惰性。尽管存在不满，但是俄罗斯的青年政治存在一个矛盾现象，就是从总的情况看，青年群体在国家政治生活中始终表现为一种整体性的政治冷漠，其政治参与的积极性并不高。青年政策调整的方向是增强青年的政治参与热情，并让青年群体成为促进社会稳定的重要力量。

二是关于联邦制度中的代理州长问题。2012 年以来，普京对于联邦制度运行机制的调整甚至可以说实现了关于地方垂直权力体系的二次构建。2012 年 5月 2 日，梅德韦杰夫签署了恢复直选州长的法令，规定该法令从 2012 年 6 月 1日起生效。② 根据新的联邦主体行政长官的选举办法，地方直选途径一是政党推选候选人。没有规定必须进入地方议会的政党才有权推选，只要在司法部注册的政党都可以推选，而且，各政党既可推选该党成员，也可推选无党派人士为当地行政长官候选人。但政党候选人需要和总统协商。途径二是自我推举，但签名人

---

① Стратегия государственной молодежной политики в Российской Федерации до 2016 года, Утверждена распоряжением Правительства Российской Федерации от 18 декабря 2006г. № 1760-p, http：//www. vmo. rgub. ru/policy/act/strategy. php.

② Дмитрий Медведев подписал закон о выборах губернаторов, 2 мая 2012 года, http：// www. kremlin. ru/events/president/news/15186.

数和程序需要地方法律规范。而且，总统有权解除其认为渎职或不能解决利益冲突的地方行政长官的职务。联邦主体居民通过直接投票的方式从候选人中选举地方长官。① 2013 年 4 月 2 日，普京签署命令对直选方案再次修改。② 一些多民族混居的地区提出恢复此前通过地方议会选举行政长官的做法，因为这些地区的人口数量相对少的民族担心，自己推举的候选人无法在直选中取胜。考虑到各联邦主体存在的差异，2013 年对直选方案再次修改，允许各地方自行确定符合本地区实际的行政长官选举办法。如果确定选民直选，则参照 2012 年的法案；如果确定通过议会选举行政长官，则按照新规定：首先，由进入地方议会的政党推荐人选；其次，总统从进入地方议会政党的推荐人选中确定 3 人参选；最后，由地方议会从 3 人中选举出地方行政长官。③

在这个调整过程中还出现了代理州长现象。由于规定了联邦地方行政长官统一选举日，导致之前按照春季选举而履职的地方行政长官任期届满之后，地方上出现了行政长官空缺的现象。这意味着联邦主体行政长官选举体制改变后地方首脑的产生会有一个过渡时期。由于现行法律并没有对这一时期如何产生地方首脑有明确规定，普京政府实际任命了一批代理行政长官。这些代理行政长官具有广泛的行政资源，具有较强的竞争优势，春季任命后到秋季选举前的这一过渡期足够其建立起一定的执政基础，有助于其在统一选举日获得选举胜利。实践也证明近年来代理州长基本都成功当选。这就是代理州长现象。

现任地方首脑提前辞职同样会引发这种情况。大多数情况下普京将自己的人任命为代理州长。这两种因素的交织造成了任命代理州长在普京新时期成为较为普遍的现象。但代理州长数量的剧增更多是在普京 2012～2018 年第三任期内暂时存在的现象，有很大的偶然性，合法而不合理。大选结束后，普京需要及时调整政策以应对联邦体制可能出现的新情况。

此外，法律修正案还规定普京拥有联邦委员会 10% 的人事调配权。因此，

① Федеральный закон от 02. 05. 2012 г. № 40-ФЗ, Вступил в силу с 1 июня 2012 года, http：// www. kremlin. ru/acts/bank/35200/page/1.

② Подписан закон о внесении изменений в отдельные законодательные акты Российской Федерации, 2 апреля 2013 года, http：//www. kremlin. ru/events/president/news/17786.

③ Федеральный закон от 02. 04. 2013 г. № 30-ФЗ, Вступил в силу с 2 апреля 2013 года, http：// www. kremlin. ru/acts/bank/36990/page/1.

连任之后普京至少在国家结构形式，即联邦制度的机制运行上需要更好地利用和处理如下政治运作设计：人事上的总统任免权和提名权，以及提出不信任的监督权，以进一步促进地方的政治发展；地方选举中实际上除"统一俄罗斯"党外，其他政党并没有多少实际权力和机会，要考虑让其他政党真正参与政治竞争，就像普京指出的，俄罗斯应该有平衡的、存在竞争关系的政治体系①；解决地方财政严重依赖中央的问题，以及代理州长的问题。

　　普京连任之后俄罗斯政治发展的主要关注点还是政治治理方式以及与此紧密相连的政治体制模式问题。

　　政治治理方式的转变与固化问题。从普京执政以来，总统办公厅负责内政的第一副主任先后换了三人：苏尔科夫、沃洛金、基里延科。三人的理念差异较大。苏尔科夫主张集权管理模式应逐步转变为弹性管理方式。苏尔科夫甚至认为"统一俄罗斯"党未必能在 2011 年国家杜马选举中获得类似前两届国家杜马选举中的绝对多数席位，不能排除"统一俄罗斯"党在国家杜马选举后组建议会党团联盟的可能。苏尔科夫明确表示，俄罗斯缺乏有影响力的自由主义政党。社会发展的需要和社会情绪的变化将导致在未来十年内俄罗斯反对党逐步壮大和政治竞争力逐渐增强。只要俄罗斯的分权举措依靠相应的成熟机制，即便由现在的反对党上台执政，俄罗斯政治体制的变化也只是调整性的而不会发生灾难性的变化。苏尔科夫认为，完成俄罗斯这一分权任务和政治妥协文化中联盟文化建设的政治家将彪炳俄罗斯史册。② 尽管苏尔科夫为普京运筹了"主权民主"思想，但是弹性治理的理念在 2011 年杜马选举中以"统一俄罗斯"党受挫而告终。普京随后重用沃洛金，其理念重在控制，政治举措针对性极强，2016 年杜马选举"统一俄罗斯"党重新获得宪法绝对多数席位后，他被调任到国家杜马主席职位，继续从立法机构层面为政治稳定保驾护航。基里延科接手这一职位后，在此次选举中鲜明提出两个 70% 目标。

　　两个 70% 目标与政治体制模式的特点有关。在日益恶化的经济形势下维持

---

① Большая пресс-конференция Владимира Путина, 14 декабря 2017 года.

② 《Оппозиция должна быть системной》, Замглавы администрации президента Владислав Сурков заявил, что централизаторский стиль правления в России постепенно должен смениться на 《более мягкий и эластичный》, 18 ноября 2010 года, http: //www.vz.ru/politics/2010/11/18/448454.html.

普京的高支持率，是事关稳定的重大问题。这种以个人威望为基础的总统集中管理模式，支持率本身的高低对于普京连任之后采取的政治举措实施效果有重要作用。俄罗斯当前这种政治体制的模式，有合理性，甚至是一种历史继承性。政治控制性一直就是俄罗斯政治治理的路径依赖。经济的政治性也是其内在特征。经济主体是国家资本主义，功能是社会市场经济，作用是维持合法性。外交上聚合性特点也是政治文化的外在表现，近年来的外交军事化倾向，很大程度上也是为了国内的政治合法性，为了政权的稳定。

从俄国历史理解历史俄国，可以看到当前政治体制具有历史继承性的特点，并具有一定合理性，甚至与经济结构和外部世界的关系都是匹配的。关键在于这种体制是否可以促进经济发展，而不仅仅是维持稳定。政治体系的官僚化特征缺乏现代化改革的动力。尤其需要注意的是，对于俄罗斯这样一种政治人格化的政治体制来说，最大的危险实际上也出自精英内部。

普京连任之后最被关注的将是精英的更新换代、内部团结及可能的接班人等问题。2012 年普京第三任期以来，俄罗斯政治变化最活跃的一个因素就是精英的推陈出新问题，普京执政团队开始大规模地更新换代。最集中的体现是 2016 年 7 月 28 日的人事任命和 8 月 12 日总统办公厅主任易人。2016 年 7 月 28 日，普京签署了一系列命令，若干州长、总统驻各联邦区的全权代表、海关局局长、驻乌克兰大使遭解职，接替人员中有很多人具有在强力部门工作的经验。[①] 一系列迹象表明，老的"强力派"精英将逐步退出政治舞台，他们已经渐渐成为普京的负资产，在俄罗斯社会中形象不佳。2016 年 4 月在普京与民众直播连线节目中，俄总检察长柴卡之子腐败问题被直接提问。谢钦、切梅佐夫和亚库宁对普京提出的官员应公开财产的要求置若罔闻。亚库宁 2015 年 5 月即被免职。新一代精英将成为俄政坛的中坚力量。

① 身陷腐败丑闻的联邦海关局局长别利亚尼诺夫被解职，表面上是此次人事变动的导火索。总统驻西北联邦区全权代表布拉温接替海关局局长一职，加里宁格勒州长楚卡诺夫担任总统驻西北联邦区全权代表，加里宁格勒州安全局局长济尼切夫担任加里宁格勒州代理州长。总统驻克里米亚联邦区代表别拉文采夫被调至北高加索联邦区接替梅利科夫，后者转而担任俄罗斯国民近卫军副司令。塞瓦斯托波尔市市长梅尼亚伊洛夫担任驻西伯利亚联邦区全权代表，工业和贸易部副部长奥夫相尼科夫担任塞瓦斯托波尔市市长。联邦登记局局长瓦西里耶夫接替被捕的别雷赫担任基洛夫州代理州长。内务部副部长米罗诺夫接替亚斯特列波夫担任雅罗斯拉夫尔州州长。

精英更新换代的调整至少传递以下几点政治信号。一是优化中央与地方之间的互动。政治信息中心主任穆欣认为，地方政治家进入中央，而中央官员下到地方，目的在于优化权力配置。社会经济和政治研究所所长德米特里·巴多夫斯基指出：对各地区而言，具有联邦机构工作经验的新领导人就任是一个积极趋势。这些新领导人了解联邦权力和管理机构的规则，具备相应的机关工作经验、行业背景和人际关系。这一切有助于提高地区行政机构的工作效率，确保最大限度地对接联邦和地方层面的工作。① 二是巩固强力部门地位，着眼 2018 年总统大选。政治经济改革中心主任米罗诺夫认为，精英的更新换代不能影响 2018 年总统大选，地方上需要绝对忠诚的执政精英，强力机构的政治家具备这一素质。② 三是宣示治理克里米亚的坚强意志。与此次人事调整相互关联，克里米亚联邦区被撤销，克里米亚和塞瓦斯托波尔一起并入南部联邦区，其全权代表仍是原总检察长乌斯季诺夫。普京实际上借此次人事任命表明一个政治意志：无论人事变动如何，克里米亚问题不容谈判。现在克里米亚不仅是拥有地方自治权的行政区划，而且已经完全融入俄罗斯国家结构中。

2016 年 8 月 12 日，普京免去了总统办公厅主任谢尔盖·伊万诺夫的职务，取而代之的是名不见经传的瓦伊诺。这项人事变动引起了广泛关注。年轻的瓦伊诺升任总统办公厅主任，再次表明普京今后选才主要看重良好的行政管理素质，主要任命的是事务型官员，要求低调、忠诚和高效的执行力。此外，国家杜马选举结束后，从媒体上传出普京要对强力部门进行重大改革，重新建立国家安全部，取消紧急情况部的消息也值得关注。此前成立的国民近卫军已经是普京直接掌握的一支强有力的军事机动部队，足以应对在莫斯科出现的紧急情况。

对于 2016 年俄罗斯政治出现的精英换代现象，2016 年 11 月，明琴科咨询公司更新了 2014 年撰写的《普京政治局 2.0》报告③。该报告认为，到 2012 年前普京建立了一个在很多方面类似于苏联政治局的非正式的单独管理机构。"普京

---

① Пересмотр кадров: зачем Владимир Путин сменил губернаторов и полпредов, 28 июля 2016 года, http://tass.ru/politika/3493872.

② Велимир Разуваев, Путин продолжает делать ставку на силовиков, http://www.ng.ru/politics/2016-07-29/1_putin.html, 29.07.2016.

③ Доклад《Минченко консалтинг》:《Политбюро 2.0: демонтаж или перезагрузка?》, http://www.minchenko.ru/Doklad%20Politburo%202.0_2016%2007.11.pdf.

政治局"成员实际上是俄罗斯国家的高管，每个人都有自己负责的领域。普京本人则作为仲裁者管理"政治局2.0"，解决所有争端，有时在其内部重新分配权力。2016年精英内部一是发生了强力资源的重组；二是强力部门继续得到加强，强力人员的地位进一步巩固。在这个基础上，普京团队的政治精英可以划分为以下几类：年轻的技术型人才，如总统办公厅主任瓦伊诺；精英家庭出身的人才，如莫斯科州州长沃罗比约夫；心腹，如曾长期从事总统保卫工作的现图拉州州长久明；原执政团队的人，如总统办公厅第一副主任基里延科；经济部门从事事务性工作的人才，如负责体育、旅游和青年事务的副总理穆特科。①

总之，俄罗斯专家都认同的一点是，代际变化是推动精英更新换代大调整的因素。2000年与普京一起走上政治舞台的执政精英正在被年轻的官员替代。这些新官员同样大多来自安全机构，忠诚是他们的政治品质。② 未来六年里，普京可能的接班人将产生在这批新的政治精英之中。

政权争取社会支持、稳定民众情绪、避免民粹主义激进化的重要途径，是给民情民意的表达提供适当的舆论空间，进行必要的疏导。这是所谓开放社会和开放政治的基本要求。但是，目前"控制局势"的议题是普京在俄罗斯政治领域的核心任务。而普京也通过在俄罗斯基本政治制度运行机制上进行的一系列针对性极强的改革，完全实现了对政治体系的内部控制。

第一，政治稳定与政治发展需要处理好开放政治与控制局势之间的关系。

开放政治与控制局势的关联性在于俄罗斯日益成熟的公民社会与当前政治体系之间存在的矛盾。

从社会管理上看，2012年以来，俄罗斯的社会管理从政治公共空间深入私人领域，这种从公域到私域的转变对社会情绪的影响可能是政治稳定面临的一个新问题。2016年7月，普京签署反恐怖主义法律修订案，在反恐怖主义的名义下，在此前已对社会领域严格管理的基础上进一步扩大了国家的权力。然而，在当代俄罗斯，在经济增长的十年间，社会上首度形成了人数众多的中产阶层，它

---

① Андрей Винокуров, Александр Атасунцев, Путин подбирает новеньких, https://www.gazeta.ru/politics/2016/11/06_a_10311353.shtml.

② "Russian Reshuffle Claims Another Big Name: Putin's Chief of Staff," http://www.csmonitor.com/World/Europe/2016/0812/Russian-reshuffle-claims-another-big-name-Putin-s-chief-of-staff.

还在不断壮大，这一阶层的人逐渐意识到自身的社会及政治利益。目前俄1/3以上的成年人、40%的就业人员、大城市的近半数市民都属于中产阶层范畴。

在中产阶层开始登上政治舞台、公民意识已经觉醒的社会背景下，未来俄罗斯能否形成一种制度活力，形成有效的纠错机制，对于避免社会动荡乃至社会危机至关重要。这种活力体现在：当俄罗斯社会矛盾尖锐化到一定程度，而俄罗斯政治体制又调整乏力时，体制外各种力量能够顺利地直接参与进来，推动更加根本性的改革。从目前来看，普京依然坚持以国家为中心的发展路径。政治稳定度越高，自由度越少；经济发展越追求政府主导的高速度，经济质量反而会越来越低。只追求政权效应，不考虑所有权效应，会不会让这条发展道路的潜力越来越小呢？

第二，政治稳定与政治发展需要的政治竞争性并行不悖。

普京在处理俄罗斯政治问题时反复强调政治稳定问题。普京强调的稳定，实质是在加强俄主权原则的同时，实现社会稳定，以便促进经济增长和发展。普京认为，有了稳定的政治体制，才能团结整个社会抵御包括经济危机在内的各种危机，从而使所有公民和社会集团享受物质福利、拥有自由和公平。普京明确提出：俄罗斯民主处于初级阶段，需要一个稳定的政治机制，以确保俄罗斯经济和社会在未来数十年内能够持续稳定的发展。他以俄罗斯过往的历史动荡和变革失败告诫质疑者，任何政治改革都必须是渐进、稳定、连贯的。

在20世纪90年代，市场经济原则、对民主制度的认同虽然促使俄罗斯人民改变了生活理念，但是也让国家经历了严峻考验。这就是俄罗斯如此珍视近年来所得到的稳定的原因。尊重传统、追求稳定是对的，这是为了更好地实现现代化，但是过分强调传统和稳定就可能走向另外一个极端。稳定也有可能带来停滞，并导致产生一个利益集团，阻碍进一步发展。稳定是国家现代化和发展的必要条件，但是只有致力于变革的政治制度才是坚固和稳定的制度。

俄罗斯国家治理的战略选择应以现代价值体系的塑造、现代制度体系的构建和现代治理结构的培育为核心内容，实现国家与社会、政府与民众的和谐互动，最终达成有效而民主的绩效。也只有这样的路径选择，才能实现政治竞争性基础上的政治稳定。

第三，政治的稳定与发展需要建立与外部世界的良性互动。

戈尔巴乔夫执政以来，俄罗斯就一直处于一种大规模的现代化进程之中。尽管可以通过"民主转型"理论来研究这一时期的发展状况，但俄罗斯的变革有其独一无二的特质，最重要的是其本土特征和那种无所不包的地缘政治变化。苏联原本是世界上两个超级大国之一和两极体制的一极，苏联解体后，俄罗斯在实施经济和政治变革的时候，其地缘政治也在快速衰退。作为这一变革中必不可少的一部分，俄罗斯试图与外部世界建立一种新的关系，但直至今日俄罗斯在融入、并立与孤立之间并未找到一种令人满意的平衡。在西方看来，主要挑战是如何将俄罗斯纳入新的国际秩序。以俄罗斯传统的大国心态，要融入新的国际秩序并非易事。关键在于俄罗斯新角色的定位还伴随着其内部政治秩序的根本变化，这个变化过程还远没有结束。国际政治的重大问题都跟对俄罗斯国内状况的评估机制交织在一起。[①]

从俄罗斯政治研究的角度来看，俄罗斯政治形势不仅与传统上经济因素和社会文化因素紧密联系，还与政治发展的外部因素互为影响、互相作用。外交和国防政策委员会主席团名誉主席卡拉加诺夫认为，西方相对衰弱导致俄罗斯现代化的推动力减弱，历史上俄罗斯这种推动力一向来自西方。普京时代形成的强力阶层抵制西方十分活跃，而俄罗斯的发展动力则日益削弱。[②] 俄罗斯既坚持实力政策，又承认互相依赖和国际经济一体化的重要性。普京提出"大欧亚伙伴关系"，加强区域经济一体化就是这种心态的体现。俄罗斯没有真正融入世界经济，在经济上面临被边缘化的危险。

普京谋求制定一种使俄罗斯融入世界同时又保障国家利益的政策，既想融入西方，又拒绝被"同化"，俄罗斯想按自己的方式成为西方的一部分。事实证明，这种中间状况最终无法保持。俄罗斯同外部世界互联互动的特点大体可以概括为：在融为一体、平等并立、孤立主义这三者间交错互动、消长隆替、相斥相融。从长期发展前景来看，今后一个时期，俄罗斯政治改革的可能性很小。俄罗斯内政肩负两个使命：一是确保政权稳固；二是维持国内主流社会思潮即昂扬的民族主义情绪，为俄罗斯大欧亚战略服务。这两点决定了其进行所谓自由化改革的可能性很小。

---

① Richard Sakwa, "New Cold War or Twenty Years' Crisis? Russia and International Politics," *International Affairs*, Vol. 84, No. 2, 2008.

② Сергей Караганов, Однобокая держава, Ведомости, 4 декабря 2013.

第四，政治稳定与发展的长期基础在于经济的增长与发展。

美国对于俄罗斯政治稳定与经济发展之间的关系有自己的判断。2013 年 3 月，美国情报机关曾向参议院提交了一份评估"世界威胁"的报告，其中大量篇幅涉及俄罗斯。报告认为，"进攻性行动"使普京得以控制国内局势，但还是没能克服经济问题和腐败加剧的问题，新任期对普京来说是其总统任内最为复杂的时期。①

俄罗斯国内也有不少反思。当俄罗斯政治出现不稳定的状态，如 2011 年底俄罗斯爆发大规模政治抗议性运动之时，俄罗斯的学者和精英总能深刻反思俄罗斯政治发展与经济改革之间的关系。由现代发展研究所撰写的《战略 2012》就提出了两个重要观点：其一，国家需要制度、经济和技术现代化；其二，为了实现这种现代化，必须对国家政治体制进行重大改革。② 政治技术研究中心的报告《俄罗斯的政治危机及可能的发展机制》总体上同意《战略 2012》的主要思想，但它同时指出俄罗斯政治生态的重要倾向：俄罗斯政权的非合法化进程不断加快，民众对"统一俄罗斯"党的信任度每况愈下；短期内俄罗斯政治转型的目的已经转变为重启信任，如果不能确保延续社会经济改革和经济平稳发展所必需的信任，政治危机有可能深化，而这一趋势很可能长期推延俄罗斯进入发达国家行列的进程，并削弱其在全球竞争中的地位。③ 俄罗斯研究政治问题的权威专家、政治技术研究中心主任布宁认为，由于制度的不稳定性上升，若只对方针稍做修正，而仍因循老路，其发展前景会越来越小。④ 政权需要恢复民众对政治体系的信任；缓和社会冲突和政治对立；通过推行经济改革和负责任的经济政策，确保经济持续稳定发展；推动建立充满活力和竞争力的政治模式。俄罗斯经济具有寻租特性，同时总统权力过大，在缺乏足够制约和平衡的情况下，这会导致行政体系的腐败。如果这一体制保持不变，将不利于民众恢复对当局的信任，因此

---

① Кирилл Белянинов, Россию признали сложной, но не самой страшной, Газета "Коммерсантъ", http：//www. kommersant. ru/doc/2145219.

② Обретение будущего: Стратегия 2012. Конспект. http：//www. riocenter. ru/files/Finding_ of_ the_ Future% 20. Summary. pdf.

③ Политический кризис в России и возможные механизмы его развития, http：//www. csr. ru.

④ Игорь Бунин, Кризис в современной России: социально-политическое измерение, http：// www. politcom. ru/7573. html.

必须加强制衡，总统和议会的职能需要重新分配。首先要采取措施，恢复俄罗斯不同政治机构之间的权力平衡，有意识地加强议会和政府的作用，对总统的权力加以限制。这并不是说要大规模修改宪法，将俄罗斯变成一个议会制共和国，而是要采取一些不多但坚定的举措，来减少总统和总统办公厅对政府工作的干预，同时加强政府对议会的责任。比如可以将议会多数派组阁的原则确定下来，并且限制总统对组阁过程的干涉。①

政治上的控制与俄罗斯当前的垄断型经济结构是匹配的，但如果不能改变以能源出口为主导的经济结构，不能对其进行大规模的现代化改造，即使经济有所增长，其发展依然存在巨大的不确定性；经济如果不发展，政治也很难保持稳定。民族主义是蕴含在俄罗斯的最大能量，但不可能永远只靠高昂的民族主义情绪维持社会的运转，"后克里米亚共识"只是暂时掩盖了公民对经济问题的不满。② 普京的治国理念与举措具有依靠权力体系、维护政治稳定的能力，却很难改变现有经济结构，能改变的只是经济领域的政策。

综上所述，俄罗斯目前的体制模式总起来看是维持稳定有余，促进发展不足。政权党"统一俄罗斯"党的国家杜马宪法绝对多数席位既为普京全面规划2018 年总统大选前的内外政策奠定了坚实基础，也使普京在高民意聚集的前提下面临必须实现经济快速发展的巨大政治压力。稳定是基础，但真正意义上的长期稳定建立在发展的基础上。未来相当长的一个时期内，普京依然面临国内问题的三大挑战：一是如何把政治稳定与政治现代化结合起来，既能增强政治活力又能确保政治控制；二是如何调整经济结构和经济发展模式避免经济衰退；三是如何应对俄罗斯与外部世界的变化以实现大国崛起的欧亚战略。

世界政治正在发生重大变化。国际冲突、国家内部矛盾、新技术的突破、经济不平衡、社会不平等各种因素交织在一起，国际格局和世界秩序因而正在发生深刻的结构性改变。在这一重要时刻，各国都在加速自身发展，但是俄罗斯面临自苏联解体以来最为恶劣的外部环境，国家资源在很大程度上耗费在处理外部危机上，难以集中精力完成内部发展。对俄罗斯施压的国际统一性是俄罗斯国家安

---

① Политический кризис в России и возможные механизмы его развития, http：//www.csr.ru/.
② Путин в логике велосипедиста, http：//www.gazeta.ru/politics/2014/07/26_a_6146541.shtml.

全和经济发展的严峻挑战。① 美国外交的内政化和俄罗斯外交的军事化都是国际局势快速发展和世界政治对各国内政影响的结果。

美国国家政策面临历史拐点，但很难说美国主导的世界秩序正在走向终结。对于俄罗斯的发展前景而言，现在最重要的不是讨论西方是否衰落的问题。一个国家的崛起与复兴不能寄托在别人衰落的基础上。俄罗斯复兴的基础在于俄罗斯需要很好地解决国内发展的问题，而俄罗斯经济发展的问题究竟是普京难题还是俄罗斯难题，或者两者融为一体兼而有之？也就是说，普京2000年登上政治舞台以来，俄罗斯的成就抑或失误，当然与普京的治国理念与举措紧密相关，但是，俄罗斯的成败得失是否也与俄罗斯的国家特性有关？如何看待俄罗斯问题的历史继承性特点？因而，未来需要观察和思考的不仅仅是普京执政上需要解决的国家治理难题，更需要结合传统与现代的视角研究俄罗斯发展难题。

第三节 普京修宪与政治调整

2020年1月15日普京在总统国情咨文中正式提出修宪后，仅仅两个月内，俄罗斯的立法机构就完成了宪法修正的所有法律程序。实际上从3月14日普京签署宪法修正案的命令开始，该法案已经生效。3月16日，宪法法院判定宪法修正案没有违反本国基本法，并批准了宪法修正案。原定于4月22日的全民投票实际上只是对普京本人的一次信任投票，并不具备法律强制力。普京修宪，这是俄罗斯政治的重大问题。本节拟对普京修宪的过程、背景、内容、目的与前景进行政治分析，从各个层面解读此次修宪，以求分析俄罗斯内部变化的特点，加深对俄罗斯内政的理解。

一 修宪过程：精心运作的政治设计

2018年9月地方选举结束不久，还当人们热议"统一俄罗斯"党选举失利之际，2018年10月，宪法法院院长佐尔金首次提出"活宪法"的概念，提出宪

---

① Внешняя политика России：взгляд в 2018 год，http：//russiancouncil. ru/forecast 2018.

法需要修改、应加强立法机构与行政机构权限划分、相互制衡的建议。① 佐尔金的建议在俄罗斯政坛激起巨大声浪。12月25日，普京团队的核心成员、国家杜马主席沃洛金表示，俄罗斯社会一直在考虑这部关键立法自通过之日起二十五年后是否依然适宜、有效。普京总统的新闻秘书佩斯科夫则表示，克里姆林宫认为佐尔金的这一立场只是"专家个人意见"，政权并没有准备对宪法进行任何修正。

开弓没有回头箭。俄罗斯政坛在2019年不断出现修宪的动议。2019年2月，关于国家杜马新规则的讨论见诸俄罗斯主要媒体。② 2019年4月，沃洛金提出加强议会作用、政府各部部长的任命需要经过国家杜马批准的建议。③ 佩斯科夫仍表示不认可。2019年7月，国家杜马主席沃洛金在国家杜马的官方报纸《议会报》上发表重磅文章，接过了佐尔金的术语，也开始表述"活宪法"这个概念，认为宪法应该根据实际情况不断调整以适应俄罗斯变化，而当前的重点是改变立法和行政权力不平衡的现象。国家杜马应该参与政府的组建，至少应该参与协商政府成员的组成。此外，还应该在宪法中列入政府向国家杜马提交报告的规范程序以及对各部委工作的评估。④

沃洛金曾任总统办公厅第一副主任，主管俄罗斯国内政治事务，是普京非常信任的政治精英。2019年他关于修宪的几次表态引发俄罗斯社会热议。修宪究竟是不是普京本人的政治意愿？俄罗斯总统新闻秘书佩斯科夫还专门澄清，表示这是其他人自己的想法，并不代表普京。⑤ 相比较克里姆林宫态度的含糊不清，针对沃洛金修改宪法的提议，国家杜马的四个议会党团不出意料地高调支持，一致同意加强议会在政治生活中的作用，扩大议会的监督职能，表示建设一个强大的议会是俄罗斯主要政治力量的共同意愿。

① Зорькин вспомнил о "живой Конституции"，9 октября 2018，http：//www. ng. ru/politics/2018 - 10 - 09/1_7328_zorkin. html.

② Дарья Гармоненко，Власть тестирует новые правила выборов в Госдуму - 2021，http：//www. ng. ru/politics/2019 - 02 - 06/3_7501_newrules. html.

③ Володин предложил допустить Госдуму к формированию кабинета министров，6 апреля 2019，https：//www. newsru. com/russia/06apr2019/cabmingosduma. html.

④ Живая Конституция развития，Статья Председателя Государственной Думы Вячеслава Володина，вышедшая в "Парламентской газете"，http：//duma. gov. ru/news/45717/.

⑤ В Кремле прокомментировали статью Суркова о "путинизме"，https：//ria. ru/20191014/1559762965. html.

2019 年 12 月 12 日，普京在俄罗斯宪法日与宪法法院的法官座谈。普京首次就宪法修改问题表态：需要对俄罗斯的基本法有不断的新认识和理解，这是一个不断发展变化的过程。① 2019 年 12 月 19 日，普京在年度记者会上再次谈到了修宪问题。普京认为，俄罗斯不需要制定新宪法。② 2020 年 1 月 15 日，俄罗斯总统普京发表国情咨文，正式提出修宪意向。③ 随即，梅德韦杰夫政府宣布辞职。根据舆论基金会民调，约 61% 的俄罗斯民众对梅德韦杰夫表示不信任，这种不信任水平多年来始终未变。按照列瓦达中心数据，逾 60% 的俄罗斯人不认可梅德韦杰夫在总理任内的工作。约 54% 的俄罗斯人积极看待梅德韦杰夫政府辞职。④

2020 年 1 月 15 日梅德韦杰夫政府辞职当天，普京迅速提名时任俄罗斯联邦税务局局长米舒斯京为新总理人选。15 日当晚米舒斯京就参加了国家杜马主席沃洛金召开的特别会议，与国家杜马四大议会党团沟通。2020 年 1 月 16 日，国家杜马紧急召开全体会议，审议总统提名的总理人选，结果为创纪录的 0 票反对、383 票赞成、41 票弃权。米舒斯京是政治新人，甚至从未进入明琴科公司关于《普京政治局 2.0》的报告中，但没入政治评论家的精英名单并不等于没入普京的法眼。

选择新人，就是选择新的经济政策，给社会传递新的希望。普京选取精通税务管理和长于数字经济运行的米舒斯京担任总理，是为了更好地应对经济领域的严峻挑战，以便延揽民意，未雨绸缪。米舒斯京是一个典型的技术性官员，其主要任务是解决临时性而又迫切性的经济任务，从而稳定俄国内局势，为 2021 年国家杜马选举做好准备，打好前站。米舒斯京被称为"知识型的强力部门领导

---

① Встреча с судьями Конституционного Суда, 12 декабря 2019 года, http: //kremlin. ru/events/president/news/62309.

② Большая пресс - конференция Владимира Путина, http: //kremlin. ru/events/president/news/62366.

③ Послание Президента Федеральному Собранию, Владимир Путин обратился с Посланием к Федеральному Собранию. Церемония оглашения прошла в Москве, в Центральном выставочном зале《Манеж》, http: //www. kremlin. ru/events/president/news/62582.

④ Михаил Сергеев, Перемен! Требует президент-Отставка премьера как предпосылка ускорения роста экономики и доходов, 15 января 2020 года, http: //www. ng. ru/politics/2020-01-15/1_ 7768_ main. html.

者"，强力部门和经济专家的身份兼而有之，既是理想的管理人才，同时也不会打破精英阶层内部的平衡，权力不会被重新格式化。①

2020 年 1 月 16 日，米舒斯京在国家杜马发表施政演说，主要聚焦社会和经济发展问题：第一，关注儿童、家庭，以及他们的收入增长和生活质量提高；第二，提高劳动生产率，支持出口；第三，通过"数字经济"国家计划实现技术发展；第四，优先发展农业；第五，发展运输，打破基础设施瓶颈。② 2020 年 1 月 19 日，梅德韦杰夫在俄罗斯第一频道电视台的访谈节目中解释其辞职原因：一是国家政治革新任务的需要；二是出于时间因素的考虑。他表示，总统在国情咨文中确立了非常宏伟的政治体制革新任务，在一定程度上这甚至将改变国家权力平衡，既涉及政府，也涉及议会，以及一部分总统权力和司法体系。为此，总统应该能够放手做出决定。另外，他当总理已经八年，应该平和对待政府辞职问题。他表示，他仍将继续担任"统一俄罗斯"党主席。梅德韦杰夫认为米舒斯京的关键任务是增加居民的实际收入，这是新一届政府最主要的任务。③ 2019 年 11 月 21 日，普京在外贸银行"俄罗斯在召唤"投资论坛上明确表示，提高居民实际收入是政府最重要的工作方向。④

2020 年 1 月 20 日，总统新闻秘书佩斯科夫宣布，普京将宪法修正案草案递交国家杜马审议。同日，普京表示，他不希望回到苏联时代的做法，即国家领导人执政到最后时刻，国家没有规定权力过渡的条件。⑤ 2020 年 1 月 21 日，新政府成立。副总理由 10 名减至 9 名，有 3 人留任，21 名内阁部长中有 12 人留任。

① Александр Баунов, Транзит на опережение. Почему Путин спешит с переустройством власти, 16 января 2020 года, https://carnegie.ru/commentary/80818.

② Татьяна Замахина, Помогать и не мешать. Михаил Мишустин стал председателем правительства России, 16 январь 2020, https://rg.profkiosk.ru/786141.

③ Бывший глава правительства России Дмитрий Медведев дал эксклюзивное интервью Первому каналу, 19 января 2020, https://www.1tv.ru/news/2020-01-19/379074-byvshiy_glava_pravitelstva_rossii_dmitriy_medvedev_dal_eksklyuzivnoe_intervyu_pervomu_kanalu.

④ Инвестиционный форум 《Россия зовёт!》- Владимир Путин принял участие в пленарной сессии 《Мосты над волнами деглобализации》 в рамках XI инвестиционного форума 《ВТБ Капитал》 《Россия зовёт!》. 20 ноября 2019 года, http://www.kremlin.ru/events/president/news/62073.

⑤ Встреча с ветеранами Великой Отечественной войны и представителями патриотических объединений, 18 января 2020 года, http://kremlin.ru/events/president/news/62609.

外交部、国防部、内务部、紧急情况部、能源部、财政部等重要部门的部长职位未变。新政府的特点是年轻化，平均年龄为 47 岁，上届政府为 53 岁。第一副总理别洛乌索夫此前担任总统经济顾问，主要负责经济事务，是国家项目计划的发起者。经济增长和提高居民收入将是新政府工作的重中之重。

2020 年 1 月 23 日，国家杜马一读全票通过了宪法修正案草案。二读原定于 2 月 11 日，后由于讨论热烈推迟至 3 月 10 日。2 月 17 日，塔斯社公布普京专访节目，普京在节目中承认，政府调整早有规划。3 月 9 日，普京签署法令对总统办公厅和安全会议相关法律规定进行修改，核心内容是设立安全会议副主席职位，直接隶属总统。

2020 年 3 月 10 日，俄国家杜马对宪法修正案草案进行二读。世界首位女宇航员、"统一俄罗斯"党成员瓦莲京娜·捷列什科娃提出了取消总统任期的宪法限制或在通过宪法修正案后将现任总统任期数字归零的提案。3 月 10 日下午 3 时，普京来到国家杜马发表讲话。他不同意"统一俄罗斯"党党员卡列林和自由民主党领导人日里诺夫斯基的提案。该提案建议在修宪之后应举行国家杜马提前选举。普京还反对延长总统任期，但普京对于将现任总统任期数字归零的提案表示同意。同时，他强调，该修正案必须得到宪法法院的批准，并得到公民的支持。普京讲话后国家杜马举行表决，382 票赞成、0 票反对、44 票弃权，二读并通过。该动态旋即引发巨大反应，成为俄国内外热议焦点。

2020 年 3 月 11 日，国家杜马以 383 票赞成、0 票反对、43 票弃权的表决结果三读通过了宪法修正案。同日，联邦委员会以 160 票赞成、1 票反对、3 票弃权的表决结果通过了宪法修正案。3 月 12～13 日，85 个联邦主体议会全部迅速通过宪法修正案。3 月 14 日，普京签署俄罗斯联邦宪法修正案。同日，宪法修正案提交至俄罗斯联邦宪法法院审议合法性。[1] 按规定七日内裁决，但是仅仅两天后，3 月 16 日，宪法法院在发布的裁决中表示，有关新修正案的法律草案内容及其通过程序与宪法中记录的俄罗斯《基本法》相符。该裁决文本表明，决议具有最终性，不接受任何上诉或复审，发布后立即生效，也无须经其他主管机关确认。[2]

---

[1]　Президент направил запрос в Конституционный Судhttp：//kremlin. ru/events/president/news/62989.

[2]　16 марта 2020 года Конституционный Суд РФ опубликовал Заключение по запросу Президента РФ，http：//doc. ksrf. ru/decision/KSRFDecision459904. pdf.

三读后发布的宪法修正案文本分为三部分：第一部分是重点，为核心内容，即对宪法条文的具体修改；第二部分是有关全民投票的技术环节，以及中选委和地方政府保障宪法修正案的工作程序；第三部分类似补充解释，共有 7 条，其中第 6 条是关键，尽管该条法律语言繁复，但是意思即为现任总统任期"清零"。理论上，普京不仅可以参加下一次总统大选，且可以连任两届。如果排除提前大选等意外因素，俄罗斯政治的一个可能前景是普京将连任到 2036 年，其长期执政的可能性在增大。

虽然从法律程序上看，宪法修正案实际上已经生效，但是普京在 3 月 11 日国家杜马发表讲话时，明确将修正案生效的条件确定为宪法法院认定修正案符合宪法，且在全民投票中得到半数以上的支持。因此，全民投票也被认为是对修正案合法性的政治"背书"。全民投票并不是全民公投，一是不具有法律强制力；二是不需要半数以上的公民投票，只需在参加投票的人中获得半数以上赞成即可。1 月 15 日国情咨文发表后，俄罗斯社会曾就这是否意味着全民公投展开争论。① 佩斯科夫表示，就修宪问题进行全民投票在法律上不是必需的，因为条文改动不涉及宪法的基本条款。但普京认为了解人民的观点是必要的，因此他提议举行全民投票。② 由于新冠疫情在俄罗斯的蔓延，2020 年 3 月 25 日，普京发表电视讲话，推迟了原定于 4 月 22 日举行全民投票的时间。

二 修宪背景：应对政治挑战

2018 年普京第四次当选俄罗斯总统后，甚至在 2018 年总统大选之前，"后普京时代"就已经是学术界热议的一个话题。"后普京时代"与"2024 问题"紧密相连，即 2024 年普京第四任期结束后，俄罗斯最高权力如何实现顺利过渡。"2024 问题"成为俄罗斯政治的焦点，是因为在历次改革后，俄现行的政治体制已深深地打上了普京印记。制度与非制度因素结合、权力与资本关联，造成除普

---

① Иван Родин, Транзитное Послание Федеральному собранию－Реформа Конституции ведет к управляемой политической дестабилизации, 15 января 2020 года, http://www. ng. ru/ politics/2020－01－15/3_7768_ constitution. html.

② Сергей Гусаров: Основные изменения: Путин внёс в Госдуму проект закона о поправке к Конституции, https: //russian. rt. com/russia/article/709878－konstituciya－putin－gosduma, 20 января 2020.

京外俄国内目前尚无人能完美掌控这艘巨轮的局面。离开比留下难，从某种意义上讲，这是对普京的真实写照。

普京在 2020 年开年之初做出宪法修改的决定与 2018 年他第四次担任总统以来俄罗斯国内形势的特点密切相关。2018 年俄罗斯形势稳中有忧，2019 年普京积极应对挑战，频频施策，政治生态处在酝酿变革的氛围中，最终在 2020 年初，普京重拳出击，正式推出了包括宪法改革在内的重大举措，以求在 2021 年的国家杜马选举乃至 2024 年的总统大选中实现有利于执政阶层的政治目标。

2018 年 3 月，普京在第七届总统大选中成功实现高投票率和高得票率的"双 70%"目标，但是短短半年后，在 2018 年 9 月的地方选举中，由于退休金制度改革等带来民意支持率走低，政权党"统一俄罗斯"党在国家杜马单席位选区的补选、联邦主体议会选举以及联邦主体行政长官直选这三个具有指标性意义的选举中全面受挫。地方选举以普京罕见的低于 35% 的信任指数结束。

在社会情绪上，经济传导性明显，俄罗斯社会求变心理增强。卡内基莫斯科中心和列瓦达中心联合开展的社会调查结果显示，俄罗斯公民认为当今社会面临的最严峻问题是：物价上涨（59%），贫困（42%），贪污受贿（41%），失业率上升（36%），医疗服务不足（30%），收入分配不平等（29%）和环境恶化（24%）。在回答应优先解决哪些问题时，受访者建议提高退休金和生活水平（24%），更换政府（13%），降低住房和公共服务费、控制药价和物价（11%），反腐（10%），改善医疗条件（9%），教育（8%）以及提供就业岗位（7%），公平选举（9%），法院独立（8%）。59% 的受访者表示国家需要进行重大社会经济变革（两年前为 42%），只有 8% 的受访者认为应保持现状。①

普京第四任期高开低走的变化让"2021 问题"和"2024 问题"一下子成为焦点。俄罗斯政府迅速调整政治举措，从观念到制度，普京频频出招，积极为最终推出宪法改革奠定思想和机制基础。

俄罗斯官方在 2019 年提出了"普京主义"的概念。但是，官方提出的"普

---

① Мы ждем перемен — 2. Почему и как формируется спрос на радикальные изменения6 ноября 2019，https：//carnegie.ru/2019/11/06/ru－pub－80273.6 ноября 2019；Россия общество опросы Центр Карнеги Левада-Центр-《Левада》и Московский центр Карнеги：59% жителей России хотят 《решительных перемен》в стране，https：//polit.ru/news/2019/11/06/reshitelnikh-peremen/.

京主义",却并没有达到提出"主权民主"思想时全民热议从而成为国家意识形态并进入"统一俄罗斯"党党章的情形。2019 年 10 月 14 日,俄罗斯政治行情网的热点评论设立"普京主义"的讨论专栏。值得注意的是,苏尔科夫明确指出,"普京主义"这个术语源自国外。① 俄罗斯一直用俄罗斯保守主义指代普京理念。"普京主义"原先在俄文政治语境中带有贬义,意味相似于勃列日涅夫主义。西方学者认为,俄罗斯政府倡导"普京主义",与当今世界关于国家的认识有关。19 世纪是民族国家的时代,21 世纪则可能是文明国家的时代。文明国家是指不仅代表某块具有历史性疆域或某种语言或族群而且代表某种独特文明的国家。文明国家的概念具有明显的反自由主义含义,它试图说明界定普遍人权或共同民主标准的尝试是错误的,因为每种文明都需要反映其独特文化的政治制度。文明国家的概念是排他的。苏尔科夫从 2018 年提倡俄罗斯是"混血者的孤独"到 2019 年声明"普京主义"的生命力,说明国家文明观在俄罗斯也越来越为人所接受,即俄罗斯代表着一种独特的欧亚文明,它不应该谋求与西方融合。就像苏尔科夫表示的,俄罗斯为成为西方文明的一部分而进行的多次徒劳无功的努力终于结束了。相反,俄罗斯应该凭借混合型思维、跨洲的疆域和两极化的历史来接受其兼容东西文明的这样一个身份。②

在政治制度上,宪法修改前,普京已经紧锣密鼓地进行了联邦制度、议会制度、选举制度变革的政治探索。2019 年 5 月,地方自治基本原则法修改。该法历经两次扩展,从一开始四种地方区划,到 2014 年修改时加入针对联邦主体中心城市市级结构的两种划分,再到 2019 年 5 月又加入两种地方自治区划,完全覆盖地方各种自治和行政划分情况。2019 年新加入的地方自治机构是为了解决此前没有被纳入市政结构体系内居民点的行政归属。通过完善市政结构体系③,当前地方自治的行政范围已实现全覆盖。把这些居民区纳入地方自治体系内,扩

---

① Путинизм как политический лайфхак, http://actualcomment. ru/putinizm - kak - politicheskiy - layfkhak-1910141011. html.

② Gideon Rachman, "China, India and the Rise of the 'Civilisation State'," *The Financial Times*, March 4, 2019, https://www. ft. com/content/b6bc9ac2-3e5b-11e9-9bee-efab61506f44.

③ муниципальный район; сельское поселение; городское поселение; городской округ; внутригородская территория города федерального значения; городской округ с внутригородским делением; внутригородской район; муниципальный округ.

大了地方行政的覆盖范围。

通过近年来的政治举措，例如代理行政长官制度、市政过滤器机制、地方自治市政结构的再划分等，普京已经逐渐实现了国家权力对地方自治的全覆盖。为什么要这么做？2020 年 1 月 15 日，普京在国情咨文中对此做出了明确回答。普京表示：政府的任务是确保高生活标准、人人机会均等，而且是在全国范围内。国家项目和全部发展计划正是旨在达到这一目标。但是，各级国家和市政权力机关之间的脱节正在给教育、卫生和其他领域带来问题。这种职权不清和混乱首先对民众产生了消极影响。法律规定全体公民享有的共同权利、资源和保障，在各地区和直辖市得到保证的程度不一，这对人们是不公平的，直接威胁到俄罗斯社会和国家完整。有必要把统一公共权力体系的原则在宪法中固定下来，在国家和市政机关之间形成有效互动。同时，地方自治和最贴近百姓的基层权力机关的职权和实际资源可以也理应得到扩大和强化。①

2019 年 9 月 8 日的地方选举结果表明，"统一俄罗斯"党按比例代表制获得的得票率较低。"统一俄罗斯"党在 2021 年国家杜马选举中占据宪法多数席位对于确保 2024 年的权力交接至关重要，因此关于修改国家杜马选举制度的讨论一直不断，主要集中在三个变化调整上：一是修改全联邦区政党比例代表制和单一选区多数选举制这两种方式的比例构成，例如，减少根据政党名单选出代表的比例（从 50% 降至 25%），其余 3/4 的代表将在单一选区产生；二是重启竞选联盟，稀释"统一俄罗斯"党不受欢迎的程度，但这涉及政党法的修改；三是提高政党进入议会的门槛。②

在政权党建设中，普京力保"统一俄罗斯"党自身良性发展。据俄罗斯舆论研究中心统计，2019 年 7 月，"统一俄罗斯"党的支持率已经刷新了历史最低纪录，只有 32% 的俄罗斯人愿意投票支持政权党。③ 2019 年 7 月 1 日，"统一俄

---

① Послание Президента Федеральному Собранию, Владимир Путин обратился с Посланием к Федеральному Собранию. Церемония оглашения прошла в Москве, в Центральном выставочном зале 《Манеж》, http://www.kremlin.ru/events/president/news/62582.

② Антон Чаблин, Кремль намерен сохранить Путина во власти и после 2024 года - По данным Bloomberg, для этого загодя готовятся важные изменения в закон о выборах в Госдуму, https://svpressa.ru/politic/article/237978/.

③ Антон Чаблин, Кремль намерен сохранить Путина во власти и после 2024 года - По данным Bloomberg, для этого загодя готовятся важные изменения в закон о выборах в Госдуму, https://svpressa.ru/politic/article/237978/.

罗斯"党主席梅德韦杰夫在《消息报》上发文,对"统一俄罗斯"党存在的问题和面临的挑战进行分析。梅德韦杰夫承认,2018 年地方选举的结果表明,"统一俄罗斯"党的民众信任度很低。"统一俄罗斯"党必须自我革新以赢回民心,首要的任务是倾听民众倡议和选拔优秀干部。①

在 2019 年地方选举结束后,普京政府进一步加强政权党"统一俄罗斯"党的自身建设。2019 年 11 月 23 日,"统一俄罗斯"党在第十九次代表大会上确定了战略优先事项和下一步工作的重点方向,明确政治目标是维持"统一俄罗斯"党在俄罗斯作为主导政治力量的地位,并赢得 2021 年国家杜马选举。②

在这次会议上,普京强调,"统一俄罗斯"党必须将捍卫公民和国家利益放在首位,而不是只考虑支持率和选举问题,唯此才能真正成为主导政治力量。"统一俄罗斯"党必须专注国家项目,以便民众能感受到自身生活的改善。③ 梅德韦杰夫为"统一俄罗斯"党制定了高效筹备 2021 年国家杜马选举的任务,明确指出 2020 年全年"统一俄罗斯"党必须尽力筹备国家杜马选举。新党纲的起草工作开始启动。2019 年 9 月地方选举当天,一些"统一俄罗斯"党党员以自荐身份参选,对此梅德韦杰夫表示建议以自荐候选人参选的党员退党。④

2020 年 1 月 15 日梅德韦杰夫辞去政府总理一职后继续担任"统一俄罗斯"党主席。1 月 19 日,梅德韦杰夫明确指出,"统一俄罗斯"党是俄罗斯的主要政党,是政权党,对人民和国家肩负着国家发展的重任。"统一俄罗斯"党所决定的政策方向事实上是整个国家所面临的那些任务。现在这些极其重要的任务与提高人民生活水平和实施国家项目息息相关。⑤

① Дмитрий Медведев, 《 Единая Россия 》 — курс на перемены, Председатель ЕР Дмитрий Медведев — о новых приоритетах партии, персональной ответственности и работе с НКО, 1 июля, 2019, https: //iz. ru/894518/dmitrii-medvedev/edinaia-rossiia-kurs-na-peremeny.

② XIX Съезд 《 Единой России 》, https: //er. ru/core/news/subject/154. html.

③ Съезд партии 《 Единая Россия 》 - Владимир Путин выступил на пленарном заседании XIX съезда Всероссийской политической партии 《 Единая Россия 》, 23 ноября 2019 года, http: //www. kremlin. ru/events/president/news/62105.

④ XIX Съезд Всероссийской политической партии 《 Единая Россия 》, 23 ноября 2019 года, http: //da-medvedev. ru/news/item/25615/.

⑤ Бывший глава правительства России Дмитрий Медведев дал эксклюзивное интервью Первому каналу, 19 января 2020, https: //www. 1tv. ru/news/2020 – 01 – 19/379074 – byvshiy_ glava_ pravitelstva_ rossii_ dmitriy_ medvedev_ dal_ eksklyuzivnoe_ intervyu_ pervomu_ kanalu.

普京政府针对俄罗斯政治稳定的挑战有的放矢地采取了一系列举措，在观念与制度各个层面积极求变，酝酿变革。在充分准备的基础上，2020 年 1 月，普京正式启动了宪政改革，为"2024 问题"的解决精心布局。

三　修宪内容：强化总统的核心权力

普京总统任期清零的消息一出，有舆论疑惑为什么还要进行宪法改革削弱总统权力？实际上，此次宪法改革不仅没有削弱总统权力，反而强化了总统的核心权力。

第一，宪法改革表面上限制了总统权力，但实际上总统的核心权力扩大了。其一，加强对政府控制，总统有权直接免职核心官员。在总统有权批准政府辞职的基础上，宪法修正案明确了总统有权批准总理、副总理、部长和行政权力机关及总统管辖机关领导人的辞职，而且规定总统无须总理提议便可直接免除总理、副总理、部长的职位。其二，加强对国家杜马控制，总统有权直接解散国家杜马。在俄罗斯联邦政府总理的提名被国家杜马三次否决后，俄罗斯联邦总统可以直接任命总理并有权解散国家杜马，举行新的大选。实际上，国家杜马没有任何自主的可能性，只有与总统提前进行政治性协商才能避免总统不满意而杜马可能被解散的政治后果。其三，加强对联邦委员会（上院）的控制。2014 年修宪时已经规定总统掌握 10% 的上院议员任免权，这次进一步规定总统可以直接任命 30 人以内的上院议员，约等于 18%，再次扩大了总统对上院的控制。而且，在这 30 人中总统可以任命 7 名以内上院议员为终身议员。前总统自动成为上院终身议员，且拥有豁免权。0 票反对的现实说明，一些资深的政治家希望成为这 7 名议员之一。一些年事已高面临退位且长期以体制内反对派自居的政治家，如日里诺夫斯基等此次全力支持普京的提议，也与终身议员的巨大政治利益相互关联。其四，加强对司法体系人事权的控制。原先宪法规定总统无权决定宪法法院和最高法院院长的人选。现在规定总统有提名宪法法院和最高法院院长和副院长的权力，供联邦委员会任命。同时还规定总统有权提议联邦委员会免除法官职务。

第二，国家杜马权力受限。其一，国家杜马仅加强了监督职能。按照宪法修正案，国家杜马只是批准总统提名的总理（原宪法此处条文用的是"同意"），然后按总理提名再批准各部部长。国家杜马似乎扩大了对政府的监督权，实际上这种监督权仅仅是形式上的权力。修正案第 83 条对于总统权力第 1 款的修改为：总统有权任命俄罗斯联邦政府主席（即总理），政府主席的候选人须国家杜马根据总统提名批准，总统同时有权解除政府主席职务。其二，国家杜马自身发挥职能反而被监督。因为修正案规定总统可以向宪法法院提出审查议会通过的法案是否符合宪法，如宪法法院宣布违宪，总统可以将法律退给国家杜马并拒绝签署。这样，宪法法院拥有了制衡议会的权力。国家杜马等于又被加上了一种约束。总统获得了在权力体系内发生冲突时左右局势的新杠杆。

第三，总理政治影响力下降。按照宪法修正案，总理失去了在国家安全与外交决策领域的影响力，实际成为专职负责经济社会问题的职业总理。宪法修正案规定：在联邦行政权力结构中明确总统管辖机关和政府管辖机关。而总统管辖的机关在第 103 条第 1 款予以明确为：国防、外交、安全、内务、司法、紧急情况和自然灾害及公共安全部门。也就是说，修正案明确将国防部、外交部、紧急情况部、内政部和司法部等划归总统直辖。虽然以往俄内政中总统实际上负责国防部等强力部门，但毕竟没有在宪法中体现，此次则明确将国防部等强力部门定位为由总统直接管理的部门，而且规定，这些部门的部长由总统提名，在联邦委员会讨论通过。这实际上削弱了总理职能，同时也削弱了国家杜马对国家安全与外交决策领域的参与和监督权。

俄罗斯学者认为，此次政治体系改革，地位削弱最严重的是政府，在新的政治体系当中，政权党将发挥关键性作用，下一步或许会是政党联盟的回归。[①]

此次宪法修正案除对立法、行政和司法机构的权限划分做了新的规定外，其他需要关注的调整主要集中在以下几个方面。

一是国务委员会入宪。在此次宪法修正案中，国务委员会入宪是一大看点。国务委员会成立于 2000 年，此前被视为"一个沉睡的权力机关"。2018 年 5 月，国务委员会的工作与总统办公厅对接，总统办公厅新设专门负责国务委员会工作的管理部门。总统是国务委员会主席。国务委员会的优势在于，各主要机构均参与其工作：总统办公厅、政府和部长、地方行政长官、"统一俄罗斯"党高层，甚至还有国企和国有银行负责人。这是一种制度抓手，即便没有正式的宪法地

---

① Андрей Винокуров, Ангелина Галанина, Январская революция－Президент перераспределяет властные полномочия, 16 января 2020 года, https：//www.kommersant.ru/doc/4220884.

位，国务委员会近来也日益成为重要的机构间对话平台。①

　　二是宪法高于国际法的规定。在 1 月 15 日的国情咨文中普京就提出，国际法和条约的要求，以及国际机构的决定只有在不给人权和自由带来限制、不违反俄罗斯宪法的情况下才能在俄罗斯境内生效。目前，欧盟成员国首先在欧盟法中明确确定了国际法的优先级。国家法律的优先地位表现最充分的是美国。美国宪法不会因任何国际法令的要求而受限或修改。但是在美国宪法中，并无明文规定国家法律高于国际法。②

　　三是"精英民族化"。俄罗斯立法、行政和司法机构的高官将被绝对禁止拥有双重国籍，且不得与外国有任何其他固定联系。此外，提出了取得总统候选人资格的新条件，即必须在俄境内连续居住二十五年以上。

　　四是民生在宪法中的分量有所提升。修正案明确规定，最低工资不能低于最低生活标准；实行养老金定期指数化。③

四　政治意图：基于社会共识的解读

　　在 2019 年 12 月的记者招待会和 2020 年 1 月的国情咨文中，普京都提到了要修改现行宪法第 81 条第 3 款，即在"同一人不得连续担任俄罗斯联邦总统两届以上"中去掉"连续"字样。这曾经被很多专家视为普京放弃竞选连任的表态。④ 但是，事实上，此次宪法修正案的焦点即是关于总统任期问题。修正案一方面强调"总统任期不能超过两届"，同时又规定在修正案生效时"曾经担任过或正在担任总统的人"仍然可以作为候选人参加"修正案生效后的总统选举"。这就是说，普京此前担任总统的任期被"清零"了，这就为普

①　Татьяна Становая，Отставки и предназначения. Как уход Медведева вписывается в транзит власти，15 января 2020 года，https：//carnegie. ru/commentary/80805.

②　Сами себе закон - Президент предложил поднять Конституцию повыше международного права，1 января 2020 года，https：//www. kommersant. ru/doc/4220886.

③　Иван Родин，Транзитное Послание Федеральному собранию - Реформа Конституции ведет к управляемой политической дестабилизации，15 января 2020 года，http：//www. ng. ru/politics/2020-01-15/3_7768_ constitution. html.

④　Большая пресс - конференция Владимира Путина - Ежегодная пресс - конференция главы государства транслировалась в эфире телеканалов 《Россия 1》，《Россия 24》，Первый канал，НТВ，а также радиостанций 《Маяк》，《Вести ФМ》и《Радио России》，19 декабря 2019 года，http：//kremlin. ru/events/president/news/62366.

京参加 2024 年总统选举奠定了法律基础。按照两届的规定,普京可以连任到2036 年。

任期清零,这是一种超常规的做法。本来,在出现修宪问题之前,俄罗斯社会似乎对于求变表现出刚性需求,人们认为俄罗斯的政治稳定具有法律维稳和强力维稳的特点。但是,对于这次修宪,精英阶层却表现出少有的一致,甚至反对党也配合得非常默契。在俄罗斯的国家政治生活中并没有引发激烈争论,俄罗斯社会的反应相当平静。佩斯科夫明确表示:世界局势的动荡众所周知,权力的稳定性和一致性非常重要。① 公正俄罗斯党领导人米罗诺夫将普京任期数量归零与在当前复杂的国际形势下俄罗斯保持稳定和抵御外部威胁的需求联系在一起。② 梅德韦杰夫也表示,现任总统普京再次参加总统大选将有助于俄罗斯保持稳定和政权的延续性,这对现阶段的俄罗斯来说极为重要。

这次修宪尽管也有反对的声音,但是声音较弱。政治态度一致说明社会存在广泛共识。这不得不让人深思,究竟是什么原因让俄罗斯社会有这么强的共识?是不是说明在政治稳定、经济增长和民生改善之上还有让俄罗斯全社会更为看重的目标?对此,国际舆论界有的认为是普京"恋权",有的认为俄罗斯还需要普京,以维持国家和社会的长期稳定,还有的认为,普京延长任期是为谋宏图大业,重建"苏联 2.0",等等。

目前来看,不能排除普京延长任期有这样的背景:俄罗斯精英阶层希望在政治强人普京的带领下,实现后苏联空间的再次联合,重建昔日"霸业"。这是俄罗斯精英和民众的社会共识,是支撑普京得以长时间执政的基础,是俄罗斯全社会更为看重的目标。这个共识源于俄罗斯社会对于历史上帝国荣耀根深蒂固的接纳,也源于对于苏联日渐浓厚的怀念。普京"收回"克里米亚后,俄罗斯社会形成的对于普京高支持的"后克里米亚共识"即为帝国荣耀感的典型反映。2020 年 3 月 24 日,独立民调机构列瓦达中心公布的一项调查显示,75% 的俄罗斯人称苏联时期是其国家历史上"最伟大的时期"。3/4 的俄罗斯人认为苏联时

---

① Песков объяснил согласие Путина с поправкой о президентских сроках, 12 марта 2020 года, https://ria.ru/20200312/1568482895.html.

② Миронов оценил предложение Терешковой по президентским срокам, https://ria.ru/20200310/1568397957.html.

代是俄罗斯历史上最好的时期。只有18%的俄罗斯受访者说，他们不同意"苏联是俄罗斯历史上最好时期"的观点。28%的受访者说，他们希望"重返苏联走过的道路"；58%的人说，他们支持俄罗斯走"自己的特殊道路"；10%的人说，他们更喜欢"欧洲的发展道路"①。普京在1月15日的国情咨文中提出修宪时也提到了苏联解体。他认为苏联虽然解体，但是俄罗斯昔日雄心犹存，巨大的潜力也得以保留。

俄罗斯学者的表述简明扼要：俄罗斯与西方因乌克兰而产生的冲突，是注定要发生的，这是苏联解体必然导致的后果。二十年来，普京一直对外交倾注了大量心力，不仅因为如他所说"俄罗斯是没有边界的"，而且因为国家的复兴要求从原则上改变俄罗斯的国际地位。孱弱、不具影响力的俄罗斯没有机会获得真正意义上的发展，更何况必须遏制将俄罗斯排挤出后苏联空间的势头，必须以不计一切的非军事代价全面重返世界舞台。②

普京2007年在慕尼黑安全会议上的讲话被政治学家看作其许多关于西方的想法发生改变的起点。在这一讲话中，俄罗斯总统严厉抨击了美国把自己的意志强加给其他国家的习惯做法，反对北约继续进行扩大计划以及在东欧部署美国的反导系统，他提醒说，单极世界政策在当前的现实条件下是行不通的，并强调，俄罗斯打算推行独立的外交政策。克里米亚2014年重新"回归"俄罗斯是普京近几年最主要的外交成就。③ 在叙利亚开展的军事行动表明，俄罗斯重新树立起国际威望，重返世界大国地位。④

普京在2019年11月22日召开的联邦安全会议上指出，未来十年俄将继续应用最新科技成果发展武器装备，将继续巩固发展军事、技术以及军队人才的潜力。⑤ 俄

① Елена Мухаметшина, Три четверти россиян считают советскую эпоху лучшей в истории страны, 23 марта, https://www.vedomosti.ru/society/articles/2020/03/23/825985-tri-chetverti.

② Петр Акопов, Двадцать лет назад власть вернулась в Кремль, 31 декабря 2019, https://vz.ru/politics/2019/12/31/1015984.html.

③ Двадцать лет у власти: как менялся Путин и страна при нем, 30 декабря 2019 года, https://ria.ru/20191230/1563015241.html.

④ Алексей Нечаев, Россияне обогнали Запад по социальному оптимизму всего за 20 лет, 24 декабря 2019, https://vz.ru/society/2019/12/24/1015406.html.

⑤ Галина Мисливская, Баланс сил - Президент поставил задачу довести долю современных вооружений до 70 процентов, Российская газета-Федеральный выпуск, https://rg.ru/2019/11/22/putin-rasskazal-o-planah-razvitiia-vooruzhenij-do-2033-goda.html.

罗斯学者认为，普京执政二十年实现了两大重要目标：一是捍卫俄罗斯国家的统一；二是重振俄罗斯在全球舞台上的大国荣光。俄罗斯正在努力从大欧亚空间的边缘向中心靠近，并准备为之付出相应的代价。最重要的是，俄罗斯通过成功的军事改革、整体更新装备和部署最新一代超级战略武器，率先获得了重新取得军事优势的希望。①

修正案其他内容也反映出这种动向，例如，修正案规定，总统候选人必须至少在俄罗斯生活二十五年，总统和其他高级官员都不能有外国国籍。与此同时，此次修正案规定："俄罗斯联邦总统职务候选人不得具有外国国籍的要求，不适用于那些曾经具有根据宪法法律加入俄罗斯联邦或部分加入俄罗斯联邦的国家国籍以及在加入俄罗斯联邦或部分加入俄罗斯联邦国家领土上居住过的俄罗斯联邦公民。"目前来看，这条可以适用于"克里米亚共和国"的居民。但是，既然加入俄罗斯联邦的其他独联体国家公民不受这些条件限制，那么显然，这是为独联体其他国家公民"归顺"俄罗斯预设的法律基础。俄罗斯宪法高于国际法的设定也是暗含了如果俄罗斯采取某些行动则不受国际法约束的含义。

既然最重要的历史任务没有完成，而且这个历史任务是整个俄罗斯社会所期待的，并得到俄罗斯全社会的支持，那么普京总统任期清零也就顺理成章了。俄罗斯最为稳定的因素在于俄罗斯具有"深层人民"（"深层人民"的含义见下文）。"深层人民"就是俄罗斯"本身"，"深层人民"是因克里米亚"回归"而欣喜若狂的人。普京的整个政治体系建立在人民对政权的信任之上。维护国家利益、捍卫国家完整、在国际上保持独立和强大，这是普京主义最吸引人民的内涵。② 不仅如此，民调显示，俄罗斯社会甚至担心，如果普京2024年之后离开，俄罗斯不但难以完成欧亚一体化的目标，甚至有可能重蹈20世纪90年代的覆辙，爆发俄罗斯版的"广场革命"。③

---

① Дмитрий Тренин, 20 лет Владимира Путина: трансформация внешней политики, 13 августа 2019，https：//www.vedomosti.ru/opinion/articles/2019/08/14/808755-20-let-putina.

② Роман Голованов, Так что же такое путинизм? И сохранится ли он после Путина? 15 ноября 2019 года，https：//www.kp.ru/daily/27055/4121985/.

③ Михаил Мошкин, Путин страхует Россию от рисков, 12 марта 2020，https：//vz.ru/politics/2020/3/12/1024273.html.

实现欧亚一体化是普京一直以来的执政目标，是俄罗斯的基本国策。与此同时，冷战结束后，以美国为首的西方战略是：为防止俄罗斯帝国或苏联复燃，竭力使苏联解体的现状巩固下来，为此积极向独联体渗透，扶持反俄国家，特别是乌克兰，以此肢解独联体，将俄的势力遏制在其边界之内。在俄罗斯看来，西方拉乌克兰"一边倒"的目的是要使俄罗斯永无作为大国的出头之日，使其在欧洲被孤立起来，沦为国际事务中的三流国家。[①] 可见，俄罗斯与西方在后苏联空间的矛盾是结构性的，是不可调和的。普京明确表示："恢复和复制曾经有过的东西太天真了，但是在新的、价值观的、政治的和经济的基础上实现一体化是时代的召唤。""我们不会就此停止，我们给自己提出雄心勃勃的任务：向下一个更高水平的一体化迈进，走向欧亚联盟。"[②]

从 2019 年纪念普京担任俄领导人二十周年开始，俄罗斯国内不断有学者发表文章，认为普京二十年外交成就卓著，但是距离伟大目标还有距离。2020 年 1 月，普京提出修宪后，俄罗斯国内又不断有政治家出来表态，认为当前国际形势错综复杂，需要普京继续掌舵。相对于客观的经济和政治实力，俄罗斯的实际影响力大大加强。普京实现了首先恢复主权大国，然后加强国际地位，最后过渡到主动外交的历史任务。欧亚一体化的目标首先以关税同盟的形式，后发展为更先进的欧亚经济联盟。但在欧亚一体化当中，团结后苏联空间国家以保证贸易以及人力、商品和资本流动并非目的本身。[③]

俄罗斯认为国际形势的发展也有利于其实现重建霸业的目标。苏联解体后，俄罗斯实现后苏联空间国家重新一体化的外部阻力主要来自美国和欧洲。但是，俄罗斯分析家认为，国际形势和世界力量对比正发生有利于俄罗斯的深刻变化：美国的衰落"不可遏制"；欧洲将彻底失去"世界中心"的地位；中国成为"超级大国"，必将与美国发生冲突。形势的变化将会大大减少俄罗斯在独联体内采

---

①　Интервью С. Рогова, Москва и Вашингтон: нестабильное партнерство, Незамисимая газета, 31 мая 2006.

②　Владимир Путин, Новый интеграционный проект для Евразии-будущее, которое рождается сегодня, 3 октября 2011, http://www.izvestia.ru/news/502761.

③　Константин Косачев, Россия меняет мир-Константин Косачев о 20-летии внешней политики Владимира Путина, 27 декабря 2019 года, https://rg.ru/2019/12/27/konstantin-kosachev-ocenil-vneshniuiu-politiku-rossii-za-minuvshie-20-let.html.

取行动可能遇到的外部阻力。可以说,包括普京在内的俄罗斯精英认为,当前的世界形势有利于俄罗斯,对俄罗斯是难得的历史机遇,俄罗斯不应错失良机。因此,客观上具有坚定政治意志力的普京成为俄国内各派政治势力都可以接受的实现重建霸业的政治人物。

第五章
政治思想：保守主义及政治逻辑

在当代俄罗斯，保守主义是俄罗斯坚持传统价值观的体现，是代表中派主义政治价值取向的符号。苏联解体以来，俄罗斯保守主义可以被视为俄罗斯官方意识形态的统称。俄罗斯在不同时期提出的"俄罗斯新思想""主权民主""普京主义"均为俄罗斯保守主义的概念依托。尤其值得关注的是2019年普京的重要智囊苏尔科夫第一次代表官方正式提出"普京主义"，这是在俄罗斯政治生态出现新布局和新特点背景下的必然选择。"普京主义"是俄罗斯保守主义在新时期俄罗斯意识形态的最新表述，其中苏尔科夫重点阐述了俄罗斯保守主义的核心特征——"人民性"——的政治内涵。"人民性"作为俄罗斯国家性的主要特点，对于理解俄罗斯政治具有重要理论意义。分析俄罗斯保守主义是为了理解俄罗斯和认识俄罗斯。现以"三个普京"为分析框架，研究"普京主义"，分析俄罗斯保守主义前景。

第一节　俄罗斯保守主义的发展脉络

保守主义起源于18世纪，兴盛于法国大革命时期，是西方政治思想家对法国大革命摧毁传统制度的反思。西方语境下的保守主义，本质是保守自由的主义。保守主义不等于守旧。俄罗斯语境下的保守主义，更多强调的是将传统与现实结合，保守俄罗斯传统中的适宜成分，实现当代政治所必需的稳定。

1832年，乌瓦洛夫提出俄罗斯保守主义著名的三原则"专制主义、东正教和人民性"。原则之一，所谓的专制主义，强调的是俄国历史上政治治理一以贯之的路径依赖，即政治阶层通过强力维持对国内的控制，这是俄国历史上政治演变的常态。原则之二，东正教所体现的俄罗斯宗教精神，主要是强调俄罗斯民族的独特性，认为俄罗斯的发展道路和西方的发展道路之间存在根本差别。那么，原则之三的人民性如何理解呢？俄罗斯保守主义的代表人物伊林曾经提出过"人民君主制"理论。他认为，俄国应当成为君主制国家，最高政权应当建立在全民支持的基础上。如何看待这种国家与民众之间的关系呢？

本章在梳理苏联解体以来俄罗斯保守主义发展脉络的基础上，以普京第四次当选总统以来俄罗斯政治生态的新布局和新特点为视角，解读俄罗斯保守主义发展的最新态势，分析其人民性的内涵特征，并提出建立"三个普京"的分析框架研究俄罗斯保守主义的发展前景。

一 历史背景：苏联解体后俄罗斯保守主义的发展脉络

在当代俄罗斯，保守主义没有贬义，是俄罗斯坚持传统价值观的体现，是代表中派主义①政治价值取向的符号。保守主义作为一种政治观念，是与极权主义思想和激进自由主义相对立的。俄罗斯保守主义的核心观念是反对一切激进的革命，主张以妥协手段调和各种社会势力的利益冲突。

1996 年，叶利钦虽然提出寻求全民族思想，但是苏联解体后俄罗斯社会出现了意识形态的虚无主义，所以在叶利钦时期并不存在形成全社会主流价值观的条件。当前，俄罗斯社会已饱受缺少主流价值观的痛楚，加上苏联解体后新的一代人已经成长起来，客观上需要有主流价值观来统一全社会的思想。

以 2005 年国情咨文为标志，普京治国理念的形成与发展在总体上可以划分为两个阶段。1999 年 12 月至 2005 年 4 月为"俄罗斯新思想"确立时期，形成了普京执政的思想基础，并在此基础上提出强国战略，也逐渐形成了普京特色的发展模式。2005 年以后为"主权民主"思想时期，概括了普京的政治模式及发展道路，并在"主权民主"思想的基础上提出了"俄罗斯保守主义"。俄罗斯保

---

① 俄罗斯的中派主义具有特殊含义，指介于右翼"民主派"（自由派）和左翼共产党及其支持者之间的思想派别。反对任何过激主张，走稳重的中间路线，是中派主义的政治底色。在叶利钦时期，许多政党都自称是中派，这是为了表示奉行中间方针，既不支持备受指责的激进主义举措（如"休克疗法"），也不支持俄共的方针（证明不是为了回到苏联时期）。一般而言，俄罗斯中派主义的政治组织大多反对或不支持激进的经济改革，主张建立加强国家调控、注重社会保障的社会市场经济。

守主义的政治实质是 2005 年以来被俄罗斯官方深入论述的"主权民主"思想。

　　在 2008 年总统大选后，普京团队出于对政治发展全局的考虑，将"主权民主"思想官方意识形态化，其符号就是保守主义。2008 年 11 月，俄罗斯政权党"统一俄罗斯"党召开第十次代表大会，时任该党最高委员会主席的格雷兹洛夫明确表示："统一俄罗斯"党意识形态的基础是保守主义。① 2009 年 11 月，"统一俄罗斯"党的第十一次代表大会通过新党纲，规定"俄罗斯保守主义"是"统一俄罗斯"党的意识形态。俄罗斯保守主义的政治实质是 2005 年以来被俄罗斯官方深入论述的"主权民主"思想。然而，2008 年的金融危机促使俄罗斯社会深刻反思发展道路的选择。2009 年 9 月，时任总统梅德韦杰夫发表《前进，俄罗斯！》一文，提出了"新政治战略"的概念。② 同年 11 月，梅德韦杰夫在总统国情咨文中在"新政治战略"概念的基础上又提出了"全面现代化"的理念。③ 以自由主义为标签的"新政治战略"与全面现代化理念在本质上有别于普京的保守主义。梅德韦杰夫和普京虽然强国目标一致，但是如何实现这一目标在政治理念上显现了差异。这一差异对俄罗斯政治生态产生了影响。

　　2012 年普京复任总统后，他首先面临的问题是应对政治生态出现的新变化。在采取一系列政治体制改革的措施后，俄政局实现了稳定。政局稳定后，普京需要弥补"梅普组合"时期产生的社会思潮与精英理念的分歧。从 2013 年下半年瓦尔代国际辩论俱乐部年会开始，普京团队开始有意识地提出国家意识形态问题，目的是通过主流政治价值观的引导实现社会情绪的稳定，这样政权才能进一步实现巩固。保守主义就是在这样的背景下被重新提出的。

　　2013 年，普京进一步提出俄罗斯是世界不可替代的政治力量。④ 2013 年 12 月 12 日，普京在国情咨文中重申，俄罗斯选择保守主义方向，并将新时期的政策内涵解读为捍卫传统的家庭价值观，始终如一地坚持俄罗斯的立场。俄罗斯确

---

① Грызлов：идеология "Единой России" основана на консерватизме. http：//www. vesti. ru/doc. html? id＝225134&tid＝63493.

② Дмитрий Медведев，Россия，вперёд！ http：//www. gazeta. ru/comments/2009/09/10 ＿ a ＿ 3258568. shtml.

③ Послание федеральному собранию Российской Федерации，12 ноября 2009 г.，http：//www. kremlin. ru/events/president/transcripts/5979.

④ Заседание международного дискуссионного клуба《Валдай》，http：//www. kremlin. ru/events/president/news/19243.

有成为领导者的雄心，但不会教其他国家如何生活或是不惜一切代价恢复自己的超级大国地位。普京认为，俄罗斯最推崇建立在相互尊重基础上的价值观和价值导向。① 总之，普京想要表述的核心思想是：俄罗斯坚持保守的立场，保护传统价值观，这些传统价值数千年来一直是俄罗斯文明和各民族精神及道德的基础。

2014 年由于乌克兰危机的爆发，西方对于"普京主义"的研究掀起新一轮热潮。美国《华盛顿邮报》发表专栏作家、美国俄罗斯问题专家法里德·扎卡里亚题为《普京主义的崛起》的文章，认为"普京主义"的重要元素是民族主义、宗教、社会保守主义、国家资本主义和政府对媒体的主导。它们都以某种方式不同于西方提倡的价值观，甚至敌视西方的价值观。"普京主义"的成功将依赖于普京和他治下的俄罗斯的成功。② 俄罗斯国内的自由派学者积极配合西方的研究方向。俄国家杜马前第一副主席、人民自由党两主席之一弗拉基米尔·雷日科夫在《莫斯科时报》发表题为《新普京主义》的文章，认为"吞并"克里米亚不仅表明了俄罗斯外交政策的剧变，而且也标志着新普京主义的诞生。普京总统成功"攫取"克里米亚的土地或许反映了一股更宏大潮流的开启，即莫斯科也会吞并其他地区。雷日科夫认为新普京主义的主要内容有：俄罗斯不再视西方为可靠伙伴；俄罗斯不再认为自身是欧洲，更不用说是欧洲—大西洋文明的一部分；国际法不再是一套规则体系或参考依据；新普京主义适用于后苏联空间的全部领土；威斯特伐利亚原则现在仅适用于最强大的国家；联合国、欧洲安全与合作组织以及欧洲理事会这样的国际组织所扮演的角色地位大幅下降；新普京主义是建立在世界力量全新平衡之上的。③

在俄罗斯学者看来，"普京主义"主要是西方学者的提法，而且带有贬义，是对普京执政以来路线、方针与政策的负面评价。俄罗斯学者很少用"普京主义"这一提法，即使有少量文章，也多为自由派所写。"普京主义"容易让人联想到"勃列日涅夫主义"的提法，俄罗斯学者认为这都是西方鼓噪的概念；既然西方对普京治理国家的模式不认可，那么俄罗斯学者对"普京主义"的反感

---

① Послание Президента Федеральному Собранию, http：//www. kremlin. ru/events/president/news/19825.

② Fareed Zakaria, The rise of Putinism, *The Washington Post*, July 31, 2014.

③ Владимир Рыжков, Новая доктрина Путина, *The Moscow Times*. 2 апреля 2014.

自然可以理解。

　　笔者最早接触到的不是"普京主义"，而是"普京现象"。[①] 2000 年普京上台执政，他提出的"俄罗斯新思想"和"强国战略"让俄罗斯国内外耳目一新。2001 年前后，俄罗斯国内就有学者指出：俄罗斯出现了罕见的"普京现象"[②]。"普京现象"的内涵是指，虽然俄罗斯国内没出现任何明显的丰衣足食迹象，但是民众肯定和支持普京的理念和举措，对普京的信任与日俱增，并重新相信总统这个职位的权威性。[③] 俄罗斯政治基金会会长维亚切斯拉夫·尼科诺夫认为，普京的思想是一种戴高乐式的保守主义，即普京的思想是自由主义经济和强硬政权的组合，这种政权以力量为依托，坚持爱国主义，信奉开放但独立的、积极的大国外交政策。[④] 俄罗斯政治理论家费·布尔拉茨基认为，崇拜普京个人，与俄罗斯传统的信念相连，就是期待强硬的管理者，期待大胆纠正所有社会弊端的人；在俄罗斯整体状况濒临崩溃之时，普京作为个人出奇地顺应了人民的期待。[⑤]

　　2003 年"尤科斯事件"，尤其是 2004 年"别斯兰人质"事件以后，普京采取了一系列加强中央权力的政治举措。"普京主义"这个词语出现了。2003 年底，俄罗斯卡内基中心研究主任德米特里·特列宁在美国《国家利益》杂志上发表《提炼普京主义》一文，这是笔者最早接触到的一篇明确以"普京主义"为主题的文章。这篇文章分析了"普京主义"的内涵及挑战，认为"普京主义"面临的核心问题是正在出现的资本主义性质，而不是俄罗斯民主改革的质量。[⑥]联邦主体地方行政长官任命方式的改变彻底腐蚀了俄罗斯原本就脆弱的民主制度。[⑦] "普京主义"这个词语自此经常出现在分析俄罗斯问题的文献中。

---

① 俄文 феномен Путина.

② Федоров Б. Г. Пытаясь понять Россию. Санкт-Петербург: Лимбус Пресс, 2000, С. 257.

③ Андрусенко Л. На чем основан "феномен Путина": Чтобы поддержать рейтинг президента на максимальной высоте, его команде придется начать поиск врагов // Независимая газета, 28 декабря 2001 г..

④ Никонов В. Чего ждать: Путин в системе политических координат // Независимая Газета, 7 Мая 2000 г..

⑤ См. Парламентская Газета, 26 Февраля 2000 г..

⑥ Dmitri Trenin, "Pirouettes and Priorities: Distilling a Putin Doctrine", *The National Interest*, Winter 2003-2004.

⑦ Fred Weir and Scott Peterson, "Russian terrorism prompts power grab", *The Christian Science Monitor*, September 14, 2004.

普京自己此前从来没有提过"普京主义"。俄罗斯国内一般也只有自由派学者使用"普京主义"这个词语。① 但这并不影响我们研究俄罗斯视野中的"普京主义"。"普京主义"是我们认识和理解俄罗斯的一个视角、一种表述和一个平台。

当前,要理解俄罗斯,研究俄罗斯会向何处去,首先要了解普京,了解普京的治国理念与举措,"普京主义"则是认识俄罗斯的一把钥匙。

西方视野中的"普京主义"经过了几个发展阶段。2003 年"尤科斯事件"后,普京打压寡头资本;2003 年底独联体地区陆续爆发"颜色革命"后,普京加紧政治控制;2004 年"别斯兰人质"事件后,普京收回地方行政长官直选权,这些举措对俄发展道路均产生重要影响。普京采取了有别于叶利钦时期的改革政策。西方认为,俄罗斯民主在 2004 年加速衰落的标志性事件比比皆是。2004 年,美国的民主评议机构"自由之家"在年度报告中将俄罗斯列入"不自由的国家",这在苏联解体后还是第一次。从舆论上,西方学者开始用"普京主义"取代"可控民主"来评论普京政策。这一时期"普京主义"主要针对西方所不乐见的俄罗斯政治改革举措,以"普京主义可怕的面貌"为主题在全球造势。

2008 年普京总统任期结束,俄罗斯出现"梅普组合"的权力配置,但普京依然处于权力核心。西方学者再次热议"普京主义",以"普京计划②的实质是普京主义及其政治路线"为主题评论普京执政八年的政策,认为"普京主义"是一种伪装成"自由市场民主"的俄罗斯民族主义统治方式,核心是反西方外交。

2013 年底乌克兰危机爆发。西方舆论第三次出现集中热议"普京主义"的现象。英国皇家国际事务研究所 2013 年推出专著《硬外交与软压制:俄罗斯在国外的影响力》。作者指出,在冷战时期,苏联的影响力与列宁主义意识形态是密不可分的。苏联解体后,俄罗斯的影响力明显下降。作者分析了俄罗斯重塑影

---

① Lilia Shevtsova, "Falling into Putin's Trap," http://www.the-american-interest.com/2014/03/10/falling-into-putins-trap/.

② "普京计划"是"统一俄罗斯"党在 2007 年国家杜马选举时的竞选口号,目的是强调俄罗斯发展道路的继承性。

响力的若干因素，将沙皇俄国、苏联和现代俄罗斯进行对比，认为俄罗斯的政策制定是基于混合性的战略、权宜性的考虑及习惯看法，其政策的新奇之处及其在表面上的成功对其邻国、西方及俄罗斯本国来说都是危险的。① 西方学者认为，普京复任总统后俄罗斯大国战略的主要目标，是恢复1991年苏联失去的经济、政治和地缘战略优势。乌克兰危机后"普京主义"的核心是根据"俄罗斯历史遗产"确保俄罗斯在其合理势力范围内的安全需要。西方这次造势的主题是："普京主义"不仅不利于俄罗斯的发展，还对全球的稳定构成了威胁。

从现有材料看，西方先后在三个时期集中出现热议"普京主义"的现象：2004年是俄罗斯发展道路调整的关键时刻，2008年是普京前八年形成的行之有效的政策能否延续的关键时刻，2013年以来是俄罗斯能否确保欧亚战略顺利执行以实现大国崛起的关键时刻。每当俄罗斯出现战略抉择的关键时刻，必然会出现西方对俄罗斯政策评论与干预的声音。"普京主义"是这种声音的聚合点。

西方视野中的"普京主义"内涵主要包括三点。

一是反西方主义。在西方看来，当代俄罗斯的反西方主义是一种新现实主义的体现，它既沿袭了俄罗斯的实力政策传统，又承认互相依赖和国际经济一体化的重要性。其中存在两种主要的结构性障碍：首先是俄罗斯自身的问题，包括官僚政治权力的腐败问题以及垄断型经济制度的低效问题等；其次是俄罗斯的历史因素及现实原因使其抗拒西方体制，俄罗斯只有在国民心态及传统文化等方面经历综合性社会改革后，才会融入西方世界。②

二是"帝国"思维。对于俄罗斯而言，历史遗产也恰恰是其国际特性难以磨灭的一个基因，即由俄罗斯帝国和苏联遗留下来的在世界上的政治影响力以及对俄罗斯近三百年来大国地位的回忆。即使在俄国力衰退的时候，这种历史回忆也有助于其维护大国地位。③ 美国认为俄罗斯在独联体事务中有"恢复帝国"的倾向。美国前国家安全事务助理布热津斯基认为，俄罗斯向建设一个没有帝国野

---

① James Sherr, "Hard Diplomacy and Soft Coercion: Russia's Influence Abroad," London: Royal Institute of International Affairs, 2013.

② Richard Sakwa, "New Cold War or Twenty Years' Crisis?: Russia and International Politics," *International Affairs*, Vol. 84, No. 2, 2008.

③ Российская внешняя политика перед вызовами XXI века. http://svop.ru/public/pub2000/1263/.

心和最终完全民主的国家转变的进程将是缓慢和极不平坦的。对西方而言，俄罗斯实现完全民主的含义是明确的。俄罗斯应该最终成为一个既民主又没有帝国野心，既与其民族国家的新地位相符又能与其欧洲邻国理顺关系的国家。①

三是"集权"体制。西方从民主制度的层面看待普京的一系列政治改革举措，认为"别斯兰人质"事件后普京政权具有"掠夺性"。美国重新开始关注俄罗斯"集权"体制复活的可能性，担心普京寻求类似苏联时期对政治的重新控制。②美国企业研究所俄罗斯研究室主任利昂·阿伦的文章《普京主义：俄罗斯寻求重塑苏联的辉煌》集中代表了西方的看法。该文认为，"普京主义"的根本目标是恢复国家对政治和经济的控制权，这必然会导致威权主义。俄罗斯威权主义的复兴已迫使普京在对外关系上寻求政权的合法性。因此，普京政权一直在宣扬所谓外部威胁的严重性。这种寻找合理性的模式可被称为"围城战略"③。伦敦经济政治学院国际事务、外交与重大策略研究中心教授菲利普·罗曼和《华盛顿邮报》专栏作家安妮·阿普尔鲍姆在《普京主义：意识形态》一文中提出，普京在俄罗斯建立的制度与克格勃的文化氛围有紧密联系，兼具"操纵的民主"和"公司资本主义"两个特点。"普京主义"最核心的元素是被精心操纵的选举过程、参与这个过程的政党及选举结果，另一个组成部分则是被操纵的新闻界。普京集团出于意识形态和在国内外保持合法性的考虑，竭力维持表面上的民主政治和资本主义经济，对西方及亲西方的邻国进行严厉的口头攻击。④

实际上，西方学者对俄罗斯的发展脉络有较为准确的认识。美国布鲁金斯学会的俄罗斯问题研究权威库钦斯就指出，"普京主义"是要恢复俄罗斯的大国地位，提升俄罗斯人民的福祉。普京提出俄罗斯要想改变命运和实现该目标，首先需要社会内部的团结和凝聚力，即以政治稳定保证经济振兴，以经济振兴改善人民生活。其次是寻求外部稳定。普京坚信，一个国家只有独立把握自己的命运才

---

① Z. Brzezinski, "Russia Stumbles Toward Reform," *The Wall Street Journal*, April 7, 1998.

② Самарина А., Григорьев Е. Участники встречи в Братиславе сосредоточились на стратегическом партнерстве // Независимая газета, 25 февраля 2005 г..

③ Leon Aron, "The Putin Doctrine - Russia's Quest to Rebuild the Soviet State," *Foreign Affairs*, March 8, 2013.

④ Putinism: the ideology. http://www.lse.ac.uk/ideas/publications/reports/pdf/su13-2-putinism.pdf.

能为未来制订有意义的计划，这就是政治上的主权民主。世界油价飙升使俄罗斯经济摆脱了对西方的依赖，俄罗斯开始重建其国际政治主权。俄罗斯认为在其经济疲软阶段发展形成的许多国际体系元素是不合理的，西方国家一直都把俄罗斯排除在国际体系之外，而美国单边政策根本没有能力维持全球经济体系的稳定。由国家资本主义、主权民主、务实外交政策构成的"普京主义"可以确保俄罗斯以强国的身份继续存在。[①] 2007 年 12 月 19 日，普京还被美国《时代》周刊评为 2007 年年度人物。《时代》周刊认为，普京以非凡的领导手腕把陷于混乱的俄罗斯重新带回了强国之列。[②]

西方学者的上述分析基本符合俄罗斯发展的实际情况。但是，尽管对俄罗斯发展脉络有准确判断，西方却依然严厉指责普京政策。对于同样的政策内容，俄罗斯官方与学者以"俄罗斯保守主义"加以概括，认为普京执政以来的战略与政策符合俄罗斯的实际，是俄罗斯传统与现代的有机结合。那么，为什么西方与俄罗斯对"普京主义"的评价不尽相同？这主要与两者的价值观不同密切相关，说到底还是与西方对俄罗斯发展道路的"俄罗斯化"特征抵制和不认可有关。

乌克兰危机同样对俄罗斯国内的政治思潮产生重要影响。2014 年乌克兰危机前后，普京把"俄罗斯世界"（Русский Мир）从作为一种传统语言文化的理解，上升为可以团结生活在俄罗斯境内外同胞的思想观念。[③] 2015 年俄罗斯官方与智库互相配合，有计划有步骤地提出了"大欧亚"的理念。同时东正教大牧首也发声，配合官方宣传和推广传统价值观。[④]

2016 年俄罗斯继续运筹"大欧亚伙伴关系"，实际上跳出了俄罗斯战略界辩

---

① Andrew C. Kuchins, Clifford G. Gaddy, "Putin's Plan," http：//csis. org/files/publication/twq08spring gaddy. pdf.

② "Choosing Order Before Freedom Person of the Year 2007," http：//www. time. com/time/specials/ 2007/personoftheyear/article/0, 28804, 1690753_1690757_1696150, 00. html.

③ Русский мир может и должен объединить всех, кому дорого русское слово и русская культура, где бы они ни жили, в России или за ее пределами, см., Русский мир — идеологический миф или политическая реальность? https：//www. putin - today. ru/archives/ 17187.

④ Патриарх Кирилл призвал депутатов Госдумы противостоять ценностям, разрушающим личность, 22 января 2015г, http：//www. newsru. com/religy/22jan2015/kirill_ gosduma. html.

论的欧亚大陆体系与欧美大陆体系之争，并且和西方国内的民粹主义、反建制主义、保守主义相互贴合。2017 年 11 月 1 日，国家杜马主席沃洛金作为官方代表正式提出俄罗斯的传统价值观是家庭、信仰、团结、祖国、公正，正式回应了 2012 年普京提出来的命题。①

综观俄罗斯政治思想的发展，可以说，苏联解体以来，俄罗斯将保守主义视为俄罗斯官方意识形态的统称。俄罗斯在不同时期提出的"俄罗斯新思想""主权民主""普京主义"均为俄罗斯保守主义的概念依托。在俄罗斯保守主义的基础上，俄罗斯领导人从对内对外两个维度，以保守主义传统价值观、俄罗斯世界和大欧亚三个层次，实现了对意识形态和治国理念的统筹。

二 现实表述：新时期俄罗斯保守主义内涵的延展

2018 年普京开启新一轮执政周期。俄罗斯政治生态显现出政局高开低走的特点：总统大选中普京的高支持率和高投票率与地方选举中"统一俄罗斯"党的低支持率和普京的低信任指数形成强烈反差。总统大选后，面对新的总统执政任期，普京的新布局是明确新的执政目标，迅速稳妥解决新政府关键岗位的人事安排。新布局并未带来新气象，新问题不断出现。退休金制度改革引发俄罗斯社会情绪动荡，"统一俄罗斯"党在地方选举中全面受挫，地方选举错综复杂的局面在俄罗斯政治生态中前所未有，"后克里米亚共识"对政治稳定的心理支撑作用在弱化，俄罗斯政治稳定存在隐忧。在这一敏感时刻，"普京主义"作为俄罗斯保守主义最新的官方意识形态表述首次出现。

第一，当前俄罗斯政治思潮最重要的一个特点是：对俄罗斯国家定位和国家认同出现几乎一致的看法。

俄罗斯学者认为，当代全球资本主义已经扩张到极限，无法在技术和社会领域实现非危机性的飞跃式发展。新经济危机将导致国际关系体系的势力再分配和架构重建。新世界将出现五大趋势：世界经济区域化；全球化刹车引发社会分层和矛盾加剧；全球政治经济空间在中期内去机制化；全球主流政治和意识形态瓦解，多维意识形态恢复；技术上的多维性。俄罗斯在世界新经济架构影响力的争夺战中应当改变地缘经济和社会经济空间，实现经济结构转型，建立新的经济吸

---

① Володин сформулировал пять базовых ценностей России，http：//www. interfax. ru/russia/585679.

引力中心，把经济发展中心转移到国家东南部并对物流结构和对外经济联系体系做出相应改变。[①]

当然，俄罗斯的认知一如既往地受到西方的质疑。西方普遍认为，普京成功地操纵俄罗斯民众对历史和记忆的普遍看法，从而达到团结俄罗斯民众、煽动其反西方情绪并维持自己长期统治的目的。[②] 但是，在乌克兰危机尤其是西方认为俄罗斯对美国与欧洲大选"干涉"的前提下，依然认为恢复平衡是美国抗衡与接触俄罗斯的政策选项。[③] 西方已盯上俄罗斯的"2024问题"，认为对普京最终卸任的预期将对普京本届总统任期的内政外交政策产生重大影响，预计下一届政府不会是反普京政府，但普京卸任后俄罗斯的国际政治影响力将会大幅下降。[④]

第二，当前俄罗斯保守主义的突出特点是明确了俄罗斯不会成为西方世界的一部分，俄罗斯必须走出有自己特色的发展道路。

2018年4月，普京主要的政治参谋、俄罗斯"主权民主"思想的提出者苏尔科夫发表重磅文章《混血者的孤独》，主要观点如下。其一，2014年乌克兰事件后，俄罗斯的西行之路已经终结。俄罗斯中止了意在成为西方文明一部分的尝试，俄罗斯人无法欧化。自2014年起，历史步入新的"2014+"时代，俄罗斯将迎来百年地缘政治孤独。其二，在历次战事中，伟大的胜利为俄罗斯赢得了越来越多的西方土地而非朋友。即便俄罗斯变得卑躬屈膝，它仍然不能迈入西方的门槛。物极必反。2014年在乌克兰危机中俄罗斯与西方所发生的一切，其实是不可避免的。其三，虽然从表面上看，俄罗斯与欧洲的文化模式相似，但它们的内核不一致，内在逻辑线索也不一样，所以俄罗斯与西方无法成为统一的体系。其四，俄罗斯转向东方，但不是现在才转向东方，历史上俄罗斯早已朝东发展。其五，俄罗斯曾经有四个世纪向东，四个世纪向西，无论是在东方还是在西方，都没有生根，两条道路都已走过。如今需要探索第三条道路、第三种文明，第三

---

① Дмитрий Евстафьев, Россия на фоне глобального кризиса: расписание на послезавтра, 《Эксперт》№44（1095）29 октября 2018 года.

② Shaun Walker, *The Long Hangover: Putin's New Russia and the Ghosts of the Past*, Oxford University Press, 2017.

③ Baev, Pavel K. & Bruce Jones, "Restoring Equilibrium: US Policy Options for Countering and Engaging Russia," *Foreign Policy* 4, 2018.

④ Ivan Krastev, Gleb Pavlovsky, "The Arrival of Post-Putin Russia," https://eng.globalaffairs.ru/book/The-arrival-of-post-Putin-Russia-19399.

个世界。未必是第三种文明，俄罗斯更像是二元化的文明，既包含东方，也有西方元素在内，亚洲的和欧洲的成分兼具，所以才既非亚洲也不是欧洲文明。其六，俄罗斯在东西方地缘政治关系中的境遇是外人中的自己人、自己人中的外人。俄罗斯的盟友即自身。① 值得注意的是，2018 年 12 月 31 日，在普京的新年贺词中也出现了类似的表述：俄罗斯以前没有帮手，以后也不会有帮手，唯有依靠俄罗斯国内的团结。②

2018 年 6 月 7 日，俄罗斯政府的机关报《俄罗斯报》刊登俄罗斯外交和国防政策委员会荣誉主席、高等经济学院世界经济与政治系主任卡拉加诺夫的文章《选择道路的自由》，其主要观点与苏尔科夫惊人的一致。卡拉加诺夫开宗明义地指出：2014 年不仅是西方联盟大规模扩张浪潮的终结点，也是俄罗斯历史上西学时代告终之时。卡拉加诺夫认为：其一，如果说 19 世纪欧洲是先进技术唯一的来源地，现在这个主要来源正在迅速转移到亚洲，俄罗斯在社会和公共领域达到了靠近欧洲的极限，俄罗斯大部分人不愿再接受欧洲现代价值观，亚洲将成为资本和先进技术最重要的来源；其二，俄罗斯在不疏远欧洲的同时，应与亚洲建立密切合作，成为"大欧亚伙伴关系"的中心，俄罗斯需要消除欧洲中心主义思想；其三，在当今世界的激烈竞争中，只要实行市场经济，打造军事实力，那么威权政府比民主政府更有效率；其四，俄罗斯接受了欧洲的高度文明，成为一个伟大的欧亚大国，俄罗斯是第一批亚洲的欧洲人和欧洲的亚洲人，俄罗斯可以天然地起到文明和运输桥梁作用。③

第三，普京的重要智囊苏尔科夫第一次代表官方正式提出"普京主义"。

2019 年新年伊始，在政权党"统一俄罗斯"党经历了 2018 年地方选举的重大挫折和普京的信任率跌至近年来最低点的政治态势下，"普京主义"再次被执政当局当作俄罗斯民族宝贵的精神财富加以宣传。2019 年 2 月 11 日，普京前八

---

① Владислав Сурков, Одиночество полукровки（14＋）, 9 апреля 2018 года, http：// globalaffairs. ru/global－processes/Odinochestvo－polukrovki－14－19477.

② Новогоднее обращение к гражданам России, 31 декабря 2018 года, http：//www. kremlin. ru/ events/president/news/59629.

③ Сергей Караганов, Россия настроена на диалог-и с Европой, и с Азией, 7 июня 2018 года, https：//rg. ru/2018/06/06/politolog－aziia－stanet－dlia－rf－vazhnejshim－istochnikom－peredovyh－tehnologij. html.

年政治设计的主要操盘手、普京的政治高参、"主权民主"概念的提出者苏尔科夫发表重磅文章《长久的普京之国》①，明确表示："普京主义"代表的理念与制度是百年俄罗斯生存和发展的模式。②

2015 年苏尔科夫提出"主权民主"思想时，"主权"概念本身就是分为外部主权和内部主权。现在，他又分为外部认同和内部治理来论述普京的治国理念，得出"两个百年"的结论：地缘政治和国家认同上的"百年孤独"；民主进程和国家治理上的"百年模式"。俄罗斯内外一体，互为联动。

第二节　新时期俄罗斯保守主义的政治逻辑

俄罗斯保守主义之所以有上述新的表述和发展，与新时期俄罗斯政治的新特点息息相关。

第一，总的来看，由于执政当局推行具有反保守主义色彩的退休金制度改革，造成具有深厚保守主义底蕴的俄罗斯社会和民众的不满。俄罗斯政治稳定存在隐忧。

2017 年 12 月 6 日，普京宣布参加 2018 年第七届俄罗斯总统大选。③ 这是一场"具有特殊意义和分界性质"④ 的总统大选。2018 年 6 月 14 日至 7 月 15 日，国际足联世界杯首次在俄罗斯举行，这也是这一赛事首次在东欧国家举行，普京曾经在 2018 年 7 月 14 日"大剧院之夜"的盛大音乐会开幕式上表示，俄罗斯成

---

① 苏尔科夫的文章在中国俄罗斯研究界可谓一石激起千层浪，甚至对于文章题目《Долгое государство Путина》的翻译都产生了不同解读。国内有的媒体翻译为"长久国家"。冯绍雷先生翻译为"长效国家"。笔者曾经认为，苏尔科夫着眼于俄罗斯国家发展战略的长远利益，翻译为《普京的长远国家》似乎更合适：既贴合苏尔科夫倡导普京理念适合俄罗斯未来发展的本意（长效国家），又暗含普京模式还会延续很长时间（长久国家）。笔者通过反复比较，最终采用了盛世良先生的翻译："长久的普京之国"。

② Владислав Сурков: Долгое государство Путина - О том, что здесь вообще происходит, 11 февраля 2019 года, http: //www. ng. ru/ideas/2019 - 02 - 11/5 _ 7503 _ surkov. html? pagen = 42&fbclid = IwAR3ct0Nqn3TpMQqnySevtho2Ky25VWB1pYU2yXSaDnB0pxIgFo4JWiR - 9SM&id _ user = Y.

③ Посещение Горьковского автомобильного завода, 6 декабря 2017 года, http: //www. kremlin. ru/events/president/news/56319.

④ Послание Президента Федеральному Собранию, 1 марта 2018 года, http: //kremlin. ru/events/president/news/56957.

功举办世界杯，其成果破除了关于俄罗斯的各种谎言和偏见。^① 因此，在 2018年 12 月 20 日普京举行例行的年度记者招待会上，有记者问普京 2018 年俄罗斯的大事时，普京的回答就是总统大选和世界杯。^②

事实上，综观 2018 年的俄罗斯形势，如果通俗地概括 2018 年全年俄罗斯大事的总体情况，可以说 2018 年俄罗斯一头一尾的两个选举，即 3 月总统大选，9月地方选举，以及中间 6 月借着世界杯热潮推出的退休金改革这三个政治事件。3 月总统大选，普京得票率高达 76.69%；短短半年后，9 月 9 日的地方选举中，"统一俄罗斯"党在国家杜马单席位选区的补选、联邦主体议会选举以及联邦主体行政长官直选这三个具有指标性意义的选举中，全面受挫。

全俄社会舆论中心是政府的民调机构，在与普京有关的民调指标上一向温和，在诸如支持率、信任指数等指标上一般高出民间民调机构 5 个左右的百分点。然而，从 2018 年下半年全俄社会舆论中心的民调结果看，普京的信任指数始终徘徊在 35% 左右，创 2012 年第三次就任总统以来的新低。从 3 月总统大选得票率高达 76.69% 到年底信任指数只有 35% 左右，俄罗斯全年的形势可谓高开低走。总之，3 月总统大选和 9 月地方选举带来反差极大的政治景观，俄政治生态所呈现的稳定局面起伏很大，可谓稳定中蕴含极大的政治隐患。

第二，具体而言，在社会情绪上退休金制度改革引发普京支持率下滑。

明确了执政目标，安排了人事布局，普京政府雄心百倍。借总统大选大获全胜的余威和世界杯开幕全民振奋的社会情绪，普京想解决俄罗斯发展中的老大难问题——退休金制度改革问题。俄罗斯生育率低，人均寿命不高，劳动力不足，社会老龄化加快。普京决心在第四任期解决退休金制度改革这一难关，缓解劳动力紧缺、劳动人口退养比过高等状况。但是，退休金制度改革涉及俄罗斯千家万户的切身利益。世界杯期间俄罗斯政府提出退休金制度改革后，立刻就遭到大多数民众的抗议。

2018 年 5 月，列瓦达中心 79% 的受访者表示支持普京总统的活动；6 月，支持者占比降至 65%，不支持者占比从 5 月的 20% 上升到 31%。此外，对政府

① Гала-концерт в преддверии финала чемпионата мира по футболу, 15 июля 2018 года, http://www.kremlin.ru/events/president/news/58001.

② Большая пресс - конференция Владимира Путина, 20 декабря 2018 года, http://www.kremlin.ru/events/president/news/59455.

工作的支持率从 4 月的 43% 下降到 6 月的 34%，而不支持率从 51% 升至 61%。根据列瓦达中心的民调结果，认为俄罗斯局势朝正确方向发展的人占比也有所下降，从 5 月的 56% 降至 6 月的 46%。说国家走错路的人占比从 27% 增至 42%。

舆论基金会民调则显示，普京总统的支持率从 62% 跌至 54%，而信任他本人的受访者占比从 75% 降到 67%，赞同其举措的受访者占比从 75% 降到 69%。

全俄社会舆论中心的民调也显示，信任普京的人占比从 45.4% 减少到 42%，支持普京举措的人占比从 77.1% 降至 72.1%，倒退到 2014 年 3 月初接纳克里米亚之前的水平。梅德韦杰夫政策的支持率从 41.7% 降至 38.5%，不支持率为44.7%，对总理工作不满意的受访者占比自 2006 年 5 月以来首次超过满意者。[①]

列瓦达中心负责人列夫·古德科夫指出，总统及政府支持率的下滑迹象从 3 月总统大选结束之后就开始显现。这总体上是因为国内经济指标恶化，民众不仅担忧养老金制度改革，还为国内外局势的不确定性担忧。民粹主义导致俄罗斯社会性抗议运动兴起。俄罗斯的社会结构改变，最为突出地表现为贫困阶层扩大。社会不平等成为多数俄罗斯人的共识。82% 的俄罗斯人将不平等视为最为严重的社会问题。[②] 俄罗斯贫困问题突出，贫富差距拉大。2016 年，俄罗斯的贫困人口占总人口的 14.6%，意味着有 2000 多万人生活在最低生活标准之下。普京在2017 年的国情咨文中也坦承了这一点，并制定了脱贫的时间表，提出未来六年要将贫困率减少一半。贫困化和贫富差距拉大的现实滋生了社会不满情绪，俄罗斯社会性抗议活动与此相关。[③]

大多数社会学家指出，总统、总理支持率下滑与退休金制度改革密切相关。总统新闻秘书佩斯科夫也表示，普京总统支持率明显下滑与退休金制度改革计划有关。他说，我不打算夸大其词，毋庸置疑，政府在退休金制度改革方面的举措是具有重要社会意义、引起强烈反响的议题，它需要进一步的详细解读，我想提

① Елена Мухаметшина, 《Левада‐центр》 зафиксировал снижение уровня одобрения Путина и правительства‐Социологи объясняют это объявленной пенсионной реформой, 28 июня 2018 года, https://www.vedomosti.ru/politics/articles/2018/06/28/774064 – levada – tsentr – zafiksiroval–snizhenie–odobreniya.

② Российское общество: год в условиях кризиса и санкций, http://www.isras.ru/files/File/ Doklad/Ross_obschestvo_god_v_usloviyah_krizisa_i_sanktsiy.pdf.

③ Послание Президента Федеральному Собранию, 1 марта 2018 года, http://www.kremlin.ru/ events/president/news/56957.

醒的是，现阶段总统并未参与该议题的讨论。围绕这一议题的热议对支持率的指标产生影响。佩斯科夫表示，普京"非常务实"地看待支持率的波动，"对他来说，履行职责才是最重要的事。他从不在意自己的支持率，对他来说，人民的利益高于一切"①。

2018 年 8 月 29 日，普京向全国发表电视讲话，把俄罗斯面临的严峻人口形势、退休金现状、已经采取过的举措、现在将要执行的方案以及优惠措施进行了全面阐述，希望得到俄罗斯民众的支持。② 普京选择这个时间发声，与 9 月即将举行的地方选举选情有关。俄罗斯地方选举自 2012 年起在每年 9 月的第二个星期日举行。2018 年的地方选举投票在 9 月 9 日举行。这次选举前由于退休金制度改革造成社会民意强烈不满，已有预测可能会出现对政府不利的结果。最终，选举态势不仅证实了这一点，而且不利结果超出预期，这对于政局稳定产生重要影响。

第三，政治传导效应体现为在地方选举中"统一俄罗斯"党全面受挫。

2018 年俄罗斯政治的"黑天鹅事件"是地方选举中"统一俄罗斯"党的全面受挫。9 月 9 日地方选举初步结果刚刚公布，立刻就成为俄罗斯政治研究的绝对热点话题。俄罗斯各主要媒体及智库分析网站围绕国家杜马代表补选情况、联邦主体地方议会选举情况及联邦主体行政长官选举情况撰写了大量的分析与评论文章。哈卡斯共和国第二轮选举中出现候选人不断退选的罕见现象以及对俄共候选人涉嫌污蔑的报道和分析都反映了此次地方选举错综复杂的局面。滨海边疆区的第二轮选举也是费尽周折。

一个联邦主体地方领导人的第二轮选举屡次延期，这在以前俄罗斯的政治生活中是难以想象的，也从未出现过。而对临时地方领导人的报道超出正常范围，也属于地方选举中的少见现象。俄罗斯评论文章中出现了"第二轮选举综合征"这一专有名词，特指各种地方选举中的罕见现象，像候选人之间互相攻击这种现

---

① Елена Мухаметшина，《Левада - центр》зафиксировал снижение уровня одобрения Путина и правительства-Социологи объясняют это объявленной пенсионной реформой，28 июня 2018 года， https： //www. vedomosti. ru/politics/articles/2018/06/28/774064 - levada - tsentr - zafiksiroval-snizhenie-odobreniya.

② Обращение Президента к гражданам России，29 августа 2018 года，http： //www. kremlin. ru/ events/president/news/58405.

象在以往的地方选举中也很少出现。可以说，对这次地方选举的分析是 2018 年俄罗斯政治研究的重中之重。①

2018 年 9 月 9 日当天，俄罗斯 85 个联邦主体中的 80 个联邦主体进行选举活动，其中，最重要的是 26 个联邦主体的行政长官、16 个联邦主体的地方议会议员、7 个国家杜马单席位选区的补选议员等选举。

国家杜马议员补选的情况。国家杜马议员补选在 6 个联邦主体进行，分别是阿穆尔州、加里宁格勒州、下诺夫哥罗德州、萨马拉州、萨拉托夫州和特维尔州。从这 6 个州的 7 个单席位选区选出 7 名国家杜马代表。"统一俄罗斯"党获得 5 席，俄共和自民党各获得 1 席。结果是"统一俄罗斯"党在国家杜马中少了 1 席，俄共增加 1 席。加上 2017 年地方选举时丢失的 2 席，现在"统一俄罗斯"党在国家杜马中有 340 席，比 2016 年杜马选举后的总席位少 3 席。

地方议会选举的情况。在 16 个联邦主体举行地方议会选举。"统一俄罗斯"党在哈卡斯共和国、后贝加尔边疆区、乌里扬诺夫斯克州和伊尔库茨克州等 7 个联邦主体选举中失利。地方议会选举的结果是"统一俄罗斯"党在全国范围内地方议会的总席位有所减少。在伊尔库茨克州，"统一俄罗斯"党甚至失去了议会第一大党的地位。

联邦主体行政长官选举的情况。每年地方选举的重中之重就是联邦主体行政长官的选举。2018 年共有 26 个联邦主体举行领导人选举。其中，在 22 个联邦主体以直选的方式进行，在 4 个以少数民族为主体的联邦主体以地方议会选举的方式进行。在 22 个直选的联邦主体，"统一俄罗斯"党在 16 个联邦主体获胜，在弗拉基米尔州、哈巴罗夫斯克边疆区、哈卡斯共和国和滨海边疆区 4 个联邦主体失利。

"统一俄罗斯"党首次面临在一次地方选举中就丢失 4 个地方领导人席位的局面，上次失利还是在 2015 年的伊尔库茨克州，也只是 1 个州。目前，在全国范围内联邦主体行政长官的分布情况为：俄共 3 个，俄罗斯自由民主党 3 个，公正俄罗斯党 1 个，无党派人士 15 个。"统一俄罗斯"党掌握的只有 63 个联邦主体，比其鼎盛时期的政治版图大大缩小。

---

① Аналитический доклад – Выдвижение и регистрация кандидатов на выборах глав регионов, назначенных на 9 сентября 2018 года, https://www.golosinfo.org/ru/articles/142798.

第三节　新时期俄罗斯保守主义的突出特点

由于上述政治背景的出现，在俄罗斯政治生态出现新特点之际，俄罗斯保守主义在坚持已有的政治内涵基础上，重点突出强调了"人民性"的内涵。我们可以通过苏尔科夫的文章《长久的普京之国》，分析俄罗斯究竟如何理解"普京主义"。

苏尔科夫这篇文章之所以重要，是因为它第一次以官方的身份对普京过去二十年乃至当前国际形势下，俄罗斯处在什么样的国际地位做出了自己的回答，并提出了"普京主义"这个概念。文章毫不讳言地阐述了"普京主义"的许多核心内容。文章指出，"普京主义"的本质就是扩张性、军事性、人民性。

关于扩张性，苏尔科夫明确无误地指出：现在的俄罗斯终于摆脱了苏联解体之后一直处于分崩离析的境地，回归自身合乎常理的、唯一可能的状态，即日益强大的、"领土不断扩张"的多民族一体性。

关于军事性，苏尔科夫认为，俄罗斯国家的"军事警察"职能是最为重要、最具有决定性意义的职能。俄罗斯从来都认为军事的重要性高于经济，高于贸易往来。

重点需要关注的是苏尔科夫对"人民性"的重要解读。文章指出，俄国历史上一共存在过四种国家形式：第一种是在 15～17 世纪，伊凡三世所建立的莫斯科和全俄大公国；第二种国家形式就是在 18～19 世纪，彼得大帝建立的俄罗斯帝国的形式；第三种是在 20 世纪列宁建立的苏联；第四种就是普京在 21 世纪建立的当代俄罗斯联邦的国家形式。苏尔科夫认为，在不同的历史时期，俄罗斯国家模式虽然表现不一，但内在的本质是一样的，俄罗斯国家历史结构的要素是一致的。这四种国家形式都是凸显了意志坚强领导人的重要性，并且最高领袖和人民之间有一种天然的信任关系。

由苏尔科夫对"普京主义"提炼的"人民性"出发，可以引出《长久的普京之国》的核心观点："普京主义"的基础或者俄罗斯在历史上国家结构的基础，本质就是因为俄罗斯不是一个"深暗国家"，因为俄罗斯有"深层人民"。俄罗斯的"深层人民"是俄罗斯最高领袖天然的民意信任基础。

"深暗国家"（Deep State）本意指西方社会是"深暗国家"，民主只不过是其外在形式，只是工具而已，国家本身是不透明的，决策不透明，民主沟通和参与也不透明。苏尔科夫认为俄罗斯不是"深暗国家"，俄罗斯将一切事情都放在明面上，因为俄罗斯有"深层人民"。

"深层人民"指的是，在俄罗斯任何一个历史时期，无论是哪种国家结构形式，总有一批这样的人，做调查也调查不出来，通过社会学问卷也调查不出来，但是当俄罗斯国家发展出现衰败的时候，这批人可以把国家拉回正确的轨道。俄罗斯实行保守主义也好，自由主义也好，社会主义也好，最终实行的都是符合俄罗斯传统价值观的发展道路。这样的一批人，他们可以是财政预算人员、是公务员，也可能是工人、是农民，他们散布在俄罗斯国内各个地区，每当俄罗斯有危难的时候，就会有这样一群深层的人挺身而出。这就是俄罗斯"人民性"所体现的深刻内涵。

这样的人民还拥有一个特点：无条件地、天然地信任最高领袖。苏尔科夫认为俄罗斯有一个传统，即在俄罗斯最高领袖和人民之间存在一种天然的信任和沟通关系。俄罗斯的社会结构、政治模式都是为了打通最高领袖和"深层人民"之间的联系，使其互为勾连。现在分析俄罗斯政治时，往往讲支持率对于俄罗斯政权的政治合法性意义，换句话说，普京获得高支持率意味着强大的民意基础，这对于普京推行政治举措具有重要作用。但是。如果深刻理解这篇文章之后，就会进一步理解在这个基础上还有更高一层的政治逻辑，就是所谓"深层人民"和最高领袖之间天然的信任关系。

总之，新时期俄罗斯保守主义强调"人民性"的政治内涵，其政治意义主要体现在以下几个方面。

第一，"普京主义"是在俄罗斯国内政治生态出现隐忧的时候被官方正式提出来的。这和当前俄罗斯政治形势密不可分。俄罗斯总统大选普京以"两个70%"当选，这是一个莫大的政治合法性来源，在现在世界各国投票率偏低、纷纷进入二轮选举的情况下，普京以"两个70%"当选，开局非常好。但是仅仅经过一个退休金制度改革，到9月地方选举之后，普京信任指数就史无前例地降低到35%左右。所以苏尔科夫这篇文章有应对俄罗斯国内严峻局势的考虑，想进一步振奋民情，帮助普京延揽民意。

第二，今天的俄罗斯有一个"2024问题"。2024年这一任总统任期结束后，普京怎么办？俄罗斯向何处去？"普京主义"的提出实际上暗示俄罗斯需要长期坚持普京的治国理念与模式。普京的治理模式和俄罗斯历史上的国家模式内核完全一致，普京本人在与不在，"普京主义"都会延续。这就是俄罗斯百年生存的发展模式。

第三，《长久的普京之国》这篇文章讲的是俄罗斯的内政，与苏尔科夫在2018年发表的《混血者的孤独》一起，较为完整地阐述了新时期俄罗斯保守主义的内涵。乌克兰危机后，俄罗斯进入了"2014+"时代，俄罗斯既不是东方的西部，也不是西方的东部，俄罗斯就是一种独特的文明。苏尔科夫这两篇文章，暗示了俄罗斯要作为一种文明型国家，立于欧亚大陆中心地位，而不要做中心的边缘这一思想。

第四，叶利钦时期终结了苏联时期的转型，搭建起至今仍在发挥作用的俄罗斯基本框架，普京执政后，在此基础上转入了更为遵循俄罗斯传统价值观和传统治理模式的方向。研究"普京主义"，实际上就是考察苏联解体以来俄罗斯的转型与发展。

分析俄罗斯保守主义是为了理解俄罗斯和认识俄罗斯。由于俄罗斯保守主义最新的官方意识形态表述是"普京主义"，因此，若要判断俄罗斯保守主义的发展前景，还是要深入分析"普京主义"。笔者提出以"三个普京"为分析框架，研究"普京主义"并分析俄罗斯保守主义前景。

笔者认为，在"普京主义"的概念表述中，实际上有"三个普京"：具体的普京、抽象的普京和系统的普京。"具体的普京"是指普京本人，作为一个执政者，体现的是国际政治学中人的因素；"抽象的普京"是指普京代表的俄罗斯国家，反映的是俄罗斯的国家利益与国家特性；"系统的普京"，即在政治系统中的普京，指的是一个政治系统有输入和输出复杂的过程，普京只是这个系统中的一个要素，一旦普京本人的执政理念和举措在俄罗斯形成一种执政模式之后，普京本人和系统发展本身之间也许就不是完全一致的。比如常常有人说俄罗斯现在能源型经济这么严重，俄罗斯甚至都是世界经济的附庸，为什么不改革？事实上，对俄罗斯发展弊端认识和理解最深刻的人就是普京。普京早就指出，俄罗斯不实行创新发展战略，就是死路一条。但是普京是在他一手打造的政治系统当中的，这个系统所形成的治理模式本身如果缺乏动力的话，即便普京本人意识到俄罗斯的问题，但这个系统本身会自动排斥其认为是破坏稳定的因素。所以普京是处在这样的政治系统中的普京，他也受到系统本身的制约。

从"三个普京"的分析框架出发，苏尔科夫提出的"普京主义"就相应有三个层面的含义。

第一个层面是"具体的普京"，即普京本人的作用。普京本人执政二十年，他采取的执政举措和所展现的执政理念是清晰可查的。第二个层面是"抽象的普京"，从这个含义来讲，普京本人所施行的政策和秉持的理念，都表现出了俄罗斯的国家性与总统人格特质的结合。通过研究普京，通过研究"普京主义"，我们可以解读俄罗斯问题研究的三个关键词：国家性、人民性和聚合性。第三个层面，即从政治系统中的普京的角度来看，我们实际上是看普京模式和俄罗斯发展道路的前景，看这个系统究竟是一个什么样的系统。笔者认为，俄罗斯具备一个政治控制非常强的治理体系，但是其治理绩效在递减，有可能到最后很多挑战甚至危机正是源自模式本身。这也符合俄罗斯国家历史上钟摆式的发展规律：俄罗斯的历史总会有一个爬坡、强盛、崩溃、衰败，再起来再爬坡的过程。这是俄罗斯历史的间断性特点，这个间断性特点和俄罗斯国家的治理模式是紧密相关的。

具体到当前及今后一个时期俄罗斯保守主义的发展前景，此与俄罗斯政治本身的发展态势密切相关，主要需要关注以下几个问题。

第一，分配问题而不是发展问题已经成为影响俄罗斯发展的主要因素。分配问题实际上体现的是俄罗斯保守主义的物化表现形式。政治是对价值资源的权威性分配。分配是否合理，关乎平等和合法性，最终反作用于政治稳定。从2018年俄罗斯的国内局势看，如果说经济不振引起生活水平下降这是发展问题，那么，退休金制度改革就是分配问题。分配问题解决的不合理反过来会放大发展问题的扩散效应，影响民意的变动。2018年的地方选举是一个例子。

第二，"后克里米亚共识"对政治稳定的心理支撑作用在弱化。无论是2016年国家杜马选举还是2018年的总统大选，"后克里米亚共识"和"危机源自国外"的宣传，一直是普京的制胜法宝。这次地方选举却表明：俄罗斯民众不再坚持政治外交问题与经济民生区分对待的"后克里米亚共识"。一旦"后克里米亚共识"这面爱国主义和民族主义旗帜的引导作用减弱，普京今后如何引导俄罗斯保守主义的社会情绪走向值得关注。

第三，普京对俄罗斯政治的控制已深入权力的"毛细血管"。对俄罗斯保守主义"人民性"的内在特征与俄罗斯政治控制性之间的均衡关系需要密切观察。

2018年地方选举引发人们对俄罗斯政治治理特点的新思考。尽管退休金制度改革导致民意下降，人们对这次选举可能出现的局面有心理准备，但是"统一俄罗斯"党一下子丢失4个联邦主体领导人以及在7个联邦主体议会选举失利的现实，还是大大超出人们的预期。人们一度认为普京面临巨大挑战。这么错综复杂的选举局面普京会不会难以应对？但是普京的应对非常冷静，无论是官方表态，还是随后撤换11个联邦主体代理行政长官的举措都是不紧不慢。这进一步引发人们对于俄罗斯政治控制的思考。

俄罗斯政治的本质是控制性。以2012年普京再次执政以来的政治为例，可以总结两条线索：一是严格的社会管理，严格管控反对派利用非营利性组织和网络公共空间开展组织和动员活动；二是严格控制政党制度和议会制度的运行机制，并且相互贯通，反对派很难有所作为。

除了上述两条政治控制的线索，通过观察2018年俄罗斯的地方选举，还应该加上一条新的线索：普京在尽力控制俄罗斯权力结构的毛细血管。从这次地方选举看，还要再加上一点，普京对于地方自治的管控。以前更多关注到的是普京对于联邦中央和联邦主体的政治控制。俄罗斯宪法第12条明确规定：地方自治机关（市、镇、村）不进入国家权力机关体系。近年来普京已经悄悄地进行了政治治理。治理方式一：从"选举过滤器"到设置"市政过滤器"。就是联邦主体地方长官选举中所要求的"信任签名"，同样也在逐步用到地方自治。治理方式二：联邦主体行政长官被授权可以决定地方自治的模式。由于普京充分利用代理行政长官制度，一批来自中央的技术官员被推到了地方领导人的职位上。这些人在当地并没有政治基础，因此比较听命于普京，忠诚是他们的基本特点。普京对于地方自治模式的改变，比如大规模取消市长选举，得到了比较顺利的推行。而通过"市政过滤器"选拔上来的地方自治级别的领导人，与政权高度契合。所以，今后在关注制度运行和社会管控之外，对地方自治的控制也需要关注。

第四，俄罗斯政治生态的新特点预示着普京政权面临"2021问题"和"2024问题"的挑战不容忽视。俄罗斯保守主义的发展前景也取决于"2021问题"和"2024问题"的顺利解决。

普京真正需要解决的还有2021年的国家杜马选举以及未来2024年的接班人问题。其一，"2021问题"。这次地方选举给普京和"统一俄罗斯"党都提了一个醒：普京想在第四任期展开结构性改革，一旦真正涉及普通民众的分配核心利益时，会面临严峻的政治挑战。其二，接班人问题。普京在 2008～2012 年以"梅普组合"的形式高超处理了权力交接问题。但是到了 2024 年第四任期结束时，很难再现这一接班形式。实际上，从 2016 年开始，普京已经着手对政治精英进行更新换代，但是目前来看，效果并不理想。此次地方选举也说明了这点。如前所述，在俄罗斯国内政治生态出现隐忧的时刻，苏尔科夫正式提出了"普京主义"这一概念。2019 年的《长久的普京之国》与 2018 年的《混血者的孤独》一脉相承，具有明显的政治设计痕迹，其核心意图是应对当前俄罗斯政治的复杂局面，为 2024 年普京这一任期结束之后打造一个具备普京模式特点的政权做思想上的准备。加快普京政治团队核心位置的年轻化，并从中选择合适的接班人，依然是普京最重要的政治任务。

第六章
经济道路："突破性发展"及政治约束

在竞选 2018 年总统期间及正式开启 2018～2024 年的总统新任期后，普京提出并反复强调俄罗斯要实现"突破性发展"（прорывное развитие）。"突破性发展"成为俄罗斯政治中的高频词，是普京新任期政策实施的核心理念。"突破性发展"主要以国家项目的实施为抓手，涵盖俄罗斯经济社会发展的主要领域。"突破性发展"既是俄罗斯国内形势的需要，也是普京执政理念的延续。"突破性发展"的理念和政策已经贯彻在俄罗斯治国实践中。普京积极强化"突破性发展"的理念，突出"突破性发展"的领域，并不断完善"突破性发展"的指标体系。实现未来六年"突破性发展"的目标需要强有力的政治保障，这主要体现在稳妥的人事安排上。当前，俄罗斯的经济发展状况并不理想，经济增长迟缓，政治稳定存忧，其发展结构性问题始终存在，"突破性发展"的目标实现面临挑战。

第一节　"突破性发展"的动因与内涵

从 2017 年开始，普京在竞选总统期间及正式开启 2018～2024 年的总统新任期后，提出并反复强调要实现俄罗斯的"突破性发展"。"突破性发展"是认识当前俄罗斯形势的关键词。那么，"突破性发展"提出的动因及其内涵是什么？当前的执行情况如何？本章节拟就以上问题进行研究和探讨，以期更好地理解俄罗斯发展所处的现状与面临的问题。

一　"突破性发展"提出的动因

2017 年 12 月 13 日，普京总统在"统一俄罗斯"党第十七次全国代表大会上发表讲话，提出俄罗斯需要实现不可逆转的"突破性发展"。① 在这次代表大会上"统一俄罗斯"党正式声明支持普京参加 2018 年总统大选，因此普京的讲话被普遍视为具有面向未来任期进行政策定调的含义。那么，为什么普京选择"突破性发展"作为面向未来的政策口号？

第一，"突破性发展"是适应当前俄罗斯国内形势的需要。在普京正式提出"突破性发展"之前，俄罗斯的经济数据很不理想。2017 年俄罗斯国内生产总值同比仅增长 1.5%，人口出生率同比下降 10.9%，创十年来新低。普京表示，俄罗斯社会福利、国防能力及国家安全均取决于经济发展。因此，实现快速的"突破性发展"，从本质上看是改善俄罗斯国内形势的现实需要。

第二，"突破性发展"是普京参加 2018 年总统选举的需要。同时，承诺加速经济发展也是俄罗斯历次总统选举的常规动作。2012～2018 年总统任期内，普京在经济方面的业绩乏善可陈。面对 2018 年总统大选，普京面临质疑和挑战，唯有打出加速发展的旗号才能应对人们对于经济发展迟缓的不满。同时，苏联解体后俄罗斯历次总统选举中，总统候选人都要打出经济快速发展的竞选牌，以赢得民众支持。俄罗斯政治家认为，不能只着眼于按部就班的增长，这种稳定后面可能隐藏着停滞，因此要迅速而坚决地实现国家的"突破性发展"。

第三，"突破性发展"是俄罗斯在变化的世界中维护国家利益的需要。2019年 2 月 20 日，普京在国情咨文中指出，俄罗斯正面临大规模发展的任务。系统性地完成既定目标，需要构建具有俄罗斯特点的社会经济发展模式，为实现"突破性发展"创造最佳条件。"突破性发展"模式需要保留俄罗斯自身独特价值观，尊重俄罗斯历史传统和各民族文化。这种发展模式既可以为民众实现自我价值提供平台，也可以为俄罗斯在瞬息万变的世界中妥善应对挑战奠定基础。

第四，"突破性发展"是普京本人执政理念的延续。早在 1999 年 12 月，普京在其著名政治文献《千年之交的俄罗斯》中就曾指出，俄罗斯长期发展战略的本质是在相当短的时间内消除持续已久的危机，为经济和社会的快速稳定发展创造条件。2004 年，普京在连任总统后发表的国情咨文中再次强调，只有经济快速增长才是解决社会问题的牢固基础，实行经济和社会改革只是保障经济高速发展

---

① Съезд партии《Единая Россия》，23 декабря 2017 года，http：//www.kremlin.ru/events/president/news/56478.

的必要条件。2006 年，普京在国情咨文中宣布，俄罗斯已经有针对性地消除了国家建设中出现的偏差，将来俄罗斯的任务就是促进经济社会快速发展。可以说，普京一贯主张实现俄罗斯的快速发展，"突破性发展"是普京执政理念的延续。

二 "突破性发展"的政策内涵

具体而言，普京希望在俄罗斯国民经济和社会发展的各个领域均实现"突破性发展"。那么，"突破性发展"的内涵，或者说普京视野中"突破性发展"的目标究竟是什么？普京 2018 年 3 月发表的国情咨文①、2018 年 5 月 7 日发布的"新五月总统令"②和 2019 年 2 月发表的国情咨文③集中体现了"突破性发展"的政治内涵。

第一，在 2018 年国情咨文中，普京提出了未来俄罗斯实现"突破性发展"、改善经济结构的四大举措。一是提高劳动生产率，每年提高 5%，到 2030 年达到世界先进国家水平。在此基础上增加居民工资，扩大消费，提升经济增长率。二是吸引投资，将总投资额从目前占 GDP 的 25% 提高到 27%。三是发展中小企业，降低贷款利率。四是改变出口结构，实现非油气资源出口翻番。④ 普京希望借助上述改革提高俄罗斯的经济竞争力。实际上，2016 年 12 月普京就要求制定引领俄罗斯经济进入跨越式发展轨道的计划，并命令政府制定 2017～2025 年综合行动规划。这其中包括改善经商环境、扩大非原料出口、发展中小企业和提高国家对经济部门的扶持效率等措施。⑤ 这些都在 2018 年 3 月 1 日的国情咨文中得到了体现。

第二，与 2018 年国情咨文内容一致，2018 年 5 月 7 日的"新五月总统令"强调政府未来六年的主要任务是在科学技术和社会经济领域取得"突破性发

---

① Послание Президента Федеральному Собранию，1 марта 2018 года，http：//kremlin. ru/events/president/news/56957.

② Президент подписал Указ 《О национальных целях и стратегических задачах развития Российской Федерации на период до 2024 года》，7 мая 2018 года，http：//www. kremlin. ru/events/president/news/57425.

③ Послание Президента Федеральному Собранию，20 февраля 2019 года，http：//www. kremlin. ru/events/president/news/59863.

④ Послание Президента Федеральному Собранию，1 марта 2018 года.

⑤ Президент оценил план экономического развития России до 2025 года，https：//lenta. ru/news/2017/05/30/ruseconomy/.

展"。普京确定的最重要目标是保证俄罗斯人口稳步自然增长、人均寿命提高至78 岁、增加公民实际收入和退休金，以及使贫困率减半。同时政府每年至少应改善 500 万家庭的居住条件、鼓励技术创新、确保在经济和社会领域加快推广数字技术。"新五月总统令"要求俄罗斯跻身世界前五大经济体，维持宏观经济稳定，在保证通胀率不高于 4% 的同时使经济增速高于世界平均水平。"新五月总统令"涵盖俄罗斯国家治理的 12 个领域，并对每个领域提出了具体目标，是普京 2018 年国情咨文的合理延续。

第三，2019 年 2 月发表的国情咨文和 2019 年 4 月发布的政府工作报告均主张继续落实"突破性发展"的政策目标。2019 年 2 月 20 日，普京发表国情咨文，继续围绕"突破性发展"阐述改善民生、发展经济和维护国家安全等具体措施。"突破性发展"的重点是聚焦俄罗斯国内问题，涉及家庭保障、卫生服务、教育、文化等诸多方面。2019 年 4 月 17 日，俄罗斯总理梅德韦杰夫发表政府工作报告，指出"突破性发展"的目标重点集中在降低贫困水平、解决人口问题、改善国家卫生教育等方面。

简而言之，"突破性发展"的内涵主要集中在国家社会经济领域，需要落实人口、医疗、教育、住房、道路、劳动生产率、生态、数字经济、企业经营、出口、科学、文化等 12 大领域的国家项目。政府为此采取扶植政策，拨款 26 万亿卢布，用于支持"突破性发展"。

三　"突破性发展"的政治保障

实现未来六年"突破性发展"的目标需要强有力的政治保障，这主要体现在稳妥的人事安排上。普京连任总统后，按照普京的提名，梅德韦杰夫继续担任总理。总统大选前，俄国内盛传外交部部长拉夫罗夫和国防部部长绍伊古将被撤换。实际上，新政府在这两个关键位置上没有任何变化，变化主要反映在副总理的人选上。在新政府副总理的组成人员中，经济、工业、地方发展、军工和农业领域的负责人被更换。新任副总理有的是政府相关领域的原有政治精英，有的则是首次进入政府，但在其主管领域均有专业经验。

主管财政金融的第一副总理是财政部部长西卢安诺夫。他是俄罗斯财政部前部长、现战略研究中心主任库德林的老同事，而库德林被认为是俄罗斯政府经济发展规划的主要制定者之一。西卢安诺夫继承了库德林的治理风格，主张实行严格的财政预算和地方财政政策，符合"突破性发展"的要求。西卢安诺夫担任第一副总理并继续兼任财政部部长，反映了普京政策的延续性。

俄罗斯审计署原署长戈利科娃担任主管卫生和养老系统的第一副总理。值得关注的是，她曾在普京担任总理时任卫生和社会发展部部长。教育、卫生、延长人口寿命是"突破性发展"目标在社会领域的重中之重，由戈利科娃担此重任，反映了普京寄望旧部以实现关键领域突破的政治意愿。

原主管社会问题的副总理戈洛杰茨虽然保留原职，但改为负责体育和文化领域。原主管体育和文化的副总理穆特科转而负责建设和地区政策。对于穆特科来说，新领域并不陌生，他先后负责过2014年索契冬奥会和2018年世界杯的场馆建设。而且，穆特科在20世纪90年代曾担任圣彼得堡市副市长，在地区政策领域也有一定经验。

工业和能源问题交给原主管地区政策的副总理科扎克。原政府办公厅第一副主任阿基莫夫升任主管数字经济的副总理。按照普京的规划，发展数字经济是未来俄罗斯政府工作的优先方向之一。鲍里索夫取代罗戈津担任主管军工综合体的副总理，鲍里索夫此前曾在国防部负责军队换装计划和落实国防订单。曾在1999~2009年担任农业部部长的戈尔杰耶夫，从总统驻中央联邦区全权代表的职位升任副总理，负责农业发展问题。

当前，实现"突破性发展"已成为普京考察政府和政权党工作的主要标准。2018年12月8日，普京在参加"统一俄罗斯"党第十八次代表大会时指出，"统一俄罗斯"党应该成为政府实现"突破性发展"可以依赖的政党。2019年1月16日，普京在政府工作会议上强调，俄罗斯各级政府的主要任务就是提高人民生活水平，保障经济高速增长，同时进行经济结构调整。

具体而言，普京要求2020年俄罗斯投资额应增长6%~7%，用于国家项目建设的26万亿卢布应确保有效使用，这些将是评估政府工作的关键标准。普京明确指出，这些资金要能切实促成俄罗斯国家财富、民众和家庭福祉的大幅提升。

第二节 "突破性发展"的政治实践与约束

从俄罗斯的政治实践来看，2017年12月以来，"突破性发展"和"突破"

成为俄罗斯政治的高频词，也采取了不少落实措施。例如，2018 年 12 月，俄罗斯农业部表示支持农业发展的国家项目将延至 2025 年，并要设立新的农业发展联邦项目。为此，2019 年将新增 478 亿卢布的财政拨款，扶持农业仓储设施的建设和现代化改造等。

一　"突破性发展"的政治实践

第一，强化"突破性发展"的理念。2018 年 3 月 1 日，普京在发表国情咨文时明确俄罗斯的战略任务是"突破性发展"。"突破性发展"作为主题词贯穿整个国情咨文。2018 年 3 月 18 日，普京在自己的选举总部考察竞选准备活动时表示，俄罗斯面临非常复杂的挑战。俄罗斯需要的不仅仅是按已有的模式来解决发展问题，而且必须取得"突破"。2018 年 4 月 26 日，普京在俄罗斯校长代表大会的全体会议上发表讲话指出，自己在国情咨文中提出的"突破性发展"具有重要意义。俄罗斯如果不实现"突破"将永远落后，这将是一个非常严重的后果。2018 年 4 月 27 日，在与立法委员会委员会晤时，普京指出，之所以用"突破"这个词，是要强调它的重要性。俄罗斯当前几乎需要在所有领域都取得"突破"，这事关俄罗斯的未来。2018 年 5 月 7 日，普京连任总统。在就职演说中，他再次强调，俄罗斯需要在生活的所有方面取得"突破"。这一"突破"将确保社会接受所有新的和先进的事物并摒弃不公正和偏见。2018 年 12 月 20 日，普京在大型记者会上表示，俄罗斯需要"突破"和新的发展结构，否则国家就没有未来。

第二，明确"突破性发展"的领域。2018 年 2 月 2 日，普京在俄罗斯科学和教育委员会上发表讲话指出，俄罗斯必须在科学上取得真正的"突破"。俄罗斯需要放弃支持效率低下和过时的科学活动管理方法。2018 年 8 月 28 日，在新西伯利亚举办的技术园论坛上，普京再次表示把科技突破列为国家重要目标和优先事项。2018 年 9 月 18 日，索比亚宁就任莫斯科市长。普京在其就职典礼上表示，俄罗斯必须在经济、技术和社会领域取得"突破性发展"。这些改革的主要目标是提高俄罗斯公民的生活水平和生活质量。2018 年 10 月 9 日，普京在与"黎明"农业企业员工举行的座谈会上表示，俄罗斯的农工综合体表现出积极的发展态势，五年来农产品产量增长了 20% 以上，快速向前发展就是"突破"。2018 年 10 月 25 日，普京在俄罗斯战略发展和国家项目委员会会议上表示，国家项目是必须执行的，期待外贸经济银行、俄罗斯天然气工业公司、俄罗斯石油公司、俄罗斯原子能机构等在财政、技术、科学和人力资源方面进行调整完善，实现"突破发展"。普京在 2018 年 11 月 29 日举行的"人民阵线——为了俄罗斯"社会运动代表大会上指出，在工业、科学、教育、卫生、基础设施发展和国防等领域，俄罗斯需要取得"突破性发展"。

第三，完善"突破性发展"的指标。2018 年 5 月的总统令规定政府要确定2024 年以前主要工作方向。俄罗斯未来将在 12 个方面实施国家计划，即人口、医疗、教育、住房、道路、劳动生产率、生态、数字经济、企业经营、出口、科学、文化。联邦预算将优先研究向上述领域的预算拨款。在出口领域，普京要求2024 年必须保证成立具备竞争力的全球化非原料部门，其出口总量不低于国内生产总值的 20%。非原料非能源商品的年出口额达到 2500 亿美元的规模。新的执政目标尤其强调在 2024 年俄罗斯要跻身世界五大科学强国。以此为出发点，俄罗斯应成为对国内外重要科学家和杰出青年研究员有吸引力的国家，国内各渠道科研经费的增长速度应超过国内生产总值的增速。2019 年 2 月 20 日，普京发表国情咨文，"突破性发展"的理念再次贯穿全文，并再次完善了"突破性发展"的目标体系。例如，在人口领域国家项目的实施中出台向 1 岁半以内的头孩和二孩发放补贴的规定。头孩补贴的资金来源是联邦预算，生育二孩的家庭可以从母亲资本中获得补贴。补贴金额取决于具体所在地区的儿童最低生活保障水平。从别尔哥罗德州的 8000 卢布到楚科奇自治区的 2.2 万卢布不等，全国的平均水平是每月每孩 1.1 万卢布出头。收入未超过个人最低生活保障线 1.5 倍的家庭，均可领取这样的补贴。自 2020 年元旦起，将标准调至收入未超过最低生活保障线 2 倍的家庭。由此有权领取额外补贴的家庭数量将会提升 50%。生育一孩、二孩的家庭中，约有 70% 能够享受国家提供的帮助。

第四，强调"突破性发展"的同时，突出经济安全的重要性。经济安全问题是普京关注的重点。2017 年 5 月，普京批准了《2030 年前俄罗斯联邦经济安全战略》。[①] 上一版是在 1996 年制定。"2030 年战略"和相关总统令是确定未来

---

① Указ Президента РФ от 13 мая 2017 г. № 208 "О Стратегии экономической безопасности Российской Федерации на период до 2030 года", http：//www. garant. ru/products/ipo/prime/doc/71572608/.

几年国家发展方针的主要经济文件。普京指出，真正的战略旨在防范经济安全面临的挑战与威胁，在能源、生产、科技和金融领域预防危机，避免民众生活质量下滑。该战略明确了俄经济安全面临的挑战与威胁，以及国家保障经济安全政策的主要方向和任务。由于有利于世界经济增长和塑造政治吸引力新中心的力量重新分配、利用经济实现政治目标的趋势、粮食和水资源匮乏的威胁，以及全球气候变化影响下的北极和北冰洋资源争夺尖锐化，如今全球不稳定程度正日益加剧。西方制裁、发达国家企图将自身经济优势作为施压工具、俄罗斯金融系统容易受外国投机资本的影响、发展绿色经济、俄罗斯的非能源公司今后应在全球企业巨头中有战略位置等，都被视为俄罗斯经济在今后十年不得不面对的关键性挑战和威胁。①

总之，普京认为俄罗斯需要实现"突破性发展"。"突破性发展"需要的条件无法用数字和数据来表述。一致的变革倾向是人们自觉的选择；社会团结、公民积极参与国家事务、对俄罗斯的普遍自信，是取得"突破性发展"成功的决定性因素。

二 "突破性发展"面临的挑战

当前，俄罗斯的经济发展状况并不理想，其发展结构性问题始终存在，实现"突破性发展"的目标仍然困难重重。

第一，经济增长迟缓。

根据俄罗斯经济发展部发布的经济状况报告，2019 年第一季度，俄罗斯主要经济指标状况不佳。国内生产总值增长幅度降至 0.8%。在 2018 年增值税税率提高的背景下，俄罗斯预算收入将相应增加 8000 亿卢布，但是，增值税增长给居民带来损失，而且在经济增长放缓的情况下，加税对预算的积极效应并没有得到体现。俄罗斯国内甚至有评论认为，俄罗斯已陷入宏观经济困境。增值税上调、卢布汇率走弱、居民实际收入增长停滞、外部经济形势缺少显著改善等因素都严重制约了俄罗斯国内需求的增加，导致其经济复苏势头不足。

---

① Игорь Зубков, Антициклон - Президент России утвердил Стратегию экономической безопасности, в ней названы угрозы стране и планете, https: //rg. ru/2017/05/15/v - rf - poiavilas - novaia - strategiia - ekonomicheskoj - bezopasnosti. html.

2014 年 12 月，普京总统举行第十次大型记者招待会时，态度乐观，坚称国家在其领导下走在正确的道路上，对自己的支持率充满信心。普京认为，国家没有发生灾难，GDP 增速虽然放缓，但是工业生产正在增长，农业产量创新高；社会领域的数据也不错：失业率低于 5%，人口正增长，生育津贴甚至有所提高。①

2015 年 12 月，在记者招待会上，普京对经济形势依然乐观。普京认为，俄罗斯经济从总体来说已度过了经济危机的最高峰。自 2015 年第二季度以来，经济积极性出现回稳迹象。2015 年 5 月起，工业产品总量已不再下滑，9～10 月还出现了小幅增长，分别为 0.2% 和 0.1%。农业也出现积极势头，增长率将不低于 3%。劳动力市场的情况也非常稳定：失业率一直在 5.6% 左右。对外贸易保持了顺差，总额达 1263 亿美元。外汇储备为 3644 亿美元，仍相当可观。与 2014 年相比，外债减少了 13%。资本外流规模明显下降。非但如此，第三季度还出现了资本的净流入。②

普京担心的是原料价格低迷和外部限制将长期持续，俄罗斯应当对此做好准备。如果什么都不改变，俄罗斯将坐吃山空，经济增速也将在零附近徘徊。普京开出的药方是确立发展的关键方向，对优势产业进行改革。普京认为，俄罗斯的优势产业迄今为止主要集中于原料和开采部门。唯有改变经济结构，方能完成安全和社会发展领域的大规模任务，增加新的就业岗位，提高数百万民众的生活质量和水平。③

与此同时，有一些政治精英和学者表达了不同看法。2014 年 12 月，梅德韦杰夫在总结政府工作时表示，自 2008 年以来世界经济和俄罗斯经济实际上都未完全走出危机。④ 2016 年 1 月，在盖达尔经济论坛上，梅德韦杰夫发表主题演讲时再

---

① Велимир Разуваев, Оптимист, антиамериканист и просто популярный президент, http://www. ng. ru/politics/2014-12-19/1_putin. html.

② Большая пресс - конференция Владимира Путина, 17 декабря 2015 года, http://www. kremlin. ru/events/president/news/50971.

③ Послание Президента Федеральному Собранию, http://www. kremlin. ru/events/president/news/50864.

④ Медведев: кризис 2008 года до сих пор не закончился, 10 декабря 2014, http://tass. ru/ekonomika/1636638.

次表示，俄罗斯经济形势复杂而又严峻，正在遭遇近十年来最严峻的挑战。① 地区优先项目研究所所长米罗诺夫则认为，普京只是个优秀的战术家。"他能够在复杂局势下做出正确的决策，但俄罗斯需要的不仅是当局成功的战术，还需要有战略。这方面我们做得不好。这二十年来，没有为摆脱原料依赖做成任何事。国家腐败盛行，'内部'团体、寡头、官僚大行其道。某些看上去无可厚非的外交战术行动导致与欧洲国家建立的有利于俄经济的关系破裂，毁掉了为投资和投资环境建立起的一切。同时未能阻止资本流出。"② 俄罗斯后工业社会研究中心主任伊诺泽姆采夫也认为：按目前的经济走势，俄罗斯 2018 年的国内总产值很可能退回到 2003 年时的水平。1999 年时，石油、石油产品及天然气在俄出口中所占比例为 39.7%，而 2014 年则已高达 69.5%。俄罗斯没有实施任何工业改革，普京时代的俄罗斯是工业生产增长落后于 GDP 增速的唯一新兴市场国家。③

第二，政治稳定存忧。

经济现状影响到政治稳定。2012 年普京重返克里姆林宫以来，俄罗斯经济平均增长率仅约为 1%。现任俄罗斯审计署署长库德林甚至表示，这是二战后俄罗斯经济最长的停滞期。在此背景下，俄罗斯民众的不满情绪有所加剧。普京的支持率罕见地在低位徘徊。根据俄联邦国家统计局数据，当前俄罗斯人均月收入约 4 万卢布，而且社会差距在拉大，实际上当前一半俄罗斯人的月收入为 1.7 万~2.2 万卢布，这个收入现状很难令民众满意，政治稳定存在隐忧。

俄罗斯的政治稳定问题已对经济社会发展问题产生了深刻影响。退休金制度改革等问题引发民意波动，促使人们思考俄罗斯当前需要着力解决的难题究竟是发展问题还是分配问题。分配是否合理，关乎平等和合法性。分配问题解决的不合理反过来会放大发展问题的扩散效应，影响民意变动，反作用于政治稳定并最终影响经济发展。政治治理上面临的问题进一步增加了实现"突破性发展"的难度。

---

① Выступление Дмитрия Медведева на пленарном заседании форума，http：//government. ru/news/21405/.

② Велимир Разуваев，Оптимист，антиамериканист и просто популярный президент，http：//www. ng. ru/politics/2014-12-19/1_putin. html.

③ Владислав Иноземцев. Державное бессилие：каковы итоги 16-летнего правления Владимира Путина. http：//www. rbc. ru/opinions/economics/12/01/2016/5694b0229a79473841558e1f.

第三，凝聚社会共识的成效有待观察。

为提振民意，普京的重要智囊苏尔科夫第一次代表官方正式提出"普京主义"。2019 年新年伊始，在政权党"统一俄罗斯"党经历了 2018 年地方选举的重大挫折和普京的支持率跌至近年来最低点的政治态势下，"普京主义"再次被执政当局当作俄罗斯民族宝贵精神财富加以宣传。2019 年 2 月 11 日，苏尔科夫发表重磅文章，明确表示"普京主义"代表的理念与制度将是俄罗斯长期坚持的生存和发展模式。但俄罗斯国内对"普京主义"尚存在不同声音，"普京主义"是否能起到凝聚共识、提振民意的作用还需要进一步观察。

第四，结构性问题难以解决。

普京在总统第一任期时就指出，国家调控的基础性垄断行业产品价格和服务费增长速度超过了已放开的经济领域产品价格的增长，这使经济资源的再分配有利于垄断部门，垄断成分在经济结构中的比重增加。然而垄断不利于市场良性竞争，导致经济低效与停滞。梅德韦杰夫担任总统期间，俄罗斯实行经济现代化战略，表示要缩小自然垄断部门的比重，期望加快生产率的提高和技术革新。但是，俄罗斯政府 2019 年 4 月公布的报告显示，1998 年俄罗斯垄断部门在国内生产总值中所占比例为 25%，2013 年超过 50%，2017～2018 年已达 60%～70%。梅德韦杰夫政府关于限制垄断的努力付之东流。

在 2018 年 3 月 1 日的国情咨文中普京重提进入世界经济前五强的目标。但是发展模式的问题不解决，宏大目标很难实现。普京执政以来多次提到快速发展的问题。2006 年普京在国情咨文中宣布，俄罗斯已经有针对性地消除了国家建设和社会领域中出现的偏差。政治体制改革基本完成，以后俄罗斯的任务就是促进经济社会快速发展。但是，2008 年开始的金融危机暴露了俄罗斯发展模式的局限性。

发展模式始终是俄罗斯难以回避的重要问题。第一种是动员模式，即国家集中优化一切资源，通过统一运筹分配给国家最优先的建设方向。叶利钦时期，国家治理能力软弱，民主在俄罗斯并不是一个正面标签。[1] 这种动员模式在普京时期成为治理的常态。关键在于是国进民退还是国退民进。第二种是食利者模式，即

---

① 　Алексей Калабанов, Модернизация поручена бесстрашному народу, 10 сентября 2010 года, http://www.utro.ru/articles/2010/09/10/921450.shtml.

资源型发展模式，依赖石油和天然气等产生的能源红利发展经济。俄罗斯的国家预算及政府财政收入的状况往往取决于国际市场石油价格的变动。1998 年经济危机时，俄罗斯的经济增长几乎全靠卢布贬值和石油涨价。普京前八年充分依靠了油气资源的红利。第三种是惯性模式。苏联解体以来俄罗斯权力与资本的关系几经变化，政治权力最终取得对资本权力的优势地位。这种权势地位形成后强力集团最为关注的是政治稳定，经济结构调整等问题只是反危机治理形态，随机应变。问题在于地方发展的很多规划取决于中央是否批准并拨款。① 第四种是现代化模式。事实上俄罗斯精英对于现代化的重要意义认识一致。② 尤其以梅德韦杰夫在任总统时的言论为代表。2009 年梅德韦杰夫在国情咨文中表示，经济长期落后并严重依赖原料出口、腐败问题久治不愈、家长式作风盛行，这些因素阻碍了俄罗斯实现全方位的现代化目标，因此俄罗斯必须走出苏联经济模式的影响，在技术创新基础上努力建设全新经济框架。国家威望和福祉不能依靠苏联时期的发展成果，要克服经济结构单一、生产和需求脱节现象，逐步摆脱依赖能源出口的发展模式。③

第五，俄罗斯实现跨越式地区发展有难度。

地区发展是普京新任期的重点之一，其主要工作将在国家项目框架内进行。2019 年，俄罗斯政府计划为此拨款约 6000 亿卢布。与此同时，政府建立"跨越式发展区"，帮助社会经济落后地区实现"突破性发展"。2019 年 3 月 15 日，远东和贝加尔地区社会经济发展政府委员会计划在外贝加尔边疆区和布里亚特共和国建立 2 个"跨越式发展区"。2019 年 4 月，梅德韦杰夫总理签署了在奥廖尔州、伏尔加格勒州、车里雅宾斯克州、新西伯利亚州、诺夫哥罗德州、基洛夫州和图拉州建立 7 个"跨越式发展区"的政府文件。但"跨越式发展区"究竟能对地区发展产生多大效果，尚须进一步评估。

从"突破性发展"现有的实施举措看，俄罗斯未来经济增长仍主要依赖国

---

① Harley Balzer, "Eager Dragon, Wary Bear: Why China and Russia Have Parted Ways," *International Herald Tribune*, September 24, 2007, http://www.nytimes.com/2007/09/24/opinion/24iht - edbalzar. 1. 7616634. html? _r=1.

② Игорь Юргенс, В ожидании перемен, У России есть четыре пути, один из них- "к золотому миллиарду", Российская газета, 10 января 2008 года.

③ Послание Федеральному Собранию Российской Федерации, 12 ноября 2009 года, http://www.kremlin.ru/events/president/transcripts/5979.

家主导的巨额投资。政府制订了在 2024 年前共投入 26 万亿卢布的国家项目计划，其中 70% 靠国家和地方预算支持。这种模式对于俄罗斯实现"突破性发展"的支撑作用有限。

那么，如何看待俄罗斯经济发展前景呢？俄罗斯经济在很大程度上仍是低效的，其劳动生产率与发达国家的差距不是以百分比而是以数倍计。这一问题远非近几年甚至是近十年才出现的。先是以国家为绝对主体的高度集中的计划经济模式，而后是原料经济模式，它们都没能减少这一差距。俄罗斯若不改变旧有的发展模式，只是被动地应对外部状况，其发展目标很难实现。如果沿着老路走下去，任何所谓"追赶式发展"都不会发生，非但如此，还存在加剧落后的风险。①

俄罗斯的落后不能只用外在的理由来解释。例如，边界长、气候差、距离远、地广人稀等。全球经验表明，这些并非决定的因素。加拿大和澳大利亚，也是人口稀少，大片土地荒无人烟，却跻身高度发达国家之列；日本与之相反，人口众多，没有富余土地，自然资源匮乏，但是也很发达。因此，客观条件、自然资源都是双刃剑，关键在于如何扬其长避其短，使之造福于本国人民。俄罗斯社会的观念转变也是一个长期过程。俄罗斯学者甚至担心，就像 20 世纪苏联在冷战中落败一样，俄罗斯在 21 世纪初会不会输掉实现现代化的关键战役，而这对于俄罗斯来说将产生十分深远的影响。②

俄罗斯人的潜意识中存在着一种难以名状的观念，即凡是主动与俄罗斯开展合作的，都是冲着其丰富的自然资源而来。因而，俄罗斯人相对封闭，对外合作的积极性不高。过去有人把这种现象理解为苏联的体制过于封闭，束缚了人们的合作意愿，但苏联解体二十多年后，这种现象并未减少，原因就在于俄罗斯人对其丰富资源的过分"自爱"。俄罗斯在对外合作中更多强调"自身利益最大化"，不太懂得为了实现利益"双赢"而相互妥协。多年来，俄罗斯吸引的外来投资不多，投资最多的是卢森堡、塞浦路斯、荷兰等国，而来自这些国家的投资主要是俄罗斯的离岸资金。究其原因，就是真正的外国投资者很难从俄罗斯赚到钱。③

---

① Дмитрий Медведев, Новая реальность: Россия и глобальные вызовы, 23 сентября 2015, http://www.rg.ru/2015/09/23/statiya-site.html.

② Александр Рубцов, Забытое поражение, трудный реванш, Ведомости, 21 марта 2014 г..

③ 季志业、冯玉军：《俄罗斯发展前景与中俄关系走向》，时事出版社，2016，总论第 6 页。

俄罗斯真正需要做的是实施重大的改革，否则只能是简单重复，简单循环。必须采取能够进一步提升自身竞争力的发展模式，但这种模式不是“赶超模式”。俄罗斯确保未来中期和长期的经济稳步快速增长面临两个风险：一是人为加速的风险；二是对经济低速乃至零增长习以为常，并准备长期接受这种情形的心态。如果这种心态在社会中占了上风，将开启通向长期衰退的道路。①

总的来看，由于俄罗斯资源出口增加，国家债务水平较低，即使在欧美实施制裁的背景下，俄罗斯经济进一步恶化的可能性也很小；但是，如果俄罗斯不进行经济结构改革，经济增长率很难提升；俄罗斯低速增长的现实不改变，“突破性发展”目标的实现将困难重重。

第三节　俄罗斯经济问题的政治性

在目前的国别经济研究中，很少有哪个国家的经济问题研究会像俄罗斯经济问题研究那样包含如此浓厚的政治性色彩。如果不首先说清楚俄罗斯政治权力的运作情况，要弄清楚俄罗斯经济的运行过程和发展方向，几乎是不可能的。我们把这种现象称为俄罗斯经济研究的政治性。一个视角是俄罗斯目前经济形态的特殊规定性。它表现在两个方面：经济过程的市场不完全性和国际分工的非自主性。第一，俄罗斯虽然基本完成了经济市场化转型，但市场的作用只是形式上和表象意义上的。其经济增长的特点和政府对战略性资源及产业（主要是能源原材料和军工产业）的高度介入，使得整个经济过程中政府和政治精英的身影无处不在，政治过程决定着生产、交换、分配、消费的结果。第二，俄罗斯国内经济的国家资本主义色彩和国际分工地位的非自主性，使得政府在对外经济关系中参与度极高，导致其对外经济关系的国际政治色彩浓厚。② 对于俄罗斯这样的国家，政治问题统帅全局。政治性是俄罗斯经济的内在特征。综观苏联解体以来俄罗斯经济治理的发展进程，叶利钦时期发展道路的选择要求打破寡头对经济的垄断，普京时期国家经济垄断受制于政治稳定的需要，经济发展模式又成为政治理

---

① Дмитрий Медведев, Новая реальность: Россия и глобальные вызовы, 23 сентября 2015, http：//www.rg.ru/2015/09/23/statiya-site.html.
② 徐坡岭：《俄罗斯经济研究的政治性及其对政治研究的借鉴》，《俄罗斯学刊》2015年第2期。

念之争的缘由。凡此种种，俄罗斯经济治理的政治性显现无疑。

一　发展道路的选择要求打破寡头对经济的垄断

2003 年 5 月，普京在总统国情咨文中表示："俄罗斯的经济基础薄弱，经济资源的再分配有利于垄断部门，垄断成分在经济中的比重增加，然而它并没有表现出高效率。垄断窒息着经济竞争。政府应当更严肃地关注这一现象。这种政策的继续将导致经济停滞。"由于寡头控制金融业，资金的逐利性决定了俄罗斯的投资流向有利可图的能源原材料工业，加重了经济的原料化发展趋势，形成国家对能源原材料出口的依赖，而加工工业的发展严重滞后，经济的科技水平提高缓慢；更重要的是寡头垄断追逐自身利益，与普京的强国战略形成基本矛盾。因此，在普京第一任期，是否要打破叶利钦时期俄罗斯经济出现的垄断性特征就成为俄罗斯确立什么样发展道路的问题。

普京一上台就宣称，俄罗斯复兴的关键在国家政治领域，俄罗斯面临的主要危险基本上来自执行权力机关。所以，建立强大的国家政权体系，特别是建立有效的、确保政令畅通和国家完整的垂直权力体系，成了普京国家治理的重点。但是，由于俄罗斯经济掌握在金融寡头的垄断势力手中，以普京为代表的政治权力难以掌握经济资源，其后果就是经济发展失去了必要的增长速度，而在普京看来，俄罗斯要想实现强国富民的目标就需要在经济上保持必要的增长速度，要实现经济增长就需要有成效的建设性的工作。达到必要的经济增长速度，不仅仅是经济问题，也是政治问题，从某种意义上来说，还是意识形态问题。更准确地说，它是思想问题、精神问题和道德问题。而思想、精神和道德基础对于团结俄罗斯社会来说具有特殊意义。

可见，为了确立发挥国家作用和政权效应的发展道路，普京与代表垄断势力的寡头必有一战，这场争斗最终以普京整肃了寡头为结束。

二　国家经济垄断受制于政治稳定的需要

金融寡头的倒台，表明政治权力取得了对资本权力的胜利，体现在经济发展模式上就是俄罗斯国有化程度的加强。但是，从俄罗斯经济发展的实践来看，其经济效果并不尽如人意。俄罗斯经济有增长，但是还没有经济学意义上的发展，甚至从某种意义上来讲，出现了国家经济垄断的模式特征。

前总统经济顾问伊拉里奥诺夫在接受媒体采访时曾指出，俄罗斯国家对经济干预的范围之广、国家垄断程度之深，"为世界各国所仅见"，国家对经济的过度干预和国家垄断的维持，限制了市场竞争，也限制了外资流入。这体现在很多方面。第一，消费需求（工资）对投资损失（利润）占主导。这直观地体现在工资比例上升和利润比例下降上。工资增长比 GDP 和劳动生产率增长要快。储蓄水平低，近五年来为 21.8%。近半个世纪以来，国家经济持续快速增长，但投资占 GDP 的比例不足 25%。弥补劳动生产率的差距需要更高水平的投资，而消费增长模式却通过相对较低的投资比例发挥作用。第二，市场效率低阻碍劳动力和资本流向最有效率的行业。内部市场竞争弱，经商环境差，非市场化、垄断经济部门和国家部门过多，劳动力市场在劳动力成本高的背景下缺乏效率。第三，国家调控没有效率，包括缺少促进长期投资的制度和宏观经济条件，国家开支大但效率不高。第四，国际贸易参与度低，这阻碍了俄罗斯扩大非原料出口和俄罗斯公司与国际高附加值产业链接轨。税制改革未见成效。国家既无法与拥有高素质劳动力和出口型技术创新的发达经济体竞争，也拼不过低收入、低工资、工业生产成本低的经济体。[①] 当前俄罗斯公民收入下降，无论是中产阶级还是金融寡头都遭受了损失。确保货币稳定，防止卢布贬值是政府面临的难题。[②]

早在 2008 年普京就指出，现行的发展模式如果继续下去，必将给俄罗斯造成两个恶果：一是俄罗斯在商品和先进技术方面对外国的依赖性将进一步增强；二是俄罗斯将沦为"世界经济的原料附庸"。然而，当前的发展模式不单纯是一个经济问题，更是一个体制问题，一个政治问题。经济增长问题不仅涉及社会成员，包括社会稳定阶层——中产阶层的基本生存和生活的问题，而且还涉及社会成员自我发展和自我完善的问题，是影响社会平稳的重要因素。

造成俄罗斯这种国家经济垄断的因素体现在下列政治问题上。一是苏联时期留下的 300 多座单一城市。单一城市长期以来是计划经济体条件下产业链条上单一经济形态的牺牲品，难以适应市场的变化，而这些城市又集中了俄罗斯近 2000 万的就业人口，只能由政府集中管理，才能维护社会稳定，政府很难做到

① Владимир May, Ловушка восстановительного роста, Ведомости, 17 февраля 2014 г..

② Виталий Словецкий, На распутье - России предсказывают новую волну протестов, Новые Известия, 25 декабря 2014 г..

不干预经济。二是俄罗斯地方发展不平衡，事实上的单一制和形式上的联邦制与绝大多数联邦主体不能自给自足密切相关。三是俄罗斯面临再工业化，首要的任务是基础设施更新，这就需要 2 万亿美元的资金投资，对此政府需要集中统一管理。四是能源与军工的支柱地位难以改变。俄罗斯军工现代化的背后是国家安全，每年 7700 亿美元的军费支出既是强军需求，更是保障国家安全的需要，如此庞大的投入如果没有政府主导便难以实现。俄罗斯政治生活本身存在的这些具有鲜明俄罗斯特色的问题在客观上决定了其需要垄断型经济模式，因此，这种模式背后依托的油气基础不仅一直得以有效维持，而且还有所发展。

三　经济发展模式成为政治理念之争的缘由

从执政理念来看，对于普京政权而言，油气收入事关政权生存，在政治上具有举足轻重的作用。如前所述，油气收入降低就意味着削减对俄罗斯贫困地区、单一城市以及亏损行业的补贴，从而有可能造成社会矛盾。同时还意味着大幅削减军事开支，从而难以实现军工联合体的现代化。补贴下降甚至威胁国家安全。比如在车臣，政府补贴数额大致相当于车臣共和国预算的 90%。如果俄罗斯停止提供补贴或者调低补贴，车臣及北高加索地区的不稳定性有可能加剧。更重要的是，油气利润背后始终存在权力与资本的结合。叶利钦时期由寡头与家族垄断，现在则由国家垄断。改革这一发展模式则牵动利益的重新分配。

正是因为发展模式不仅是一个经济问题，更是一个体制问题，一个政治问题，所以，在这个问题上更能体现精英阶层理念上的差异。对于原料经济的危害精英阶层没有异议，但对于如何摆脱这一发展模式、实现经济现代化存在争议。自 2008 年金融危机以来，这种争议从没有停息过。围绕 2011 年的国家杜马选举和 2012 年的总统大选，还出现了保守主义现代化和自由主义现代化之争。2013 年以来伴随着经济增长放缓引发的一些问题，对于俄罗斯发展模式的争论更加突出了。对于国家在经济生活中的作用、国家公司的作用、拉动经济增长的方式等一系列问题，俄罗斯精英阶层内部始终存在认识差异。

四　国家性决定了经济问题的政治性

集中优化政治资源并依靠市场经济模式实现国家跨越式发展，这是俄罗斯执政阶层理想中的发展道路。但是，在政治实践过程中受制于历史与现实的原因，依然只能靠动员模式实现"突破性发展"。这种发展道路的核心是政权效应、国家作用。俄罗斯经济问题从来都是依附于政治问题,这体现在权力与资本的关系上。俄罗斯权力与资本的演化方向与西方其他国家相比是完全不同的。西方在罗马帝国灭亡后没有后继者反而出现了多元化文明,这种多元化文明尤其体现在以城市为根据地,在反对贵族、高级教士最终是君主的过程中依靠有效行事的新兴商人阶层。西方商人阶层出现后即拥有自治权。但是,俄国历史上根深蒂固的一个特征是财富和权力都集中在统治阶层,权力与资本的政治主从关系是资本依附权力,资本离开权力难以发展。

梅德韦杰夫在2011年指出,俄罗斯现代化缺少经商所需的基础设施、正确调控商业的法律、官员的法治意识和发达的司法体系。倘若这一切都具备,且腐败被根除,才意味着俄罗斯已做好沿现代化道路快速前进的准备。[①] 2015年9月,梅德韦杰夫在《俄罗斯报》上发表题为《新现实:俄罗斯与全球挑战》的文章,其中提到:俄罗斯经济在很大程度上仍是低效的,这一问题远非近几年甚至是近十年才出现,先是以国家为绝对主体的高度集中的计划经济模式,而后是原料经济模式造成的。梅德韦杰夫举加拿大和澳大利亚的例子试图打破俄罗斯所谓的"空间诅咒",即说明俄罗斯既无增长也无发展的现状与地理空间广阔、难以管理没有直接关系,关键是要在制度上进行改革,建立进一步提升自身竞争力的发展模式,这是实现俄罗斯强国目标的唯一途径。[②] 俄罗斯可以像现在这样维持,也不会由于制裁而"撑不住",但只是简单重复,差距会越来越大。然而,在原料商品价格如此之低的当下,对原料经济进行改革,更须反复权衡、谨慎为之,不仅需要考虑改革会对民众产生怎样的影响,更要周全考量政治因素——既得利益集团的掣肘。总之,经济领域国家治理的特点是供求侧和需求侧都抵不过"政治侧"。

① Интервью телеканалу《Блумберг ТВ》, 27 января 2011 года, http://www.kremlin.ru/events/president/news/10165.

② Дмитрий Медведев, Новая реальность: Россия и глобальные вызовы, 23 сентября 2015. http://www.rg.ru/2015/09/23/statiya-site.html.

第七章
国际定位：从大欧洲到大欧亚

1987年苏联领导人戈尔巴乔夫在《改革与新思维》中首次提出"欧洲共同大厦"构想。① 叶利钦时期"欧洲—大西洋主义"是俄罗斯所谓"民主派"的意识形态，认为俄罗斯本来就是欧洲的一部分，只是由于鞑靼蒙古人的入侵和布尔什维克革命，才使俄罗斯同西方文明分开。从地理上来说，俄罗斯是欧亚国家，但从历史倾向、文化优势、价值取向和文明观点来看，俄罗斯民族是欧洲民族。普京执政前期，加速与欧洲的融合是执政阶层最看重的目标。2003年普京更是首次提出"大欧洲"的理念。国际关系和国内政治的不断变化，让俄罗斯融入欧洲的实践历经坎坷。直到乌克兰危机爆发后，俄罗斯精英阶层从政策操作层面承认"大欧洲"设想搁浅。2015年9月，俄罗斯国际事务委员会主席、前外长伊万诺夫在"美国、欧盟和俄罗斯——新现实"波罗的海论坛上明确表示，"大欧洲"设想已失败。②

第一节　欧洲情结与社会思潮

按照"欧洲—大西洋主义"的观点。在人类近代史上活跃的各种文明中，欧洲文明是最成功的。他们认为："欧洲文明的基本点，就是世代相传和培育起来的对私有财产合法性的信念。"私有财产独立于国家。国家在经济领域的活动，"不是阻挡，而是沿着市场提出的自然的发展路线前进，软弱的国家是欧洲

---

① 〔苏〕米·谢·戈尔巴乔夫：《改革与新思维》，苏群译，新华出版社，1987。
② 李自国：《大欧亚伙伴关系：重塑欧亚新秩序？》，《国际问题研究》2017年第1期。

社会经济进步的基础"。"欧洲—大西洋主义"把所有的社会主义国家和广大第三世界都划入"东方"，并对其持完全否定的态度，声称"东方社会的特点"就是"没有名副其实的所有制，财产和占统治地位的政权混为一体，权力关系是衡量一切社会关系的一般等价物"。而在俄罗斯，正是多年建立起来的强大国家"阻碍有时甚至窒息了俄罗斯社会结构的发展"。"欧洲—大西洋主义"者认为，过去三百年，俄罗斯一直处在追赶的过程中，但是由于只引进西方经济发展的成果，没有引进促进经济发展的体制，所以一直处于落后状态。在他们看来，俄罗斯摆脱落后的捷径和赶上西方文明的正确战略应该是："改变社会经济体制结构本身，努力抖落许多世纪形成的特性层，恢复同欧洲已经中断的在社会和文化上的统一，从'东方'的道路上转到'西方'的道路上来。"①

普京执政初期，回归欧洲甚至成为其执政方针之一。在 2001 年的总统国情咨文中，普京表示："欧洲目前正处于剧烈变化中，大型欧洲组织和地区会议的作用正在变化。从这个角度看，进一步协调同欧盟伙伴关系的重要性无疑在增大。同欧洲实行一体化的方针成了我们对外政策的关键方面之一。"② 在 2002 年的总统国情咨文中，普京再次明确指出："我认为今天有必要再次坚定地表示我们在欧洲的优先方面。在欧洲，无论我国的一贯立场，还是与欧洲众多具体的一体化步骤都显而易见。我们将继续积极地做欧盟的工作，以便形成统一的经济空间。"③

在 2003 年的总统国情咨文中，普京首次提出"大欧洲"的理念。普京表示："我国外交的重要方面是与欧洲广泛接近和切实融入欧洲。当然，这是一个复杂和长期的过程。但这是我们的历史性选择。我们已经做出了选择。这种选择正在逐步变成现实。在这个阶段，要通过活跃双边关系，与欧盟发展战略伙伴关系，通过积极参与欧洲委员会的工作来进行。同时，为了俄罗斯公民的利益，我们就加里宁格勒州与俄联邦其他地区之间过境运输的问题找到了政治上的妥协办

---

① 李静杰：《影响俄罗斯发展方向的主要政治和文化思潮》，李慎明主编《2006 年：世界社会主义跟踪研究报告——且听低谷新潮声（之三）》，社会科学文献出版社，2006。

② Послание Федеральному Собранию Российской Федерации, 3 апреля 2001 года, http://www.kremlin.ru/events/president/transcripts/21216.

③ Послание Федеральному Собранию Российской Федерации, 18 апреля 2002 года, http://www.kremlin.ru/events/president/transcripts/21567.

法。显而易见的还有，我们的利益，'大欧洲'的利益都需要采取全新的步骤相互接近。无论欧洲国家，还是俄罗斯联邦的公民，以及实业界、文化界和科技界都希望这样做。我们关于发展全欧进程前景的建议大家都知道。这就是使公民能自由来往，建立统一经济区。"① "大欧洲"和"全欧进程前景"，类似的理念表述展示了俄罗斯领导人一以贯之的欧洲情结。

在 2004 年的总统国情咨文中，普京继续明确支持"大欧洲"思想："欧盟东扩，我们需要的不仅是从地理意义相互接近，而且包括经济和精神层面上的。我认为，这不仅是俄罗斯经济，也是整个欧洲经济取得成功的前提。这意味着新市场和新投资的出现。总之，未来的'大欧洲'将会面临新的机遇。"②

即使是在"主权民主"思想提出的 2005 年总统国情咨文中，普京也首先表明俄罗斯与欧洲文明之间的密切关系："首先，俄罗斯过去、现在和将来都是最大的欧洲国家。经过欧洲文化锤炼而获得的自由、人权、公正和民主的理想数百年来一直是我们社会明确的价值方向。我们并非要搞新发明，只是利用欧洲文明和世界历史所积累下来的宝贵经验。"③可以说，至少在普京执政初期，普京认可利哈乔夫的思想，并以在总统国情咨文中"大欧洲"理念的表述为标志，普京明显站在欧洲论者的立场上，认为俄罗斯是欧洲文化的一部分。

2002 年 1 月，普京在接受波兰记者采访时表示："从地理角度而言，俄罗斯是一个欧亚国家，但从文明角度讲，俄罗斯是一个拥有欧洲文明的国家。"他认为"界定一个国家、一个社会和一个民族的本性，文明是首要因素"，从这个意义上来讲，"俄罗斯是一个欧洲国家，因为它具有欧洲文明，这毫无疑问"。普京十分崇尚彼得大帝敢于和善于向欧洲学习的精神，这不仅仅是因为普京来自圣彼得堡这座城市和他长期在欧洲工作，能更深刻地理解彼得大帝的所作所为，最主要的是他敏锐地意识到，俄罗斯必须明确其"欧洲国家"的属性，明确面向欧洲的发展取向，并努力融入欧洲，才能得到更好的发展。他在 2001 年 12 月访

---

① Послание Федеральному Собранию Российской Федерации, 16 мая 2003 года, http: // www. kremlin. ru/events/president/transcripts/21998.

② Послание Федеральному Собранию Российской Федерации, 26 мая 2004 года, http: // www. kremlin. ru/events/president/transcripts/22494.

③ Послание Федеральному Собранию Российской Федерации, 25 апреля 2005 года, http: // www. kremlin. ru/events/president/transcripts/22931.

问希腊时强调："由于古罗斯接受了基督教，欧洲文明才推进到乌拉尔，才推进到太平洋，这是俄罗斯严肃的历史选择。20 世纪 90 年代初我国人民做出了另一个历史选择……它使世界结束了全球对抗，开辟了走向欧洲统一的道路，扩大了自由和民主的空间。"俄罗斯的历史发展也表明，它总在封闭与开放之间轮替，封闭得越久就越落后，而开放的程度越高就越进步和繁荣。在俄罗斯的对外开放中，由于地缘和文化政治渊源相近，面向欧洲总会成为其首选。欧洲曾扮演过俄罗斯文明的"母亲"或"输血者"角色。俄罗斯从彼得大帝到普京都希望融入欧洲，并通过融入欧洲谋取俄罗斯全面和更快的发展。普京意识到，如果俄罗斯不能抓住欧洲变化的这一历史机遇，不能搭上建立欧洲统一政治、经济和安全空间的"快车"，其强国梦就难以实现，甚至还有被欧洲主流文明再次抛开的危险。普京的对外事务助理普里霍季科在谈到俄罗斯 2003 年 5 月 27 日大办圣彼得堡建市 300 周年庆典的目的时指出："举行圣彼得堡建城庆祝活动，同时召开与欧盟领导人峰会，确认了俄罗斯做出更多融入单一欧洲的历史选择。"①

　　国内俄罗斯问题研究长期以来有一个误区，认为俄罗斯的国际定位是"欧亚主义"。实际上，俄罗斯融入欧洲的国家战略、俄罗斯国家定位从大欧洲转向大欧亚，以及俄罗斯政治思潮中的"欧亚主义"，这是需要区别并深入分析的三个问题。它们之间彼此都有联系但又不可替代。俄罗斯政治思潮中的"欧亚主义"确实影响深远，但这不等于俄罗斯的执政阶层在国家战略和国际定位上坚守"欧亚主义"。同样，俄罗斯从大欧洲转向大欧亚也是国内外形势不断变化的要求。

　　苏联解体以后，马克思主义和社会主义思想作为国家意识形态被放弃，俄罗斯的政治思想和文化领域出现了各种思潮大泛滥的状况。俄罗斯知识分子队伍进一步分裂，每一个政党和运动的后面都有一批所谓知识界的精英为该党和运动的头面人物撰写文章，著书立说，提供理论思想。在俄罗斯政治思想领域，除了社会主义思潮外，对统治集团决策影响最大的政治和文化思潮是"欧洲—大西洋主义""现代斯拉夫主义""新欧亚主义"。早在 19 世纪下半期，当俄国对农奴制进行改革时，就有"西方派"和"斯拉夫派"之争。"欧亚主义"则是 20 世纪 20 年代由一批流亡国外的俄国知识分子提出的，其核心内容是，"俄罗斯既不

---

① 王郦久：《普京的"融入"欧洲战略及其前景评估》，《现代国际关系》2003 年第 7 期。

属于欧洲，也不属于亚洲，而是某种特殊的欧亚现象"。"欧亚主义"者不赞成"斯拉夫派"把斯拉夫民族特性作为俄罗斯文化和历史传统的特征，但主要矛头是针对主张"西化"的"西方派"。俄罗斯政治思想领域中的"欧洲—大西洋主义"、"现代斯拉夫主义"和"新欧亚主义"之争实际上是上述三大思潮之争在新的历史条件下的继续。上述三派只是大体上的划分，俄罗斯政治思想和文化领域的实际情况比这里所说的要复杂得多，而且各派的营垒常常也不是那么分明，特别是在欧亚派和斯拉夫派之间，有时相互交错。实践证明，"欧洲—大西洋主义"在相当一部分知识分子和政客中，特别是在总统周围，包括在他的智囊团中，影响依然存在，不可小视。现代斯拉夫派和欧亚派都强调俄罗斯历史传统和文化特点，反对全盘西化，主张走俄罗斯自己的发展道路，这无疑是有积极意义的，而且欧亚派也提出了一些看来比较符合俄罗斯实际情况的观点和主张。但是，这两大思潮的核心都是大俄罗斯民族主义。特别是斯拉夫派，在强调俄罗斯的历史文化特点时，却忽视了俄罗斯历史和文化的最大特点，这就是70 年社会主义革命和建设的实践——这才是俄罗斯真正的"根"。斯拉夫派企图从革命前的俄国历史传统和文化中找到俄罗斯当前面临问题的答案，这完全是不可能的。很明显，只有在认真和实事求是地总结 70 年社会主义革命和建设经验教训的基础上，才有可能找到摆脱危机和符合俄罗斯特点的发展道路。①

第二节　"大欧亚伙伴关系"内涵

苏联解体后，俄罗斯主导的区域一体化进程历经波折，形成了从自贸区、关税同盟、统一经济空间、欧亚经济联盟的一体化发展路线图。1993 年，独联体成员国签订《关于建立经济联盟的条约》，1995 年，俄罗斯、白俄罗斯、哈萨克斯坦达成《关税同盟协定》，1999 年，俄、白、哈与吉尔吉斯斯坦签订《关税同盟和统一经济空间条约》，2000 年，俄、白、哈、塔、吉五国签订《关于建立欧亚经济共同体条约》，2001 年 5 月，欧亚经济共同体成立。2007 年，俄、

---

① 李静杰：《影响俄罗斯发展方向的主要政治和文化思潮》，李慎明主编《2006 年：世界社会主义跟踪研究报告——且听低谷新潮声（之三）》，社会科学文献出版社，2006。

白、哈三国签订新的《关税同盟条约》，2010 年，俄白哈关税同盟正式启动。2011 年，普京提出建立"欧亚经济联盟"。2012 年 1 月，俄白哈统一经济空间投入运行。成员国致力于在统一经济空间框架内实现商品、资本和人员的自由流动。2014 年 5 月，俄、白、哈三国签订《欧亚经济联盟条约》，发展目标是在 2025 年前实现内部商品、服务、资本和劳动力的自由流动及推行协调一致的经济政策。2015 年 1 月 1 日，欧亚经济联盟成立。亚美尼亚和吉尔吉斯斯坦先后加入。欧亚经济联盟拥有 1.7 亿人口、近 2 万亿美元 GDP 总值的共同市场。根据《欧亚经济联盟条约》的规定，联盟为区域一体化国际组织，拥有国际法主体地位。联盟预算由各成员国承担，并以卢布形式结算。欧亚经济联盟将建立统一药品市场、共同电力市场、统一油气和石油产品市场，创立调节联盟金融市场的超国家机构。

　　2015 年 12 月，普京在国情咨文中提议在欧亚经济联盟、上合组织和东盟之间应该开展有关经贸合作问题的对话。[①] 2016 年 5 月，在索契举行的俄罗斯—东盟峰会上与会各方讨论了有关欧亚经济联盟—上合组织—东盟经济合作的各种提议，包括欧亚经济联盟与东盟签署自贸区协议的前景。过了不到两周，在阿斯塔纳召开的欧亚经济委员会最高理事会会议上讨论了同样的问题。2016 年 6 月 17 日，在圣彼得堡国际经济论坛发表讲话时，普京提到了"大欧亚"框架内的经济一体化议题。他表示，欧亚经济联盟可以成为构建更广阔一体化格局的中心之一。这个格局指的是建立俄罗斯与中国、印度、巴基斯坦、伊朗及一系列未加入欧亚经济联盟的独联体国家等其他相关组织和国家发展伙伴关系的平台。普京公开表示：俄方计划在 2016 年 6 月与中方一起正式启动欧亚全面经贸合作伙伴关系的谈判，欧亚经济联盟的成员国家和中国将参与其中，希望这是成为建立大欧亚合作伙伴关系的第一步。[②] 2016 年 6 月 25 日，俄罗斯总统普京访华期间，两国元首签署《中华人民共和国和俄罗斯联邦联合声明》。其中明确提出："中俄主张在开放、透明和考虑彼此利益的基础上建立欧亚全面伙伴关系，包括可能吸

①　Послание Президента Федеральному Собранию, 3 декабря 2015 года, http：//www.kremlin.ru/events/president/news/50864.

②　Пленарное заседание Петербургского международного экономического форума - Владимир Путин выступил на пленарном заседании Петербургского международного экономического форума, 17 июня 2016 года, http：//www.kremlin.ru/events/president/news/52178.

纳欧亚经济联盟、上海合作组织和东盟成员国加入。"① 中国从维护中俄全面战略协作伙伴关系的角度出发支持俄方的这一倡议。该声明中的"欧亚全面伙伴关系"的提法与普京 2016 年 6 月关于"大欧亚伙伴关系"的公开声明有内在联系。那么，什么是"大欧亚伙伴关系"？笔者认为，"大欧亚伙伴关系"本质上依然是苏联解体以来俄罗斯精英阶层欧亚战略理念的延续和体现。

俄罗斯官方对于"大欧亚伙伴关系"几乎没有正式文献的解读。笔者观察到的现象是俄罗斯官方与智库互相配合，有计划有步骤地提出了"大欧亚伙伴关系"，智库在其中发挥了桥梁和引导的作用。"大欧亚伙伴关系"具有"二轨外交"的特点。因此本章节主要从俄罗斯学者的论述分析其背景、内涵及影响。其中，智库精英主要以谢尔盖·卡拉加诺夫为主，他是"大欧亚伙伴关系"的提出者和阐释者。谢尔盖·卡拉加诺夫现任俄罗斯高等经济学院世界经济与政治系主任、外交和国防政策委员会荣誉主席、瓦尔代国际辩论俱乐部的主要负责人，曾任《全球政治中的俄罗斯》主编，是俄罗斯最著名的战略分析家之一，与克里姆林宫有着千丝万缕的联系，实际上是普京的核心智囊。

第一，以瓦尔代国际辩论俱乐部报告的形式，在重申"欧亚大陆中部地区"概念的基础上，建议打造"大欧亚"。

2015 年 5 月，瓦尔代国际辩论俱乐部推出分析报告《走向大洋之三》，重申"欧亚大陆中部地区"的概念②。报告认为，重要的是避免"欧亚大陆中部地区"出现俄罗斯和西方形成的关系模式，即一方企图占优势，结果导致零和博弈。在"欧亚大陆中部地区"应打造"大欧亚联合体"合作、稳定发展与安全共同体。欧亚经济联盟为实现共同发展奠定了框架性法律基础，提供了防止和调解国家间争端的有效工具，可成为迈向建立大欧亚的初步基石。报告特别提到，上海合作组织在得到大力发展的情况下，可能成为落实大欧亚共同体项目的核心机构；不要将欧亚经济联盟成员国和中国的协作与对话变为双边形式。③

① 《中华人民共和国和俄罗斯联邦联合声明》，http：//www.fmprc.gov.cn/ce/ceyem/chn/zgyw/t1375315.htm。

② Центральная Евразия，国内也有学者翻译为"中央欧亚"。另外，2007 年 2 月，俄罗斯政治学会主席亚历山大·尼基京在《"后苏联空间"的消逝：新独立国家不断改变的地缘政治方向》一文中已提出"欧亚大陆中部"（Central Eurasia）这一概念，参见本章后面论述。

③ К Великому океану－3. Экономический пояс Шёлкового пути и приоритеты совместного развития евразийских государств，http：//ru.valdaiclub.com/files/11300/.

第二，以接受俄罗斯政府机关报《俄罗斯报》采访的形式，配合官方对"大欧亚"概念做政策解读和理念宣示。

瓦尔代报告发表不久，2015 年 5 月 29 日，俄罗斯重要智库——国际事务委员会在莫斯科举办了题为"俄罗斯和中国：不断变化世界中的新型伙伴关系"研讨会。[①] 会后即 2015 年 5 月 31 日，《俄罗斯报》就刊登一篇对卡拉加诺夫的采访文章。卡拉加诺夫明确提出：中俄正在构建新型联合体——"大欧亚"，以此界定中俄之间的新型伙伴关系，并解读了大欧亚的内涵。[②] 卡拉加诺夫表示，中俄新型伙伴关系的内涵表现在中国提出的丝绸之路经济带倡议与以俄罗斯为主导的欧亚经济联盟进行一体化和对接。这个对接意味着在欧亚大陆的腹地，一个能令所有参与者受益的经济发展新区域正在形成当中，它可能成为新的"大欧亚联合体"的中心。卡拉加诺夫解读"大欧亚联合体"的重点内容如下。其一也是最重要的，俄罗斯应当摆脱经济停滞局面。需要坚定地改变经济政策，实现增长，尤其是在确实具备竞争力的领域，并将经济转向东方。其二，印度、伊朗以及其他地区大国，未来还会有越南或是其他国家加入"大欧亚"。中国将是"大欧亚联合体"中的大国，但是中国不可能占据像美国在欧洲大西洋体系中那样的位置。其三，上合组织将成为"大欧亚"这一新联合体的中心力量之一。其四，在价值观上，俄罗斯依然坚持欧洲认同感，脱离欧洲无论从经济还是政治角度而言都没有好处。可以在更具建设性和更为宽泛的欧亚大背景下与欧洲展开对话。

2015 年 6 月 2 日，卡拉加诺夫进一步在《俄罗斯报》发表文章阐述他的国际政治观，实际上是诠释"大欧亚"理念的国际背景。[③] 该文从当代国际关系的特点谈起，认为其具有鲜明特点。其一，冷战结束以来，西方形成"后欧洲价值观"，而俄罗斯则回归传统的欧洲价值观：主权、强盛国家及基督教伦理价值。其二，冷战后曾经出现单极世界的国际格局，但随后非西方崛起的多极世界逐渐产生。但多极世界的概括也不准确，从全球通史的角度看，当今世界的特点

---

① Россия и Китай：новое партнерство в меняющемся мире，http：//russiancouncil. ru/rucn2015.

② Евгений Шестаков，Китайский ветер дует в наши паруса - Китай и Россия создают новое сообщество-Большую Евразию，https：//rg. ru/2015/05/31/evrazia-site. html.

③ Сергей Караганов，Венский концерт XXI века，https：//rg. ru/2015/06/03/karaganov. html.

是从 1500 年以来欧洲及美国长达 500 年的统治地位正在消失。西方全球霸权的缓慢终结和非西方的崛起是这一发展阶段最重要的特点。它既有西方各层面危机的表现，也有非西方发展起来的现实。其三，当今世界国际局势的变化都是建立在核威慑前提下的外交博弈。俄罗斯正是在苏联解体后保住了核实力才没有在 20 世纪 90 年代国力衰落的时候遭受打击。

正是因为当代国际关系具有以上特点才使得建立"大欧亚联合体"具有现实必要性。其一，当前西方衰落和非西方崛起的后果是去全球化或另一种全球化的趋势日渐增强。世贸组织走进死胡同，建立地区经贸联盟的进程正在加快。其二，从全球政治的视角看西方对俄罗斯的经济制裁。西方对俄罗斯的经济制裁，固然让俄罗斯造成损失，却使去全球化获得巨大动力，因为制裁表明学西方建立治理体系反而易受控制。

建立在上述国际政治观逻辑的前提下，新兴国家开始建立自己的制度体系和经济联盟，"大欧亚联合体"就是其中之一。它将围绕扩员后的上海合作组织建立。当代"维也纳会议"正在形成，它将制定整个欧亚大陆的新规则和新制度。这个新的规则和制度可以不反对旧体制，比如欧洲国家可以继续留在北约，但同时需要建立符合 21 世纪国际政治新现实的新体制。这个努力能够取得成功，因为当前世界政治模式走向新的同化。俄罗斯拥有全球化思维的精英和特殊的地理位置，需要推动建立在新制度和新规则基础上的新世界，以实现自身和伙伴的双赢。

如前所述，这篇文章的重要意义不言而喻，它实际是"大欧亚伙伴关系"产生的理念基础。俄罗斯提出"大欧亚伙伴关系"的背景因素众多。从国际背景看，有区域一体化趋势持续高涨、俄罗斯需要整合独联体分散化状态、为俄罗斯主导的欧亚经济联盟注入强心剂、继续强化俄罗斯向东看的政策等因素；从俄罗斯的国内背景看，有在经济增长放缓甚至衰退的形势下维持政治稳定的要求，也有借助中国经济和亚太区域合作的东风带动自身经济发展尤其是远东和西伯利亚快速发展的诉求。笔者认为，尽管有上述国内外形势的背景，提出"大欧亚伙伴关系"理念最重要的动因是俄罗斯精英阶层的国际政治观以及在此基础上的身份认同有了变化。

第三，以俄罗斯外交和国防政策委员会报告的形式，进一步明确"大欧亚"的概念，为普京提出"大欧亚伙伴关系"做最终铺垫。

卡拉加诺夫借助俄罗斯外交和国防政策委员会成员的身份表示：2016年是苏联解体、新俄罗斯诞生二十五周年，可以并需要做出总结并指明未来之路。俄罗斯外交和国防政策委员会推出了题为《21世纪战略：21世纪头十年末20年代初的俄罗斯外交》的报告。[①] 2016年5月26日，在普京2016年6月正式提出"大欧亚伙伴关系"之前，卡拉加诺夫在《俄罗斯报》发表《俄罗斯外交政策：新阶段?》的文章。[②] 他进一步解读了这份报告，实际上是对"大欧亚伙伴关系"内涵的全面解读。

一是"大欧亚伙伴关系"与俄罗斯外交目标之间的关系。金融危机以来俄罗斯外交政策总体上是成功的，与全球挑战相适应。俄罗斯的薄弱环节是经济停滞。外交政策暂时弥补了这一弱点。俄罗斯外交政策的首要任务应当是确保国家尽快摆脱发展危机，这场危机已威胁到其在世界上的长期地位和主权。新时期俄罗斯外交政策应以如下原则和目标为出发点：防止新的全球军事冲突，全力保障国家技术和经济发展，保持和增加人力资源；俄罗斯应恢复自己作为老牌大国的领导地位。俄罗斯在未来世界中追寻的地位是：成为国际和平与稳定的支柱，确保各国及各民族自由发展，防止外部势力向它们强加格格不入的秩序和价值观，未来俄罗斯理想的外交和经济地位是：成为经济得到发展的大西洋—太平洋大国，在"大欧亚联合体"以及欧亚经济、物流和军事政治一体化中发挥核心作用，是国际和平的保障以及欧亚地区军事政治稳定的输出国。

二是"大欧亚伙伴关系"与俄罗斯外交向东看之间的关系。由于中国向西走的趋势，俄罗斯应当用同时面向欧亚的政策代替失败的向欧洲"一边倒"的地缘政策，用"大欧亚"代替未能建立的"大欧洲"，未来甚至应打造从新加坡到里斯本的"大欧亚联合体"。俄罗斯同中国建立了友好深入的战略协作伙伴关系，通过对接丝绸之路经济带与欧亚经济联盟的协议，成功避免了双方在中亚的竞争，赢得了与东盟国家、日本、韩国深化合作的巨大机遇。因此，俄罗斯拥有开启新一轮发展的良好地缘政治环境。俄罗斯不存在所谓的"孤立

① Совет по внешней и оборонной политике представил тезисы 《 Стратегия для России: российская внешняя политика: конец 2010-х-начало 2020-х годов》, http://svop.ru/wp-content/uploads/2016/05/тезисы_23мая_sm.pdf.

② Сергей Караганов, Российская внешняя политика: новый этап? https://rg.ru/2016/05/25/specialisty-predstavili-svoe-videnie-prioritetov-vneshnej-politiki-rf.html.

主义"困境。俄罗斯与中国、印度、伊朗、东盟国家、韩国、欧亚经济联盟盟友等共同打造的"大欧亚联合体",将对世界开放,旨在与欧盟国家合作。朝建立"大欧亚联合体"迈进将有助于平衡中国的实力增长,将中国纳入更广泛的多边框架内。

第四,配合"二轨外交",引领"大欧亚伙伴关系"的国际舆论导向。

2016 年 10 月 25 ~ 27 日,俄罗斯瓦尔代国际辩论俱乐部第十三届年会举行。由于俄罗斯正式提出了"大欧亚伙伴关系"的战略理念,这次论坛的主题"进程中的未来:塑造明日世界"实际蕴含很强的指向意义。[①] 在这次论坛召开的一前一后,俄罗斯安排了一次很精彩的"二轨外交"。

2016 年 10 月 25 日,卡拉加诺夫在《俄罗斯报》发声,高调宣称俄罗斯应该以建立"大欧亚伙伴关系"为契机,力求成为欧亚大陆政治中心与经济纽带。在这篇题为《从东到西或者大欧亚》的文章中,他直截了当地表示俄罗斯要摆脱"中心的边缘"这一历史宿命。俄罗斯通过"大欧亚伙伴关系"将获得新地位,不再是有着亚洲领土的欧洲边缘,而是聚焦成为未来大西洋和太平洋大国、正在崛起的"大欧亚"的中心之一,俄罗斯要推进"大欧亚"建设以使俄罗斯的地缘政治和地缘经济地位达到整个欧亚大陆中心和纽带的高度。"大欧亚伙伴关系"或共同体的概念,涉及经济、物流、信息合作,从上海到里斯本、从新德里到摩尔曼斯克的和平与安全,但主要是俄罗斯要成为保障大陆安全的主导国家。"大欧亚伙伴关系"应当成为替代两极秩序和单极世界的建设性计划,成为新世界秩序的载体之一。[②] "二轨外交"的根本意义在于投石问路,寻求共识。显然卡拉加诺夫很好地完成了这一任务。10 月 27 日,普京参加瓦尔代国际辩论俱乐部论坛。普京认为,世界经济的地区化趋势将继续下去。新时期的游戏规则应当让新兴经济体有机会赶上发达经济体,平衡经济发展速度,带动落后国家和地区,以便让所有人都能享受经济增长和技术发展的成果。普京也直言不讳地表示:"俄罗斯希望建立广泛的经济伙伴关系,在未来成为构造欧亚广泛一体化框

---

① XIII ежегодное заседание Международного дискуссионного клуба 《 Валдай 》, 《 Будущее начинается сегодня: контуры завтрашнего мира 》. http: //ru. valdaiclub. com/events/own/xiii - ezhegodnoe-zasedanie-kluba-valday/.

② Сергей Караганов, С Востока на Запад, или Большая Евразия, https: //rg. ru/2016/10/24/ politolog-karaganov-povorot-rossii-k-rynkam-azii-uzhe-sostoialsia. html.

架的中心之一。"①

可见，俄罗斯官方与智库互相配合，有计划有步骤地提出了"大欧亚伙伴关系"，这既是对俄国际定位和身份认同的最新解读，也是俄对当前形势和面临挑战的积极应对，意在经济发展、国家安全、外交突围与摆脱危机。

第三节　历史脉络与时代背景

俄罗斯在国际体系中处于什么样的地位，应该起到什么样的作用，始终是俄罗斯发展道路的核心问题。只有在自我国际定位明确的前提下，俄罗斯领导层才能制定相应的大政方针。"大欧亚伙伴关系"实际上反映了俄罗斯在国际格局中对自身战略定位的变化，本质上是俄罗斯欧亚战略思想的延续和现实表达，它除了体现前述俄罗斯精英阶层的时代观和国际政治观，还构成了当代俄罗斯国家身份认同的基础。

第一，历史文化因素。

身份认同实际上是一国对自我与他者关系的认知。比如，在后苏联空间某些国家的眼里，俄罗斯是作为"帝国"形象被感觉和认知的。俄罗斯作为这些国家的他者，促成它们沿着"去俄化"的主线完成自我身份认同，试图通过在政治文化结构上认同西方而摆脱俄罗斯的控制。但是对于俄罗斯而言，构建其内外空间观却缺乏一个可以和其现代国家身份相匹配的认知上的他者。这与俄罗斯的地理空间、历史文化与现实政治等因素密切相关。

在俄国历史上，疆界一直是个处于支配地位的主题。在西欧人向海外扩张到世界各地之时，俄国人正在陆上进行横贯欧亚大陆的扩张。不断向外推进的疆界对国民性及制度产生持久影响。西欧是海外殖民取代内部拓殖，俄国则一直从陆路向外扩张。冻土带、森林带、大草原和沙漠区是俄国四大自然景观。俄国历史的一个重要主题是森林区的斯拉夫农民与大草原的亚洲游牧民之间连续不断的冲突。基辅坐落于森林区和大草原的交界处，因而易受侵犯。1237 年蒙古人横扫

---

① Заседание Международного дискуссионного клуба 《Валдай》-Владимир Путин принял участие в итоговой пленарной сессии XIII ежегодного заседания Международного дискуссионного клуба 《Валдай》, http：//www.kremlin.ru/events/president/news/53151, 27 октября 2016 г..

俄罗斯，大草原获胜。俄国人撤回森林深处，发展起坐落在森林区深处的、远离危险大草原的莫斯科公国，之后不断强大，不仅赢得独立，且扩张到欧亚平原以外的地方。① 俄罗斯依靠幅员纵深不止一次挫败了入侵者。但是管理巨大的版图，协调各种地方性活动和文化，始终是政权棘手的任务。启蒙时期一些思想家把一国的政府制度与其疆域大小直接相连，宣称"专制主义"是俄罗斯天然的统治形式。草原边境的敞开刺激了俄罗斯社会的军事化，西部边界难以保护则强化了这一趋势。② 可以说，俄罗斯不仅是欧洲，而且是亚洲面积最大的国家。在漫长的历史岁月中，俄罗斯曾面临来自各个方向的安全威胁，地理位置决定了俄罗斯的两难宿命：它究竟是欧洲国家抑或是亚洲国家？还是介于两者的桥梁？俄罗斯传统文化是否融合了两种文明的特点？鞑靼蒙古的统治让这种不确定性更加突出。尽管整个基辅罗斯都处于欧洲的发展轨迹中，但在蒙古骑兵的铁蹄踏入后，俄罗斯脱离欧洲数百年，并错过了文艺复兴和思想启蒙。从 19 世纪初起，俄国与西方的关系就成为俄罗斯政治哲学的永恒问题。19 世纪表现为斯拉夫派和西欧派之间的论战。苏联解体后则表现为欧洲—大西洋主义和欧亚主义的交锋。③

第二，时代背景因素。

俄罗斯与欧洲的关系不是一般外交范畴的双边关系，其重要性远远超过双边经贸关系、能源依赖乃至安全合作等一系列对外战略中的常规问题。对于俄罗斯而言，俄欧关系具有国家认同的战略意义，归根结底，这与俄罗斯的文明选择与自我国际定位密不可分。苏联解体后，俄罗斯是一个什么样的国家？俄罗斯的发展道路在哪儿？这是俄罗斯转型与发展的核心问题。而要回答这一问题，首先就要正确处理俄欧关系问题，这是历史上"俄国与西方"问题在当代的延续。在不同历史时期，俄罗斯对于国家认同及自我国际定位都有不同的观念理解与战略选择。

苏联解体以后，在叶利钦时期，俄罗斯坚持欧洲—大西洋主义，意识形态和

---

① 〔美〕斯塔夫里阿诺斯：《全球通史：从史前史到 21 世纪》上册，吴象婴等译，北京大学出版社，2006，第 443～445 页。

② 〔美〕梁赞诺夫斯基、斯坦伯格：《俄罗斯史》，杨烨等译，上海人民出版社，2007，第 7 页。

③ Понять Россию: самосознание и внешняя политика, Время новостей, 19 июня 2008.

社会政策全面倒向西方，俄欧关系的发展基本顺利。1994 年 6 月，俄罗斯与欧盟签署的《伙伴关系与合作协定》明确了俄罗斯与欧盟关系的性质，即俄罗斯在欧洲方面的主要利益与欧盟息息相关，欧盟是俄罗斯在欧洲建立合作关系的主要伙伴。1999 年欧盟通过的与俄罗斯发展关系的总战略，以及俄罗斯提出的建立同欧盟关系的中期发展战略（2000～2010 年）则进一步奠定了这种合作关系的政策基础。普京上台后延续了俄欧关系发展的良好势头，他明确提出与欧洲国家的关系是俄罗斯外交政策传统的优先方面，其中与欧盟的关系具有关键性意义。1999 年 12 月，普京表示：当今世界在沿着一体化程度越来越高的道路上发展，欧盟是实现这种进程的范例，俄罗斯希望通过欧盟能够更紧密地加入欧洲大陆的经济合作，以实现自身的快速发展。因此，普京执政之初对欧盟东扩表示理解，并且强调俄罗斯的战略目标就是建立俄罗斯和欧盟在新的更高水平上的协作关系。这种关系旨在同欧盟保持长期的战略接近。

然而，2003 年以后在格鲁吉亚、乌克兰、吉尔吉斯斯坦等独联体地区的一些国家相继发生"颜色革命"，导致这些国家出现政治危机与动荡，这在一定程度上鼓舞了俄罗斯国内反对派，对俄罗斯的政治稳定造成挑战。"颜色革命"的主因肯定是国内因素，但由于"别斯兰人质"事件后西方对于普京政治改革的指责和压力，俄罗斯更多地将"颜色革命"爆发的原因解读为外部影响。普京认为，"颜色革命"表明，西方出于政治上的考虑，绕开各种法律准则，在国际关系中用武力解决某些问题。普京的这一国际政治观一以贯之，随后发展到2005 年提出"主权民主"思想，再到 2007 年普京在慕尼黑安全会议的讲话中对单极世界进行抨击。最集中的体现是在乌克兰危机后普京 2014 年 3 月 18 日关于克里米亚问题的演讲。

正是基于这种判断，俄罗斯认为，通过吸收新成员、逐渐扩大西方的势力范围，并在国际政治中保持敌我分界线的方针是"冷战胜利综合征"的表现。由此俄罗斯对欧盟东扩的看法出现变化。2007 年《俄罗斯联邦外交政策构想》指出，俄罗斯与欧盟的战略伙伴关系发展总体上是建设性的，但是 2004 年加入欧盟的国家试图利用成员资格的优越性来解决与俄相关的政治问题，把俄与欧盟的关系变为其自身狭隘的国家利益的筹码。俄罗斯认为，欧洲需要建立真正开放、民主的地区集体安全与合作体系，应该通过与俄罗斯的平等合作，来实现欧洲没有断层的真正统一。

　　就在俄欧关系踯躅不前之时，2008 年的俄格战争进一步恶化了双方业已存在的矛盾。2009 年，欧盟推出了"东方伙伴关系计划"。俄罗斯认为该计划的主旨是进一步蚕食和挤压俄战略空间。此后，俄罗斯开始对国家身份的认同进行重新思考。2010 年 2 月，被认为属于亲俄的乌克兰领导人亚努科维奇开始执政。虽然亚努科维奇迅速向俄罗斯示好，同意俄罗斯延期租借塞瓦斯托波尔军港，并通过《内外政策原则法》明确宣布乌克兰不会加入北约，但是，俄乌之间在乌克兰是否加入关税同盟、俄乌是否成立天然气运输集团、乌克兰与欧盟一体化、乌克兰与北约军事合作等一系列重大战略问题上龃龉不断，而 2010 年 11 月的欧盟—乌克兰峰会上，欧盟与乌克兰互免签证等问题取得实际进展，欧盟联系国协定中关于自由贸易区部分也正常推进。显然，俄罗斯与欧盟在乌克兰问题上引发的矛盾关涉双方的地缘经济与地缘政治利益，最终演变为冷战后国际格局基本矛盾激化的归结点。

　　在爆发乌克兰危机的同时，俄罗斯也加快了向东看的转向。2010 年 7 月，在哈巴罗夫斯克召开的远东社会经济发展和巩固俄在亚太地区地位问题会议上，梅德韦杰夫宣布俄罗斯远东地区发展的三项指导方针，即加强与亚洲国家的经济关系、致力于高科技合作与俄罗斯在亚洲组织中将发挥更大作用。尤其是第三点，俄罗斯要在包括亚太经合组织、上海合作组织、东盟等在内的亚太地区组织中发挥更大作用，为该地区打造一个多极的、非排他性的安全与合作架构。①

　　2011 年 10 月，在即将重返克里姆林宫之际，普京终于明确提出了欧亚联盟的构想：建立强大的超国家联合体模式，它能够成为当代世界多极中的一极，发挥欧洲与亚太地区有效纽带的作用。欧亚战略正式成为俄罗斯国家身份认同的核心理念，也是新时期俄罗斯对发展道路的选择。围绕这一战略定位，俄罗斯国内精英开始造势，最终提出"大欧亚伙伴关系"。

　　第三，精英理念因素。

　　在 1999 年 12 月 19 日举行的第三届国家杜马选举中，成立不到三个月的

---

① Стенографический отчёт о совещании по социально‐экономическому развитию Дальнего Востока и сотрудничеству со странами Азиатско‐Тихоокеанского региона, http://www.kremlin.ru/events/president/transcripts/8234，2 июля 2010 г..

"统一"竞选联盟获得23.32%的选票，加上单席位选区夺得的席位，共获得72席，成为国家杜马第二大议会党团。在新一届国家杜马的政治力量配置上，左派力量不仅失去了绝对多数地位，而且进入国家杜马的政治派别都不同程度地表现出对普京的认可。政权可依靠的政治力量第一次在国家杜马中占据了优势，立法机构与行政机构首次具有政治共生性的特点，叶利钦时期困扰政治稳定的府院之争问题基本解决。叶利钦执政时期，国家杜马与总统之间的关系很难协调，矛盾不时激化，成为阻碍俄罗斯外交政策顺利实施的一个主要因素。为了迫使国家杜马通过某个法案，叶利钦甚至不止一次以解散杜马、重新举行议会选举相威胁。而1999年国家杜马选举后，政府和议会矛盾大大缓解，这为普京在外交领域采取灵活多变的政策，以维护国家利益提供了坚实的基础。

正是有了国内政治生态的上述变化，普京于1999年12月27日、12月30日和2000年2月25日分别在俄新社、《独立报》和《消息报》发表《21世纪前十年》《千年之交的俄罗斯》《致选民公开信》，全面阐述他对俄罗斯发展道路和内政外交的观点。普京认为，苏联解体以来，国际社会本应形成新型国际关系体系以取代以两种相反的社会制度相互冲突为基础的旧体系，但是这一进程举步维艰。造成这种情况的主要原因在于，西方从"胜利者"和"失败者"的角度去看待所发生的变化，不断对俄罗斯推行实力立场政策，不把俄罗斯当作平等的伙伴，不承认俄罗斯的民族利益，不承认俄罗斯有完全独立地解决内部问题的权利。当这种尝试遭到俄罗斯反击的时候，西方就重新开始把俄罗斯塑造成敌人。普京的这一看法与乌克兰危机之后其在2014年3月18日的演讲、7月22日在安全会议上的讲话以及12月4日的国情咨文中所表达的国际政治观基本吻合，即从历史看，俄罗斯是冷战结束以后地缘政治博弈的受害者，从现实看，俄罗斯一直面临由美国主导的西方直接或者间接的外部威胁。

可见，普京在涉及国际政治基本矛盾和国际格局总体判断的看法上，核心观点十多年来未有变化。与此同时，在涉及俄罗斯自我国际定位方面，很多看法则随着国内外形势的变化而加以改进，这方面最为明显的就是从"大欧洲"到"大欧亚"的变化。

执政之初，普京认为，俄罗斯希望未来十年能在世界上建立真正民主的新型国际关系，各国之间相互尊重，平等相待。正是从这一立场出发，俄罗斯希望更紧密地加入欧洲大陆的经济合作，主要对象就是欧盟，而且表示俄罗斯和欧盟之间在经济和政治结构方面不存在根本分歧。十年之后，2010 年 11 月，普京访问德国前夕发表《俄罗斯与欧洲：从反思危机教训到伙伴关系新日程》一文，实际并未改变与欧盟紧密合作的初衷，但是十年中形势的变化，尤其是 2008 年金融危机后的世界现实与俄罗斯面临的形势，让普京突破大欧洲的地理空间，首次提出建立从里斯本到符拉迪沃斯托克的"和谐经济共同体"。普京认为，金融危机具有结构性特点，根源在于全球失衡。不同国家和社会阶层之间的福利分配极不均衡。这降低了世界经济的稳定性，导致国际社会就尖锐问题达成一致的能力下降。因此，普京建议建立从里斯本到符拉迪沃斯托克的"和谐经济共同体"，在此基础上，俄罗斯可以与欧盟共同建设统一繁荣的欧洲。①

普京这篇文章是笔者所能查到的官方表述中最早有"大欧亚"思想萌芽的文献。从该文献也可以看出，普京"大欧亚"思想的初心还是在于更好地建设"欧洲经济新体系"而不是新建"欧亚经济体系"。也就是说，借力打力，借东方经济给欧洲经济注入活力，眼看东方，心在西方。

"大欧亚"思想正式出现的同时，前述 2010 年梅德韦杰夫在远东也正式表达了俄罗斯转向东方的倾向。后经历乌克兰危机，自 2015 年 12 月以来普京在国情咨文、俄罗斯东盟峰会，尤其是在圣彼得堡经济论坛上正式提出"大欧亚伙伴关系"构想。普京的政策宣示从执政之初的"大欧洲"转变为"大欧亚"，俄罗斯的国际身份认同也逐渐明确。

与 2005 年普京提出治国理念——"主权民主"思想相互呼应，俄罗斯精英阶层也开始从"大欧洲"向"大欧亚"转变。② 2006 年是苏联解体十五年，根据现有文献来看，这个时期前后，俄国内精英已经开始反思俄罗斯的欧亚战略。2005 年 1 月，俄罗斯政治评论家、保守主义思想的代表人物、欧亚社会政治运动的领导人杜金在《俄罗斯报》发表《俄罗斯对外政策的三种战略》一文，认为在以美国为主导的单极世界体系中，俄罗斯对外政策有西方化、苏联化和欧亚主义三种选择。西方化指俄罗斯加入美国主导的单极世界，用地缘政治主权方面的让步换取其他方面的优厚条件。但是，这条路实质上否认了俄罗斯的大国外交

---

① Россия и Европа：от осмысления уроков кризиса – к новой повестке партнерства, http：//archive. government. ru/docs/13088/, 25 ноября 2010.

② А. Чубарьян, Десятилетие внешней политики россии, Международная жизнь, №. 6, 2001 г. .

战略，导致俄罗斯国际地位下降。苏联化指建立一个封闭体系，苏联式的对外政策卷土重来，这种立场在全球化的当今时代无异于自我倒退。因此，俄罗斯需要选择欧亚主义战略，这一战略着眼的是多极世界，是一种积极的战略。① 2005年，俄罗斯学者米赫耶夫发表题为《俄罗斯的东北亚政策》一文，认为普京总统的第二任期加大了对东北亚的关注力度，这是因为普京认识到了俄罗斯作为"欧亚大陆国家"的地位。莫斯科卡内基中心主任特列宁被普遍认为是一个西方派学者，但2005年他也把研究的视角转向东方。他认为，在俄罗斯历史上从来没有提出过东西并重的外交政策，而现在应该实施大战略，把俄罗斯的亚洲政策提升到与美国和欧洲关系的水平。如果想向西方靠拢，就必须向东方迈步。卡拉加诺夫在2012年发表的文章中就特别强调，如果俄罗斯想把西伯利亚建设好，就必须最大限度地向亚洲开放，为了做到这一点，甚至应该在西伯利亚再建一个首都。②

2007年2月，时任俄罗斯政治学会主席的亚历山大·尼基京撰写了《"后苏联空间"的消逝：新独立国家不断改变的地缘政治方向》的文章。文章提出：苏联解体后，在苏联加盟共和国基础上成立了15个新独立国家，这些国家作为一个整体俗称"后苏联空间"。这样一个总体上的概念强调了这些国家残存着共同的特征，并且拥有共同的政治和经济渊源，不过随着时间的推移，它们越来越疏远。到2006年，后苏联空间已经不复存在了。对新独立国家来说，它们都由苏联"分化而来"这一事实已经不再是一体化的主导因素了。新的政策方向产生了离心作用，将后苏联空间迅速打破为若干个新的地缘政治实体。界定新独立国家、独联体和后苏联空间只是个临时性概念。一些分析家将其作为一个通称，用以临时指代结构上具有明显共性但彼此政治关系尚不明确的一些国家。"新独立国家"和"后苏联空间"这两个名词强调了这些国家截然相反的发展趋势。该地区的政治家和研究人员通常喜欢使用"新独立国家"这个名词，因为这个名词强调了国家主权以及与前政权的了断。而西方研究苏维埃制度的专家则倾向于使用"后苏联空间"这个词，强调的是这些新独立国家与苏联的传承关系，以及它们都是由苏联分化而来的这一共同点。新独立国家之间的政治关系要

---

① Александр Дугин, Основные принципы евразийской политики, http://evrazia.info/article/43.
② 季志业：《俄罗斯的东北亚政策》，《东北亚论坛》2013年第1期。

么是双边发展的，要么是通过欧亚经济共同体，要么通过古阿姆（格鲁吉亚、乌克兰、乌兹别克斯坦、阿塞拜疆和摩尔多瓦）以及经济合作组织等其他竞争性或补充性组织发展的。而经济合作组织的经济架构对于"更大中亚"或"欧亚大陆中部"这一较新的地缘政治概念来说是一种补充，西方分析性著述正在就这一概念展开讨论，俄罗斯战略家也对此开始公开评论。①这是现有文献中首次出现"欧亚大陆中部"这一概念，核心含义是对"后苏联空间"正在进行的地缘政治重组所做的补充分析。

2008 年金融危机爆发后，俄罗斯精英阶层认为，金融危机加速了经济实力重新分配的进程，美国丧失了世界经济主要火车头的地位，这不可避免地反映在政治影响力上。21 世纪的多极化世界需要能反映当前国际力量格局的、新的全球安全体系。该体系应当将全球化与地区化两大趋势结合起来。对与欧洲和亚洲休戚相关的俄罗斯而言，制定合理的欧亚战略具有特殊意义。这一战略理应扭转俄罗斯孤立于欧洲和东亚一体化进程之外的局面，让俄罗斯成为欧亚大陆的重要枢纽。② 可见，欧亚战略反映的是俄罗斯社会看待外部世界、处理自我与他者之间关系的观念。

俄罗斯另外一位重要的智囊代表、现任俄罗斯外交和国防政策委员会主席、《全球政治中的俄罗斯》主编费奥多尔·卢基扬诺夫也是不遗余力地推动俄罗斯转向东方。2013 年，卢基扬诺夫就呼吁俄罗斯利用大亚洲的发展来发展自身亚洲部分，使欧亚联盟适应东方任务。③ 2014 年乌克兰危机后，卢基扬诺夫认为，20 世纪末之前，大国体系首先是在大西洋地区确定，如今它取决于太平洋、印度洋和北冰洋，即欧亚地区的力量对比。面对新形势，莫斯科必须加强巩固欧亚中部地区组织，即集体安全条约组织和上海合作组织的工作。因此，俄罗斯不能把过多精力投入乌克兰问题上，而要加强推动欧亚一体化的努力。④

---

① Alexander Nikitin, "The End of the 'Post-Soviet Space': the Changing Geopolitical Orientations of the Newly Independent States," Chatham House, February 2007, https：//www. chathamhouse. org/sites/files/chathamhouse/public/Research/Russia% 20and% 20Eurasia/bpnis0207. pdf.

② Сергей Рогов, Стратегия России в Евразии в XXI веке, http：//www. ng. ru/style/2010-02-26/7_evrazia. html.

③ Мы и новая Азия: Что ищет и что найдет Россия, если повернется к Востоку, http://www. kommersant. ru/doc/2335761.

④ Федор Лукьянов, Не потерять Евразию, https：//rg. ru/2014/04/23/mir. html.

2014 年，卡拉加诺夫总结了 2009 年以来俄罗斯转向东方的得失，认为俄罗斯具有先天的优势可以利用亚洲的崛起实现自身发展。通过太平洋战略，俄罗斯将成为强国，成为欧洲更具有吸引力的伙伴。为了发展西伯利亚和远东，在俄罗斯形成转向新亚洲的思维和战略，这不仅出于军事政治或地缘政治利益的考虑，而且出于经济利益的考虑，以争取利用国际合作的种种机遇。[①] 乌克兰危机爆发后，卡拉加诺夫强调要构建新的亚洲外交，激活上合组织，使其与欧亚经济共同体、集安组织、中国的丝绸之路经济带倡议和韩国的"欧亚共同体"构想实现一体化。这种转变对以欧洲为中心的俄罗斯精英来说并不容易，但与西方一体化的尝试至今仍未成功。放弃欧洲和在那里的根基对俄罗斯的平衡和发展会有危险，但不利用东方已经形成的机会同样危险。[②]

总之，苏联解体导致俄罗斯失去了在东欧的势力范围，其欧洲领土重回彼得一世扩张前的范围。在国际关系领域，俄罗斯失去了作为美国主要竞争对手的地位，在就巴尔干局势、北约扩大等直接关系到俄切身利益的重大问题做出决定时，它的意见常常被忽略。俄罗斯陷入了"帝国后遗症"的怪圈中。这种反差让俄罗斯人感到屈辱。在普京上台执政的最初几年，俄罗斯致力于政治稳定，自我意识的重要性退居次要。随着经济实力的恢复，政治局势得到稳定，俄罗斯开始思考自身在国际关系中的地位。在这一时期，自我意识开始发挥更重要的作用。努力确立对独联体国家的控制权，构建俄罗斯的欧亚战略，逐渐成为俄罗斯社会的共识。[③]

综上所述，俄罗斯提出"大欧亚伙伴关系"的主要着眼点是以建立"大欧亚伙伴关系"为契机，力求成为欧亚大陆政治中心与经济纽带，摆脱中心的边缘这一历史宿命。整合后苏联空间一体化和加快区域经济一体化发展，同时稀释外部力量在独联体拓展利益可能造成的影响，摆脱当前俄罗斯的危机，实现外交突围，很大程度上是基于国家安全考量，其附带效应是为 2016 年的国家杜马选举乃至 2018 年总统大选奠定民意基础。

---

① Сергей Караганов, Игорь Макаров, Стратегия XXI: Поворот на Восток, Ведомости, 28 января 2014 г. .

② Сергей Караганов, Долгая конфронтация, http://izvestia.ru/news/576165, 3 сентября 2014 г. .

③ Понять Россию: самосознание и внешняя политика, Время новостей, 19 июня 2008 г. .

俄罗斯提出"大欧亚伙伴关系",对于确保"大欧亚"安全及基础设施建设安全有利。中俄都希望大欧亚局势稳定,从而保证经济快速增长。这是国家利益上的公约数。"大欧亚伙伴关系"客观上扩大了欧亚一体化格局,对于中国应对美国在亚太的地缘经济挑战也有一定积极意义。

俄罗斯转向东方只是其外交和经济的转向,不是其文明文化的转向。转向东方的目标不是离开欧洲,而是在继续发展与欧洲关系的同时提高俄在亚洲的地位。乌克兰危机对俄转向东方起了推动作用。转向东方为中俄合作提供了更多可能和动力,但转向东方并不意味着完全转向中国。①

总之,俄罗斯在对外战略上无论是选择西方还是选择东方,都不能改变其自我认同意识。俄罗斯提出"大欧亚伙伴关系",目的不是转向东方,而是要解决自己与西方的问题。与此同时,也能更好地构建自己与迅速发展的亚太地区之间的关系。②

---

① 赵华胜:《评俄罗斯转向东方》,《俄罗斯东欧中亚研究》2016 年第 4 期。

② Русская ДНК, Почему Россия никак не может сделать выбор между Западом и Востоком, https://lenta.ru/articles/2016/06/20/russian_dna/.

第八章
国际秩序：制衡挤压与积极外交

"秩序"是政治学中的关键概念，主要源于制度的稳定预期和刺激功能，是一种持续性的合作行为。"国际秩序"是指在国际关系中国家维护合作不冲突的制度安排和行为模式以及由此塑造的稳定均衡状态。俄罗斯的国际秩序观经历了从权威秩序观到多边化秩序观的变化。权威秩序意味着建立在武力基础上的世界秩序，多边化秩序则建立在利益的基础上。权威秩序增强领导者的特权，它的发展需要通过定期调整力量平衡，而多边化秩序的发展通过增加各国间相互依赖的要素，达到新的一体化水平。俄罗斯国际事务理事会主任安德烈·科尔图诺夫认为，应抛弃多极化概念而追求多边化国际秩序。俄罗斯源自原外长普里马科夫的"多极化"概念及其相关构想其实或明确或含蓄地假设，未来总会有个别国家或国家集团拥有特殊权利。而在当今世界中，传统、严格的力量等级在正失去重要意义，大量新因素的出现令"国家实力"变得越来越多元和多维度。因此，未来的世界秩序应该在"多边化"中寻求。多边化建立在利益基础上，为"落后者"创造更多机会，国际社会将不得不重建遭到严重破坏的世界政治法律基础，在区域和全球层面寻求复杂的利益平衡，并建立协调国际交流的灵活机制。在此过程中，强国必须做出实质性让步，以使多边协议对弱势玩家具有吸引力。①

"地区秩序"是国际秩序在一定地理范围内的具体映射。地区秩序的构成要件从国际秩序的影响因素而来。国际秩序由主导价值观、国际规范和制度安排这三要素构成。地区秩序也可以从这个要素出发进行分析，即地区的主导价值观、

---

① Андрей Кортунов, Почему мир не становится многополярным, 26 июня 2018 г., https://globalaffairs. ru/global-processes/Pochemu-mir-ne-stanovitsya-mnogopolyarnym-19635.

地区规范和地区的制度安排。这里可以对比分析一下俄罗斯与西方对于欧亚地区秩序观的不同看法。从地区的主导价值观看，西方认为欧亚地区应遵循绝大多数国际成员接受的思想观念，即西方自由、民主、平等的自由主义思想。俄罗斯则认为俄罗斯在欧亚地区是现有自由主义国际秩序的受害者。从地区规范看，西方认为应根据其主导价值观而制定的一类规范来约束国际成员的行为习惯、规则、法律等。美国及其盟友指责俄罗斯"收回"克里米亚为"吞并他国领土"。俄罗斯则承认主权原则，并不认为克里米亚是被"吞并"，而是"回归"俄罗斯。从地区的制度安排看，西方认为欧亚地区应遵守国际规范的组织机构及其权力分配，比如俄罗斯应遵循联合国大会关于克里米亚全民公决无效、要求保障乌克兰主权和领土完整的决议。俄罗斯则将克里米亚自治共和国和塞瓦斯托波尔直辖市"加入"俄罗斯联邦并成立联邦区。可见，国家利益的不同诉求导致俄罗斯与西方对于地区秩序观的不同理念。

第一节　俄罗斯与外部世界

俄罗斯与外部世界的关系主要指俄罗斯周边战略的变化及与西方关系的延续与断裂。其中，俄罗斯周边战略主要涉及俄罗斯与独联体国家及东欧国家，而俄罗斯与西方关系则从根本上体现了俄罗斯同外部世界互联互动的特点。乌克兰危机发生后，2014 年普京有几次比较重要的讲话：3 月 18 日的演讲[①]、7 月 22 日的讲话[②]以及 12 月 4 日的国情咨文[③]。这几次讲话的共同特点是以克里米亚问题和乌克兰危机为引子，简明扼要地表达了俄罗斯精英的国际秩序观。概括起来，

[①] 3 月 18 日，普京在克里米亚和塞瓦斯托波尔以联邦主体身份加入俄罗斯的演讲中，认为西方一次又一次地欺骗了俄罗斯，背着俄罗斯做出了对俄罗斯不利的决定。Обращение Президента Российской Федерации, 18 марта 2014, http：//kremlin. ru/news/20603.

[②] 7 月 22 日，普京在俄联邦安全会议召开的关于捍卫国家主权和领土完整的会议上发言时指出："如今不存在对我国主权和领土完整的直接军事威胁……但动摇社会政治局势，以各种方法削弱俄罗斯和打击我们弱点的企图一直存在。"Заседание Совета Безопасности, 22 июля 2014, http：//kremlin. ru/news/46305.

[③] 12 月 4 日，普京总统在国情咨文上抨击美国一直以来都直接或在幕后影响着俄罗斯与周边国家的关系。Послание Президента Федеральному Собранию, 4 декабря 2014, http：//kremlin. ru/news/47173.

主要有以下几点。第一，从历史看，俄罗斯是冷战结束以后地缘政治博弈的受害者。第二，从现实看，俄罗斯一直以来面临由美国主导的西方直接或者间接的外部威胁。这种威胁的表现：对内是武力违宪夺权，对外是单极霸权挤压俄战略空间。第三，从未来一个时期看，俄罗斯的战略重点在后苏联空间及周边国家。那么，俄罗斯与外部世界的关系在苏联解体后经历了怎样的变化？为什么这种变化导致俄罗斯有一种受害者的心态？

一　俄罗斯为什么未能融入外部世界

俄罗斯独立之初的治国理念一般被概括为"欧洲—大西洋主义"，其基本含义是指俄罗斯本来就是欧洲的一部分，只是由于鞑靼蒙古人的入侵和布尔什维克的革命，才使俄罗斯同西方文明分开。俄罗斯是欧亚国家，这是地理事实。但是，从历史渊源、文化优势、价值取向体系和文明的观点来看，俄罗斯民族是欧洲民族。俄罗斯应该把目光瞄准包括美国在内的整个欧洲—大西洋空间。"欧洲—大西洋主义"者认为，俄对外政策最优先的方向不是同后苏联空间国家的重新联合，而是尽快加入西方"文明国家大家庭"。这一政策的实质就是在民主化、非意识形态化、非军事化和对外政策非全球化的标志下，使俄罗斯同西方结成"伙伴"和"盟友"，成为世界最发达国家俱乐部中的成员。[①]

一些学者把俄罗斯的这一对外政策形象地概括为"一边倒"政策。"一边倒"政策官方代表文献是 1993 年 4 月 30 日叶利钦批准的第一份俄罗斯外交战略文件《俄罗斯联邦外交政策构想》。该文件指出，西方国家是未来世界文明进步的动力，西方国家能够在帮助俄罗斯复兴方面发挥重要作用。[②] 融入西方是俄罗斯首先的外交目标，就像时任俄罗斯外交部部长科济列夫所言，俄罗斯需要在遵循共同的民主价值观的基础上同西方国家建立伙伴关系和盟友关系。[③] 值得注意

---

① 李静杰：《俄罗斯关于"文明选择"的争论》，《太平洋学报》1997 年第 2 期。

② Основные положения концепции внешней политики Российской Федерации утверждены Распоряжением Президента Российской Федерации Б. Н. Ельцина от 23 апреля 1993 г. // Внешняя политика и безопасность современной России. 1991 – 2002. Хрестоматия в четырех томах / составитель Т. А. Шаклеина. Т. IV. Документы. М. , 2002.

③ В. И. Михайленко, История внешней политики Российской Федерации: больше вопросов, чем ответов, http: //ural–yeltsin. ru/usefiles/destiny/Mikhailenko. doc.

的是，这一时期俄罗斯主要是从地区稳定和境外俄罗斯人利益的角度看待独联体问题，对保持在独联体的主导力与保持大国地位之间的关系并没有提及。究其原因，主要是俄罗斯实行"一边倒"政策，认为确立俄罗斯大国地位的实现途径是加入西方领导的各种国际组织。在作为俄罗斯核心利益的独联体问题上，俄罗斯甚至认为需要美国介入独联体事务以便帮助俄罗斯来维持该地区稳定。①

这一时期一直持续到 1994 年北约确定东扩。在俄罗斯看来，冷战结束后，欧洲的安全一直未能确定出新的格局，处于停止不前状态。俄罗斯主张，在欧洲安全和合作组织的基础上在欧洲建立集体安全，这有利于避免集团的分裂，但是，1994 年 12 月在布达佩斯举行的欧洲安全和合作组织会议上，俄罗斯的建议被否决。② 1994 年 12 月 1 日，北约外长会议决定成立专家小组为北约东扩制订规则和计划，叶利钦在 12 月 5 日召开的欧安会首脑会议上对此表示坚决反对，认为这是播下不信任的种子，并且使欧洲面临陷入冷和平的危险。这是俄罗斯放弃"一边倒"政策的标志性事件。

苏联解体后，作为转型与发展的一个重要组成部分，俄罗斯需要重塑与外部世界的关系。最初几年对于俄罗斯和外部世界而言，都是很关键的历史性时刻。那么，究竟是什么导致 1994 年 12 月俄罗斯在融入西方的问题上功亏一篑？笔者认为，有五个因素促使俄罗斯与西方的相互认知发生了变化，并最终导致俄罗斯放弃了"一边倒"政策。

（一）北约东扩问题

北约东扩让俄罗斯开始认识到民主意识形态与地缘国家利益之间的矛盾。1989 年东欧剧变后，1991 年苏联出兵压制立陶宛争取独立的运动和 1991 年"8·19"事件中苏联强硬派的表现，都让刚刚摆脱苏联控制的东欧国家心存疑虑，积极要求北约东扩。③ 面对东欧安全格局的迅速变化，作为北约领导者的美国对北约在冷战结束后的功能也处于重新定位之中。直到 1993 年克林顿政府还在犹豫不决，一是担心这会使俄罗斯感到孤立；二是担心东欧国家的内部矛盾会

---

① 郑羽：《俄罗斯的独联体政策：十年间的演变》，《东欧中亚研究》2001 年第 4 期。

② К. С. Бенедиктов, Россия и ОБСЕ: реальные и мнимые возможности сотрудничества. // Внешняя политика и безопасность современной России. 1991 – 2002, http：//window. edu. ru/ resource/984/46984/files/mion–ino–center07. pdf.

③ 东欧国家中最早提出加入北约的是波兰、匈牙利和捷克斯洛伐克。

被带入北约。西方内部对于北约东扩的意见不一，实际上反映了如何定位俄罗斯国际地位和如何看待俄罗斯国家身份的根本问题，因而北约东扩的问题也深刻影响了俄罗斯国内政策的制定和政治思想的变化。从这个意义上讲，北约东扩问题是一个牵一发而动全身的全局性和战略性的核心问题，对俄罗斯治国理念的演变产生了重要影响。而北约最终确定东扩的结果也使有关是不是由于西方政策的失误才导致失去俄罗斯的争论始终存在。1994 年 1 月 10～11 日，在比利时首都布鲁塞尔召开的北约成员国国家和政府首脑会议通过了《北约布鲁塞尔首脑会议宣言》《和平伙伴关系：邀请文件》《和平伙伴关系：框架文件》，明确了北约将向东扩大。①

（二）波黑战争问题

1992 年的波黑战争，表明俄罗斯与西方在欧洲大陆地缘安全上的不同利益诉求。1992 年 3 月开始的波黑战争不仅是两极格局结束以后出现的民族冲突，也是二战结束以后欧洲大陆规模最大的不同民族之间的战争。美欧与俄罗斯在波黑战争中的博弈，不仅反映了俄罗斯与西方对欧洲安全问题不同的解决方案，也让俄罗斯与西方初步认识到在后冷战时期双方利益的不同。

（三）俄罗斯国内的政权危机问题

苏联解体前后，俄罗斯关于宪法文本制定的分歧初见端倪。1990 年 10 月，时任俄联邦最高苏维埃主席的叶利钦制定《俄罗斯联邦宪法草案》，主张建立总统制，但是被人民代表大会否决。1991 年底开始改革时，俄罗斯的经济形势本来就很严峻，已经陷入了极其严重的困境，国民经济改革一经启动，几十年来积累起来的所有问题立刻严重激化，"休克疗法"更是雪上加霜，俄罗斯政治发展受到危机的严重影响。市场改革使社会付出的代价太大，俄罗斯的国家治理进程也被连续的危机所打断，叶利钦所能选择的只能是首先保持政权稳定。② 但是，时任俄罗斯副总统鲁茨科伊和最高苏维埃主席哈斯布拉托夫，对叶利钦主张的"一边倒"政策和"休克疗法"心存疑虑，导致双方在发展模式、政治道路及对

---

① 郑羽：《俄罗斯与北约：从"和平伙伴计划"到马德里峰会》，《东欧中亚研究》1997 年第 6 期。

② Об укреплении Российского государства. Послание Президента РФ Федеральному Собранию，Российская газета，25 февраля 1994 г..

外政策领域产生一系列分歧，这些分歧鲜明体现在新宪法的制定过程中，并最终引发立法机构与行政机构权限划分的激烈争斗，最后，以十月流血事件的形式结束了双重政权危机。政治反对派的强大压力使叶利钦不能不反思自己的内外政策。可以说，双重政权对立的根源是对国家发展道路的选择问题，对立的起因是经济政策的分歧，矛盾的加深是由于在国家权力体制上的争论，最终的结果是兵戎相见。双重政权危机表明，即使在"一边倒"时期俄罗斯国内也有强硬的反对力量。

（四）1993 年国家杜马选举问题

1993 年底俄罗斯国家杜马选举中出现了"日里诺夫斯基现象"，让西方担忧"魏玛俄罗斯"的出现。1993 年 12 月，在俄罗斯第一届国家杜马选举中，事先并不被看好的日里诺夫斯基领导的俄罗斯自由民主党出人意料地获得国家杜马中的 70 席，被叶利钦寄予厚望的由盖达尔领导的"俄罗斯选择"运动仅获 96 席。久加诺夫领导的俄罗斯联邦共产党也获得了 65 席。支持总统和政权党的激进派遭遇滑铁卢，激进民族主义政党的自由民主党和左翼反对派共产党影响明显上升。自 1992 年以来，民主派的持续衰落之势难以改变。1994 年 1 月 11 日新议会开始运转后，1 月 20 日，政府完成改组。激进民主派在议会和政府中都成了少数派。俄罗斯共产党、俄罗斯农业党、俄罗斯自由民主党联合"俄罗斯妇女"、民主党等中派议员党团成为能左右局势的中坚力量。在国家杜马，一种以国家为重的思想日益成熟，各议会党团都有这种思想的支持者，即便是表示坚决反对总统政策并以弹劾相威胁的议会党团也不例外。

日里诺夫斯基的意外获胜让西方开始把经济虚弱但民族主义情绪高涨的俄罗斯与历史上的"魏玛德国"现象相提并论。在西方看来，冷战结束以后的俄罗斯仍在努力为自己在世界上寻找一个位置。尽管俄罗斯在军事上和经济上仍在不断削弱，但是，作为苏联战略核武库的继承者，俄罗斯有能力对美国发动一场毁灭性的核攻击。而俄罗斯国内政治生态的发展进一步加重了西方的担忧。"日里诺夫斯基现象"的出现表明如果俄罗斯朝重新成为"帝国"的方向发展，那么即使是在俄罗斯衰弱的情况下，俄也能够造成严重的地区性威胁。这种设想被称为"魏玛俄罗斯"问题，也就是说有这样的可能性，即受到经济上和政治上的麻烦和耻辱的激怒，俄罗斯会转向极端民族主义的政策，特别是通过使老的内部"帝国"的一部分或全部重新合并或者对它们拥有主权的办法来恢复

"帝国"昔日的荣耀。[①]

（五）第一次车臣战争问题

1994 年 12 月第一次车臣战争，让西方开始警惕俄罗斯"帝国思维"的复活。在第一届国家杜马选举后，叶利钦政府本就举步维艰，更令叶利钦政府雪上加霜的是，车臣冲突使叶利钦与"俄罗斯选择"，即"民主俄罗斯"的思想联盟破裂。政府针对车臣采取的行动不仅打击了"俄罗斯选择"的队伍，并使国家杜马民主议会党团彻底分成了不同的派别。1994 年初，沙赫赖的俄罗斯统一和谐党脱离民主派队伍，站到了反对派的一边，直接导致国家杜马政治力量的重组。国家杜马随即通过决议，促成了 1991 年"8·19"事件中"国家紧急状态委员会"的成员和 1993 年十月事件的组织者被赦。1994 年叶利钦总统发表国情咨文前一天，即 1994 年 2 月 23 日，国家杜马以 252 票赞成、67 票反对、28 票弃权通过决定，对被指控为参与和组织 1991 年"8·19"事件、1993 年"5·1"事件和十月流血事件的在押犯实行大赦，拉开了权力机关之间以及各政治力量之间新一轮政治斗争的序幕。2 月 26 日，哈斯布拉托夫和鲁茨科伊等 1993 年十月事件的参与者被释放。可见，车臣问题作为一个刺激性因素，造成叶利钦与民主派产生了利益冲突。叶利钦和民主派的共生现象告一段落。

尤其需要关注的是，第一次车臣战争加剧了俄罗斯社会上的排外情绪。苏联解体以后，由于日益严重的经济危机、对执政当局的不满和失望、俄罗斯周边爆发的族际军事冲突，以及出现向俄罗斯大批移民等因素，导致俄罗斯社会出现严重的排外情绪。1993 年初，对不同年龄和地区的人进行的民意测验表明，已经有 48% ~54% 的人产生了不同形式的排外情绪。根据 1994 年 2 月的社会调查，有 75% 的俄罗斯人产生了这种情绪，其表现如下：一是抽象的排外情绪，认为俄罗斯人受了委屈，"别人从我们这里把能拿走的都拿去了，而现在又说全都是俄罗斯人的错"，在受调查者中有一半以上的人有这种情绪；二是"反西方"情绪，认为俄罗斯的财富被廉价出卖了，外国人把财富抢走了，认为改革是外国人策划的，只有利于西方，在受调查的人当中，有 15% ~20% 的人有这种情绪；三是民族排外情绪，认为俄罗斯的不幸在某种程度上是异族人造成的，非俄罗斯

---

① Zalmay Khalilzad, "Losing the Moment? The United States and the World After the Cold War," *The Washington Quarterly*, Spring 1995.

人在俄罗斯享有的权利太多，并且滥用这些权利，尤其对车臣人、阿塞拜疆人、亚美尼亚人、格鲁吉亚人、犹太人、中亚民族的人，以及在俄罗斯城市中经商的其他民族的人存有偏见。这种民族排外情绪产生在 4% ~ 6% 受调查者的身上。而无论第一次车臣战争以何种方式结束，这都加剧了业已存在的排外情绪。① 可以说，车臣问题在俄罗斯与外部世界的关系中具有特殊意义。比如，1999 年第二次车臣战争爆发后，西方以车臣问题为借口对俄罗斯施加压力的主要原因之一，其实是要孤立叶利钦执政后期业已形成的金融寡头政权。当时西方普遍认为，如果俄罗斯再不更换政权，政权机构不仅将继续腐化，而且有可能实行专制统治。②

综上所述，上述五个因素引发俄罗斯国内局势的发展变化，国内形势的变化又迫使叶利钦为了对抗反对派，不得不在内政上放慢改革的速度，以缓和民众的不满；在外交上，开始向重视俄罗斯的利益和民众大国心理的政策转换。1994 年 2 月，在当代俄罗斯政治史上第一份总统国情咨文中，叶利钦审时度势，强调俄罗斯的战略任务是"重建统一的俄罗斯国家机构与构建新俄罗斯的国家观念"③。把容易得到反对派势力赞同的重视国家利益的理念摆在第一位，强调要建立强大的俄罗斯，这是在经济危机仍在持续、反对派势力增大的情况下，叶利钦试图通过强调民族感情、强调俄罗斯大国情怀来巩固政权基础的权宜之计。这是一篇定基调的讲话，为新俄罗斯国家地位的确立奠定了基础。俄罗斯统一和谐党主席沙赫赖称叶利钦第一次播下了确立俄罗斯国家地位概念的种子。

二 俄罗斯为什么走向了孤立

在历史关键时刻，上述五大因素的发展变化，让西方意识到了俄罗斯国内民

① Эмиль Паин, После чеченской войны, Известия, 13 января 1995 г. .

② Российская внешняя политика перед вызовами XXI века, http: //svop. ru/public/pub2000/1263/.

③ 例如，在 1994 年 2 月 24 日的总统国情咨文中，叶利钦认为：俄罗斯目前正在经历国家发展中最重要的一个时期。См. Об укреплении Российского государства. Послание Президента РФ Федеральному Собранию, Российская газета, 25 февраля 1994 г. .
在 1996 年 2 月 23 日的总统国情咨文中，叶利钦再次明确表示：俄罗斯领导层面对的战略任务就是重建俄罗斯国家，毫不夸张地说，这是生死攸关的重大问题。См. Россия, за которую мы в ответе. Послание Президента РФ Федеральному Собранию, Российская газета, 24 февраля 1996 г. .

主化问题的复杂性，意识到需要防范俄罗斯"帝国意识"的复活。而民主化和"去帝国化"恰恰是西方对于俄罗斯的战略目标。双方认知的变化终于导致俄罗斯与西方"蜜月期"的结束。1994年12月，俄罗斯与西方的争吵，是上述俄罗斯与外部世界关系发展变化的一个缩影，也是苏联解体最初几年俄罗斯与外部世界矛盾累积的一次爆发。俄罗斯融入外部世界的历史阶段戛然而止。

1992年3月，尼克松曾经发表一份备忘录，忧心忡忡地担心美国将失去改造独联体地区的历史性机会，历史将会拷问"谁丢失了俄罗斯"①。笔者认为，以上五个因素深刻影响了苏联解体后在历史关键时刻俄罗斯与外部世界的相互认知。

国家的复兴和发展取决于它的政治集团是否能够对应新世界的挑战和机遇，是否能够正确评价这个新世界。乌克兰危机发生后，人们普遍认为，俄罗斯与西方的战略目标都非常明确：西方的战略是使苏联解体的现状维持下来，将俄罗斯的势力遏制在其边界之内；俄罗斯的战略是实现独联体国家特别是三个斯拉夫国家俄罗斯、乌克兰、白俄罗斯重新一体化。由于利益诉求有本质差异，因此俄罗斯与西方的矛盾是结构性的，是难以调和的。从这个意义上讲，乌克兰危机实际上是冷战后国际政治格局基本矛盾演变的产物。笔者不反对上述观点，但是笔者认为，俄罗斯与外部世界的关系是一个内部进程和外部变化落差日益加大的历史进程，我们应该把这个历史过程说清楚，而不是简单地就双方存在的所谓结构性矛盾下结论。从上述回顾可以看到，无论俄罗斯还是外部世界，不是一开始就有我们现在所津津乐道的结构性矛盾。俄罗斯与外部世界的关系有一个逐步变化的过程。从这个意义上说，究竟哪些因素导致了双方认知出现变化是本源性的问题。只有搞清楚这些因素，才能更好地理解俄罗斯努力融入外部世界的阶段结束以后双方关系的发展变化。这五个因素实际上是战略稳定、发展道路以及独联体这三大问题的外在表现形式。从1995年开始，结束了与西方"蜜月期"的俄罗斯，在处理与外部世界的关系时再也没能绕开欧洲安全格局与世界战略稳定、俄罗斯发展道路与民主转型以及以独联体为依托的欧亚战略这三大根本问题。

俄罗斯与外部世界的关系是一个渐进的过程。笔者强调一点，即当前俄罗斯与西方在乌克兰危机后出现的长期软对抗博弈状态也是一个内部进程和外部变化

---

① 梅孜主编《美俄关系大事实录（1991～2001）》，时事出版社，2004，第28页。

落差日益加大的结果。从这个意义上说，笔者认为，苏联解体后俄罗斯与外部世界关系的历史演变大体上可以划分为两个阶段。第一个阶段就是前文论述的融入阶段，这个阶段从 1991 年到 1994 年 12 月北约确定东扩，这个阶段的特点是俄罗斯与西方国家利益、意识形态和政治价值观基本吻合的时期，是俄罗斯真正想融入西方社会的阶段。第二个阶段是并立甚至孤立的阶段。从 1995 年一直持续到现在，当然其中可以细分为若干不同特点的历史时期，但是仅就是否要真正融入西方社会这点来说，其实从俄罗斯结束"一边倒"政策开始，俄罗斯就已经与西方渐行渐远了。

从 1995 年开始，俄罗斯在与西方的关系中平等或并立的纠结不断，俄罗斯国内发展道路一直存在西方化与俄罗斯化的争论。从 1995 年到 1999 年 3 月科索沃战争为一个时期，俄罗斯一直谋求与西方建立平等伙伴关系。但是，1999 年 3 月 24 日美国不顾俄罗斯的坚决反对开始轰炸南斯拉夫联盟共和国，使俄罗斯与美国的矛盾急剧恶化，也说明所谓俄美平等伙伴关系政策只是俄罗斯的一厢情愿。叶利钦在 1999 年 3 月 31 日的国情咨文中表示，科索沃战争再次表明俄罗斯矢志不渝地反对北约东扩是有充足理由的。北约取代联合国和欧安组织的企图以及在欧洲及其范围之外将武力决定强加于人的做法是无法让人接受的。① 俄罗斯反对科索沃战争在很大程度上是因为俄罗斯国内的车臣问题。事实上，北约的军事行动鼓励了车臣分离主义势力。1999 年 8 月 2 日，车臣武装进入俄罗斯达吉斯坦共和国，第二次车臣战争爆发。2000 年 6 月由普京批准的新的《俄罗斯联邦外交政策构想》明确指出："关于俄罗斯同外部世界建立新型平等互利伙伴关系的一些设想未能实现。"②

从 1999 年 3 月科索沃战争到 2001 年"9·11"事件，是俄罗斯反抗美国单极霸权的时期，而"9·11"事件给俄罗斯一个缓和与西方关系的机遇，但这一短暂的与西方的缓和期又被 2003 年 3 月的伊拉克战争打断。2003 年 10 月的尤科斯事件和 2004 年"别斯兰人质"事件后俄罗斯政治改革遭遇西方压力。2003 年

① Россия на рубеже эпох. Послание Президента РФ Федеральному Собранию, Российская газета, 31 марта 1999 г..

② Концепция внешней политики Российской Федерации, http: //www. mid. ru/BL. NSF/ARH/ 19DCF61BEFED61134325699C003B5FA3? OPENDOCUMENT.

以来独联体地区的"颜色革命"又让俄罗斯与西方陷入了挤压与反挤压的泥潭。一系列的国内外事件导致俄罗斯与外部世界的关系不断恶化。如果说 1995 年到 2003 年俄罗斯国内还有西方化与俄罗斯化发展道路的左右摇摆，实际上从 2004 年普京第二任总统任期开始，俄罗斯走上了一条越来越俄罗斯化的发展道路。

但是，俄罗斯熟悉的发展道路在西方看来是俄罗斯的"民主倒退"。西方认为，在 20 世纪 90 年代，俄罗斯并不是一个完全实现民主的国家，然而与普京时期的俄罗斯社会相比较，虽然普京时期经济取得了长足的发展，但叶利钦时期的俄罗斯无疑更加充满民主的氛围。2003~2004 年的尤科斯事件、"别斯兰人质"事件、俄罗斯卷入乌克兰总统大选风波以及社会福利改革被西方视为普京的四大失误。西方认为，这些失误不是偶然的，而是体系自身的缘故所致。俄罗斯出现的"民主倒退"，是普京加强"集权"所造成的结果而并非外界强加的结果。俄罗斯的"民主倒退"必然会对俄罗斯与外部世界的关系产生影响，西方不再对与俄罗斯在外交政策中会拥有共同价值观抱有幻想。[1]

就在俄罗斯与西方关系踟蹰不前之时，2008 年的俄格战争进一步恶化了双方业已存在的矛盾。2009 年欧盟推出了"东方伙伴关系计划"。俄罗斯认为该计划的主旨是进一步蚕食和挤压俄的战略空间。此后，俄罗斯开始对国家身份的认同进行重新思考。2011 年 10 月竞选总统前夕，普京提出了欧亚联盟的构想，要在欧亚大陆建立强大的超国家联合体模式，使之成为当代世界多极中的一极，并成为欧洲与亚太地区的有效纽带。

2013 年底乌克兰危机爆发。乌克兰危机导致俄乌关系及俄罗斯与西方关系全面恶化并将长期处于软对抗的博弈状态，这对俄罗斯的国际环境和周边安全环境有消极影响，进而对俄罗斯国家形象、国家认同、发展动力及政治稳定等方面产生连锁不利反应。

三 一点思考

1989 年东欧剧变，1989 年 12 月苏美首脑马耳他会晤后宣布冷战结束，1991 年苏联解体。二战结束后形成的两极格局瓦解，世界进入一个新旧格局交替的过

---

[1] Anders Aslund, "Democracy in Retreat in Russia," February 17, 2005, http://carnegieendow ment.org/2005/02/17/democracy-in-retreat-in-russia/25wg.

渡时期。时至今日，当今世界的变革与变化依然复杂，国际体系和国际秩序还在深度调整。综观冷战结束以来国际风云变幻，无论旧世界格局的坍塌，还是新世界格局的构建，都与欧亚大陆地区的形势，尤其是俄罗斯的转型与发展密切相关。

俄罗斯转型与发展的历史进程，不仅涉及俄罗斯处理和看待国家现代化、经济全球化与政治民主化等很多根本性的问题，而且也同俄罗斯与外部世界的关系紧密相关。苏联解体后，俄罗斯对外部世界的依靠、对国际事务的参与不断加深，外部世界对俄罗斯的影响也是逐渐加强。世界改变了俄罗斯，俄罗斯也改变了世界。

乌克兰危机为分析苏联解体以来俄罗斯与外部世界的关系提供了一个很好的观察窗口，让我们可以比较深入地理解俄罗斯精英的国际秩序观，研究俄罗斯与外部世界的关系及对俄罗斯内政的影响。俄罗斯同外部世界互联互动的特点，大体可以概括为融为一体、平等并立、孤立主义。事实上，无论是融入、并立还是孤立都是俄罗斯与外部世界空前紧密联系的外在表现。

在后苏联空间其他国家的眼里，俄罗斯作为"帝国"形象被感觉和认知。俄罗斯作为这些国家的他者，促成它们沿着"去俄化"的主线完成自身身份认同，通过在政治文化结构上认同西方来试图摆脱俄罗斯的控制。但是对于俄罗斯而言，构建其内外空间观则缺乏一个可以和其现代国家身份相匹配的认知上的他者。这与俄罗斯的地理空间、历史文化与现实政治等因素密切相关。对这种自我与他者之间的关系认知，在经历苏联解体二十几年的发展后，已有相当一部分俄罗斯执政精英认为：西方社会不是共同家园，俄罗斯无法在其中占有一席之地；对俄罗斯而言，一方面西方是俄实现现代化的资金来源，另一方面它也是地缘政治挑战的源头。西方既是榜样又是挑战，这形成了所谓"新孤立主义"的政治和意识基础。俄罗斯精英的反美情绪不表露在外，实际上却十分强烈。在反美主义的同时，"反欧盟"的情绪也在滋生。[①]

当前，俄罗斯与西方的对抗虽然很大程度上是由战略目标、国际定位和传统文化造成的，而且，普京在2014年国情咨文中明确表示不会对外交政策进行调整，这说明俄罗斯与西方的软对抗可能是长期的。那么，俄罗斯有可能在与西

---

① 　Д. Тренин, Россия входит в "Новый изоляционизм", Независимая газета, 9 декабря 2013 г. .

方处于尖锐的外交对立中处理好本国的国内问题吗？技术和信息革命已经迅速地改变经济发展的性质，不融入世界经济，一个国家很难有大的经济发展。当今世界，也鲜有自给自足发展起来的例子。且不说俄罗斯是否一直在真正做融入世界经济一体化的努力，单就现在选择注重相对狭小的国内市场来发展出口替代战略来说，就面临如何获取外国投资、技术、文化和管理经验，如何处理经济衰退与政治稳定之间的关系，如何实现既定发展战略目标的挑战。

总之，苏联解体后，作为转型与发展的一个重要组成部分，俄罗斯需要重塑与外部世界的关系。俄罗斯与外部世界的关系是一个内部进程和外部变化落差日益加大的历史进程，这一历史过程与内部政治秩序的变化互为影响。在最初关键的历史时刻，由于北约东扩、波黑战争、政治生态及车臣战争等因素，俄罗斯未能融入西方体系。时至今日，俄罗斯未能实现与外部世界融入与并立之间的平衡。

第二节　俄美关系：制衡挤压

自乌克兰危机以来，俄罗斯与西方的紧张关系一直没有出现真正的缓和迹象，始终面临自苏联解体以来最恶劣的外部环境，相当多的国家资源耗费在处理外部危机上，难以集中精力完成内部发展和调整。但也要看到，普京政府利用国际热点问题果断出招，加强应对，有关做法颇显声势。

一　采取不同的制衡手段应对西方挤压

（一）手段之一是"以牙还牙"，加强对抗

其一，加强反制裁。2018 年 1 月，美国财政部公布了"克里姆林宫报告"，又称"普京名单"，把与俄罗斯最高领导层有关系的 210 人——包括 114 名政界人物、96 名商人列为制裁对象。2018 年 4 月，美国新的制裁法案又切断了俄罗斯 7 名寡头、14 家公司和 17 名官员与美国的业务往来联系。作为反制措施，俄罗斯在 4 月通过了法案，赋予普京总统更广泛的权力，授权其可以"禁止或暂停与敌对国家的合作"。美国波音公司使用的钛 35% 来自俄罗斯的阿维斯玛镁钛联合企业，普京有权取消这项出口。

其二，巧妙开展军事政治抗衡。2018 年 2 月 2 日，特朗普政府发布《核态势评估报告》，这个报告对俄罗斯的核战略显示出明确的敌意。作为回应，2018

年 3 月 1 日，普京在国情咨文中以较大篇幅陈述俄罗斯最新战略武器，包括洲际弹道导弹"萨马尔特"、核动力隐形巡航导弹、无人潜航器、高超音速航空导弹系统、激光武器等。普京宣称，俄罗斯的新型武器能高效应对美国的反导系统，而俄罗斯不断增长的军事实力将保持世界战略平衡和均势。可见，在反导问题上，俄罗斯不惜与美国针锋相对，展开战略军备竞赛。此外，俄美在《中导条约》和《新削减战略武器条约》的谈判等问题上继续明争暗斗。

（二）手段之二是以"合纵"战略破解西方"连横"战略

俄罗斯认为，美国试图联合欧盟等战略伙伴组建对俄罗斯的"包围圈"，实行的是"连横"战略。对此，俄罗斯必须以"合纵"战略加以反击。①

其一，加强"向东看"。2018 年 6 月 8 日，普京再次对中国进行国事访问，双方发表的联合声明指出："将继续视中俄关系为各自外交政策的关键优先方向之一，共同致力于将两国关系提升至新的更高水平。"2018 年 5 月，普京邀请印度总理莫迪访俄，俄印建立"具有特殊特权的战略伙伴关系"。印度实际上向俄罗斯表明，不仅不会成为西方制裁俄罗斯同盟的参与者，而且可以向俄罗斯提供重要的经济机会，印度与欧亚经济联盟启动构建自贸区就是明证。

其二，积极运筹"西向外交"。一是寻找俄式保守主义的同情者和支持者，试图分化西方"统一战线"，俄罗斯与奥地利关系的改善即是缩影。2018 年 6 月普京再次就任总统后首次出访没有像以往那样首选独联体国家，而是选择了奥地利。32 岁的奥地利总理库尔茨是目前最年轻的欧盟国家领导人。在俄罗斯看来，他是俄式保守主义的同情者，其本身就是靠抓住奥地利选民的民粹主义情绪上台的，主张打击非法移民，规范国内移民，制定严格的难民政策，这使得奥地利人民党具有"疑欧论"色彩。奥地利即将出任欧盟轮值主席国。俄罗斯抓住机会释放对奥善意，以获得自身的地缘政治利益。2018 年 6 月 5 日，俄罗斯天然气工业股份公司与奥国家石油公司签署合同，将 2028 年到期的供气合同延长至 2040 年。这是俄气在西欧国家中订立的期限最长的供气合同。奥投桃报李，库尔茨表示，在奥出任欧盟主席国后，将积极提出取消对俄罗斯制裁的问题，还强

---

① 《韩非子·五蠹第四十九》："纵者，合众弱以攻一强也；横者，事一强以攻众弱也。"所谓合纵，就是联合众多弱小国家去攻打一个强大国家；所谓连横，就是依附于一个强国去攻打其他弱国。

调双方对叙利亚和乌克兰局势没有特别分歧。除了奥地利，匈牙利、意大利、斯洛文尼亚都主张实施严格的移民政策、减少对欧盟领导层的依赖、警惕特朗普"美国优先"政策，并有意与俄罗斯靠拢。

其三，利用跨大西洋联盟关系出现罅隙之机，积极寻求改善与法国、德国的关系。2018 年以来，美国退出气候协议，退出伊朗核协议，对欧洲商品征收惩罚性关税，这些都导致美国与欧洲盟友的伙伴关系体系出现重组趋势。俄罗斯及时运筹，适时改善与法、德的关系。例如，2018 年 5 月 8 日特朗普宣布正式退出伊核协议，2018 年 5 月 13 日美总统国家安全顾问博尔顿就宣布，如果欧洲公司不跟随美国公司收缩与伊朗的经济合作，它们也会面临美国制裁。随后，2018 年 5 月 18 日，德国总理默克尔和法国总统马克龙均提出与普京会面。普京则抓住机会表明俄罗斯对两国而言是比特朗普更可靠的伙伴。双方各取所需，一拍即合。当然这种改善都是表面文章，法国和德国在叙利亚、乌克兰及"斯克里帕尔间谍案"等问题上仍与俄罗斯存在分歧。

其四，在地区热点问题上继续展现俄罗斯的国际存在。最明显的还是在叙利亚问题上。维护叙利亚合法政权其实着眼于确保俄罗斯地缘政治利益，转移西方世界对尚未解决的乌克兰问题的注意力，提振国内民众情绪，显示俄罗斯恢复大国地位的荣耀。

（三）手段之三是以政治"聚合"应对外交"挤压"

俄罗斯对外政策的实质可归纳为两点：第一，俄罗斯是世界大国，是多极化世界中独立的一极；第二，俄罗斯是独联体范围内的"超级大国"，在这一地区"具有特殊重要利益""负有特殊责任"。

这两大定位又使俄罗斯的对外活动具备了三个特点：第一，在涉及国家和民族利益的问题上，俄罗斯往往采取独立和强硬的态度；第二，民族主义是俄罗斯各种有影响的政治势力的主要旗帜；第三，确保国内政权稳定和社会经济发展是基本目标。为此，俄罗斯必然要致力于为国内的改革和发展创造有利的国际环境，而且为了获得国外的资金和技术、加入世界经济一体化进程，在对外活动中就必须进行必要的妥协，保持和解与合作的态度。因此，俄罗斯同外部世界的关系，特别是同西方的关系，将继续是一种又斗争又合作的关系，但斗争和合作都有限度。

为了实现内外政策的一致性和联动性，俄罗斯需要加强政治的"聚合性"，在此基础上对抗西方的挤压。为了实现政治的"聚合性",普京政权最看重加强"普京主义""后克里米亚共识""危机源自国外"三种政治思潮在俄罗斯社会的主导地位。从 2018 年 3 月的总统大选看,普京完全实现了这一点,普京以 76.69% 的超高得票率获得了第七届俄罗斯总统大选的绝对胜利。俄罗斯总统选举史上最高的得票率意味着前所未有的巨大支持,选民对于普京治国政策的认同以及"后克里米亚共识"的民意作用对于普京在对外政策上实施反挤压举措提供了坚实基础。

二 有限的改善,可控的对立

2018 年 7 月 16 日,俄罗斯总统普京与美国总统特朗普在芬兰首都赫尔辛基举行了两人间的首次正式会晤,这也是双方继 2017 年二十国集团德国汉堡峰会期间非正式会晤、亚太经合组织领导人越南岘港非正式会议期间"偶遇"后的再度会面。

早在 2018 年 3 月俄罗斯总统大选前,俄罗斯国内精英展望普京第四个总统任期的俄美关系时就认为,俄罗斯外交在新的政治周期内会努力管控与西方的矛盾,把俄美关系稳定在一种"可控的对立"状态,因为对于任何国家而言,为国内发展创造良好的外部条件都是重要原则,赫尔辛基会晤实际上已经开始践行这一原则。

(一) 成果有限的"特普会"

就在此次"特普会"前一天,2018 俄罗斯世界杯以一场惊心动魄的法国与克罗地亚之间的对决圆满闭幕。普京豪迈放言,俄罗斯成功举办世界杯,其成果之一是破除了关于俄罗斯的各种谎言和偏见。然而,紧随其后举行的"特普会"似乎表明,俄罗斯人认定的那种"偏见"依然存在。

以往的美俄元首会晤,总会以签署重要协议作为成果形式,但从这次峰会前夕两国媒体披露的情况看,两国高层对此次峰会取得"重大突破"并不抱多少希望,就像峰会前出访俄罗斯的美国总统国家安全事务助理博尔顿所说的,"峰会举行本身便可被视为进展"。俄方相对乐观一些,俄罗斯总统助理乌沙科夫表示,两国总统可能至少会发表联合声明,阐述双方在改善双边关系及进行国际联合行动方面将采取的行动。为此,俄方还向美方提交了联合声明草案。

从传统视角看,这次会晤涉及美俄核裁军、朝鲜半岛核问题、伊朗核问题、叙利亚危机、俄罗斯向德国供应天然气、俄罗斯"干预"美国大选、国际油价等广泛议题，其成效应该是值得肯定的。两个核大国不仅打破了彼此关系僵局，而且还表达了加强战略稳定对话的意愿。特朗普在联合记者会上说："今天的会晤只是一个长期进程的起点，但我们已经迈出了通往光明未来的第一步。"普京则希望两国关系走出冷战和意识形态冲突的过往，合作应对包括维护国际安全和应对地区危机、反恐、打击跨国犯罪、改善经济和环境在内的一系列挑战。两位总统责成各自安全团队与对方保持接触，落实会晤后续工作，并同意建立一个高级别工作组，商讨如何开展"商务合作"。

但此次会晤没有发表联合声明，且上述"亮点"很快被淹没在美国国内声势浩大的反对和批评声浪中。这股声浪的导火索还是"通俄门"事件。就在会晤前三天，美国"通俄门"调查负责人、特别检察官罗伯特·穆勒以"入侵美国民主党和国家选举委员会的服务器"为名正式起诉了12名俄罗斯官员。这是试图在俄罗斯"干预"2016年美国总统大选的问题上砸一记"实锤"。但在会晤结束后的联合记者会上，特朗普拒绝认为俄罗斯"干涉"2016年美国大选，表示他"没有任何理由认为"俄罗斯会"侵入"民主党的服务器。尽管他后来声称自己"口误了"，但此语在美国国内掀起的政治波澜已经形成。共和党联邦参议员麦凯恩公开斥责特朗普在赫尔辛基的言论是"记忆当中美国总统最不光彩的表现之一"，美中央情报局前局长布伦南甚至称特朗普在记者会上的表现"完全是叛国行为"。

美国国内对特朗普面对普京"软弱无力"的指责铺天盖地，很快叠加出政治压力，所引发的波澜让世人如同看了一出大戏，给人最直观的感受正如普京在会晤后接受美国福克斯新闻频道采访时所说的：俄美关系深受美国国内政治博弈的影响，沦为美国国内政治斗争的"人质"。

（二）曲折的"路线图"

究竟该如何认识俄美关系大势呢？1991年苏联解体后，刚刚独立的俄罗斯奉行"欧洲—大西洋主义"，意味着美国奉行半个世纪之久的对苏遏制战略也结束了。对美国而言，冷战结束后的核心问题是实现由对苏战略向对俄战略的转型，其本质是"超越遏制"，防止俄罗斯所谓的"帝国情结复活"，并进一步将俄罗斯融入美国主导的西方体系中。对俄罗斯而言，俄美关系的核心问题是俄面对美国主导的国际体系，究竟是选择融入、并立，还是孤立。

上述现实促使冷战后美国对俄政策形成一个基本的逻辑框架，其三个支点分别是：美国对俄罗斯的历史记忆，美国对俄罗斯在欧亚地区的现实利益诉求，以及俄罗斯在美国全球战略中的位置。从这三大支点出发，美国对俄战略目标确定为民主化、西方化和去"帝国化"。应该说，从老布什到奥巴马的历届美国政府尽管具体举措不尽相同，但其对俄政策的目标都没有脱离这几项基本原则。

然而事与愿违。苏联解体以来俄罗斯自身发展逐步确立的基本特点恰恰是自主性而非条件性，俄罗斯化而非西方化，聚合性而非开放性，并在普京治下从"全盘西化"向"俄罗斯化"的传统回归，即在部分继承叶利钦市场化改革成果的同时，强调"俄罗斯新思想"和"主权民主"，在坚持俄罗斯历史、文化和精神传承的基础上保持俄罗斯特色，努力实现国家治理现代化。

这条路径让西方难以接受。在美国和西方看来，苏联解体后的俄罗斯不仅继续深受苏联时期对外战略思维模式的影响，而且试图恢复沙俄时期长达几百年的"家长式统治"传统。经过连续十数年的摩擦，特别是在叙利亚、乌克兰问题上的对撞，美国和西方逐渐积聚起浓厚的反俄思想基础，并最终认定，指望俄罗斯迅速成为一个"成熟的西方式民主国家"的想法是幼稚的。至此，美国和西方眼里看到的已不仅仅是"普京难题"，更是"俄罗斯难题"。这一判断实际上也是美国国会在 2017 年高票通过"反击俄罗斯法"的深层原因。

苏联解体以来俄美关系的"路线图"大体如上所述。但特朗普上台以后，俄美关系的一切既有特点似乎又在重写，而其重要原因之一便是美国的对外政策发生了新的整体性变化。按照美国布鲁金斯学会研究员、里根时期政府官员罗伯特·卡根的说法，特朗普治下的美国对外既不搞孤立主义也不搞国际主义，而是一门心思谋求美国的一己之利；特朗普眼中的世界只存在"基于实力的交易"。果真如此的话，俄美关系会摆脱既有"路线图"，呈现新特点吗？

（三）俄美关系"现在时"

在俄罗斯一些战略家眼里，当前俄罗斯面对着"两个美国"：一个是"特朗普的美国"，一个是"建制派的美国"。对于前者，俄罗斯采取柔性拉拢政策；对于后者，俄"以牙还牙"，不惜搞实力对抗。以此认知为前提，普京政府形成了"以对抗促合作，维护可控对立"的总体对美方针。

与建制派不同，特朗普上台前后，对俄发出了改善关系的信号，俄方也一直在对美采取"两手"策略，对"建制派的美国"表现出强硬，对特朗普则摆出主动接触的姿态，赫尔辛基会晤就是这一政策区分的表现。这次会晤象征意义大于实际意义，不仅表面成果迅速被美国国内狠批特朗普的浪潮稀释，俄美也在最有可能达成共识的《新削减战略武器条约》谈判等问题上继续明争暗斗。

与特朗普不同的是，"建制派的美国"对俄罗斯依然延续以往的"路线图"。乌克兰危机后，以美国为首的西方积极组建对俄罗斯的包围圈，实行"连横"战略。对此，俄罗斯一直以"合纵"战略反击，其中一个重要方面是积极运筹"西向外交"，企图对美国和欧洲"分而治之"。包括：在中东欧寻找俄式保守主义的同情者和支持者——比如奥地利、意大利、斯洛文尼亚、匈牙利；同时，利用跨大西洋联盟出现的嫌隙，积极寻求与法、德改善关系，试图分化西方"统一战线"。当然，俄罗斯与法、德关系的"改善"尚属表面文章。法、德在叙利亚问题、乌克兰及"俄罗斯前特工在英国中毒案"等问题上仍与俄罗斯存在尖锐分歧。德国总理默克尔明确表示，跨大西洋关系的强度不会改变。2018年7月25日，特朗普与欧盟委员会主席容克发表声明，宣布就降低工业品关税达成共识，也充分说明了跨大西洋联盟的牢固程度。

鉴于出现了"两个美国"，美国一些政治精英忧心忡忡，以至于斯坦福大学国际问题研究所主任、美驻俄罗斯前大使麦克福尔明确表示，美国需要制定对俄"大战略"，这个"大战略"需要统合特朗普的理念与建制派的思想，能够长期有效地遏制普京领导下的俄罗斯。尽管美国有人意识到了这一点，但能否形成所谓对俄"大战略"，仍有待观察。

但在俄罗斯外交和国防政策委员会主席、瓦尔代国际辩论俱乐部学术负责人卢基扬诺夫看来，特朗普实际上一直在有条不紊地执行自己的竞选纲领，其给世人带来的对"不确定性"的"恐慌"，从更大格局上看是因为特朗普要放弃近二十年来历任美国总统坚持的新自由主义秩序观，转而实行"非自由主义霸权"，也就是希望通过军事、安全、贸易等各方面的"美国优先"，将国际关系体系"碎片化"，从而降低维护霸权的成本，提高维护霸权的效率。

实际上，特朗普坚持"美国优先"，不是为了放弃全球领导权，而是要通过改弦更张，实现美国发展模式上的新旧交替，从而积蓄力量，以更加"合理、均衡"的方式维系美国的全球霸权体系。

事实上，俄美关系具备一定的"恒定式"，这与俄罗斯的国际秩序观密切相关。苏联解体后，俄罗斯一直视独联体为自己的核心利益区，而美国等西方国家的基本政策是将苏联解体的现状永远巩固下来，导致俄美在这一地区的地缘政治利益难以调和。乌克兰危机后，俄罗斯加紧推行独联体地区"重新一体化"进程，包括推动建设"欧亚经济联盟"，提出构建"大欧亚伙伴关系"。只要俄罗斯想统合独联体地区就会引起美国的强烈反应，俄美矛盾就会一直存在。

第三节　俄罗斯与中东欧：积极外交

本章节涉及的"中东欧"概念并不完全是地理概念，准确地说是冷战时期形成的地缘政治概念，包括除苏联以外的欧洲原社会主义国家。20世纪90年代以来，俄罗斯中东欧战略变化的根本点在于其从俄罗斯在中东欧的利益出发制定对中东欧的政策。由于俄罗斯国内政治形势的发展和国际关系的变化，俄罗斯外交战略在叶利钦时期和普京时期进行了不同调整，俄罗斯在中东欧的利益也相应发生变化，总体上看，俄罗斯的中东欧战略经历了叶利钦时期和普京时期两个大的阶段。

一　叶利钦时期的中东欧战略

俄罗斯中东欧战略的调整始于戈尔巴乔夫执政时期，成型于东欧剧变时期。"东欧剧变"一般是指从1989年9月波兰团结工会上台算起，到1991年6月南斯拉夫解体那一阶段。与此同时，苏联的国内政策自1988年苏共第十九次代表会议开始也在发生变化，直至1991年12月苏联解体。20世纪后期，人类社会发生的重大事件莫过于苏联解体和东欧剧变。苏联解体和东欧剧变不仅影响了人类社会的发展进程，而且改变了世界政治地图和国际战略格局。

（一）"一边倒"时期的中东欧战略

1989年11月14日，苏联外长谢瓦尔德纳泽同法国外长迪马会谈。谢瓦尔德纳泽表示东欧国家改革的速度、性质和深度是每个国家、每个民族选择自由的不可分割的一部分，苏联不会对主权国家的这些纯内部事务进行干涉。1989年12月2～3日，苏美两国首脑在马耳他海域的苏联"高尔基"号客轮上举行会晤，就欧洲的局势达成一致意见：苏联重申对东欧的局势不加干涉，而美国则表示无意从中获得多方面好处。这次会晤被认为是冷战结束的标志。

1991 年苏联解体，冷战时期的两极格局结束。在这一时期，由于俄罗斯国家利益的变化，俄罗斯的中东欧战略同以往相比，几乎发生了彻底的变化。1991～1993 年，俄罗斯在政治经济领域同西方全面接近，俄罗斯外交呈现"一边倒"的态势，加上俄罗斯自身实力下降，这一时期俄罗斯外交战略中缺少中东欧视野，或者说对中东欧的重视程度远远低于冷战时期。在 20 世纪 80 年代末 90 年代初，俄罗斯与西方的往来得到了突飞猛进的发展，但同时与中东欧地区经贸与军事技术合作的成果则大幅度下降。按照俄罗斯原外长科济列夫的话来说，俄罗斯与中东欧的关系不是处于零点，而是处于负数。

出现这一特点的原因主要有以下两点。其一，从俄罗斯主观条件看，一方面，既然按照西方模式进行激进的经济改革，自然就要求俄罗斯在外交战略上同西方保持一致，向西方靠拢。新俄罗斯的社会主流意识也是向西方看齐，彻底放弃苏联时期政治经济模式，幻想一步进入快速发展的新轨道。另一方面，俄罗斯领导人坚信，俄罗斯改革的成功离不开西方的经济援助，只有进一步改善同西方的关系，才能更好地获取西方的支持。俄罗斯总统叶利钦一心想同西方保持良好关系，这在很大程度上削弱了俄罗斯外交在中东欧地区的影响力。

其二，从俄罗斯客观条件看，这也是独立初期俄国内形势的客观反映。俄独立初期，由于俄罗斯总统叶利钦选择了激进的经济改革方案，俄经济与社会发展出现混乱局面。在这种条件下，俄罗斯忙于国内稳定，难以抽身全盘审视俄外部环境。从 1989 年至 1993 年，俄罗斯短短几年内制定了各种经济改革方案，这些方案的共同点是激进的经济改革，但救焚投薪，只能使国家经济更加衰退。[①] 国民经济的持续萧条，造成俄罗斯政治危机，出现"双重政权"问题，直到十月事件的结束，俄罗斯才开始恢复政府的有效管理。[②] 这种政治危机反过来又影响

---

① 1989～1990 年有三个方案，即"雷日科夫—阿尔巴金"、亚辛和沙塔林方案；1990 年有沙塔林、亚夫林斯基和亚辛制定的"500 天计划"，戈尔巴乔夫未发表的讲话稿（主要作者为盖达尔、费多洛夫、彼得拉科夫）；1991 年有亚夫林斯基的"机会协议"，萨布洛夫、格朗别尔格的"主权国家互助组织建议（经济改革脚本）"；1992 年 3 月制定"俄罗斯联邦经济改革主要目标"，11 月制定"深化经济改革的中期计划"；1993 年有经济部计划，俄罗斯联邦政府"部长会议 1993～1995 年工作计划"和"发展改革与稳定俄罗斯经济"。См. Реформы в России: четыре года спстя, Октябрь, №42, 1995, с. 22–25.

② С. В. Кулешов, Д. А. Аманжолова, О. В. Волобуеви, Национальная политика россии: история и современность. Москва, 1997 г., с. 409.

经济的发展，俄罗斯陷入发展的怪圈。叶利钦的主要精力集中在维持政治稳定、巩固政权和确定国家政权组织形式上，无暇顾及具体外交政策的操作。这是俄罗斯外交竭力向西方表示俄罗斯是"自己人"的阶段。俄罗斯在中东欧地区无所作为也就不难理解了。

当然，从中东欧方面来说，这一时期客观上也处于重新调整与俄罗斯的关系乃至疏离的进程中。冷战结束极大地改变了中东欧地区的战略地位和地缘政治性质。曾经维系中东欧与苏联关系的两大支柱——经济互助委员会和华沙条约组织——不复存在。苏联（俄罗斯）以文明的方式从捷克斯洛伐克、波兰和匈牙利撤出了自己的驻军。中东欧作为苏联（俄罗斯）卫星国的时代已经结束了。这种地缘政治特性决定了中东欧国家对外关系的特点。从主观方面来说，政局剧变使得中东欧国家的性质发生了根本性变化。在政治上，从中央集权制向议会民主制演变；在经济上，从计划经济向市场经济过渡；在价值观上，认同欧洲文明，认为自己原本就是这块土地上不可分割的一部分，与西欧有同源的基督教精神。受这种文化和价值观取向的制约，中东欧国家普遍提出"回归欧洲"的口号，希望通过加入欧洲和跨大西洋一体化机构和进程来实现其同西欧的文化认同。这种文化和价值观取向决定了中东欧国家对外政策的性质也必然要发生变化。其主要表现是，淡化意识形态，在国际关系中奉行国家利益至上原则；与此相联系，其对外关系的重点从东方转向西方，在迅速摆脱与苏联（俄罗斯）的政治、经济和军事结盟关系的同时，扩大和加强同西方国家的政治、经济和军事同盟关系，以图迅速回归欧洲。尽早加入欧洲现有的政治、经济和军事机构成为绝大多数中东欧国家对外政策的基本内容。与此相联系，中东欧国家实现了对外关系方向的地理位移，从东方迅速转向西方。[①]

（二）多极化时期的中东欧战略

历史上中东欧被称为夹缝中的地区。地理上处于西欧与俄罗斯之间的中东欧历来是战略敏感地区。到了冷战时期，由于战略安全和经济利益的要求，苏联完全控制了中东欧地区。历史的惯性预示着，虽然在独立初期俄罗斯外交战略中缺少对中东欧地区的关注，但结束了同西方"蜜月"关系的俄罗斯必然会寻求重返中东欧。

---

① 朱晓中：《冷战后中东欧国家的对外关系》，《东欧中亚研究》1997 年第 1 期。

　　这是俄罗斯国内形势发展变化的结果。经济改革的沉痛教训使俄罗斯得出的结论是，套用美国和英国的绝对经济自由主义未必合适。① 经济上的动荡引起政治外交的微妙变化，更关键的是由于没有得到更多的经济援助，同时在地缘政治上又受到北约东扩的挤压，俄罗斯逐渐地却又是明确无误地在所有地区回归其传统的对外政策，特别是对于中东欧国家，因为在历史上俄罗斯历来在这些国家是有影响力的。

　　1996 年 1 月 9 日，俄罗斯总统叶利钦任命对外情报局局长普里马科夫接替科济列夫任外长。普里马科夫进一步强调俄罗斯需要奉行独立自主的对外政策。

　　1996 年 6 月，叶利钦发表国家安全咨文，明确表示俄罗斯不打算同任何国际力量中心对抗，也不打算单方面依赖任何国际力量中心，在最近几年内，俄罗斯对待这些中心的战略将是"平衡接近"。② 俄罗斯的多极化外交正式形成。

　　苏联解体后俄罗斯把阻止北约东扩作为对外政策最重要的课题。俄罗斯本来是通过威胁来牵制北约扩大计划，例如把核导弹的目标对准中东欧。但是，北约真正要实施东扩计划后，俄罗斯开始认真考虑修复同中东欧的关系。

　　早在 1995 年 5 月至 6 月，俄罗斯总理切尔诺梅尔金就对中东欧地区的斯洛伐克、保加利亚和罗马尼亚展开访问，被认为是力图恢复俄罗斯在中东欧的影响。在访问这些国家时，俄罗斯都强调要抵制北约向东扩大，并表示要向这些前华约盟国提供能源和军事装备。中东欧地区如保加利亚等国也一度与俄罗斯积极改善关系。例如，时任保加利亚总理的维德诺夫，在俄罗斯受过教育，他兑现竞选时的诺言，成为当时中东欧地区唯一一位在他的国家是否应当加入北约的问题上避免明确表态的领导人。维德诺夫认为，虽然他希望保加利亚加入欧洲联盟，可是保加利亚应当探索以诸如欧洲安全和合作组织之类取代北约的安全保障办法。俄保两国签订了确保保加利亚成为俄罗斯向巴尔干国家配送天然气中心的协议。保加利亚的兵工厂还从俄罗斯得到价值 5000 万美元的零部件。

　　普里马科夫就任外长后俄罗斯对中东欧的外交态度更为积极，答应向中东欧国家提供军事技术，并建议重新建立经济合作关系。自 1996 年 2 月下旬起，普里

①　А. Лившиц, Рыночная экономика: путь России , Вопросы Экономики, №2, 1993, с. 43–48.

②　О национальной безопасности. Послание Президента Российской Федерации Федеральному собранию. //Независимая газета. 1996. 14 июня.

马科夫积极展开中东欧外交。除了在莫斯科同保加利亚和捷克外长进行会谈外，还访问了斯洛伐克，谋求加强同中东欧各国的关系。普里马科夫表明将会向保加利亚无偿提供百辆坦克和百辆装甲车。在访问斯洛伐克时，同梅恰尔总理等人进行了会谈，强调了经互会时代苏联与中东欧国家共同市场的好处，呼吁搞活经济交流。1996 年 3 月又访问波兰和匈牙利。1996 年 3 月 6 日，普里马科夫外长在会见记者时再次表示反对北约东扩，同时表示在与中东欧国家建立良好关系上，政府和议会意见是一致的。尽管加入北约的时期尚未确定，但是欧美已开始向中东欧和波罗的海国家出售武器，北约东扩的行动越来越明显。面临 1996 年 6 月总统选举的叶利钦认为，光靠大声疾呼反对北约扩大是没有什么效果的，只会提高中东欧对俄罗斯的警惕感，必须转变外交战略，重新接近中东欧国家。

1996 年 3 月 19～21 日，美国国务卿克里斯托弗访问捷克，并同中东欧 12 国①外长讨论北约东扩问题。克里斯托弗重申北约东扩决心不变。克里斯托弗表示，美国支持中东欧国家加入北约。中东欧一体化过程也就是北约东扩过程，不会由俄罗斯决定，也不会由在俄罗斯所发生的事件决定。1996 年 3 月 25 日，叶利钦在访问挪威时，发表了一系列反对北约的声明，批评北约重申其东扩计划，并说中东欧国家不应该加入北约的军事机构。

总之，对于中东欧国家来说，美国参与欧洲事务不仅是军事、政治保障，而且是它们不用再迫于俄罗斯压力而脱离欧洲的精神保障。在这个大的历史背景下，中东欧国家与欧洲一体化的决心坚定不移，但是它们回归欧洲一体化的进程并不同步。尽管各国遇到的问题有相似之处，但还是由于经济和社会、政治发展水平不同，文化、历史习惯各异而存在差别。这种差别影响着中东欧国家向西方靠拢的程度，也影响俄罗斯制定对中东欧地区的政策。包括波兰、捷克、斯洛伐克和匈牙利在内的维谢格拉德集团在向西方靠拢的速度方面居领先地位。它也在西方社会对中东欧的战略计划中占据着主要地位。维谢格拉德四国集团的特点是经济改革的进展最大。在同西欧经济和政治结构一体化方面，巴尔干半岛国家处在比维谢格拉德集团国家更低的阶段。巴尔干国家，甚至是相对稳定的罗马尼亚和保加利亚，想加入北约都遇到了西方国家比对待维谢格拉德四国更克制的态度。这造成在叶利钦执政

---

① 捷克、斯洛伐克、波兰、匈牙利、罗马尼亚、保加利亚、阿尔巴尼亚、马其顿（2019 年 2 月更名为北马其顿）、斯洛文尼亚、立陶宛、爱沙尼亚及拉脱维亚。

后半段俄罗斯实行多极化外交时期，俄罗斯试图利用中东欧各国内部的分化，加强
与斯洛伐克、保加利亚、罗马尼亚的关系，同时想利用西方在中东欧国家加入西方
机构问题上的分歧，同西欧联盟接近。可以说，为减少由于中东欧国家向西方靠拢
而造成俄罗斯孤立的影响，俄罗斯必然应当更多地注意地区内部的分化。在这种意
义上，俄罗斯更加重视斯洛伐克和历来对俄罗斯有好感并畏惧土耳其的保加利亚甚
至罗马尼亚，同时努力参与解决南斯拉夫冲突也给俄罗斯提供了许多机会。

二 普京时期的中东欧战略

普京执政前，由于俄国内政治形势的发展和国际关系的变化，在俄罗斯学者
看来，俄罗斯外交战略已经进行了三次调整。俄罗斯科学院历史研究所所长丘巴良
院士认为，俄罗斯外交可以划分为三个阶段：在第一阶段（1991～1993 年），愉悦
心理和幻想占主导地位，大谈与西方的友谊，忽视与亚非国家交往；在第二阶段
（1993～1999 年），俄罗斯从与西方友好关系的幻梦中醒来，意识到美国霸权的危
险，并加强与中、印等的合作；在第三阶段（自 1999 年起），俄罗斯外交更强调实
用主义，更为平衡，也更为明确。[①]尤其是普京执政以后，俄罗斯外交的实用主义
色彩更加明显。这与普京的总体国家战略紧密相连。强国战略是普京时期总体国家
战略的核心。普京表示：俄罗斯唯一现实的选择是做强国，做强大而自信的国家，
做一个不反对国际社会，不反对别的强国，而是与其共存的强国。[②] 俄罗斯的中东
欧战略也服从和服务于这一总体战略。

（一）乌克兰危机前的中东欧战略

在对俄罗斯的外部环境做出总体判断的基础上，《俄罗斯联邦外交政策构想》
的重点是强调对外政策理应为内部问题的解决创造条件，保护俄罗斯在世界上的经
济利益。时任外交部部长的伊万诺夫强调："在当今历史时期，俄罗斯对外政策首
先应'服务'于内部发展的切身利益，即保证可靠安全，为稳定经济增长尽可能
创造良好的条件，提高人民生活水平，巩固国家的统一和完整，加强国家宪法秩序

---

① А. Чубарьян, Десятилетие внешней политики россии, Международная жизнь, No. 6/ 2001 г..
② Послание Федеральному Собранию Российской Федерации, 8 июля 2000 года. http://
  tours. kremlin. ru/appears/2000/07/08/0000_ type63372type63374type82634_28782. shtml.

基础，促进公民社会的团结，保卫公民和国外侨民的权利。"①

2000 年 4 月，俄罗斯外交和国防政策委员会报告进一步指出，俄罗斯外交应坚决维护俄罗斯的切身利益，有意识地放弃追求"超级大国"的遐想；最大限度地避免同他国特别是同那些俄经济发展有所依赖的国家和地区发生冲突，放弃使用强硬的政治语言；努力为国家寻求利益，首先是经济利益，而不仅仅回击传统安全领域中的挑战和威胁；大力维护俄在国外的商业利益，使对外政策服务于吸引外资；修正对独联体、美国、中国等一系列国家和地区的政策，着重强调对外政策的经济内涵；最大限度地加强联合国、联合国安理会以及欧安组织的作用；继续同北约保持磋商，逐渐发展大规模的合作，并不断关注北约进一步扩大等问题。② 根据俄罗斯外交新构想，普京外交遵循国家利益至上，国内目标高于国外目标，突出经济外交，务实风格明显。

正是由于外交理念的整体变化，普京实际上是把对中东欧的战略纳入俄罗斯与欧洲关系的范畴来看待，并主要从欧盟东扩的视角进行审视。

欧亚联盟背后体现的是普京的欧亚战略。欧亚战略的实质是俄罗斯要维护在独联体的势力范围，寻求俄罗斯主导的独联体一体化，尤其是实现三个斯拉夫国家——俄罗斯、乌克兰、白俄罗斯——的重新一体化。因此，2011 年以来，俄罗斯国家认同的基本特征是两点：一是俄罗斯倡导的一体化，不是经济一体化，也不是政治一体化，而是国家一体化；二是与国家一体化内核的相互联系，普京的战略目标不是恢复西方所担心的苏联，而是试图建立一个斯拉夫文明的新俄罗斯。如前所述，俄罗斯在国际体系中处于什么样的地位，应该起到什么样的作用，始终是俄罗斯发展的核心问题。只有在自我国际定位明确的前提下，俄罗斯领导层才开始制定相应的大政方针。而欧亚战略就集中体现了俄罗斯精英阶层的时代观和国际政治观，这构成了当代俄罗斯国家身份认同的基础。

随着欧亚战略的提出，俄罗斯将欧盟东扩所涉及的国家拆分为三个板块看待：独联体国家的欧洲部分、中欧和东南欧。这种细分是为欧亚联盟顺利推进而有针对性地采取对策。独联体的欧洲国家指白俄罗斯、乌克兰（已退出独联体）和摩尔多瓦，俄罗斯认为对其扩大势力范围并对欧盟施加影响具有战略意义。中

---

① 〔俄〕伊·伊万诺夫：《俄罗斯新外交》，陈凤翔等译，当代世界出版社，2002，第 7 页。

② Российская внешняя политика перед вызовами XXI века，http：//svop．ru/public/pub2000/1263/．

欧国家特别是波兰是对独联体邻国造成消极影响的潜在根源，例如波兰是欧盟"东部伙伴关系计划"的主要发起国和积极推动者。东南欧被俄罗斯看成一个传统的利益区。在2013年外交政策构想中，俄罗斯对东南欧的政策十分明确，就是全力发展同东南欧国家全面务实和平等的合作，因为这一地区对俄罗斯具有重要的战略意义，是最大的运输和基础设施枢纽，向欧洲国家输送石油和天然气都要经过该地区。尤其是与东南欧的地区间关系被俄罗斯视为重要的战略博弈关系，因为这与俄罗斯南部高加索地区及黑海沿岸的安全环境密切相关。与此同时，这一地区也是后冷战时代俄罗斯与西方在欧洲博弈的主要争夺点。

总之，俄罗斯对于中东欧国家回归欧洲一体化的看法与叶利钦时代相比发生了本质上的变化，否定大于肯定，质疑大于理解。未来俄罗斯对欧盟东扩的抵制态度很难发生转变，原因就在于从更深的层次看，欧盟东扩问题已经触及俄罗斯民族国家属性和文明的归属问题。欧亚战略已经回答了这个问题，就是俄罗斯需要通过经济、政治和军事的一体化，逐渐使独联体国家同俄罗斯重新联合起来，走向复兴和重新崛起。说到底，以区域性"帝国"的方式崛起是俄罗斯的路径依赖。从这个意义上说，欧盟东扩与俄罗斯欧亚战略有结构性矛盾，俄罗斯对欧盟东扩持负面看法也就不难理解了。也正是基于这个原因，西方对俄罗斯的看法逐渐陷入负面。美国前国务卿赖斯认为："俄罗斯提出了一种不同的挑战。俄罗斯仍然具有大国的许多属性：人口众多，领土广阔，军事潜力巨大。但它的经济衰弱和民族认同问题威胁到它的存在。俄罗斯决心在世界上显示其权力并经常以任意的、威胁美国利益的方式行事。"[1]

（二）乌克兰危机后的中东欧战略

普京在2011年9月24日"统一俄罗斯"党代表大会上被提名为总统候选人时，指出俄罗斯的未来战略目标是"经济年增长率保持6%～7%，任期内使俄罗斯进入世界经济大国前5名"[2]。竞选期间，普京在媒体连续发表7篇竞选文章，详细阐述其内政、外交、军事、经济、民主、社会和民族政策等方面的执政纲领。2012年5月7日宣誓就职总统当天，普京又签署12项总统令，内容涉及国家经济发展、政府管理效率、民生保障水平、对外关系方针、军事国防建设等

[1]　C. Rice, "Campaign 2000: Promoting the National Interest," *Foreign Affairs*, January-February 2000.

[2]　Съезд партии《Единая Россия》，http://www.kremlin.ru/transcripts/12802.

诸多方面，确定了其未来总统任职期间的国家发展战略，其总体目标是："消除国家发展的一切阻力；完成政治体制、社会保障和公民保护机制以及经济体制的建设，以建立统一、活跃、持续发展而又稳定健全的国家体制，保障国家主权和未来十年的社会繁荣。"① 发展战略目标的实现需要一个良好的国际环境及周边安全环境。

上述发展战略目标提出时俄罗斯面临苏联解体以来较好的国际环境。这首先与俄罗斯周边环境的变化有关。除独联体外，俄罗斯周边安全的要义在于与欧盟的关系，尤其是处理好与入盟后中东欧国家之间的关系。欧盟的历次扩大使欧洲大部分国家在经历多年的分裂和冲突后通过和平的方式联合起来。它给欧洲大陆带来了更多的稳定、民主和富裕。加入欧盟的希望是许多国家进行变革的强大动力。比如，西班牙、葡萄牙和希腊在 20 世纪 70 年代摆脱了集权统治，并开始建立民主制度。苏联解体后，中东欧国家开始了一个相同的进程。然而，与以往不同的是，2004 年以来，中东欧国家在加入欧盟以后开始出现不稳定的迹象，民族激进主义有所抬头，在匈牙利等国家精英阶层的执政举措甚至背离欧盟原则。这些问题实际上已经影响到欧元区的扩大以及欧盟伙伴国之间的关系。在这种背景下，国际社会开始关注，要建立怎样的欧洲？欧盟是一个能把注意力集中于自己一体化的联盟吗？欧盟是不是能关注世界其他地区并应对全球挑战和全球竞争的联盟？欧盟是否还能继续意识到建立一个更加广泛的共同体的好处？欧洲怀疑论开始出现，保持民族国家独特性的思想开始强化，新老欧洲的利益分歧显现。在这样的国际形势下，加上美国战略重心转向亚太，以及金融危机后欧洲与美国实力相对衰弱，俄罗斯实际上面临自苏联解体以来最好的国际环境。因此，普京积极推进俄罗斯的欧亚战略，着眼于实现俄罗斯在多极世界的国际格局中牢牢确立独立一极的目标。② 俄罗斯从成为独立一极的战略定位出发，采取实用主义外交政策，还积极参与亚太事务，力图在亚太格局变化中谋得利益，并力求在亚太多边经济与安全合作的框架建设中占据有利地位。

---

① Россия сосредотачивается – вызовы, на которые мы должны ответить, http：//www. izvestia. ru/news/511884.

② Новый интеграционный проект для Евразии – будущее, которое рождается сегодня, http：// www. izvestia. ru/news/502761.

　　然而，乌克兰危机改变了俄罗斯周边及全球范围内业已形成的良好国际环境。首当其冲的就是俄罗斯的西部安全环境出现恶化态势。本来，从历史上看，俄罗斯帝国时期对中东欧的强权统治以及苏联时期中东欧国家作为卫星国在发展道路问题上遭受的创伤，就已经直接导致苏联解体以来中东欧国家是在"去苏联化"以及"去俄化"的过程中确定了新的国家认同。从这个意义上说，中东欧国家首先看重的不是在欧盟的执行能力，而是在欧盟它们实现了自我保护的目标并结成了可以互相支持的联盟。现在，尤其在乌克兰危机后，中东欧国家在地缘政治范畴内实现地域联合的思想更为强烈。这对于欧盟的一体化建设具有长远的文化意义，是一种观念上的巩固。而出现这一趋势的主要原因，恰恰是俄罗斯因素的存在。也正是从这个意义上讲，中东欧国家在欧盟的执行能力会不断加强，而这种执行能力的加强由于中东欧国家对于俄罗斯敌意的加深将造成俄罗斯周边战略环境的恶化，从而影响俄罗斯国内发展所需要良好外部环境的基本战略需求。北约在乌克兰危机后遏制俄罗斯的战略指向得到进一步明确，这对俄罗斯而言更是雪上加霜。

　　俄罗斯的南部安全环境也面临挑战。在西方看来，乌克兰及其周边黑海地区是国际政治中一个地缘战略紧张的地区，苏联解体后，围绕这一地区已经爆发了国内种族冲突和邻国之间冲突，这些冲突在这些国家中导致持续不断的紧张关系。冲突包括：俄乌关系的克里米亚半岛问题；摩尔多瓦德涅斯特河左岸地区问题；克里米亚鞑靼人问题；两次车臣战争；北高加索地区的民族和宗教冲突；2008年俄格战争；阿布哈兹和南奥塞梯问题；亚美尼亚和阿塞拜疆之间围绕纳戈尔诺—卡拉巴赫的冲突等，上述问题都直接或者间接与俄罗斯有关。因此，普京重新入主克里姆林宫以后，把南部安全作为重中之重。除了直接的冲突，这一地区还面临冷战结束以后诸多具有指标性意义的问题：民主模式的传播、能源问题的博弈、东南欧即巴尔干地区的稳定等。乌克兰及其周边黑海地区实际上已成为"欧洲—大西洋"观念和亲俄观念对抗的地区。西方扶持这一地区多个次一体化区域性组织，如格鲁吉亚、乌克兰、阿塞拜疆和摩尔多瓦组成的古阿姆以及乌克兰与格鲁吉亚组成的民主选择共同体。而俄罗斯保持影响力的主要手段是在该地区驻军并保有实际控制力，例如驻扎在塞瓦斯托波尔的黑海舰队，同时利用能源杠杆向这一地区的周边国家施加压力。但是，克里米亚"公投入俄"以后，俄罗斯有一部分政治精英认为，俄罗斯在自己周边制造了一个不稳定地带，西部和南部的邻国今后都一心脱俄入欧。在这些国家出现了强烈担忧，害怕俄罗斯对它们抓住不放。俄罗斯给自己邻国制造阵痛的现实，让其邻国希望远离执行反西方政策的俄罗斯，它们认为俄罗斯是自身融入欧洲的威胁。① 这种西部与南部周边安全的态势对俄罗斯产生的消极影响难以估量。

由于存在上述严峻挑战，乌克兰危机以来，在俄罗斯与中东欧国家的关系中，俄罗斯主要通过两个途径对中东欧国家施加影响：一是通过主导战略性经济部门来达到"经济捕获"；二是培养和支持中东欧"有抱负的"领导者、民族主义者、民粹主义者、欧洲怀疑主义者和俄罗斯同情者，以达至"政治捕获"。虽然两个渠道有各自的影响模式，但每条路径都可使俄罗斯渗透中东欧国家相关领域并实现自身利益。俄罗斯实施影响的要素和驱动力组合取决于被影响国家的条件。依靠两者之一或两条道路并举，"经济捕获"和"政治捕获"相互支持，俄罗斯强化了其对中东欧国家的影响。俄罗斯影响中东欧国家的战略目标有三：确保在同中东欧地区打交道过程中的经济利益最大化；利用欧洲出现的危机贬损西方民主信誉，降低中东欧国家对西方的需求感；彰显并输出俄罗斯的治理模式，并试图以此替代西方治理模式。②

（三）大黑海沿岸地区：欧亚大陆的"巴尔干"

2017 年是欧洲一体化的出发点——《罗马条约》签署六十周年，也是罗马尼亚和保加利亚（下称"罗保"）这两个中东欧国家加入欧盟十周年。3 月 25 日，欧盟重回"出生地"，签署面向未来十年发展的《罗马宣言》，公开宣示了相向而行但发展快慢不一的"多速欧洲"模式，包括罗保在内的中东欧国家继续向西而望，坚持欧洲一体化的方向。但从研究俄罗斯的视野看，罗保还应该把眼光向东看，审视一下自己的地缘政治环境：它们还面临其他中东欧国家所不具备的独特地缘政治环境——"大黑海沿岸地区"。

一般认为对于中东欧的研究分为三个层面：国别、地区与全球。就以入盟十周年的罗保来说，国别层面指它们自身的政治、经济、外交研究；地区层面指从欧盟地区视角看罗保入盟后的发展及罗保入盟对欧洲一体化的反向作用；全球层

---

① Григорий Явлинский, Россия создает вокруг себя пояс нестабильности, Ведомости, 27 февраля 2014.

② 朱晓中：《浅析近年来俄罗斯影响中东欧国家的两个重要特点》，《俄罗斯学刊》2017 年第 6 期。

面则指从世界政治发展的新特点、新阶段看罗保的形势。

从三个层面研究中东欧问题，对观察罗保的转型与发展同样适用。俄罗斯视野中的"大黑海沿岸地区"，可以对罗保从地区层面的研究提供一个新的观察视角，这个视角的产生与俄罗斯对外政策的构想及俄罗斯国内研究机构的设置不无关系。

乌克兰危机后，俄罗斯与西方关系长期处于软对抗的状态，俄罗斯外交在实现从"大欧洲"向"大欧亚"的转变。相比 2013 年外交政策构想，俄罗斯在 2016 年 11 月发布的最新版外交政策构想中，对于这一地区的政策大为简化，一笔带过，仅提到与黑海地区伙伴合作的立场将基于继续遵循黑海经济合作组织章程所确定的目标和原则。

无论俄罗斯在外交政策构想中如何表述，与东南欧的关系被俄罗斯视为重要的战略博弈关系是不争的事实，因为这与俄罗斯南部高加索地区及黑海沿岸的安全环境密切相关。与此同时，东南欧地区也是后冷战时代俄罗斯与西方在欧洲的主要争夺点之一。

与外交政策构想所标示的重点区域相协调，俄罗斯也设置了相关研究机构。俄罗斯科学院欧洲研究所专门设有地中海与黑海研究部，下设三个研究中心，分别为民族政治与国家间冲突研究中心、巴尔干国家和南高加索研究中心、南欧与地中海研究中心。可见，安全问题是研究重点。原地中海与黑海研究部主任阿拉·亚济科娃（1930~2016 年）曾经在 2011 年专门主编《黑海—里海地区：寻找新的安全合作形式》一书。亚济科娃是俄罗斯国内研究黑海问题的权威专家，她提出了一系列观点，其中颇具影响的就是对大黑海沿岸地区的深入解读。

从完全的地理意义上说，黑海沿岸国家只有六个，即俄罗斯、乌克兰、罗马尼亚、保加利亚、土耳其和格鲁吉亚。作为罗保等一些国家所在欧洲地区的标志，"大黑海沿岸地区"（Большое Причерноморье）这个概念并不是冷战刚结束就出现的。布热津斯基在 1997 年出版的《大棋局：美国的首要地位及其地缘战略》一书中称该地区为"欧亚大陆的巴尔干"。除高加索和巴尔干外，布热津斯基还把中亚、南亚部分地区及波斯湾和中东地区归入该地区，这之后，"大黑海沿岸地区"这个概念才开始出现。大黑海沿岸地区作为"欧亚大陆的巴尔干"，从一开始就具有势力真空的特点。也正是这种所谓"边缘地带"的地位才使得夹在大中东和大欧洲之间的大黑海沿岸地区具有内在不稳定的状态。

可以说，大黑海沿岸地区是各种地缘政治利益的交会处。美国将该地区视为通向中东和近东的战略走廊，俄罗斯和土耳其则希望在该地区恢复往日荣光。2007 年欧盟在接纳了罗马尼亚和保加利亚之后，实际上也加强了自己在黑海沿岸地区的地位，并开始向南高加索各国和巴尔干地区推行欧洲睦邻关系政策。罗保作为黑海沿岸国家，实际上位于由伊斯兰世界、俄罗斯和欧洲构成的三角地带，它们选择与欧洲一体化的政策，但又无法完全摆脱传统的欧亚双重特性，这也是地理政治带给罗保的独特问题。

美国早在小布什政府时期就确立要在大黑海沿岸地区建立地区统一体，推进美国的国家利益，即从非欧佩克成员国中寻找可取代波斯湾的能源供应地；与穆斯林居民占多数的国家建立关系，以对抗激进主义；推动南高加索和黑海沿岸地区国家走民主化道路。美国同时还制定了逐渐让南高加索地区进入北约的战略。该战略与保障巴库—杰伊汉输油管道的稳定直接相关。

在黑海战略安全构想框架内，北约依靠土耳其、罗马尼亚和保加利亚等成员国以及格鲁吉亚和乌克兰，在该地区积极推广反恐计划。美国与罗马尼亚和保加利亚签署了在它们的黑海沿岸地区建立海军基地的协议。在黑海西岸设立基地是美国向东欧推进的一个步骤，这不仅具有政治意义，还具有军事战略意义。在2003 年 7 月欧盟设置南高加索地区特别代表一职后，欧盟在该地区的地位也开始确立。在欧美和北约在大黑海沿岸地区的地缘政治地位得以确立的背景下，俄罗斯在该地区的活跃程度开始下降，其影响力也相应衰减。

除了地缘政治角逐，大黑海沿岸地区还面临很多问题，如打击各种非传统安全威胁、促进经贸合作和解决运输问题等。能源运输问题尤为突出，苏联解体后，高加索—里海地区变成能源开采和运输的重要之地，里海地区能源经黑海水域及沿岸国家运输的问题逐渐尖锐。

解决大黑海沿岸地区的复杂问题离不开黑海沿岸国家、欧洲和俄罗斯的共同参与。而上述所有的问题也从一个侧面说明：罗保难以摆脱这种地缘政治环境的影响。因此可以说，从大黑海沿岸地区的视角去理解罗马尼亚和保加利亚的转型与发展，是对中东欧问题研究的有益补充。

总之，从国际秩序层面看，俄罗斯同西方的矛盾是多方面的，但是主要矛盾是地缘政治和战略利益的矛盾。双方争夺的重点是后苏联空间，其次是中东欧，而乌克兰则是当前和今后争夺的一个焦点。

第九章
外交决策：人格特质与战略文化

外交决策历来是国际政治研究的重点，其中艾利森决策理论以个人性情论和历史情景论为视角，建立了以理性为核心的决策模式，强调人格特质的重要意义。俄罗斯外交决策同样深受总统人格特质的深刻影响。这在普京总统任期尤为明显。普京时期的主旋律是俄罗斯的强国战略。在强国战略的背景下，包括普京在内的俄罗斯精英在对外政策的原则与目标上一致：保持俄罗斯在世界上作为一个不可忽视的国家的地位。普京个人经历让普京有坚定的主权观念和维护国家利益的强烈意愿。不仅如此，在强调时间性的历史情景中，外交战略文化赋予俄罗斯地缘空间与精英共识的超时空结合，"俄罗斯是独特的"这种理念总是在适宜的时间以不同的表现形式和概念体系反复出现，这是俄罗斯民族气质在总统人格特质上的映射。从人格特质与战略文化的视角研究俄罗斯的外交决策，可以看到：俄罗斯观念是俄罗斯在世界政治历史长河的冲击下进行自主探索的结晶。

第一节　俄罗斯外交决策的分析路径

外交决策历来是国际政治研究的重点。一般认为，国家利益决定外交决策。分析俄罗斯的外交决策，一个可以借鉴的分析路径是首先概要分析国家利益的内涵，进而揭示俄罗斯的国家利益，随后探讨俄罗斯国家利益与外交决策的互动关系，还可以进一步预测俄罗斯外交的发展趋势。这是现实主义国际关系理论经典的研究路径。可以说，现实主义国际关系理论在国家利益与外交决策关系上最经典的表述是：只要世界在政治上还是由国家所构成的，那么国际政治中最后的语言就只能是国家利益。国家利益关系到外交政策的本质以及全部政治学说的基本问题。

国际关系理论在范式辩论的过程中逐步完善。时至今日，研究国家利益可资借鉴的路径较为丰富。比如，理想主义国际关系理论注重道德和法律对于国家利益的约束，建构主义国际关系理论注重制度和规范对于国家利益的塑造。当然，最有力的工具还是注重实力和利益分析的现实主义国际关系理论，这对于解析当前特朗普执政后美国非自由主义霸权形式的外交举措及对世界政治的影响尤其具有极强的穿透力。在研究方法丰富的同时，国家利益的内涵也在不断完善，既包含对安全与物质方面的关注，也包含对道义与道德方面的关注。

那么，如何确定国家利益呢？要确定国家的利益，必须首先对这个国家的性质有清楚的认识。国家利益取决于国家特性。国家特性又是由哪些方面决定的呢？亨廷顿认为美国的国家特性有两个主要要素：文化和信念。从这两个要素出发，可以分析国家特性，进而确定国家利益，最终审视外交政策。第一个要素主要是指价值观和早先移民的习俗。美国早先的移民主要来自英国，信奉基督教，绝大部分是新教徒。这种文化中主要包括英语和有关教会与国家关系及个人在社会中的地位等传统。第二个要素是美国领导人在立国文件中所阐明的一系列普遍的主张与原则：自由、平等、民主宪政、经济自由主义、有限的政府、私人企业。构成美国特性的这两种成分是密切相关的。①

可见，国家特性—国家利益—外交决策构成了一个完整的分析链条。问题在于如何搭建一个分析框架认识一国的国家特性。对于俄罗斯外交的研究也需要从影响俄罗斯国家特性的要素入手，分析俄罗斯的国家利益进而研究其外交决策。

影响俄罗斯国家特性的要素有哪些，可能是见仁见智。本章节在评析格雷厄姆·艾利森关于决策理论的基础上提出：从总统人格特质和国家战略文化两个要素出发研究俄罗斯的外交决策。

格雷厄姆·艾利森现为美国哈佛大学贝尔福科学与国际事务研究中心主任和肯尼迪政府学院教授，他最为世人熟知的是其提出的"修昔底德陷阱"概念。

---

① Samuel P. Huntington, The Erosion of American National Interests, *Foreign Affairs*, September/October 1997.

其实，艾利森涉猎广泛，他另外一本重要成果《决策的本质：还原古巴导弹危机的真相》是在国际关系、公共管理和战略决策等诸多领域中都堪称经典的著作。这部著作通过对古巴导弹危机的案例分析，总结了外交决策本质的三种概念模式，即理性行为体模式、组织行为模式和政府政治模式。在此基础上，艾利森将三种模式进行简化抽象，提炼每种模式的分析单位、概念体系、推导样式及示范性命题，从而使三种模式具有了更广泛的一般意义，不仅可以分析外交政策，还可以对国内行为等问题进行解读。因此，《决策的本质：还原古巴导弹危机的真相》一书不仅是国际关系领域的杰出著作，而且是公共政策与公共管理的经典文献。①

笔者对艾利森决策理论有如下评析。

第一，艾利森决策理论产生于国际关系的两极格局时代，但是其理论内涵依然具有适用性。当我们运用国际关系理论的既有分析框架时，经常遇到一个问题，就是产生于具体时代背景下的国际关系理论范式，是否具有穿透历史的解释力。这需要从整个学科发展脉络来看具体时代理论范式的适用性。具体到艾利森的决策模式，其是与政治学流派的发展变化相一致的，因而依然具有较强的理论适用性。政治学思想流派的演变概括地讲就是从古典主义发展到新古典主义。古典主义政治学最本源的问题就在于政体的运行及管理遵循的是整体主义理念。当发展到行为主义政治学时，其重视的是政体内外的组织行为，观照的是个体主义理念。而当新古典主义政治学以制度为中心发展到新制度主义时，体现了整体主义与个体主义的统一性。这与艾利森决策模式体现的国际关系理论演变过程中完全理性和有限理性的统一对立有异曲同工之处。

第二，"理性"是西方国际关系理论的核心概念，在这个前提下，可以将不同研究范式直接进行理论简化，区别在于完全理性和有限理性。艾利森本人就将古典现实主义、结构现实主义、国际制度主义、自由主义、战略战争与理性选择统一起来，进行理论简化，认为国际关系的上述基本理论不存在范式转换，只是由于关于理性假定变化条件的不同而造成区别，本质上都属于理性行为体范畴。换句话说，西方国际关系理论演变的过程都是基于理性的硬核，区别只在于对完

---

① 〔美〕格雷厄姆·艾利森、菲利普·泽利科：《决策的本质：还原古巴导弹危机的真相》，王伟光、王云萍译，商务印书馆，2015。

全理性和有限理性的不同理解和运用。①

第三，在艾利森决策理论的基础上，从层次分析的研究视角看，可以抽象出三种国家类型。艾利森基于对行为主体从简至繁的假定，抽象出了有关行为体信息变化关系的矩阵。在信息最少的"最抽象"的情况下，行为主体是国际体系中一个具有完全理性的"概念化国家"。而当相关细节、信息与背景情况不断增加、越来越具体化时，该行为主体就成了某种"类型的国家"，或者是某个"具体的国家"，甚至是处于某个特定时间和空间的某个具体国家。而如果领导人的个人价值与看法对行为体有支配性作用，该行为主体又成了某种"人格化的国家"。

第四，借用艾利森的一个概念——"移情重构"可以积极探索将外交决策的经典理论模式运用到国际政治研究的区域政治学中，由此加强国别研究的学科性。事实上，正如艾利森指出的，在对政府行为和国际关系的分析与思考中，很多研究人员已经广泛运用了这些概念模式。区别在于有些学者明确认识并运用这些模式，而有些学者还是潜在地使用某个模式的范畴和假定。换句话说，艾利森提出的三种理论模式并不神秘，只是从事国别研究的学者在没有学科规范的情况下早已使用的模式。

从上述四点评析可以看到，人格化的国家、类型的国家（具体的国家）、概念化国家分别强调了领导人的人格特质对于决策的影响以及国家历史文化对于国家特性的塑造意义，在某种意义上对应政府政治模式、组织行为模式和理性行为体模式，体现了动态性外交决策有限理性与静态性外交决策完全理性的结合。

具体分析世界政治中的俄罗斯，需要看到俄罗斯的对外行为与国内政治是以一种双向影响的方式相互联系的，这两个领域的问题与组织行为体往往重合，是一种双层博弈。国际环境和国内环境具有不同的规律，决策者必须做出选择以应对复杂性并决定问题的优先次序。这实际上把俄罗斯视为一个行为协调一致、有目的的个人，这也是大部分从事国别问题研究的学者最常用的分析范式，因为这是理解国家政策选择和行动的特别有效的一个捷径。

在当代俄罗斯，尽管有各种组织行为体的代表人物，但是在政府中心区域决策博弈的人应是关注重点。普京作为俄罗斯外交政策的领导者，决策考虑的是外交长远目标，无疑是外交决策博弈的中心人物，因此对于俄罗斯而言，运用政府

① 秦亚青：《关系与过程：中国国际关系理论的文化构建》，上海人民出版社，2012，前言第10页。

政治模式解读其外交决策时，主要应关注普京的理念与决策。换言之，从决策理论出发，剖析俄罗斯总统人格特质是解读外交决策的一个关键要素。

本文还想对艾利森决策理论可能存在的一个疏漏提出自己的看法：艾利森决策理论及理论依托的三种分析模式过于关注理性及行为体面临的具体情景。实际上，对于国别研究，或者说对于区域学研究来说，最重要的是理解研究对象国的文化。研究俄罗斯问题，只有用俄罗斯思维来理解俄罗斯才能真正实现历史与现实研究的统一。

因此，本章节除将总统普京的人格特质作为分析俄罗斯外交决策的一个要素之外，还提出了一个分析要素——战略文化。苏联解体以来，俄罗斯的政治转型与发展是一个民主化的过程。国内民主化问题是影响俄罗斯外交的重要因素。俄罗斯在处理同西方的关系，包括俄欧关系和俄美关系中注意从国内民主制度的角度强调俄罗斯对于西方已经没有了敌意。叶利钦和普京都以国内民主制度的变迁与确立努力改善西方对俄罗斯的外交观念，核心是想表明俄罗斯即使具备能力，但已没有了敌意。西方关注俄罗斯是否具备了与己相近的价值观，因此俄罗斯民主化的进程有利于俄罗斯改善与西方的关系。而俄罗斯至今同西方特别是同美国不能建立起完全信任的外交关系的根本原因恰恰就是西方对俄罗斯国内民主制度及其反映的民主文化抱有迟疑观望心态。这其实是战略文化在外交决策中的折射。如果对比影响苏联和新俄罗斯外交决策的因素，可以看到两个时期都存在战略文化的影响。苏联时期影响其外交的一个重要因素是意识形态与地缘政治动因的独特结合，这被称为革命—帝国思想复合体。①

第二节　外交决策的现实因素：人格特质

既然人格特质对于外交决策的构建具有重要意义，那么人格特质如何形成？换句话说，人格特质的基本内涵是什么呢？一般认为，领导人的人格特质，包括其信念、价值观和态度等，主要源自其人生经历，认为这对于领导人的性格特质、理念偏好和价值态度起基础性的塑造作用，人格特质的形成是基于领导人人生关键节

---

① 〔俄〕弗拉迪斯拉夫·祖博克、康斯坦丁·普列沙科夫：《克里姆林宫秘史》，徐芳夫译，世界知识出版社，2001，第 376 页。

点事件与经历综合作用的过程，是个性特点与历史情境互动的结果。俄罗斯著名学者费奥多尔·卢基扬诺夫已经从人格特质的视角论述过俄三位总统叶利钦、普京和梅德韦杰夫外交政策的不同特点。[1] 在卢基扬诺夫看来，首先要分析总统的人格特质，其次要从相反角度看客观现实如何影响总统决策，最后才能综合分析人格特质与对外政策的关系。三位总统的性格与心理特征迥然不同。而人格特质又与俄罗斯面临的国际形势和自我国际定位的客观需要紧密相连。[2] 卢基扬诺夫展现了俄学者从总统个人特质分析总统与外交政策之间关系的研究路径。

由布鲁金斯学会美国和欧洲中心主任、外交政策研究项目高级研究员菲奥娜·希尔和布鲁金斯学会高级研究员克利福德·加迪写作的《普京先生：克里姆林宫的特工》是欧美学术界研究俄罗斯政治问题的重要著作。[3] 作者认为普京有多重特点。他们通过资料解读及对普京个人遭遇的考察，描述了普京的6个本质特点："集权主义者""历史人""生存主义者""无取胜希望者""自由市场主义者""情报机构官员"，他们认为，理解普京的多维性，对制定对俄政策的决策者来说至关重要。该书力求解析普京的精神状态、世界观，以及构成这种世界观的个人因素或特性。该书认为，普京在克格勃的背景确实是一段对他产生深远影响的经历，同时强调了构成完整普京的其他特性：普京有作为"情报官员"的一面，也有作为典型"局外人"的一面（从在圣彼得堡度过的少年时代，延续到大学时期和随后的职业生涯，苏联解体时，他不在国内）；还有研读俄罗斯历史的学生普京，"国家公仆"普京，列宁格勒保卫战中幸存者之子普京，工商业管理者和自由市场支持者普京。他们认为，对于这位俄罗斯总统，没有单一的参照标准，他的政策和态度往往是这些不同特性共同作用的产物。希尔和加迪认为，普京借助以上每种人格来寻找解决难题的办法。"情报官员"动用尤里·安德罗波夫领导下的克格勃的手段，通过个人接触和直接对话的方式与"民众打交道"，以达到目的；"历史学家"反思沙皇时代的教训，并用来解决苏联解体

---

① 卢基扬诺夫是俄罗斯全球知名的瓦尔代国际辩论俱乐部支持与发展基金会研究主任，还是俄罗斯官方主要智库外交和国防政策委员会主席团主席，在俄罗斯官方和学界都有重要影响。

② Федор Лукьянов, Три главы одной истории: президентство как зеркало реальности, http://ria. ru/politics/20110612/386651921. html.

③ Fiona Hill and Clifford G. Gaddy, *Mr Putin: Operative In The Kremlin*, Brookings Institution Press, 2013.

后俄罗斯出现的问题；普京作为"活命主义者"的特性则促使他建立战略储备；普京支持强大的政府和强大的商业阶层，这种态度源于他自身的经历，即在动荡的 20 世纪 90 年代，他担任圣彼得堡第一任民选市长阿纳托利·索布恰克的副手期间，曾设法渡过苏联解体后的难关。从理论上讲，其中几个政治特性是相互矛盾的，但普京显然认为他能把这些矛盾转化成一种可行的综合理念，他把沙俄和苏联的标志合二为一，作为 21 世纪俄罗斯的标志。作为"条文主义者"的普京想遵守禁止总统两次连任的宪法条文，但随后又通过重任总理的方式策划了一次串联行动，以便重新掌权。他支持诸如单一税等自由主义举措，但又主持了俄罗斯经济的部分重新国有化活动。不过，在 2008 年的经济危机中有机会彻底逆转 20 世纪 90 年代的私有化进程时，普京却表示反对，强调私营部门对俄罗斯未来繁荣的重要性。这些不同特性还有助于调和普京一方面重视效用，另一方面奖赏忠诚和友谊的做法。普京愿意把相互矛盾的政治理念融合在一起，普京的综合理念可以归纳为"可控多元化"，也就是既想得到政治和经济团体竞争带来的一些好处，又要自上而下地实施一定程度的控制和管理。这体现了普京的信条，也就是俄罗斯的未来方向与欧洲大陆的政治和经济发展路线一致，但需要政府实施强有力的指导。①

　　本章节也从这一要素出发，力求从理论层面对俄罗斯的外交决策做出分析。苏联解体以来，俄罗斯转型与发展已将近三十年。当代俄罗斯已然深深地刻上了普京烙印。2014 年 10 月，在瓦尔代国际辩论俱乐部的会议上，时任俄罗斯总统办公厅第一副主任、现任国家杜马主席沃洛金提出："没有普京，就没有俄罗斯。"②在此前后，"普京主义"已经成为俄罗斯政治研究的核心词语。2019 年 2 月 11 日，"主权民主"概念的提出者苏尔科夫明确表示："普京主义"代表的理念与制度是百年俄罗斯生存和发展的模式。③

---

①　Fiona Hill and Clifford G. Gaddy, *Mr Putin*: *Operative in the Kremlin*, Brookings Institution Press, 2013.

②　Володин:《есть Путин — есть Россия, нет Путина — нет России》, 23 октября 2014. http://www. ng. ru/news/483130. html.

③　Владислав Сурков: Долгое государство Путина - О том, что здесь вообще происходит, 11 февраля 2019 года, http://www. ng. ru/ideas/2019 - 02 - 11/5_7503_surkov. html? pagen = 42&fbclid = IwAR3ct0Nqn3TpMQqnySevtho2Ky25VWB1pYU2yXSaDnB0pxIgFo4JWiR-9SM&id_user=Y.

　　"普京主义"所代表的治国理念与制度设计涉及俄罗斯政治、社会、经济、外交、文化的各个领域和各个层面，俄罗斯外交决策是其中的重中之重。普京的人生经历及由此形成的人格特质决定了俄罗斯外交决策的特点。从个人性情的内部因素看，从小练习柔道和青年时期担任克格勃特工的职业生涯在塑造和影响普京世界观及其外交决策方面的影响是潜移默化的，坚韧不拔地维护国家利益始终是普京外交决策的唯一选项。从历史情景论的外部因素看，俄罗斯与外部世界的关系以及普京对此的个人认知让普京逐渐遵从俄罗斯的战略文化与历史传统，形成俄罗斯特色的孤立主义，与形成俄罗斯国家基因的时间与空间因素完美结合。

　　苏联解体后，叶利钦时期虽然提出过"国家振兴战略"①，但由于俄罗斯在整个 20 世纪 90 年代进行了一系列激进改革，国家治理成效难以令人满意。世纪之交的俄罗斯处于或是继续衰弱或是重建伟大强国的十字路口上。也正是由于上述严峻的形势，直接导致叶利钦在第二任期的主要任务是解决接班人的问题。叶利钦需要将权力转交到一个强有力的、能够服众的接班人手上。②

　　普京在叶利钦的重重考验下脱颖而出。在基里延科和斯捷帕申之后坐上具有接班人意味的总理位子，他立即着手在战略思想领域组织智囊讨论，并形成一系列令人耳目一新的文献。

　　普京主张在俄罗斯进行市场经济和民主改革，但是强调改革必须从俄罗斯的国情出发，走俄罗斯自己的道路；既反对活跃在俄罗斯政坛上的"共产主义"和"民族爱国主义"，也不赞成"激进自由主义"；既反对回到苏联时期的社会主义，也不赞成 20 世纪 90 年代导致混乱和危机的自由资本主义改革。从这个意义上讲，当时俄罗斯国内外的学者普遍认为，普京走的是"第三条道路"，或称为"中间道路"。关于所谓的"中间道路"问题，从俄罗斯转轨一开始就有争论，叶利钦坚决否定"中间道路"。1995 年 8 月，叶利钦在评价俄罗斯民主时曾经认为，第三条道路是走向后退的道路，俄罗斯只有走第一条发展道路，即把继续进行的经济改革同发展国家民主结合起来。民主发展的道路在于建立法律秩序、发展保护人权的发达司法制度以及建立中产阶级。1996 年 2 月，俄罗斯时

---

① Общими силами – к подъему России. Послание Президента РФ Федеральному Собранию, Российская газета, 18 февраля 1998 года.

② А. Остапчук, Импичмент перенесен на Осень, Московские новости, №. 27, 1998 года.

任总理切尔诺梅尔金在回答关于在传统的共产主义和向资本主义迈进之间有没有第三条道路可走的问题时就表示，俄罗斯不会在发展道路问题上搞什么发明创造。俄罗斯正在向市场关系、正常而文明的关系体系过渡，既不能盲目模仿法国和德国，也不能模仿美国和日本，否则什么结果也不会有的，俄罗斯有自己的特点。

随着 1999 年 12 月《千年之交的俄罗斯》的发表，走所谓"中间道路"一时间成为普京选择发展道路的理念标签，而且受当时欧美国家领导人政治口号的影响，俄罗斯国内外认为普京的理念具有社会民主主义色彩。然而，正如俄罗斯学者指出的，正因为社会民主思想在俄罗斯土地上难以实现，它们才会显得非常有吸引力。带有俄罗斯特色的社会民主口号从一开始就是乌托邦式的。这不只是因为俄罗斯不存在孕育西方社会民主的类似条件，更为重要的是，俄罗斯存在的恰恰是与此相反的条件，因而这种政策从原则上说是不可实现的。国家稳定的政治制度和相对稳定的民主机制是这条道路存在的前提。但是，世纪之交的俄罗斯不存在这样的前提与基础。从这个意义上讲，普京提出了俄罗斯发展道路的方向，并且将夯实经济基础作为首要政治任务。

2000 年 1 月 13 日，普京宣布参加总统竞选。2 月 25 日，俄罗斯《消息报》刊登普京致俄罗斯选民的公开信，他在信中正式提出了自己的竞选纲领。[1] 普京将自己施政的优先方面概括为："打赢车臣战争""加强国家地位""打击犯罪""消灭贫穷"。这些优先方面在选民中产生热烈反应。2000 年 3 月 26 日，俄罗斯举行总统大选，普京以 52.94% 的得票率击败其他 10 位总统候选人，当选俄罗斯联邦第二任总统。普京时期正式开始。在"俄罗斯新思想"的基础上，普京不拘泥于"第三条道路"的无谓争论与束缚，采取了切实可行的政治举措，鲜明地提出了面向未来的强国战略。在普京第一任期内，强国战略的构想逐渐明晰和完善，并构成普京治国理念的实质内容。普京表示：俄罗斯唯一的现实选择是做强国，做强大而自信的国家，做一个不反对国际社会、不反对别的强国，而是与其共存的强国。[2]

---

① Владимир Путин, Открытое письмо избирателям, Известия, 25 февраля 2000 года.

② Послание Федеральному Собранию Российской Федерации, 8 июля 2000 года. http: // tours. kremlin. ru/appears/2000/07/08/0000_ type63372type63374type82634_28782. shtml.

对外政策即俄罗斯对于国际形势的认识、对自身国际身份的定位以及由此确定的对外关系原则均与强国战略息息相关。强国理念构成了普京时期内政外交的逻辑主线。

普京上述外交决策理念与目标的确立固然有各种影响因素，但是从人格特质的视角看，这是政治领导人从个体行为偏好和价值态度需要以政治理性的外在表现形式将权力投射到政治运动和社会公共事业的过程。普京稳健且进取型的人格特质与他人生经历密切相关。练习柔道和担任克格勃特工的职业生涯在塑造和影响普京外交决策方面发挥了重要作用。柔道追求实效，练习柔道者追求的是无论形势如何都要成为比赛中最后一个没有被摔倒的选手。这对于普京的外交政策也具有一定含义：不屈服于外部压力。2014 年 10 月，在瓦尔代俱乐部会议上普京表示："来自外部的压力，就像过去的情况一样，只会使我们的社会得到巩固。"①

克格勃的经历则强化了普京的国家主权观念。作为国家强力部门的克格勃，考察并培养个人的主要品质就是对国家的忠诚和坚韧。美国前国务卿奥尔布赖特认为，普京有两段重要经历：一是进入莫斯科核心领导层之前他的大部分工作时间是在为克格勃效力；二是曾在圣彼得堡工作并与经济改革派交往甚密，两种不同的经历被统一了起来。② 克格勃的经历让普京有坚定的主权观念和维护国家利益的强烈意愿。普京坦率地表示：世界上的主权国家屈指可数，其余国家都处于一定程度或是非常明显的彼此依赖中，或是听命于集团领导。所以，普京认为，主权是非常珍贵甚至是排他性的东西。俄罗斯不是一个能够在不维护本国主权情况下存在的国家，它要么是个独立主权的国家，要么就根本不存在。③ 2007 年 2 月 10 日，普京在慕尼黑安全会议上发表讲话，强调"对当代世界而言，单极模式不仅不可接受，而且也根本不可能实现。现在已经到了以在国际交往各主体利益之间寻求合理平衡为出发点认真思考全球安全结构的时候了"。2016 年席卷全世界的反全球化情绪让新兴经济体和发达经济体都一筹莫展。普京对此开出的药

① Kimberly Marten, "Putin's Choices: Explaining Russian Foreign Policy and Intervention in Ukraine," *The Washington Quarterly*, Summer 2015.

② M. K. Albright, "Clear on Chechnya," *The Washington Post*, March 8, 2000.

③ Встреча с участниками международного дискуссионного клуба 《Валдай》, 14 сентября 2007 года, http://president.kremlin.ru/appears/2007/09/14/2105_type63376type63381type82634_144011.shtml.

方是强调必须坚持国家主权原则来"帮助保证国家和国际层面的和平与稳定"。普京认为西方大国一贯对全球规则和原则进行不利于俄罗斯的操纵：当规则对西方有利时，西方国家政府就予以坚持；而当规则不符合其切身利益时，那些政府便漠视长期惯例而制定更合自己心意的规则。也正因此，普京表示坚持主权原则是至关重要的。① 2019 年 2 月 20 日，普京在发表国情咨文时再次重申，俄罗斯国家和民族珍视主权，因为"倘若俄罗斯丧失主权，它就不能成其为国家。一些国家可以，但俄罗斯不行"②。

第三节　外交决策的历史要素：战略文化

在对外关系领域，战略文化是一国历史传统与当代决策的有力结合。战略文化既体现了一国国家性的历史结构因素，也反映了在当代世界政治中一国战略思维要旨所在。就像普京在 2019 年 2 月 20 日国情咨文中简明概括的："俄罗斯过去是，将来也会是独立自主的国家。这是一条公理。它要么是现在的样子，要么不存在。这对我们所有人来说应该是理所当然的，我们都应该明白和意识到这一点。"苏联解体后俄罗斯一共出台了五份外交政策构想。除了叶利钦时期即 1993年的《俄罗斯联邦外交政策构想》，其他四份都在普京时期产生。仔细研读和对比 2000 年、2008 年、2013 年和 2016 年四版外交政策构想，可以看到，尽管文字表述略有差异，但在每份外交政策构想第一部分的对外原则中都体现了普京外交的基本原则：一是俄罗斯要成为强国；二是要着眼周边；三是要警惕外部威胁。

外交政策构想中传递出的原则观念，体现了俄罗斯战略文化的历史一致性。在前述《长久的普京之国》中，苏尔科夫写道：俄罗斯在历史上一共经历过 4种主要的国家模式，伊凡三世的国家（莫斯科大公国，15～17 世纪）、彼得大帝的国家（俄罗斯帝国，18～19 世纪）、列宁的国家（苏联，20 世纪）和普京的国家（俄罗斯联邦，21 世纪）。无论哪种国家模式，其内核是一致的，就是说俄

---

① Richard Weitz, "Russia Wants to Remake Globalization in Its Own Image," November 24, 2016, https://www.hudson.org/research/13192 – russia – wants – to – remake – globalization – in – its – own – image.

② Послание Президента Федеральному Собранию, 20 февраля 2019 года, http://www.kremlin.ru/events/president/news/59863.

罗斯国家性的历史结构因素是一致的，其战略文化具有穿越时空的解释力。按照苏尔科夫的概括，俄罗斯战略文化的要点在于拓展性、军事性和人民性。大国意识强烈的俄罗斯总把收复所谓的"帝国失地"放在优先地位。俄罗斯前外长科济列夫被公认为亲西方的精英代表，但在1995年他也表示，为了保护在国外的同胞，必要的时候不惜使用军事力量。科济列夫视野中的"同胞"通俗地讲是"讲俄语的公民"，它不限于俄罗斯国籍的居民和侨居国外的俄罗斯人，即使不同的民族只要平时使用俄语的人也包括在"同胞"之内。整个独联体以及拥有很多俄罗斯人的波罗的海三国也都将是俄罗斯的"权益范围"，而这正是苏联的版图。这个讲话被认为暴露了俄恢复"帝国失地"的意图。

叶利钦提倡的"欧洲安全新模式"与戈尔巴乔夫提出的"欧洲大厦"主张有很大差别。戈尔巴乔夫是基于北约是欧洲的稳定因素这一认识，甚至允许统一的德国加入北约，在这一点上，戈尔巴乔夫是俄精英中例外的一个少数。叶利钦的理念是"俄罗斯作为大国应当受到尊敬"，他提出的欧洲安全新模式在于为俄罗斯在欧洲问题上发挥影响力打下基础。

梅德韦杰夫被普遍认为代表新思维，主张与西方建立现代化联盟，但他依然把独联体地区称为俄"具有特殊利益的地区"①，实际上是昔日"帝国"用语的简化版，依然是"势力范围"的意思。对于俄罗斯在世界上扮演的角色，梅德韦杰夫认为："我们摆脱了两极模式，这非常好，因为它毕竟阻碍了人类发展。我们曾着重扩大我们的军事潜力，这自然不利于进步。现在所有主要经济玩家、所有主要政治力量、所有主要核武器国家都赞同，世界应当是多极的。俄罗斯联邦也坚持这一立场。我们想成为世界固有的一部分。我们希望能在这个世界占有当之无愧的地位：在经济上、在安全领域，占有符合俄罗斯潜力、历史和作用的地位。"②

俄罗斯当今的外交政策目标与苏联时期和沙皇俄国时期大为不同。沙皇俄国时期的外交关注欧亚地缘政治，而苏联时期着重推广一种全球性的意识形态；到了

---

① Регионов привилегированных интересов. См. ，Тамара Шкель，Пять принципов президента Медведева，Российская газета，1 сентября 2008 года.

② Интервью датской радиовещательной корпорации，26 апреля 2010 года，http：//www. kremlin. ru/transcripts/7559.

今天的俄罗斯，其战略诉求强烈但能力远不如历史上的强盛时期，着眼点主要放在对周边的控制上。大国在欧亚地区的竞争促使俄罗斯正视其周围战略环境过去五百年来发生的重要变化。① 俄罗斯担忧的是在欧亚大陆形成不受俄力量影响的局面。

俄罗斯精英的传统基因在普京身上表现为显性，他就是这一文化的显著代表。俄罗斯的外交传统遵循两个基本原则：第一个原则是，要防止出现对俄罗斯安全构成或可能构成直接威胁的国家和国家集团；第二个原则是，要应对现实存在的挑战构成的主要威胁就必须建立战略纵深体系，战略纵深就是建立一系列持相似立场的伙伴联盟。② 这种控制的思想影响到俄罗斯对外部环境的判定。尤其是第二个原则。加强对周边地区的控制以求安全的观念就是这样的政治体系和政治理念的一种外在表现。在俄罗斯看来，独联体地区还是应该以俄罗斯为核心联合起来。因为独联体各国仍然存在一些共性问题，这与苏联解体后遗留下来的根深蒂固的社会文化联系、实实在在的经济依赖性以及普遍存在的军事安全问题有关。可是，独联体的这种进程越来越受外在的刺激因素——北约和美国的军事目的和计划、国际恐怖主义、极端主义等的影响。独联体范围内的联合也受亲西方领导人的影响。尽管这样，联合的思想对俄罗斯非常有利，这种思想在历史上就是苏联各加盟共和国之间相互融合的核心。③

俄罗斯对于俄美关系的判定也受其战略文化的影响。在俄罗斯看来，美国在决定自己对俄罗斯的态度时有几个重要的考虑。第一，着眼于未来。自信的俄罗斯对美国来说意味着什么？是如在二战中战败德国和日本那样的盟国，还是再次强大起来的竞争对手？第二，务实。考虑的问题是，俄罗斯"帝国"解体的进程是否已经结束，或者这个进程在糟糕的治理、社会不公正、无力解决民族问题的情况下仍会继续？在这种情况下会产生第三个问题：俄罗斯庞大的核潜力及资源将落入谁的手中？④ 更为不利的是，由于俄美的互相影响主要是基于地缘政

① Sherman W. Garnett, "Russia's Illusory Ambitions," *Foreign Affairs*, March/April 1997.

② Никонов Вячеслав Алексеевич, Современный мир: новые реальности, Стратегия России №8, Август 2009 года.

③ Алексей Матвеев, Итоги и перспективы на постсоветском пространстве, http://www.ia-centr.ru/expert/7001/.

④ Виктор Александрович Кременюк, Приглашение в однополярный мир - США готовятся к переоценке своего внешнего курса, Независимая газета, 22 мая 2006 г..

治，没有受益于欧盟和俄罗斯那样的经济联系，基本上不存在经济上互相依存的关系，因此俄美关系处于不稳定的状态，两国之间的政治关系常常处于恶化态势。①

乌克兰危机后形成的"后克里米亚共识"实际上反映了战略文化在政治进程中的深刻影响。盖达尔早就指出过这一点。他说："我和我那些在俄罗斯启动改革的同事都明白：向市场经济过渡、俄罗斯适应自己在世界的新地位，这个进程非同寻常。然而我们认为，克服转轨时的退缩、开始经济增长、提高居民的实际收入，这些对自身福利讲求实际的关注会取代恢复帝国的无望幻想。但我们错了。对帝国庄严象征的呼唤是一种操控政治进程的有力手段。"②

此外，也必须看到这种控制周边的思想又经常反过来影响俄罗斯的内部发展，"在俄罗斯的发展过程中，外部影响所起的作用一向比创造性的主动精神更强有力"③。对普京来说，他统治的性质和其让俄罗斯恢复"强国"地位的成功是互为条件的。对国内强有力的控制使俄罗斯在海外变得强大；海外的强大为国内的强势统治提供了理由。④ 西方一向擅长分析国际危机的国内根源问题，经常对从外溢到国际社会的国内制度内在缺陷和这种外溢产生的国际影响进行研究。⑤ 在美国看来，俄罗斯表面上的强硬并不单单是愤怒的体现，这反映了一种特殊的世界观。1980~2000 年对于俄罗斯而言是国家实力衰退的时期，俄罗斯先是兵败阿富汗，随后是经济瘫痪直至崩溃。因而，俄罗斯向往赢得尊重、平等。事实上，今日的俄罗斯想赢得尊重的愿望是如此强烈，以致影响了俄罗斯公民和决策者的世界观。不管是在海底插上国旗以宣示对北极的"主权"，还是把美国人挤出其驻扎在吉尔吉斯斯坦的军事基地，莫斯科始终把外交当作一场得失

---

① Dmitri Trenin, "Russia Redefines Itself and Its Relations with the West," *Washington Quarterly*, March 2007, http：//carnegieendowment. org/publications/index. cfm? fa = print&id = 19111.

② 〔俄〕盖达尔：《帝国的消亡：当代俄罗斯的教训》，王尊贤译，社会科学文献出版社，2008，第 10 页。

③ 〔俄〕格奥尔基·弗洛罗夫斯基：《俄罗斯宗教哲学之路》，吴安迪、徐凤林、隋淑芬译，张百春校，上海人民出版社，2006，第 571 页。

④ Robert Kagan, "The End of the End of History：Why the Twenty-first Century will Look Like the Nineteenth," *The New Republic*, April 23, 2008.

⑤ 〔澳〕约翰·伯顿：《全球冲突——国际危机的国内根源》，马学印、谭朝洁译，中国人民公安大学出版社，1991。

所系的角逐。所有这些在美国看来都有助于解释为什么普京自 2000 年执政以来，要大力恢复俄罗斯的全球影响力并重建俄无可争议的地区大国威望。俄罗斯在过去十年制定的几乎每一项重大政策都可以被视作为达到这些目标而采取的手段。①

按照苏尔科夫的话来说，俄罗斯不是"深暗国家"，它的一切都在明面上，而且这是理所当然的，因为俄罗斯拥有理解俄罗斯的"深层人民"。这种"俄罗斯的独特性"让人震撼的一点是：尽管时代不同，社会时移势迁，但是俄罗斯的国家性没有变。最高领导者与"深层人民"之间相互信赖，交流顺畅，这是俄罗斯区别于西方模式的根本所在，是俄罗斯最高领导者人格特质与俄罗斯战略文化的完美结合。

俄罗斯社会的内部稳定一直被普京视为头等大事。20 世纪 80 年代的苏联和 90 年代的俄罗斯社会状况表明，最大的不确定性源自外部环境。从 1997 年亚洲爆发金融危机导致俄罗斯无法偿还债务，到国际恐怖分子组织支持参与车臣战争的反政府派别，再到俄罗斯认为西方插手独联体地区的"颜色革命"，普京确信，在"无法控制的外部环境力量"面前，俄罗斯非常脆弱甚至危险。俄罗斯的"深层人民"对"危机源自国外"的认知与政治高层是高度一致的。普京坚信，一个国家只有在能够控制自己命运的基础上，才能为未来制订有意义的计划。他的这种观点与其反复提及并做出特殊定义的"主权民主"思想相吻合。对于普京而言，主权意味着能够独立地把握自己的命运，而不是让其他人来左右俄罗斯的命运。普京认为，在戈尔巴乔夫和叶利钦执政时期，俄罗斯基本上丧失了主权。②

俄罗斯独特性的观念主要是通过与在俄罗斯眼中充满敌意的西方站在对立面得出的。普京欣赏的保守主义哲学家伊利因说："西方国家不理解，也容不下俄罗斯的身份认同……它们计划把紧紧编在一起的俄罗斯'扫帚'拆散，再把拆下来的扫帚条一根根折断，最后用它们重新点燃黯淡的西方文明之光。"③ 2013

---

①　Owen Matthews, Anna Nemtsova, "The World According to Russia-Why, Years After the Cold War, the Kremlin's still Obsessed with Getting Respect," *Niwweek*, Sep temken 7, 2009.

②　Andrew C. Kuchins and Clifford G. Gaddy Friday, "Putin's Plan: The Future of 'Russia Inc'," *The Washington Quarterly*, February 2008.

③　Leon Aron, Why Putin Says Russia Is Exceptional, *The Wall Street Journal*, May 31, 2014.

年瓦尔代国际辩论俱乐部会议传递的核心理念就是："没有俄罗斯的世界是不完整的。"普京举 1815 年的维也纳会议和 1945 年的雅尔塔会议为例，说明只有俄罗斯参与重大国际问题的解决，才能塑造稳定的国际秩序。而一战后的巴黎和会没有俄罗斯的出席，普京认为这次和会上通过的《凡尔赛和约》导致了局势动荡和二战的爆发。普京宣布俄罗斯是一个不可替代的大国。俄罗斯不会谋求"例外论"，但俄罗斯永远会谋求在全球命运决策圆桌旁的一席之地。① "对俄罗斯来说，同西方欧洲伙伴保持良好关系非常重要，俄罗斯是欧洲文明的一部分，俄罗斯在保持着这种关系。但与东方的关系对俄罗斯也非常重要，俄罗斯将同东方伙伴发展经济、政治及其他关系，俄罗斯重视新兴经济地区。因此，俄罗斯将在各个方位开展工作。"②

俄罗斯独特论的理念还与俄罗斯民族的超强自信有关。在俄罗斯学者看来，从一系列数据看，作为联合国安理会常任理事国之一，俄罗斯属于一流国家：俄罗斯这个能源大国不是一种发展构想，而是事实，俄罗斯的能源出口占全球能源出口总量的 17%；俄罗斯仍是核大国，而且还是资源大国，俄罗斯的原料资源占世界原料资源的 30% 以上；这不仅使俄罗斯有能力，同时也使俄罗斯面临严重挑战，因为历史上还从来没有领土面积、资源储量和人口数量如此不成比例的国家：俄罗斯占世界面积的 1/8，人口却只占世界人口的 2.3% ~2.4%；俄罗斯还是为数不多的政治领导人、政治阶层和各方面专家都有全球思维的国家之一。可以说，尽管俄罗斯仍处于危机之中，但其正在实施的现代化措施将促使其在社会经济方面达到符合世界强国的水平。③ 俄罗斯已不再是超级大国，但它仍是一个大国。这种地位使俄罗斯有权在世界上履行智囊职能，并参与管理当今世界各个体系的构建。

俄罗斯学者认为，苏联解体后俄罗斯自我意识的觉醒是一个复杂的长期过程，但只有这种觉醒能够使国家振兴，焕发人民的创造力，使人民团结起来，这

---

① Заседание международного дискуссионного клуба《Валдай》, http：//www. kremlin. ru/events/president/news/19243.

② Интервью датской радиовещательной корпорации, 26 апреля 2010 года, http：//www. kremlin. ru/transcripts/7559.

③ Никонов Вячеслав Алексеевич, Современный мир：новые реальности, Стратегия России№8, Август 2009 года.

是不容置疑的历史规律，俄罗斯历史多次验明了这一点。任何一种伟大的民族思想只要植根于人民都有成功实现的机会，它与政治投机家的政策不同，它不图眼前的短期利益。俄罗斯应当自己成长和成熟。俄罗斯不能脱离大国的历史，抛弃丰富的精神财富和文化遗产去制造俄罗斯思想。这不是民族自大和傲慢。俄罗斯必须恢复民族自豪感。首先要消除"落后和屈辱综合征"。国家应当恢复俄罗斯的精神价值，重要的不是小集团的利益，而是国家的最高利益。最重要的是恢复大国思维，俄罗斯大国思维的积淀是对俄罗斯历史命运的思考。大国思维应当成为现实政策和实际行动的原则，历史证明俄罗斯人民能够团结一致地解决战略性任务。①

俄罗斯独特论的另外一面是反美主义。俄罗斯列瓦达中心的定期民调结果显示，乌克兰危机后，尤其是2014年3月18日克里米亚"回归"俄罗斯之后，普京的民望及俄罗斯社会的反西方情绪尤其是反美情绪曾经一度同步持续升温，2015年初反西方情绪达到最高峰。当时有81%的俄罗斯人敌视美国，还有71%的人不喜欢欧洲，这是苏联解体以来这两项数据的最高值。到达最高点之后，反西方情绪逐渐缓慢回落，相关数据开始平稳下滑，维持在60%左右。一般而言，在俄罗斯与西方国家发生公开冲突时，例如1999年的科索沃问题、2003年的伊拉克问题以及2008年的格鲁吉亚问题，俄罗斯对西方的社会舆论总是会由正面急剧转为负面，而在冲突尖锐阶段过去后，舆论又会恢复至稳定的评价。但是，即使恢复到正常值，俄罗斯的反西方情绪也有深厚基础。长期以来，即使在俄罗斯舆论最积极评价美国和欧盟的时候，俄罗斯人也始终对西方抱有成见。而且这种情绪是在20世纪90年代期间缓慢出现，并在普京上台前就已经形成的。②

问题的关键在于俄罗斯独特论和俄罗斯反美主义对于俄罗斯的国家治理和发展究竟是有正面促进作用还是具有消极意义。俄罗斯的国家定位实质内容可归纳为两点：其一，俄罗斯是世界大国，是多极化世界中独立的一极；其二，俄罗斯是独联体范围内的"超级大国"。普京提出的坚持世界领导权，首先指的是俄在

---

①　См. Парламентская газета, 25 октября 2004 года.

②　Почему мы не любим Америку, Социолог Денис Волков о том, как развивались представления россиян о Западе после распада СССР, https：//www. vedomosti. ru/opinion/articles/2016/04/25/638889-pochemu-mi-ne-lyubim-ameriku.

独联体居"首领"地位，包括波罗的海三国都是俄罗斯的"势力范围"。从这个角度看，决定俄罗斯政策主要和长期起作用的因素是民族主义和爱国主义。但是，俄罗斯国内改革和发展需要和平和合作的国际环境。俄罗斯独特论和俄罗斯反美主义对于营造这种环境将会起何种作用呢？普京未来执政同样面临这一问题。

综上所述，总统人格特质和国家的战略文化深深影响了俄罗斯的对外政策。俄罗斯精英在对外政策的原则与目标上惊人的一致：保持俄罗斯在世界上作为一个不可忽视的国家的地位。正如前外长普里马科夫所说："俄罗斯过去是一个大国，现在仍然是一个大国。像任何大国一样，俄罗斯的政策必须是多向和多面的。""国际局势本身要求俄罗斯不仅是历史上的大国，而且现在也是大国。"这种一致意见认为，虽然俄罗斯的能力有限，但是俄罗斯的有限能力并不能构成其在世界上发挥积极作用的障碍。①

必须强调指出的是，从人格特质与战略文化的视角分析俄罗斯外交决策，本质上还是研究俄罗斯与世界政治的关系。俄罗斯不是一个孤立的个体，领导人人格特质和国家战略文化的形成都是俄罗斯与世界政治在"冲击—反应"的互动中产生的。俄罗斯是世界政治的一部分，世界政治的历史潮流必然对俄罗斯的发展变化产生影响，同时俄罗斯又深刻影响了世界政治的发展变化。这是俄罗斯研究的普遍性问题；但俄罗斯在世界政治历史潮流中或者偏离或者融入，并在这个互动中产生俄罗斯观念，这都是具体时代背景下俄罗斯独特性的体现。这种普遍性与独特性，无疑是俄罗斯研究永恒的话题。

从这种独特性上看，北约东扩和欧盟东扩就是俄罗斯必须面对的问题。俄罗斯传统安全思维一直将邻国看作俄罗斯的安全要义所在。邻国首先是指后苏联空间国家。俄罗斯认为，这些新独立的国家不仅同俄罗斯有特殊的"血缘关系"，而且它们直接关系到俄罗斯自身的安全。中东欧国家向西靠拢，就是这些国家不断疏远俄罗斯的过程。2008 年之前，从俄罗斯的经济和军事实力来看，它只能被动地接受这一过程，通过自己有限的外交努力将其对自己的损害降至最低限度而没有其他的政策选择。2008 年俄格战争和 2014 年克里米亚"回归"，则表明了俄罗斯实施欧亚战略的决心。2014 年俄罗斯新版军事学说明确表示：俄罗斯

---

① Sherman W. "Garnett, Russia's Illusory Ambitions," *Foreign Affairs*, March/April 1997.

面临的主要外部军事危险是北约东扩。扩大北约军力，赋予北约军队全球性职能，使北约成员国的军事设施逐步逼近俄联邦国界,①。建立和扩张破坏全球稳定、损害核弹领域业已形成的实力对比关系的战略导弹防御系统，实施"全球打击"构想，太空军事化，发展非核高精度战略武器，这些问题都是俄罗斯与西方在中东欧地区博弈的焦点。

苏联解体之初，俄罗斯认为冷战结束以后，世界大战和大国之间的战争已不再有可能发生，世界和平的主要威胁来自"侵略性的民族主义"，而这种民族主义恰恰集中在俄罗斯周围。后来随着北约东扩的逼近，俄罗斯又感到对其安全的威胁主要来自西方。在这种情况下，密切同独联体其他成员国的关系，在俄罗斯周围建立"睦邻地带"，就成了俄外交政策"最优先的方面"。与此同时，俄罗斯军队虽然已从中东欧国家撤出，但仍把这一地区视为自己的"利益范围"，不愿完全被从这一地区排出，认为北约和欧盟双东扩的过程是一个不断蚕食和削弱俄罗斯在欧洲传统影响力的过程，因而俄强烈反对中东欧国家加入北约。归根结底，传统战略思维决定了俄罗斯对世界政治环境性质的判断。在 2017 年瓦尔代国际辩论俱乐部论坛上，普京继 2014 年的克里米亚"回归"讲话后，再次发表了关于国际秩序总的看法。② 在俄罗斯精英看来，西方为了彻底消化冷战的"胜利成果"，从政治、经济、意识形态和军事安全各个领域把中东欧国家融入西方体系。显然，俄罗斯与西方在战略目标上存在结构性的矛盾。

围绕俄罗斯与世界之间的政治关系，冷战结束以来，在欧盟始终存在两个对立的战略概念，即欧亚大陆体系和欧美大陆体系。主张欧美大陆体系的观点是希望美国通过北约或各种不同的双边和分区条约更紧密地参与欧洲安全事务。欧亚体系的观点则是建立一个重要的布鲁塞尔—莫斯科轴心，围绕这样一个轴心，欧盟会在俄罗斯的密切配合下发挥更大的安全作用。如果说乌克兰危机之前还有个别中东欧国家主张欧亚大陆体系，那么乌克兰危机后欧美大陆体系已经占据主导地位。从这个意义上说，乌克兰危机对俄罗斯地缘政治环境的影响极为深远。

---

① 　Военная доктрина Российской Федерации（утв. Президентом РФ 25 декабря 2014 г. N Пр–2976），http：//base. garant. ru/70830556/.

② 　Заседание Международного дискуссионного клуба《Валдай》，http：//www. kremlin. ru/events/president/news/55882.

叶利钦时期的主要任务是俄罗斯要留在国际政治体系中。叶利钦政府不断遭遇危机，政治危机和经济危机交互出现。叶利钦首先面临的问题是新生的俄罗斯政权必须尽快解决一些最基本的问题：苏联的法律继承问题（也就是俄罗斯在世界上的法律地位问题）、俄罗斯境内外的核武器问题、与邻国建立关系的问题。俄罗斯不可能延续苏联的外交政策，因为苏联在其生存的末期虽然已濒临解体，但仍然是一个超级大国。俄罗斯难以继承苏联超级大国的地位，甚至对于成为国际秩序的支柱也是徒有大国心态却实力不逮。上述局面恰恰构成了叶利钦总统任期内的外交内涵：避免大国地位的彻底丧失，使俄罗斯至少在形式上仍然身处世界主要大国之列。这项任务有三个组成部分：实现国内政治稳定；实现独联体地区稳定；塑造俄罗斯在国际舞台上的积极角色。表面上维系国际地位的目标得以实现，但是如何把表面上的大国地位转换成真正的国际实力就成了普京所面临的问题。

普京时期俄罗斯与西方的关系历经坎坷：从最初的努力融入西方，到后来的争取实力并立，再到现在与西方的相互对立。为了充实维持国际地位的能力，普京整合了内政外交各种资源，这种策略调整是合理的选择。俄罗斯与西方的关系步步后退，直到2008年8月俄格战争事件，这是后苏联时代终结的标志，后苏联时代的实质是克服苏联解体带来的震荡。由于苏联是以和平的方式解体，事实上直到2013年底发生乌克兰危机，俄罗斯都是在消化苏联解体带来的后遗症。这个后遗症的特征之一是俄罗斯对二十多年来地缘政治撤退的心理复仇情绪。

结合上述时代背景可以更加清楚地看到俄罗斯传统战略思维与总统个人特质在外交政策上的反映。性格鲜明的叶利钦在执政后期几乎是"病夫"治国，但仍体现了某种不受约束的俄罗斯特质，他的使命是要不惜任何代价让国际社会看到俄罗斯在国际舞台上的存在。练习柔道、保持警觉并讲求实效的普京恰恰适合完成俄罗斯巩固阵地、夯实国际地位的任务。① 从这个角度来看，俄罗斯的外交政策即便不是前因后果，至少也是一个互相勾连的整体。两位总统的不同表现正是俄罗斯作为一个国际主体逐渐成长的过程。

总之，从人格特质与战略文化的视角分析俄罗斯外交决策，是研究俄罗斯与

① Федор Лукьянов, Три главы одной истории: президентство как зеркало реальности, http://ria.ru/politics/20110612/386651921.html.

当代世界普遍性与独特性关系的综合性课题，它源于俄罗斯与世界政治的互为影响，作用于俄罗斯与外部世界的互动关系。俄罗斯是世界的一部分，世界政治的潮流深深影响了俄罗斯政治的发展，俄罗斯政治的变化又撬动了俄罗斯与外部世界的关系，形成了俄罗斯独特论的观念。

第十章
国家认同：内政外交的联动性

普京新时期俄罗斯从对内对外两个层面对于主权的概括与普京执政前八年提出的"主权民主"思想一脉相承。普京"主权民主"的着眼点在于新时期俄罗斯的国家认同问题。全球大转型和国内发展新阶段的定位促使新时期普京首要的战略任务是对国家认同的重新定义和强化。伴随国家认同内涵的不断清晰，俄罗斯内政与外交呈现完全的联动性。内在联动性体现为国家认同的传导机制。国家特性和国家治理的路径依赖决定了俄罗斯在国家认同问题上主要面临三组关系的挑战：国家安全利益与社会发展利益的关系；经济现代化与权力结构自主性的关系；政治现代化与政治控制的关系。外部联动性体现为由此形成的国际观及其外溢效应。解决国际格局中力量对比与俄罗斯对于自身认识之间不匹配的关系是俄罗斯国家认同长期存在的问题。俄罗斯政治处于世界政治之中，世界政治的新特点会影响俄罗斯国家认同的变化。

第一节　国家认同建构的历史考察

国家认同是一国对自我身份的明确认识，体现一国之所以区别于另一国的特征。从国内维度而言，国家认同是国民归属感和政治合法性的重要来源；从对外维度而言，国家认同是一个国家相对于国际社会的角色，体现为自我国际定位，反映一个国家的国际观，是一国认识国际秩序的重要思想基础。俄罗斯的国家认同问题是对当今国际局势与世界格局有重大影响的问题之一，但也是不确定因素最多的问题之一。

叶利钦时期俄罗斯经历了国家性观念的形成与发展。在国家性观念的基础上，执政阶层先后提出了巩固国家思想和全民族国家思想，俄罗斯的制度结构与机制运行也相应经历了艰辛探索，俄罗斯为此付出了不寻常的代价。危机与反危机成为叶利钦时期的治理常态。实际上在叶利钦时期国家性构成了俄罗斯社会各阶层的核心观念，这也是叶利钦执政思想的精髓。从某种意义上看，苏联解体前后俄罗斯社会思潮中的欧洲—大西洋主义可以视为国家性观念最终形成的必要条件，巩固国家思想则是国家性观念雏形的标志，而全民族国家思想是国家性观念的官方意识形态表述。

在国家性观念的基础上，叶利钦对于俄罗斯的国家认同有清晰的表述：俄罗斯是一个具有自己利益和发展逻辑的独一无二的国家。从地缘政治观点看，俄罗斯在欧亚大陆占有举世无双的地理位置。从民族观点看，俄罗斯是个多民族的共同体，历史命运把俄罗斯民族和其他民族结合在一起，它们彼此平等，在统一的国家中相互协作。从经济观点看，俄罗斯拥有强大的潜力，包括知识和自然财富潜力，能够保证国家作为主权国而发展，并拥有必要的经济自给能力。俄罗斯的任何重大改革都会对世界产生影响。俄罗斯现在发生的变化也具有全球意义。这些变化是制定世界发展新模式总进程的一种重要而又明显的表现。[①]

俄罗斯的国家利益是其制定对内对外政策战略任务的基础。就内容而言，对内对外政策是个人、社会和国家切身重要利益的集中体现。国家利益及其时间和空间的要求可能随着国内外条件的变化而有所改变。[②] 因此，俄罗斯的国家认同也会发展变化，但是无论如何变化，执政阶层对于俄罗斯国家认同的深化是一个前后连贯的整体过程。

强国战略就是叶利钦时期和普京时期对内认同的核心问题。强国理念到了普京时期被表述得更加直白。普京表示：俄罗斯唯一现实的选择是做强国，做强大而自信的国家，做一个不反对国际社会、不反对别的强国，而是与其共存的强国。强国战略是普京时代内政外交的主线，而强国战略的目的还是维护和巩固俄罗斯的大国地位，这是俄罗斯珍视荣誉观念的映射。2017 年是彼得一世访问法

① О национальной безопасности. Послание Президента Российской Федерации Федеральному собранию，Независимая газета，14 июня，1996 года.

② О национальной безопасности. Послание Президента Российской Федерации Федеральному собранию，Независимая газета，14 июня，1996 года.

国 300 周年。普京面对西方媒体时坦承：彼得大帝始终都在为俄国在国际事务中获得高贵的地位而斗争。①

对外维度的认同则伴随着俄罗斯作为一个国际主体逐渐成长的过程。叶利钦时期的主要任务是俄罗斯要留在国际政治体系中，叶利钦的使命是要不惜任何代价让国际社会看到俄罗斯在国际舞台上的存在，但是随后把表面上的大国地位转换成真正的国际实力就成了普京要面临的问题。普京总统的人格特质恰恰适合完成俄罗斯巩固阵地、充实国际地位的任务。②

进入普京新时期后俄罗斯的国家认同问题被高度重视。2012 年俄罗斯结束"梅普组合"，进入普京新时期。普京新时期一个重要特点是内政与外交相互深刻影响，呈现完全联动的态势。2012 年普京再次执政后在第一次总统国情咨文中就开宗明义地明确提出：21 世纪的世界，面临经济、文明和军事实力的重新洗牌，俄罗斯应当成为一个深具影响力的主权国家。这个主权的含义不仅仅指俄罗斯维持自己在地缘政治方面的影响力，还应继续提高主权能力，这个能力还包括俄罗斯维护独立和安全的军事支柱实力。只有主权能力提高了，俄罗斯才能成为周边邻国可以依靠的国家。与此同时，这种主权影响力对于俄罗斯内部发展也很重要，事关俄罗斯自身经济、文化、科学、教育等领域的发展，涉及俄罗斯外交的整体行动。③

普京新时期对于主权从对内对外两个层面的概括与其执政前八年提出的"主权民主"思想一脉相承。"主权民主"思想就是从内部和外部两个方面来界定政治体制：内部主权的意义是基础和核心，并制约外部主权的意义；但外部主权的意义又加深了对于内部主权意义的认识。

普京重拾这种解读，其着眼点在于新时期俄罗斯的国家认同。这与普京重新执政之初的政治生态密切相关。2012 年普京重返克里姆林宫之际，他对于国际局势与俄罗斯发展形势有明确的界定。普京认为世界发展处于新阶段，这个新阶

① Интервью Владимира Путина французской газете Le Figaro, 31 мая 2017 года, http://www. kremlin. ru/events/president/news/54638.

② Федор Лукьянов, Три главы одной истории: президентство как зеркало реальности, http://ria. ru/politics/20110612/386651921. html.

③ Послание Президента Федеральному Собранию, http://www. kremlin. ru/events/president/news/17118.

段的特点是世界遇到系统性危机，处于全球转型的结构性进程，正在向新的文化、经济、技术和地缘政治时代过渡。"单极世界"已经没有能力维护全球稳定，而新的实力中心尚未形成。普京认为，在这样一个"全球大转型"的时代，俄罗斯的发展也进入一个新阶段。普京将前二十年定义为："俄罗斯的重建时期"和"俄罗斯发展的后苏联阶段"，把未来十年定义为"全球大转型时代背景下俄罗斯处于建立新基础和新素质基础上的新阶段"，俄罗斯必须依靠自身的文明模式、历史地理及文化基因发挥应有的作用。① 既然是全球大转型和国内发展新阶段，俄罗斯首要的任务自然是国家认同的重新定义和强化。

对内和对外两个层面的需要对新时期俄罗斯的国家认同提出了新的要求。综观普京新时期执政理念，普京在国家认同这个层面，从对内对外两个维度，以保守主义传统价值观在俄罗斯、大欧亚和世界三个层次，实现了对意识形态和治国理念的统筹。

在对国家认同内涵不断深入挖掘的背景下，俄罗斯内政外交的联动性出现新的特点。

国际观影响内政举措。从 2016 年 12 月的外交政策构想可以看到，俄罗斯对于国际事务的重大策略出现变化，动用武力实现目的的愿望不断上升。② 2017 年在瓦尔代国际辩论俱乐部（简称瓦尔代）会议上，俄罗斯精英提出：国际秩序的构建是一种"创造性的破坏"③。对外政策的这种变化，对内政产生了深刻影响。俄罗斯内政最突出的特点就是强力部门的重组、强力部门地位的强化和强力人员被重新安置在核心关键岗位。可见，对外政策的变化固化了俄罗斯内政的原有特点。

内政的变化反过来又进一步影响到外交决策。因为内政的变化直接造成俄罗斯国家实力不是建立在金融和经济，而是建立在强力即建立在军事这个基础上的。也就是说，俄罗斯外交首选的国家利益，被强力部门和所谓大垄断企业的部门利益捆绑。这进一步造成俄罗斯出现战略冲动和"用兵"的愿望。

① Россия сосредотачивается‐вызовы, на которые мы должны ответить, https：//rg. ru/2012/01/16/statya. html.

② Концепция внешней политики Российской Федерации, http：//www. mid. ru/foreign _ policy/news/‐/asset_ publisher/cKNonkJE02Bw/content/id/2542248.

③ Заседание Международного дискуссионного клуба《Валдай》, http：//www. kremlin. ru/events/president/news/55882.

俄罗斯的政治、经济、外交完全联动，相互深刻影响。普京刚刚执政的时候还只是着眼于国内，公开表示要解决好内部事务，国际上的大事让其他国家去处理。当前俄罗斯内政、外交、经济完全融为一体，而且调整的空间十分狭小。所以说普京最大的难题不是他竞选连任的问题，而是在其连任之后。

那么，对于俄罗斯国家认同的内在和外部联动性究竟如何认识？国家对外行为与国内政治是以一种双向影响的方式相互联系，这两个领域的问题与行为体往往重合。国际政治理论中用"双层博弈"的概念解释这一现象，就是国家元首在对内与对外两个棋盘上同时进行政治博弈：国际环境和国内环境具有不同的规律，决策者必须做出选择以应对复杂性并决定问题的优先次序。① 俄罗斯在国家认同问题上的发展变化也符合这一规律。然而，俄罗斯还有其特殊性。本章节试图以俄罗斯国家认同建构的历史脉络为引子，初步解读俄罗斯在国家认同问题上的特殊性。

第二节 内在联动性：国家认同的传导机制

研究俄罗斯国家认同问题的价值在于：一方面，通过研究国家认同问题理解俄罗斯内外政策的特点；另一方面，俄罗斯内政外交的举措与理念是否与外部世界对它的认知相匹配也是俄罗斯能否谋求稳定外部环境的关键。一般认为，外因是变化的条件，内因才是变化的根据。国家认同问题固然存在如前所述的双层博弈现象，但是这一现象也需要通过内在的传导机制才能具体发生作用。笔者认为，俄罗斯国家特性和国家治理的路径依赖决定了俄罗斯在国家认同问题上主要面临三组关系的挑战：国家安全利益与社会发展利益的关系；经济现代化与政治权力结构自主性的关系；政治现代化与政治控制的关系。这三组关系存在的矛盾现状与解决方式实际上构成了俄罗斯在国家认同问题上的传导机制。

一 国家安全利益高于社会发展利益

俄罗斯地处世界几大文明的交会处，历史上还是草原帝国的战争通道。按照

---

① 〔英〕克里斯托弗·希尔：《变化中的对外政策政治》，唐小松、陈寒溪译，上海人民出版社，2007，第 257 页。

俄罗斯政治基金会主席尼科诺夫的看法："俄罗斯从东方手里解救了西方国家，又从西方手里解救了东方国家。近千年来，俄罗斯只有一半的和平时期。不是俄罗斯进攻别人，而是别人从四面八方进攻俄罗斯。俄罗斯一直有同样的地缘政治利益，必须捍卫这种利益，如果放弃，俄罗斯就无法存在。这就是问题之所在。"①安全利益高于发展利益，这是俄罗斯国家特性的一个鲜明特点。

在俄罗斯精英的观念里，俄罗斯外交面临的主要任务就是避免国家安全受到威胁。普京认为："苏联解体时，虽然没有写在国际协议里，但是有西方政治家就对我们说：北约不会东扩。德国人提出在欧洲创立一个有美国和俄罗斯参与的新安全体系。如果当时真的那么做了，如今就不会有北约东扩至俄罗斯边界及其军事基础设施朝我们边界挺进这些问题。或许美国也不会单边退出《中导条约》。该条约是当前安全的基石而且或许也是未来的基石。或许美国如今就不会在波兰和罗马尼亚部署反导系统。美国此举必然对我们的军队构成威胁，而且打破了战略平衡，这对于国际安全来说极度危险。可能现在的这些都不会发生。但我们无法回到过去。"②

普京 2012 年再次执政以来，受制于国际秩序的嬗变，俄罗斯内外政策的变化呈现孤立主义的倾向。这种孤立主义不是地缘政治意义上的，而是文化和心理上的。这与苏联时期的体现有所不同。苏联时期是主动建立对立阵营，当前是俄罗斯的举措造成西方的围堵和制裁。俄罗斯孤立主义的倾向和"围城战略"的定位集中体现在 2014 年普京的"3·18"讲话、2014 年 12 月制定的新版军事学说、2015 年 10 月普京在瓦尔代论坛俱乐部的讲话、2015 年 12 月制定的新版国家安全战略、2016 年 11 月的外交政策构想、2016 年的信息安全学说中，上述文件也完成了俄罗斯在军事安全及非传统安全领域的战略规划。

从军事安全看，普京在 2016 年和 2017 年多次与俄罗斯国防部商讨《2025年前国家武装计划（2018～2025 年）》的主要内容。这份文件将确定俄罗斯军队未来七年内新战斗装备和技术的组成和数量。其中，规定俄罗斯国防工业的主要

---

① Никонов Вячеслав Алексеевич, Современный мир: новые реальности, Стратегия России№8, Август 2009.

② Интервью Владимира Путина французской газете Le Figaro, 31 мая 2017 года, http://www.kremlin.ru/events/president/news/54638.

任务是在 2020 年前把武装力量的现代化装备率提高到 70%。核威慑力量和空天防御的发展获得优先权。① 从国家安全和军事力量的建设方向看，未来俄罗斯海军的建设以及争夺在北极的主动权是俄罗斯关注的重点。2017 年 7 月 20 日，普京签署《2030 年前海军活动基本政策》。该文件把美国提出的快速全球打击概念列为国际安全新的挑战，并认为其直接威胁俄罗斯的军事安全。由于在该概念实施中的一个重要角色由美国海军力量承担，因此《2030 年前海军活动基本政策》指出，海军是俄罗斯最有效的战略威慑工具之一。俄罗斯海军的战略威慑体系主要由核威慑和非核威慑组成，海军常规力量在完成战略威慑任务中占有重要地位。俄罗斯海军必须能够在世界海洋的几乎任何区域行动，必须能够在很短时限内部署到新冲突地区，并展示出一种为开展这类行动包括对敌方重要设施实施打击做好准备的状态。② 从信息安全看，2016 年 12 月 5 日普京签署信息安全学说。该学说把从黑客的网战到俄罗斯媒体在境外受到打压都列入信息安全领域。所谓信息战指个别国家动用情报机关散布破坏俄罗斯内政和社会局势稳定的信息。这一信息规模在逐步扩大。③ 2017 年 2 月，俄罗斯国防部还成立了信息作战部队。

俄罗斯不是依靠金融或经济来维持国内安全和政治稳定，事实上，俄罗斯国家治理依靠的是自己一以贯之的手段，这些手段被概括为六大支柱：地缘政治位置、政治控制、国民心态、自然资源、用兵和强力部门。地缘政治位置指俄罗斯与自己想要投放力量的大部分地区都接壤，而且没有地理屏障将它与自己的目标隔开，俄罗斯应以低廉的成本在当地施加各种影响和威慑；政治控制就是指权力结构的"集权化"；国民心态指俄罗斯的荣誉观念；④ 自然资源既指俄罗斯不依赖外界的自给自足能力，又指俄罗斯把资源视为政治武器的能力；用兵指俄罗斯倚重军事战略力量如核武器来协调力量对比和确保领土完整；强力部门指俄罗斯

---

① Как готовилась новая Госпрограмма вооружений на 2018 – 2025 годы, https：//defence. ru/article/poslednii-otschet/.

② Указ《Об утверждении Основ государственной политики Российской Федерации в области военно-морской деятельности на период до 2030 года》, http：//static. kremlin. ru/media/events/files/ru/kYZT53WHh80z5g5bnh6KLUqiYap5YEm5. pdf.

③ Указ Президента РФ от 5 декабря 2016 г. № 646 "Об утверждении Доктрины информационной безопасности Российской Федерации", http：//www. garant. ru/products/ipo/prime/doc/71456224/.

④ 〔俄〕安德烈·齐甘科夫：《俄罗斯与西方：从亚历山大一世到普京》，关贵海、戴惟静译，上海人民出版社，2017。

强大的情报机构等，一直是俄罗斯最牢固的支柱。[1]

无论是在 20 世纪 90 年代俄罗斯的困难时期、2009 年金融危机的调整时期、还是在乌克兰危机后面临西方制裁的艰难时期，俄罗斯的经济都遭遇巨大压力和挑战，金融保障能力减弱。按照西方国家的政治逻辑，这意味着国家实力的衰退，进而会对俄罗斯的国际运筹产生消极影响。然而，至少在普京新时期内，经济实力的下降并没有对俄罗斯对外投放能力产生明显影响。从俄罗斯历史发展的间断性周期特点看，在从衰败到崛起的上升周期内，经济发展问题并不是俄罗斯政治稳定和对外实力的基础。但是必须指出的是，当前这种体制即便是运用军事的手段也只能实现短期的经济目标，从长远来看，在一个科技革命日新月异的时代，"用兵"只能达到一时的目的，而长期的战略目标是难以实现的。

二　经济现代化与政治权力结构的自主性之间存在张力

从全球产业价值链的视角看，俄罗斯本质上并没有深度融入国际经济，只是处于产业链的上游，仍在经济全球化边缘徘徊，出售自然资源和武器与生产高附加值产品之间几乎没有联系。俄罗斯自身经济一体化程度也很浅，这包括与技术链的联系和对生产全过程的参与。这影响了俄国内政治。俄罗斯较浅的一体化进程与国家管理体系的落后紧密相连，各地区各部门无法产生对全新经济形态指导与管理的动力，俄罗斯的经济危机也因而具有政治性质，被认为由管理体系的问题所致。[2]

俄罗斯的发展模式可以分为动员模式、食利者模式、惯性模式和现代化模式。[3] 普京虽然打破了 20 世纪 90 年代寡头的垄断，但由于权力和财富紧密连接在一起，所有权与政治特权关联，俄罗斯能源生意基本上是政治性的。[4] 普京没有通过稳定的法治体系将政治利益和商业利益分开，又催生了一个政治关系广泛

[1]　Lauren Goodrich and Peter Zeihan, "The Financial Crisis and the Six Pillars of Russian Strength," http：//www. russianworldforums. com/viewtopic. php? p＝192.

[2]　Harley Balzer, "Eager Dragon, Wary Bear: Why China and Russia Have Parted Ways," *International Herald Tribune*, September 24, 2007, http：//www. nytimes. com/2007/09/24/opinion/24iht－edbalzar. 1. 7616634. html? ＿r＝1.

[3]　Игорь Юргенс, В ожидании перемен, У России есть четыре пути, один из них－"к золотому миллиарду", Российская газета, 10 января 2008 года.

[4]　"Russia Redefines Itself and Its Relations with the West," *Washington Quarterly*, March 2007, http：//carnegieendowment. org/publications/index. cfm? fa＝print&id＝19111.

的新商人阶层。这是一个财产重新分配和寡头阶层不断变化的循环过程。① 正如梅德韦杰夫指出的：只有实现包括人的现代化在内的全面现代化，才能创新知识和造福民众。这是一种智慧型经济取代资源型经济的过程。② 而这种智慧型经济与政治权力结构的自主运行相关。

普京承认俄罗斯在竞争机制和参与机制上存在弊端，因此公开提出俄罗斯在国家机制发展不成熟的条件下需要优化管理模式，采取"手动管理方式"。关键在于国家治理机制需要逐步改革，"手动管理"只是在一个时期合理，而且"手动管理"与俄罗斯的动员模式相互适应。俄罗斯学者认为，俄罗斯保守派的逻辑所立足的是政治稳定，这是大多数民众的期望，最重要成果是稳定，担心修改"方针"会引发国家混乱。但目前俄罗斯已到了维持原状则可能阻碍现代化发展的时期。在实力强大的反对派缺失的情况下，为了政治稳定而造成政治封闭的趋势在加强，只能通过寻找内部和外部敌人转移对危机的关注。③ 必须指出的是：在已建立起足够稳定的垂直管理体系的现阶段，俄罗斯的发展需要更加富有竞争力的政治和经济空间，只有这样才能更有力地推动经济的发展。④

三 政治现代化的开放性本质与政治控制的路径依赖之间存在矛盾

关于俄罗斯发展道路的争论，原则上甚至依然集中在 1861 年俄国改革前所要解决的那些问题上，首先就体现在必须解决的依然是俄罗斯现代化的类型问题。一种是与社会的智识革命和人的观念转型相互联系，重点是人的现代化，着眼于建立自我管理的公民社会，形成竞争与妥协文化结合的民主制度基础；一种是与工具理性相关，走技术革新的道路。两种现代化的政治绩效差别明显，前者被认为可以为稳定的经济增长和社会发展奠定基础，后者则被认为有可能不断累积矛盾，使现代化进程受挫，并导致向传统社会倒退。

---

① Neil Buckley, Arkady Ostrovsky, "Back in Business—How Putin's Allies are Turning Russia into A Corporate State," *Financial Times*, June 19, 2006.

② Послание Федеральному Собранию Российской Федерации, 12 ноября 2009 года, http: // www. kremlin. ru/transcripts/5979.

③ Игорь Бунин, Кризис в современной России: социально-политическое измерение, http: // www. politcom. ru/7573. html.

④ Игорь Бунин, От 《ручного управления》 к развитым институтам, http: //www. politcom. ru/6462. html.

普京想要做的是第一种现代化的模式。他在 2013 年的瓦尔代俱乐部会议上明确表示：俄罗斯的不可替代性、它在国际舞台上发挥重要作用的能力，不仅由外部，而且是由国内因素所决定。俄罗斯要抗御外来以及内部的挑战，在全球竞争的大背景下获得成就，就必须依靠受过良好教育和富于创造性的民众，而非自然资源或是核武器。① 俄外交和国防政策委员会主席团主席卢基扬诺夫指出，普京的这个理念反映了他的新发展哲学，重视的是人的现代化。若要长期在外交上采取灵活多变的战术方法，俄罗斯需要在内部营造一种氛围，让社会乃至更广义上的人的潜力都发挥出来。军事实力仍是大国捍卫自身不可侵犯的手段，但是在技术和智力领域的竞争才是重中之重，决定着国家在全球的影响力。最重要的竞争是人才的竞争，对人心、智慧的争夺，对创新人才的关注、吸引，为他们实现自我价值创造条件。②

实际上，在 2009 年梅德韦杰夫就提出了俄罗斯的新政治战略，指出俄罗斯全面现代化的核心在于政治现代化，政治现代化的关键在于人的现代化。政权争取社会支持、稳定民众情绪、避免民粹主义激进化的重要途径，是给民情民意的表达提供适当的舆论空间，进行必要的疏导，这是政治现代化开放性本质的基本要求。但是，目前"控制局势"的议题是普京在乌克兰危机后在俄罗斯政治领域的核心任务。而普京也通过在俄罗斯基本政治制度运行机制上进行一系列针对性极强的改革，完全实现了对政治体系的内部控制。这种开放政治与控制局势之间存在矛盾，这种矛盾的张力已经在近年来俄罗斯政治生态中出现。让政治体系各部分间的关系不断改善以避免出现政治退化现象是普京连任之后面临的紧迫问题。

上述三组关系，反映了俄罗斯政治、经济、外交之间的密切关系，是普京在对内对外维度打造俄罗斯国家认同时面临的三大难题。在俄罗斯不仅仅是以前常提的结构改革会带来利益改革，更主要的是现在的一套内政经济外交，完全固化、完全融合、紧密联动，甚至呈现难以改变的一体性，从而导致普京连任之后政策调整的空间不大。

问题的关键还在于，正是俄罗斯的国家认同存在上述三组关系，西方认为俄罗斯是"一头不可能被驯服的熊"。在西方看来，苏联解体后出现了新俄罗斯，

---

① Заседание международного дискуссионного клуба 《Валдай》, http：//www. kremlin. ru/events/president/news/19243.

② Незаменимая держава, https：//ria. ru/analytics/20130920/964803117. html.

其基础建立在它自己的历史上。俄罗斯不会回到国家计划的轨道，但是其经济远不会是竞争性的市场经济；俄罗斯不会接受专制，但是会限制民主；俄罗斯会避免征服性战争，但是又唯恐失掉其权力和威望；俄罗斯将成为令人感到不自在的邻国；它太大而不能忽视它，它又太不一样而不能完全信任它。

在西方看来，叶利钦时期法治缺失，新出现的寡头同政权勾结在一起，并把它的控制权伸展到俄罗斯境内及周边。西方认为车臣的"野蛮战争是一场灾难"，这场战争加强了俄总统和安全机构的地位，同时也割断了叶利钦同虚弱的民主派的联系。新的资本权力和旧的政治权力建立了联盟关系。财富和权力分配不均使俄罗斯出现食利者经济，即资源型发展模式，依赖石油和天然气等产生的能源红利发展经济，缺乏竞争动力。而普京已经注定的长时段执政的现实又让西方思考它们面临的究竟是普京难题还是俄罗斯难题。苏联解体后的俄罗斯不仅受到苏联时期的影响，而且受到沙俄时期几百年的家长式统治的影响，希望俄罗斯迅速成为一个成熟的西方式的民主国家是幼稚的。[①] 但是由于存在上述三组关系的传导机制，在西方看来，俄罗斯难以避免进一步走向孤立主义，俄罗斯数百年历史的国家民族主义观念成为压倒式的社会情绪。普京提出了俄罗斯是一座围城的理念，让民众相信凡是对现政权的反抗都会带来流血和混乱。在西方看来，俄罗斯举行选举不是为了更换权力而是为了保住权力，而这个俄罗斯现象之所以存在，是因为苏联的瓦解不彻底。苏联乃至苏联之前的体系、制度、经济结构和社会习俗的残余在苏联解体后处于休眠状态，普京将其复活并予以加强。[②]

上述西方对于俄罗斯的理解实际上也是美国 2017 年制定"反击俄罗斯法"的深层原因。俄罗斯与西方在三组关系上的不同认识已经在美国乃至西方逐渐累积起深厚的反俄思想和政治基础。西方视野里看到的已经不仅仅是普京难题，更有俄罗斯难题。

---

① 梅德韦杰夫曾经阐释过一个观点："俄罗斯的民主决不能超前。我不认为，我们正处于一种最低级的民主发展阶段。但我们暂时还不是那种已经有了一百五十年、两百年或三百年历史的民主。俄罗斯的民主总共也就二十年。苏联没有民主，沙皇时期同样没有任何民主。因此，我们国家从传统意义上理解有一千多年了，但从民主意义上说，是二十年。" Интервью датской радиове щательной корпорации, 26 апреля 2010 года, http：//www. kremlin. ru/events/president/news/7559.

② Inside the bear, https：//www. economist. com/news/special-report/21708879-when-soviet-union-collapsed-25-years-ago-russia-looked-set-become-free-market.

第三节　外部联动性：俄罗斯的国际观

俄罗斯国家认同的外部联动性体现在由此形成的国际观及其外溢效应。在俄罗斯很多精英看来，世界金融危机爆发后，世界舞台上的力量对比迅速变化。自10 世纪以来，世界政治都是以西方为中心的，但目前西方中心主义正在走向末路。与此同时，国际关系中的军国主义化重新抬头，军备控制体系被摧毁，这对于俄罗斯保障国家安全所倚重的战略稳定是一种巨大影响。从戈尔巴乔夫和叶利钦时期的实践看，俄罗斯（苏联）难以成为西方体系的一部分。所以大部分俄罗斯政治精英都认为，在可预见的未来，俄罗斯的行动别无选择，俄罗斯只能发挥独立力量中心的作用，只能奉行独立的外交方针。[①]

随着俄罗斯提出"大欧亚"思想，俄精英阶层提出，应该建立当代的维也纳体系。维也纳体系是 1815 年在拿破仑战争后召开的维也纳会议上确立的，是遵循均势原则构建欧洲大陆的均势秩序。这种体系 19 世纪就存在了，1814 ~ 1914 年被称为欧洲大国协奏曲时代，其基调是在力量和利益平衡的基础上设立共同的游戏规则。俄国内遵循均势原则，逐渐明确地提出很多外交倡议，例如构建"大欧亚伙伴关系"，就需要协同各方的努力和具体优势来实现共赢。[②]

俄罗斯之所以提出新的外交倡议，与俄罗斯国际观的变化不无关系。2014年瓦尔代会议的主题是"世界秩序：新规则还是无规则"，2015 年为"在战争与和平之间：跨越冲突的逻辑"，而 2016 年瓦尔代会议的目光更为远大，它的主题是"未来在形成中：塑造明天的世界"。这些主题明显与俄罗斯极为关切的国际定位紧密相关。普京在论坛上表示：从实质上说，全球化本身已岌岌可危，欧洲多元文化主义政策也已破产。[③]

既然全球化处于危机中，俄罗斯希望按自己的构想重塑全球格局与秩序。卢

---

① Никонов Вячеслав Алексеевич, Современный мир: новые реальности, Стратегия России№8, Август 2009.

② Сергей Караганов, От поворота на Восток к Большой Евразии, Международная жизнь, 5 номера 2017 года, https://interaffairs.ru/jauthor/material/1847.

③ Заседание Международного дискуссионного клуба 《Валдай》, http://www.kremlin.ru/events/president/news/53151.

基扬诺夫认为，全球化遭到来自两个方面的挑战：其一，当前世界秩序的构建是由西方主导的，很多国家并没有发挥作用，因此这个世界秩序是不公正的；其二，得到俄罗斯支持的西方国家反建制派的政治力量也抵制全球化，认为它不是普惠于大多数人的制度安排。这两股趋势阻碍了国际经济和安全合作。① 在此基础上，俄罗斯对于重建世界格局的声音不在少数。第一，宣称用世界新秩序取代美式寡头秩序，认为世界出现两个对立的进程，一个是美国领导人的霸权秩序，一个是创造没有美国霸权的世界秩序。也就是说，伴随着不可避免的混乱，世界从多极走向两极的趋势开始形成，一极以美国为中心，另一极在欧亚。第二，国际关系体系的治理水平下降已成为现实话题，以各种规则为准绳的世界秩序基础正在瓦解。从更广泛的意义上说，美国独霸的单极世界秩序正在成为过去。这一秩序还是引发大规模动荡的根源，这在很大程度上表现为美国积极参与别国的政权更迭。愈演愈烈的中东乱局即是这种错误做法的例证。但是令人担忧的问题是，以美国为中心的秩序将被什么样的秩序所取代。第三，在国际秩序调整的关键时期，包括美国在内的许多发达国家正在发生的重大政治变动加剧了这种担忧。俄罗斯致力于恢复自己的硬实力，俄罗斯将是新的国际秩序的支柱之一，这种新的国际秩序要比美国主导下的世界更为稳定。②

在 2017 年瓦尔代论坛上，普京继 2014 年的克里米亚"回归"讲话后，再次发表了对国际秩序的总看法：第一，西方在冷战中取得地缘政治胜利；第二，西方在 20 世纪的许多成果是在应对苏联的挑战中取得的，包括在西方国家提高生活水平、建立强大中产阶级、改革劳动市场和社会领域、发展教育、保障人权、消除种族歧视等；第三，冷战结束后，本来出现了真正翻开历史新篇章的独一无二的机会，但是西方在分享苏联的地缘政治遗产后，坚信自己的绝对正确性并以冷战"胜利者"自居，公开干涉主权国家内政、输出民主，就像苏联当年向全世界输出社会主义革命一样；第四，俄罗斯遭遇了势力范围的重新划分和北约东扩，这是俄罗斯与西方之间失落的二十五年，错失了大量改善关系的良机，造成

---

① Richard Weitz, "Russia Wants to Remake Globalization in Its Own Image," November 24, 2016, https://www.hudson.org/research/13192-russia-wants-to-remake-globalization-in-its-own-image.

② Сергей Караганов, Взаимное гарантированное сдерживание, 22 февраля 2017 года, http://www.globalaffairs.ru/pubcol/Vzaimnoe-garantirovannoe-sderzhivanie-18608.

俄罗斯与西方互不信任；第五，全球不平衡进一步加剧。①

　　普京的观点与 2017 年瓦尔代论坛的主题异曲同工。2017 年瓦尔代论坛的主题是"创造性破坏：新国际秩序是否会从冲突中产生？""创造性破坏"取自熊彼特的《经济发展理论》，指创新不断地从内部革新经济结构，即不断破坏旧的、创造新的结构。通过创造性地打破市场均衡，才会出现企业家获取超额利润的机会。瓦尔代论坛选取"创造性破坏"作为对新国际秩序的期许，很难不让人想到对现有国际秩序推倒重来的潜在意图。

　　影响俄罗斯领导人思想的也来自冷战结束以后美国对俄罗斯不公正甚至背信弃义的政策。比如，从俄罗斯的角度来说，1995 年以后俄罗斯与外部世界关系正常化的机会在 1999 年美国轰炸南斯拉夫后就已消失，虽然普京在"9·11"事件后再次试图恢复对美关系，但没有成功。随之而来的是新一波北约扩张和美国退出《中导条约》。即使 2009 年俄美关系试图重启，也在利比亚事件后功亏一篑。②

　　美国对俄罗斯接触制衡政策的着眼点在于三个方面：一是使俄罗斯在美国和国际社会关注的战略稳定及反恐等广泛问题上给予合作；二是通过一些对俄罗斯政治的影响手段使得俄罗斯朝着政治多元化和符合国际贸易准则的市场经济方向转型；三是把俄罗斯作为一个维持现状的大国融入国际战略秩序中。但是，在俄罗斯的精英看来，俄罗斯理应在欧洲及全球政治中占据地位，西方却拒绝承认。西方一直在推行所谓的胜利者政策，采取综合性手段，挤压俄罗斯的势力范围和商品市场，通过北约东扩来延展自身的政治及军事控制区，并借助欧盟的扩大实现政治方面的壮大。因此，尽管代价高昂，但是在俄罗斯学者看来，俄罗斯在危机中对乌克兰的政策相当成功。"兼并"克里米亚激发了民族自尊和爱国主义，让人感到现实威胁的制裁把社会大众和克里姆林宫精英团结在一起。最重要的是，俄罗斯反西方的政策变得积极主动，而不像过去那样消极被动。③

　　与内在联动性一样，外部联动性体现出的国际观并没有对俄罗斯谋求稳定的外部环境起到实质作用。

　　在西方看来，俄罗斯放弃了要成为一个替代全球资本主义秩序体系的意识形

①　Заседание Международного дискуссионного клуба《Валдай》，http：//www. kremlin. ru/events/president/news/55882.

②　Сергей Караганов，Долгая конфронтация// Известия，3 сентября 2014 г. .

③　Сергей Караганов，2014：Предварительные итоги. http：//svop. ru/main/13459/.

态领导者或者另一种军事与政治集团的地缘政治领导者的想法，却没有放弃其作为文明国家的身份和成为全球领导者的愿望。对于西方国家来说，俄罗斯既不是当然的敌人，也不是天然的朋友。俄罗斯有克制地做出调整以适应国际体系，其战略目标很清楚：融入而不加入，但融入国际体系的速度及形式要根据俄罗斯的意愿。普京任内的俄罗斯寻求进入国际体系的核心，并且是按照自己要求的条件进入核心，从而试图重新确定核心国家的霸权结构。① 俄罗斯不仅想恢复其"帝国"，而且想重新获得超级大国地位。凭借经济手段，俄罗斯是无法达到后一目标的，实力和影响力的实现形式是"帝国"辉煌和军事力量。俄罗斯的世界强国要求一贯依靠的是军事能力。② 俄善于布局和用兵，但缺乏具有连贯性的经济战略，这个事实从根本上导致俄罗斯无法长久维持其所谓大国的地位。俄罗斯既没有融入自由秩序，也没有自己的可行替代方案。军事力量或娴熟的外交手段可以但只能在很短时间内掩盖自身经济问题。如果没有一个更加强有力的经济基础，俄罗斯雄心与实力之间的差距将继续扩大。俄与国际经济一体化的特征能够解释俄罗斯在世界格局中的地位，而且对俄罗斯今后发展轨迹也具有深刻影响。没有深度参与国际一体化进程，就难以真正持续发挥影响。③

俄罗斯国际事务委员会主任科尔图诺夫认为，尽管普京希望缓解紧张局势，但他并不愿向西方做出重大让步，因此与西方的紧张关系虽不会升级，但也很难期待出现突破。④ 乌克兰危机后西方也基本对普京及普京体制形成统一看法。在西方看来，首先，普京放弃已经取得成果的可能性很小。其次，西方也对进一步施压普京可能产生的效果不抱多高的期望。最后，只要俄罗斯仍然觉得西方的压力是暂时的，在制裁措施问题上西方可能陷入分歧，那么俄罗斯政权更迭的可能性就更小。⑤

① Richard Sakwa, "'New Cold War' or Twenty Years' Crisis? Russia and International Politics," *International Affairs* 2, 2008.

② R. Pipes, "Is Russia still an Enemy?" *Foreign Affairs*, September/October, 1997.

③ Harley Balzer, "Eager Dragon, Wary Bear: Why China and Russia Have Parted Ways," *International Herald Tribune*, September 24, 2007, http://www.nytimes.com/2007/09/24/opinion/24iht-edbalzar.1.7616634.html?_r=1.

④ Сергей Строкань, Павел Тарасенко, "Валдаю" и миру-Владимир Путин назвал основные причины кризиса в международных отношениях, http://www.kommersant.ru/doc/3127448.

⑤ Kimberly Marten, "Putin's Choices: Explaining Russian Foreign Policy and Intervention in Ukraine," *The Washington Quarterly*, Summer 2015.

与孤立主义相互关联的是反美主义思潮。从 20 世纪 90 年代中期开始，俄罗斯民众对西方的负面评价出现增长。1996 年，只有 6% 的俄罗斯人把美国看作敌人。2001 年，美国在俄罗斯社会意识里的形象存在两面性，持肯定态度的人占上风，61% 的受访者认为美国富有，51% 的人认为它是军事强国，18% 的民众支持美国是一个民主国家；但负面评价也同样不少，51% 的俄罗斯人认为美国随便干涉别国内政，40% 的人认为美国试图攫取全球财富。之后有关美国形象的评价开始从平衡状态略微向负面看法倾斜。从 2008 年起，美国在俄罗斯的敌人排名中始终排在第一，35% 的受访者一直持这种观点。2014 年乌克兰危机后，这一数字达到 65%，俄罗斯的反美主义达到高峰。现在虽有回落，但依然还有 46% 的民众持这种观点。①

俄罗斯精英把全球化与美国化相提并论，常常把它看作对俄罗斯未来的威胁。国内强力阶层政治地位的增加又进一步加深了反西方主义的社会情绪。尽管如此，俄罗斯可能受到孤立和走向孤立的最大威胁还是来自自身，来自其内部。在俄罗斯，20 岁左右也就是"千禧一代"年轻人被称为"普京一代"。"普京一代"尽管对开放政治有强烈诉求，但是他们希望看到自己的国家重新成为独立于欧洲—大西洋共同体之外的强大国家，相当多数的青年人潜意识里具有反美思想。②

对此，俄罗斯瓦尔代国际辩论俱乐部的专家认为，在对外关系上俄罗斯应该理解国际局势出现的新变化，防止战争，利用发展的新机遇。具体而言，俄罗斯与欧洲的关系出现两种趋势。一方面，俄欧建设共同经济空间的一体化动力减弱，甚至需要重新界定共同价值观，为一体化协作寻找新的基础。另一方面，在欧洲安全问题上无法达成一致的前提下，首先应恢复俄德法的轴心关系，其次向欧盟个别国家提出与"大欧亚"一体化项目开展合作的特殊机制。在俄美关系上，当前的对抗性是常态，但应避免成本高风险大的正面对抗。"后苏联空间"

① Денис Волков, Почему мы не любим Америку - Социолог Денис Волков о том, как развивались представления россиян о Западе после распада СССР, 24 апреля 2016 года, https：//www. vedomosti. ru/opinion/articles/2016/04/25/638889 - pochemu - mi - ne - lyubim - ameriku.

② Sarah E. Mendelson, "Generation Putin—What to Expect From Russia's Future Leaders," *Foreign Affairs*, January/February 2015.

这个概念越来越不适用于描述新独立的国家。各国差异性较大，需要俄罗斯更好地理解各国不同的政治文化动态，才能更好地设计俄罗斯的"大欧亚"外交项目。乌克兰危机是俄罗斯面临的最棘手的外交难题。乌克兰局势对俄罗斯内政有直接影响，同时又是俄罗斯与西方改善关系的最大障碍。俄罗斯采取积极进取的乌克兰政策又过于耗费俄罗斯的资源。俄罗斯也不应把乌克兰问题的解决建立在期待欧美在该问题上产生矛盾的基础上，事实上，欧美非常珍视双方在乌克兰问题上所秉持的价值观共识。在欧亚大陆的中部地区发展程度落后是俄罗斯面临的挑战。将俄罗斯军事实力的运用与政治意愿结合起来才是实现外交成就的真正表现。①

总起来看，在新的政治周期内俄罗斯外交在很大程度上会管控与西方矛盾，将俄美关系稳定在一种可控的对立状态中。这主要是因为，对于任何国家而言，为国内发展创造良好的外部条件，都是重要的外交原则。从根本上说，旷日持久的经济落后将对国家主权形成日益严峻的威胁，并压缩俄罗斯在外交领域合纵连横的空间。②

虽然俄罗斯幅员辽阔，自然资源丰富，具有长期潜力，但是苏联解体后俄罗斯所面临的经济、军事和政治缺陷直接约束了俄罗斯在国际上的作用。从短期看，俄罗斯的问题和解决办法之间存在的矛盾会限制俄罗斯的国力。除俄罗斯力量所受到的物质约束外，还有一种最难用数量表示然而也许是最有约束力的理念约束，即俄罗斯对外政策的目标与可利用的手段不相匹配。因此，俄罗斯国家认同问题的真正局限性在于俄罗斯力量受到的约束，这种约束体现在俄罗斯的雄心和能力之间的张力方面。解决国际格局的力量对比和俄罗斯对于自身认识之间不匹配的关系是俄罗斯国家认同长期存在的问题。③

世界的经济问题已经进入社会和政治阶段。2008年经济危机以来，世界各主要经济体利用金融化刺激经济活动反而导致生产力增速放缓。世界经济增长萎靡不振。经济问题揭示了长期存在的社会问题。核心是不平等和财富集中的现象

---

① Пример ответственного лидерства: вызовы для внешней политики России в 2018 году, http://ru. valdaiclub. com/events/posts/articles/primer-otvetstvennogo-liderstva-2018/? sphrase_id=34800.

② Внешняя политика России: взгляд в 2018 год, http://russiancouncil. ru/forecast 2018.

③ Sherman W. Garnett, "Russia's Illusory Ambitions," *Foreign Affairs*, March/April 1997.

愈加严重。

在俄罗斯看来，全球化出现的世界最富裕阶层与其他人的差距扩大这个趋势放大了以下问题：国际贸易减速限制了发展中国家的收入增长和扶贫工作，而不平等的加剧则同时削弱了民众对全球化和国内国际贸易扩张努力的支持。[1] 皮凯蒂认为，经济不平等的趋势，是资本主义与生俱来的特征。不平等其实与贫困关系不大，因为贫困与经济增长和社会平均收入有关，而不平等从根本上看与财富分配有关。问题在于政治家应更多关注财富分配，研究解决不平等的核心问题，而不是仅仅关注经济增长与自由市场。持续的现代化进程反而使经济和政治力量集中于寡头集团手中，俄罗斯同样存在这个问题。总之，这些问题现在已经进入政治阶段，表现就是全球民粹主义的反弹。

在西方，民粹主义的根源在于全球化没能给工人阶层带来更多的红利，导致美国和欧洲右翼民粹主义、排外主义的兴起。在俄罗斯，它的根源在于俄罗斯认为西方原来是不愿意现在是没有能力把俄罗斯作为平等的伙伴纳入西方体系，导致仇外主义和反西方主义兴起。英格尔哈特认为，当代世界政治的新特点，或者说未来政治的关键问题是，大多数人如何以及何时才能形成共同利益的意识。

普京对此极为谨慎。在 2016 年 10 月的瓦尔代国际辩论俱乐部年会上，普京发表演讲时认为，表面上看，大多数国家具备民主的所有元素，但事实上，大部分公民并不具备对政府决策的影响力。精英对于正确发展方向的看法越来越与普通民众的意见南辕北辙，这导致的后果是全民公决、选举的结果越来越令政府始料不及，人们在投票时，经常与正统的官方媒体的建议背道而驰，也跟所谓的体制内政党的呼吁唱反调。[2] 2016 年 12 月 1 日，普京发表总统国情咨文，以杜马选举开篇大谈社会团结，政治潜台词就是要强化社会的共同利益意识，目的就是如普京在咨文中所提出的：俄罗斯要警惕民粹主义，防范无政府主义的乱局。[3]

---

[1]　Richard Weitz, "Russia Wants to Remake Globalization in Its Own Image," November 24, 2016, https：//www. hudson. org/research/13192–russia–wants–to–remake–globalization–in–its–own–image.

[2]　Заседание Международного дискуссионного клуба 《Валдай》–Владимир Путин принял участие в итоговой пленарной сессии XIII ежегодного заседания Международного дискуссионного клуба 《Валдай》, http：//www. kremlin. ru/events/president/news/53151.

[3]　Послание Президента Федеральному Собранию, http：//www. kremlin. ru/events/president/news/53379.

俄罗斯总是对自己面临的问题有独特的见解，对自己的国家认同有基于自身历史与传统的认识。但是俄罗斯政治处于世界政治之中，世界政治的新特点会影响俄罗斯国家认同的变化。未来世界政治的新特点能在多大程度上影响俄罗斯的国家认同并推动其内政外交联动性的发展和变化，值得继续观察。

第十一章
中俄关系：历史演变与发展方向

2019 年是中俄建交七十周年。七十年间世界发生了根本变化，中俄两国面貌也发生了巨大变化。但无论国际风云如何变幻、国内政治如何变化，中俄双方都已从七十年关系的曲折历程中得出明确结论："合则两利，斗则两伤。"中苏对抗的二十年就是两国落后世界的二十年。"邻居不可选择"，这是苏联解体以来中俄关系发展的基本逻辑框架。

过去的七十年，国际风云变幻，中国与俄罗斯的关系经历了中苏关系和中俄关系两个大的历史阶段。1989 年，中苏关系实现正常化。1991 年苏联解体后，面对复杂的国际和国内形势，中俄关系排除了各式各样的干扰，克服了面临的种种困难，按既定的方向稳步地向前发展。1992 年，中俄宣布双方"互视为友好国家"；1994 年两国关系上升到"面向 21 世纪的建设性伙伴关系"；1996 年双方宣布建立"平等与信任的、面向 21 世纪的战略协作伙伴关系"。五年之内，中俄关系连续迈上了三个台阶。2001 年中俄签署《中华人民共和国和俄罗斯联邦睦邻友好合作条约》，着眼两国人民的愿望，顺应合作共赢的时代发展潮流，开创性建立新型国家关系，其基础是相互尊重、平等信任。2011 年建立平等信任、相互支持、共同繁荣、世代友好的全面战略协作伙伴关系，2014 年中俄全面战略协作伙伴关系进入新阶段。2017 年中俄关系设立新议程，双方提出建立欧亚经济伙伴关系。2019 年 6 月，习近平主席访俄宣告中俄战略协作伙伴关系进入新时代。

实践证明，中俄建立和发展战略协作伙伴关系，不仅为两国人民带来了实实在在的利益，也有利于世界的和平与发展。新的历史条件下，双方将致力于进一步发展和巩固平等信任、相互支持、共同繁荣、世代友好的中俄全面战略协作伙伴关系，推动深化政治互信、务实合作、安全合作、人文交流、国际协作。

第一节　新时期中俄关系的过渡与提升

近代以来，尤其是在 20 世纪上半叶，没有一个国家能够像苏联那样，对中国的发展产生如此巨大而又深远的影响。同样，中国外交思想的变化也对俄罗斯（苏联）的战略选择产生了难以回避的重大影响。可以说，中俄（苏）关系是一对特殊的大国双边关系。在不同的历史时期，由于国内外环境的变化，中国外交思想也相应地出现调整，在每次调整中，俄罗斯（苏联）在中国外交政策中的地位和作用均有所不同，所以，从中国外交政策的演变来研究中俄关系可以从深层次上解析两国关系的发展变化。

一　新时期中俄关系顺利过渡与提升（1992～1996 年）

20 世纪 90 年代，随着冷战结束、两极格局瓦解，各种力量重新分化组合，世界朝着多极化方向发展，国际环境表现出不同于冷战时代的新特点。邓小平提出了"冷静观察，稳住阵脚，沉着应付，韬光养晦，善于守拙，决不当头，有所作为"的战略方针[①]，使中国在复杂纷繁的国际环境中坚持走中国人民自己选择的道路，保持国家的稳定和经济高速发展，灵活地处理了复杂的国际关系。中国以共同利益为基础，以互不对抗为前提，以不结盟、不针对第三国为要求，以接触与对话为形式，以协商与合作为目的，切实地发展中国与一切国家之间良性互动的双边外交关系。

1991 年 12 月 25 日，苏联宣布解体。俄罗斯成为苏联的继承国，中苏关系变成了中俄关系。12 月 27 日，中国代表团到达莫斯科。中俄双方达成下列协议：两个《中苏联合公报》规定的基本原则仍是中俄两国关系的指导原则；中苏签署的条约和外交文件继续有效；中苏间正在进行的两个谈判，即边境地区裁减军事力量、加强军事领域信任的谈判和边界谈判，将继续进行下去。

1992 年 12 月 17～19 日，俄罗斯总统叶利钦访问北京。中俄双方发表了《关于中华人民共和国和俄罗斯联邦相互关系基础的联合声明》，两国宣布"互

---

① 《江泽民思想年编（1989～2008）》，中央文献出版社，2010，第 66 页。

视为友好国家"。此后，两国在政治、经济、军事、科技和文化等各个方面的交往日益活跃。1994 年 9 月 2 ~ 6 日，中华人民共和国主席江泽民访问俄罗斯。双方宣布两国关系为"面向 21 世纪的建设性伙伴关系"，其内涵是：中俄睦邻友好关系不因国际和两国国内形势的变化而变化，具有长期性和稳定性。访问期间，双方还签署了《中华人民共和国和俄罗斯联邦关于中俄国界西段的协定》（简称《中俄国界西段协定》）。

1996 年 4 月 24 ~ 26 日，叶利钦总统再次访问中国。双方把两国关系又提高到"平等与信任的、面向 21 世纪的战略协作伙伴关系"。中俄战略协作伙伴关系的核心是：两国为维护自己的国家主权、领土完整和民族尊严，为加强两国的全面合作、实现共同发展，为推动世界多极化、民主化和建立公平合理的国际政治经济新秩序而密切合作。会晤期间，中国、俄罗斯、哈萨克斯坦、吉尔吉斯斯坦和塔吉克斯坦五国（"上海五国"）元首签署了《中华人民共和国和俄罗斯联邦、哈萨克斯坦共和国、吉尔吉斯共和国、塔吉克斯坦共和国关于在边境地区加强军事领域信任的协定》，从而为中国与这些国家边境地区的非军事化和透明化奠定了政治和法律基础。

1992 ~ 1996 年，中俄关系连续上了三个台阶：从"友好国家"发展到"建设性伙伴关系"，又发展到"战略协作伙伴关系"。

二　中俄战略协作伙伴关系的充实和提高（1997 ~ 2012 年）

随着中俄战略协作伙伴关系的构建，中俄关系取得重大进展。

一是实现了两国元首、议长、总理会晤和其他有关部门交往的制度化、机制化。两国各个层次、各种渠道的经常对话，特别是领导人之间的高层接触和磋商对推动两国关系的发展、深化和加强各个领域的合作，发挥着决定性的作用。

二是 2001 年 7 月 16 日，江泽民主席和普京总统签署了《中华人民共和国和俄罗斯联邦睦邻友好合作条约》（简称《中俄睦邻友好合作条约》）。条约概括了过去十年中俄关系的主要原则、精神和成果，将两国长期睦邻友好、互利合作的关系用法律形式巩固下来，是指导 2020 年以前中俄关系发展的纲领性文件。

三是在中俄的推动下，"上海五国"元首从 1996 年开始举行定期会晤。2001 年 6 月，"上海五国"和乌兹别克斯坦六国元首宣布成立"上海合作组织"。

四是彻底解决了两国边界问题。2004 年 10 月 14 日，双方签署了《中华人民共和国和俄罗斯联邦关于中俄国界东段的补充协定》（简称《中俄国界东段补充协定》），连同《中苏国界东段协定》（1991 年）、《中俄国界西段协定》一起，将长达 4300 多公里的中俄边界线全部确定下来。

五是在国际上密切协作。1997 年、2005 年，两国元首两次专门就国际形势发表联合声明。在推动世界多极化、民主化，维护世界和地区的和平与稳定方面，在涉及各自核心利益的问题上，两国相互借助，相互支持。[1]

三　中国特色大国外交与全面战略协作伙伴关系的新阶段（2012 年至今）

党的十八大以来，以习近平同志为核心的党中央纵览国际形势全局，探索出一条成功的中国特色大国外交之路。中俄关系作为中国外交的优先方向，通过两国元首多年来高瞻远瞩的战略引领和顶层设计，取得了长足发展。

2013 年，习近平当选中国国家主席后，普京总统是与习近平主席通话的首位外国元首，俄罗斯也是习近平主席出访的首个国家，从而成功开启了中俄关系发展的新篇章。2013 年 3 月 22～24 日，国家主席习近平对俄罗斯进行国事访问，标志着平等信任、相互支持、共同繁荣、世代友好的中俄全面战略协作伙伴关系提升至新阶段。两国元首批准了《〈中俄睦邻友好合作条约〉实施纲要（2013～2016 年)》，签署了《中华人民共和国和俄罗斯联邦关于合作共赢、深化全面战略协作伙伴关系的联合声明》，宣示了中俄在两国战略协作及重大国际问题上的立场主张。

中俄全面战略协作伙伴关系进入新阶段的时代背景是中俄都处在民族复兴的重要时期，两国关系已进入互相提供重要发展机遇、互为主要优先合作伙伴的新的历史时期。实现民族复兴的战略任务决定了创造经济发展所需要的良好外部环境均是中国和俄罗斯的重中之重。中俄是毗邻而居的核大国，双方如果不能建立睦邻友好关系，就不可能实现各自的战略任务。

在习主席这次访问中，中俄双方在联合声明中重申：双方支持对方自主选择发展道路和社会政治制度的权利，在涉及对方主权、领土完整、安全等核心利益问题上相互坚定支持。俄罗斯出台《2020 年前俄罗斯创新发展战略》的意识形

---

[1]　李静杰：《中俄战略协作和中美俄"三角关系"》，《俄罗斯东欧中亚研究》2014 年第 4 期。

态基础——"主权民主"思想认为，俄罗斯的发展必须考虑本国的历史传统和民族特点，这同中国一贯坚持的原则是一致的。中俄两国都认为，每个国家的人民有权从自己的国情出发，在没有外来干涉的情况下，独立自主地选择社会制度、发展道路和模式。

在涉及国家主权、领土完整等国家核心利益问题时，中俄双方一直相互支持。例如，中国支持俄罗斯打击车臣分裂主义势力，维护国家统一所采取的行动，对俄罗斯加强同独联体国家关系的政策表示理解和支持。俄罗斯完全支持中国在台湾问题上的立场，强调台湾是中国领土不可分割的一部分，反对任何形式的"台湾独立"，反对外部势力干涉台湾事务。总之，在发展道路的根本问题上，中俄两国共识的加深，对于加强相互信任、夯实战略协作伙伴关系的价值基础具有重要意义。

在战略协作上中俄双方提出要在国际与地区问题上加强合作。

第一是关于国际新秩序的内涵。中俄战略协作关系的核心任务之一是在后冷战时代建立有利于和平与发展的国际新秩序，因此中俄通过讨论决定增强政治互信，维护两国共同的利益，建立两国在一系列国际与地区安全问题上的理论共识和价值共识。在习主席此次访问中，中俄双方就建立一个什么样的国际新秩序达成共识，即遵循平等互信、包容互鉴、合作共赢的原则，携手促进和平与稳定，推动共同发展与繁荣，建设公正、民主、和谐的世界秩序。遵循《联合国宪章》的宗旨和原则，坚持国家不分大小、强弱、贫富一律平等，推动国际关系民主化，反对各种形式的霸权主义和强权政治。

第二是关于俄美关系对中俄关系的影响。在维护国家和地区安全方面，中俄摒弃了传统思维，不再走扩充军事力量、建立军事同盟的老路，而是树立以互信、互利、平等、协作为核心的新安全观。在联合声明中，中俄双方表示，推动建立以互信、互利、平等、协作为基础的普遍平等、不可分割的新安全观，坚持用和平方式而不是战争手段解决国际争端和冲突。反导问题是俄美之间存在的结构性矛盾，美国不会在这方面做实质性让步，这会严重影响俄美之间的战略互信，使俄罗斯始终对美国有防范心理，导致俄罗斯在总体战略态势上倾向于中国。这次中俄在联合声明中指出，深化在反导问题上的相互理解、协调与合作，呼吁国际社会成员在反导部署以及开展反导合作问题上慎重行事，反对一国或国家集团单方面、无限度地加强反导部署，损害战略稳定和国际安全。

第三是关于美国战略重心东移对中俄关系的影响。美国战略重心东移虽然为俄提供了战略机遇期，但客观上对俄罗斯在亚太的利益也是一种排挤。当前，朝核危机刺激亚洲军备扩张，美日、美韩军事同盟更加紧密，美国乘机在亚洲部署反导系统，严重威胁中国国家安全。同时，上述举措加强了俄罗斯一贯反对的美国全球反导体系部署，破坏了俄罗斯与美国在东北亚地区的军事力量平衡。中国需要加强与俄罗斯的磋商与合作，并探讨中俄在亚太领域反导与军技合作的可能性。东北亚冷战结构是美国在这一地区赖以存在的基础，朝鲜半岛的分裂是其中的关键环节，与美国坚持以对抗、遏制、制衡等为内容的冷战思维不同，中俄双方都积极倡导和实践新安全观。在东北亚地区，中国需要与俄罗斯加强战略磋商，积极推动建立符合新安全观的和平稳定机制，建立对话和协商机制，化解矛盾，缓和关系，避免对抗。在习主席的这次访问中，中俄双方积极探索在亚太问题上的利益契合点，达成了重要共识，促进了双边关系的进一步发展。双方指出，亚太地区在全球事务中的作用日益上升，深化区域合作是巩固世界多极化和建立新型亚太地区国家间关系的关键因素。双方认为，团结地区各国力量，共同应对全球和地区问题，维护地区和平与稳定，促进地区共同发展，在遵循国际法基本原则的基础上，在亚太地区建立开放、透明、平等、包容的安全和合作架构，是当前本地区的首要任务。双方坚信，不可分割的安全体系是上述架构的基本原则。双方认为，要继续鼓励地区相关国家通过双边对话和协商，妥善解决它们之间存在的分歧。双方同意继续开展工作，争取尽早通过《东亚峰会关于加强亚太区域安全合作的原则宣言》。双方愿就推动通过该宣言与各方保持对话，听取各方的建设性意见和观点。

第四是关于中俄在中亚地区的合作问题。自金融危机以来，中国已取代俄罗斯成为中亚的最大贸易伙伴。中国愿意借助上合组织的框架来进一步推动地区经济融合和投资。但是，中俄之间存在着客观的地缘政治竞争，这种竞争将随着中国越来越多地进入中亚国家市场而加剧。这个领域客观上形成的竞争态势是当前中俄关系中的利益摩擦点。俄罗斯担心中国日益增强的经济力量会增加中国对中亚的政治影响力，而规避和消解俄顾虑的方法是进一步加强与俄罗斯的战略协作伙伴关系。在习主席的此次访问中，中俄双方具体规划了深化务实合作的重点领域和目标。经济合作追求量和质的平衡发展，宣布双边贸易额 2015 年前要实现 1000 亿美元，2020 年前达到 2000 亿美元，并促进贸易结构多元化。在深化能源、高科技、投资、军技等诸多领域的合作方面也取得了实质性的突破，这必将使两国互利合作提升到崭新的水平，实现共同提升两国综合国力和国际竞争力的目标。

第五是关于上海合作组织的发展。双方主张进一步发展上海合作组织，加大对恐怖主义、分裂主义、极端主义、毒品贩运、跨国有组织犯罪的打击力度，确保国际信息安全；赋予上海合作组织地区反恐怖机构打击毒品贩运等新职能，并在此基础上成立上海合作组织应对新威胁新挑战的综合中心；加强经济合作，特别是交通、能源、通信、农业等领域的合作，积极推动建立有效融资保障机制；支持上海合作组织奉行开放原则，扩大同其他国家和国际组织的对话与交流，推动上海合作组织在国际和地区合作中发挥更大的积极影响。

2014年新年伊始，习近平主席应邀赴索契出席冬奥会开幕式，开创了中国国家元首赴境外出席大型国际体育赛事的先河。2015年中国人民抗日战争暨世界反法西斯战争胜利七十周年之际，两国元首分别赴对方国家出席"5·9"（俄罗斯纪念卫国战争胜利70周年庆典）和"9·3"（纪念中国人民抗日战争暨世界反法西斯战争胜利69周年）庆典活动，进一步彰显双方共同维护二战胜利成果和以联合国为基础的战后国际秩序的坚定决心。2015年5月，双方签署联合声明，开启丝绸之路经济带建设与欧亚经济联盟建设对接合作进程。普京总统2016年6月访华期间，两国元首签署并发表三份重量级联合声明，彰显了中俄在一系列重大双边和国际地区问题上的一致立场，成为国际外交实践中的佳话。2017年5月，普京总统应邀来华出席"一带一路"国际合作高峰论坛，明确表示支持并愿积极参与"一带一路"建设，释放了中俄共同推动建设开放型世界经济的有力信号。在双方的共同努力和精心呵护下，中俄关系迎来了丰收的季节。在国际经济形势低迷的背景下，中俄务实合作迎难而上。双边贸易增长势头强劲，能源、基础设施建设、航天航空等领域大项目合作稳步推进，不断取得阶段性成果。双方还积极拓展农业、中小企业、科技创新、远东开发、北极开发等新兴合作领域，努力推动两国务实合作提质升级。两国人文交流合作项目好戏不断，高潮迭起，使两国人民的心越走越近。作为全面战略协作伙伴，中俄在处理重大国际问题时，都将与对方的沟通协作摆在优先位置。中俄战略协作在妥善解决国际热点问题上所发挥的"稳定器"作用正在不断凸显。①

① 《中俄关系拥有更大格局》，《人民日报》2017年7月3日。

第二节　新时期中俄关系的特点与动力

苏联解体以来，中俄全面战略协作伙伴关系深化的过程也是中俄新型国家关系形成的过程。中俄新型国家关系不仅符合两国人民的根本利益，而且在当代国际关系中成为处理邻国之间以及大国之间关系的典范。

一　中俄新型国际关系的特点

第一是相互尊重，平等相待。中俄相互尊重对方人民的自由选择，互不干涉内政。中俄两国领导人反复声明，每个国家的人民有权从自己的国情出发，在没有外来干涉的情况下，独立自主地选择社会制度、发展道路和模式。中俄这一立场既不同于20世纪60～70年代中国和苏联争当马克思主义"正统"，指责对方是"修正主义"和"教条主义"，也不同于现在美国对外输出"民主"，以"人道主义"为借口，干涉别国内政。相互尊重和平等相待体现了民主和包容的精神，在相互交往中，各自保持了自己的尊严，谁也没有屈辱感。

第二是高层交往实现了制度化、机制化。中俄关系得以顺利发展，这同两国始终保持各个层次、各种渠道的经常对话直接有关，特别是领导人之间的高层接触和磋商对推动两国关系的发展、深化和加强各个领域的合作，起了决定性的作用。两国已经建立两国元首、议长、总理的定期会晤机制。高层交往机制化的特殊作用是：其一，及时处理和解决新情况、新问题，增强相互信任；其二，登高望远，着眼未来，从战略高度用长远眼光看待和规划中俄关系；其三，克服官僚主义的惰性，为两国关系的发展不断注入新的动力。

第三是在涉及国家主权、领土完整等国家核心利益问题时，相互支持。中国支持俄罗斯打击车臣分裂主义势力和为维护国家统一所采取的行动，对俄罗斯加强同独联体国家关系的政策表示理解和支持。俄罗斯也完全支持中国在台湾问题上的立场，强调台湾是中国领土不可分割的一部分，反对任何形式的"台湾独立"，反对外部势力干涉台湾事务。

第四是树立新的安全观、构筑新的安全结构。在维护国家和地区安全方面，中俄摒弃了传统思维，不再走扩充军事力量、建立军事同盟的老路，而是树立以互信、互利、平等、协作为核心的新安全观，通过实现两国在边境地区的军事信任与相互裁军，构建非军事化的周边安全结构。中俄经过四十年的谈判，按照公认的国际法准则，本着互谅互让的精神，终于全面解决了历史遗留的边界问题，把过去长期成为两国关系发展障碍的边界，变成了联结两国人民友谊和合作的坚实纽带。

第五是不结盟、不对抗、不针对任何第三国。这既不同于 20 世纪 50 年代和 60～70 年代的中苏关系，也不同于冷战后继续存在的美国与其他西方国家的结盟关系。在国际事务中，中俄根据事件本身的是非曲直，决定自己的立场和态度。中俄战略协作伙伴关系没有假想敌和潜在对手。中俄在发展战略协作伙伴关系的同时，双方都努力发展同包括美国在内的西方国家的友好和合作关系。中俄战略协作伙伴关系是透明的、开放的。此外，在经贸领域采取多种形式的合作，实行优势互补、互利共赢、共同发展的原则，这也是中俄新型国家关系的一大特点。

总之，中俄已经建立起合作的最佳模式，使两国关系步入平稳发展的轨道。中俄新型国家关系不仅符合两国人民的根本利益，而且在当代国际关系中成为处理邻国和大国之间关系的典范。[①]

二　中俄战略协作伙伴关系的动力

中俄关系发展成为战略协作伙伴关系，这有它自己的历史逻辑性。从主观方面来说，两国的政治家和人民从过去的中苏关系中吸取了经验和教训，有足够的智慧塑造新型的中俄关系。但是，中俄战略协作伙伴关系的基础还是两国在发展相互关系时所追求的国家利益。也就是说，国家利益动机是推动中俄发展战略协作伙伴关系的主要动力。

第一，中俄两国面临相同的历史任务，这就是在今后相当长的历史时期内，要集中精力于国内的改革和发展。对俄罗斯来说，就是要实现强国富民的战略目标；对中国来说，就是先要实现全面建成"小康社会"，然后达到中等发达国家水平的战略目标。两国外交面临的中心任务都是要为保证国内的改革和发展创造良好的国际环境，尤其是和平与稳定的周边环境。中俄是毗邻而居的核大国，彼此如果不能建立睦邻友好关系，就不可能实现自己的外交任务。俄罗斯不同中国

---

① 李静杰：《中俄战略协作伙伴关系及其美国因素》，《东欧中亚研究》2000 年第 3 期。

建立良好的关系，就不可能在自己的周边形成"睦邻地带"。进入21世纪，中国为了抓住有利于国内发展的历史机遇，制定了"大国是关键，周边是首要，发展中国家是基础，多边是舞台"的外交战略。俄罗斯既是大国，又是中国的邻国，在中国的对外政策中处于"关键"和"首要"的地位。所以，中俄都把发展两国关系作为"外交政策的战略优先方向"，都把对方作为"重要的战略协作伙伴"。俄罗斯通过同中国建立战略协作伙伴关系，实现了东部和东南部的稳定。中国通过同俄罗斯建立战略协作伙伴关系以及通过建立和发展上海合作组织，使其战略屏障向北和向西延长数千公里。

第二，中俄都实行市场经济，都实行对外开放政策，力图加入经济全球化的进程。中俄在地理上连成一片，交通便利。俄罗斯是资源大国、科技大国，中国是发展速度最快的国家，市场广阔。两国经济上互补性强，合作潜力巨大。在区域一体化已成为世界经济发展潮流的形势下，中俄都需要加强合作，实现共同发展。

第三，在世界格局和国际战略形势的变化中，中俄需要相互支持。冷战结束以后，美国成为世界上唯一的超级大国。美国凭借其实力，推行单边主义政策，动辄使用武力或以武力相威胁，干涉其他国家内政。美国通过北约东扩，挤压俄罗斯的战略空间；通过向独联体国家的渗透，影响俄罗斯与这些国家的关系。在亚太，美国不断增强军事力量，加强美日军事同盟，并利用台湾问题，对中国施加压力，企图阻滞中国的发展。此外，美国还打着"民主"的旗号，干涉俄罗斯和中国的内部事务。在这种情况下，中俄在国际事务中需要相互支持、密切协作。中俄战略协作伙伴关系不仅有效地保护了自己，而且对霸权主义和强权政治形成制约，是维护地区以及世界和平与稳定的积极因素。①

第四，中国的文化传统、历史遭遇、现实任务和国家性质，决定了中国的国家利益寓于世界的持久和平之中。以国家利益，而不是以意识形态来决定国与国之间的关系，这在处理中俄关系问题上尤为明显。中国认为，考虑国与国之间的关系主要应该从国家自身的战略利益出发，着眼于自身长远的战略利益，同时也尊重对方的利益，而不去计较历史的恩怨，不去计较社会制度和意识形态的差

---

① 李静杰：《新世纪的中俄关系》，选自《中俄关系的历史与现实（第二辑）》，社会科学文献出版社，2009。

别，并且国家不分大小强弱都应相互尊重，平等相待。从国家自身的战略利益出发，去处理国际关系中的各种复杂问题，这就为中国外交确定了原则方针；而尊重对方的利益，也为中国外交的灵活性提供了可能。邓小平理论在解决中国国内问题时的一个重要方针就是"不争论"。在国际问题上，中国将此方针运用到了解决和处理国家关系问题上。中国认为：一个国家和民族走何种道路或选择何种社会制度，别国无权干涉。在东欧剧变之时，邓小平就高瞻远瞩地指出：朋友要交，但心中有数。别国的社会制度管不了，但无论这些国家如何变化，都要与其在和平共处五项原则的基础上从容地发展关系，包括政治关系，不搞意识形态的争论。正是在这种"不搞意识形态争论"等方针指导下，中国在两极格局结束后，同俄罗斯建立了外交关系，发展了睦邻友好的关系，并和俄罗斯国内的左派、中派和右派政党都建立和发展了新型党际交流和合作关系。

第三节　新时代中俄关系的新内涵

2019 年 6 月，习近平主席访俄宣告中俄全面战略协作伙伴关系进入新时代，这是对"邻居不可选择"这一逻辑框架的新阐发，在复杂变化的国际形势下赋予中俄两国关系以更为宏阔的新定位、新内涵，也必将开创双方睦邻友好合作的新局面。

一　不断提升的定位

苏联解体后，中俄关系并没有像人们担心的那样出现问题，反而发展得十分顺利。从 1991 年到 1996 年，中俄关系定位连上三个台阶：从中俄"互视为友好国家"发展到"建设性伙伴关系"再到"战略协作伙伴关系"，充分体现了两国关系的强大内生动力。

随着关系定位的提升，两国对世界局势和国际秩序的认知也逐步形成共识。1997 年 4 月，中俄签署《关于世界多极化和建立国际新秩序的联合声明》，宣告两国致力于推动世界多极化的发展和国际新秩序的建立，表明双方的国际观在一些主要问题上趋同。双方认为，20 世纪末的国际关系发生了冷战结束、两极体制消逝的深刻变化。世界多极化的积极趋势加快发展，大国之间包括冷战时期敌对国之间的相互关系发生变化，区域经济合作组织显示出强劲的生命力，要相互尊重与平等互利，不要霸权主义和强权政治；要对话与合作，不要对抗与冲突，已成为越来越多国家的共识。当然也要看到，俄罗斯在国际秩序问题上一直强调"多极化"，并不认同"全球化"。在俄方看来，"全球化"指的是全球"美国化"。所以，在中俄关于国际秩序的声明文件中，鲜见"全球化"的表述。

进入 21 世纪，中俄关系的发展更加务实和富有成效。2001 年 7 月，双方签署《中俄睦邻友好合作条约》，战略协作伙伴关系得到法律上的确认。两国在双边、地区和全球层面的合作得到延续并更加均衡发展。2004 年 10 月，《中俄国界东段补充协定》签署，边界划分问题作为影响中俄关系发展的历史遗留问题得到全部解决。2011 年 6 月，《中俄睦邻友好合作条约》签署十周年之际，两国关系提升为"平等信任、相互支持、共同繁荣、世代友好的全面战略协作伙伴关系"。2014 年 5 月，中俄全面战略协作伙伴关系正式提升至"新阶段"。

2019 年 6 月，习近平主席访俄，两国签署《中华人民共和国和俄罗斯联邦关于发展新时代全面战略协作伙伴关系的联合声明》。着眼世界大势变化，顺应两国人民共同愿望，为推动两国关系取得更大发展，双方宣布致力于发展"中俄新时代全面战略协作伙伴关系"。

两国关系定位的不断提升、对国际形势战略共识的逐渐增多，充分体现了中俄关系的牢固性和稳定性。可以说，中俄新时代全面战略协作伙伴关系不受外部环境的干扰，具有巨大的内生动力和广阔的发展前景。

二　新的战略协作背景

中俄全面战略协作伙伴关系进入新时代，这是两国基于国际视角和中国视角的综合判断。

从国际视角看，新时代的中俄关系与当前国际形势的变化息息相关。当今世界政治出现分化和分裂，对经济全球化趋势形成强烈的反冲击力，导致许多国家政治出现极化现象，民粹主义泛滥，强人政治回潮，传统的地缘政治竞争也在加剧，战争危险上升。在传统世界政治图景出现变化的同时，技术创新的飞速发展引发第四次工业革命，既改变着人类社会的基本生活方式，也给各国政治稳定和国家安全带来新的冲击，例如，网络技术的发展导致现实和虚拟"二元社会"的出现，互联网政治的兴起给各国治理带来挑战。

在不确定性明显增强的世界政治中，中美之间出现了有别于以往的竞争态势。当前，中美关系仍是既竞争又合作的结构，但竞争面已占上风。中美竞争是一种综合性的竞争，体现为三个层次：表层看，是物态的竞争，贸易战背后不仅仅是产品竞争，更多的是技术和标准之争；中层看，是制度的竞争、发展模式的竞争；深层看，至少在美国看来是对世界领导权的争夺。究其根本，美国难以接受中国的快速发展。

总之，当前国际局势处在大变革大调整之中，中俄关系面临的国际环境的确有别于以往任何时期，将两国关系定位转变为进入"新时代"恰逢其时。

对新背景的确认并不意味着中俄要重建共识，而是要进一步明确双方之间的两个基本共识。第一，中俄双方的外交政策使命依然是建立有利于国家发展的良好的外部环境，捍卫独立和主权是中俄双方外交的基本原则。第二，世界政治面临不确定性，但中俄关系的坐标需要更加突出双方都处在民族复兴的重要时期，两国关系已进入互相提供重要发展机遇、互为主要优先合作伙伴的阶段。继续加强和筑牢这两个共识对新时代中俄全面战略协作伙伴关系尤具现实意义，双方需要不断增进政治互信，努力维护共同利益，积极充实在一系列国际和地区问题上的理论和价值共识。

对中方而言，新时代的中俄关系还需要从中国发展的全局及中国外交的总体要求着眼，才能更好地把握两国关系的新发展，更好地理解中俄关系的新内涵。如果说从 20 世纪 90 年代初到上海合作组织成立，中国对包括俄罗斯在内的上合组织成员国的外交重点是解决历史遗留问题，为建立新型国际关系奠定政治和法律基础，那么在这一基础上顺应区域经济合作的需要，逐步发展和深化经贸关系，进而加强双边和区域安全合作就已成为中国对这些国家和这一地区外交政策的重点。

在中国成为世界第二大经济体后，我们常说，在观察国际形势时，特别要把"中国自己"摆进去。对于中国的快速发展，世界尤其是西方还没有做好心理和政策上的准备。所以，从自身出发研究中国快速发展对包括中俄关系在内的世界政治的影响，已经是我们观察国际形势必不可少的视角。

三　未来关系发展的新内涵

新时代的中俄关系具有新内涵，这在《中华人民共和国和俄罗斯联邦关于发展新时代全面战略协作伙伴关系的联合声明》（以下简称《联合声明》）中已做出明确概括。这里笔者试着提出三个观点。

第一，在"大安全"理念下将支持对方的发展道路提升到加强政治安全合作的高度。2001 年签署的《中俄睦邻友好合作条约》第三条规定："双方相互尊重对方根据本国国情所选择的政治、经济、社会和文化发展道路，确保两国关系长期稳定发展。"中俄始终认为，要尊重各自在实践中摸索出的适合自身特点的发展道路，这是人类社会的共同财富。

金融危机以来，各种发展模式之间的竞争日益具有普遍性。俄罗斯外交部长拉夫罗夫曾指出，现代国际关系的范式是一种广义上的竞争，其对象是价值观和发展模式；只有加强相互理解，才能在各自的国家发展战略规划及双边合作战略规划的制定和实施过程中，加强配合与协作。在新的国际背景下，尤其是中美关系恶化的背景下，发展道路问题事关中俄各自发展前景，也与两国主权与国家安全息息相关。在总体安全观的统领下，政治安全已上升为中国的首要国家安全。因此，《联合声明》第一条就指出，要"守望相助，相互给予更加坚定有力的战略支持，支持对方走自身发展道路"。

不仅如此，发展道路问题对于中俄关系的发展也有特殊意义。中俄关系是一对特殊的大国关系，只有加深对彼此发展道路的理解，睦邻友好才能持久。近代以来，尤其是 20 世纪上半叶，没有一个国家能像苏联那样，对中国的发展道路产生巨大而深远的影响。同样，中国发展道路以及外交思想的变化也对苏联和俄罗斯的战略选择产生了难以掩饰的重大影响。知史见今。当前，中俄在实践中都已摸索出适合自身国情的发展道路，双方应在变化的世界中继续尊重对方的发展道路，交流发展经验，相互借鉴发展模式，促进中俄关系向前迈进。

第二，在全面战略协作的基础上，继续致力于在新时代构建人类命运共同体。《联合声明》指出："新时代的中俄关系，要坚持普惠共赢，进一步团结其他观点一致国家，维护以《联合国宪章》宗旨和原则为核心的国际秩序和国际体系，推动建设相互尊重、公平正义、合作共赢的新型国际关系，推动构建人类命运共同体。"

中俄两国独特的睦邻友好关系已是当今世界构建新型大国关系的典范。其一，中俄具有坚实的战略共识：世代友好，永不为敌；两国不结盟、不对抗、不针对第三方、不搞意识形态化。其二，中俄对世界格局的基本原则拥有相同的战略立场。其三，两国都面临着同样的任务：实现民族复兴，彼此之间不存在有碍于互利合作的政治问题。基于此，新时代的中俄关系存在着相互促进与合作的宽广领域，应在全面战略协作的基础上继续致力于构建人类命运共同体。中俄继续致力于构建人类命运共同体，是指着眼于各自和平发展，联手建立和维护有利于两国发展的国际与地区环境；是指两国在地区事务的合作中彼此不谋求单方获益，而是追求有利于两国共同发展的双赢结果；是指双方努力为国际社会共同的稳定与繁荣做出自己的贡献和承担更大的责任，意味着与国际社会的进一步合作。这一方针特别有益于指导双方在上海合作组织框架下的合作。

第三，新时代的中俄关系也需要双方有所妥协和相互让步，在区域一体化过程中彼此独立而又同时发展。《联合声明》指出："新时代的中俄关系需要深度融通，就国家发展战略对接进行密切协调和战略协作，拓展经贸和投资互利合作。"这一新内涵与当前中俄关系的核心双边议程，即欧亚经济伙伴关系有关。《联合声明》第三部分明确指出：俄方支持"一带一路"倡议，中方支持在欧亚经济联盟框架内推动一体化进程。双方在推进"一带一路"建设与欧亚经济联盟对接方面加强协调行动。中方支持建设"大欧亚伙伴关系"的倡议。双方认为，"一带一路"倡议同"大欧亚伙伴关系"可以并行不悖，协调发展，共同促进区域组织、双多边一体化进程，造福欧亚大陆人民。

《联合声明》第四部分谈到务实合作时再次强调：积极推进"一带一路"建设与欧亚经济联盟对接；推动在中华人民共和国政府同欧亚经济委员会间建立有效对话机制；切实推动符合中国、欧亚经济联盟及其成员国利益的优先项目；确保2018年5月17日签署的《中华人民共和国与欧亚经济联盟经贸合作协定》早日生效并启动实施；双方主张启动中俄《欧亚经济伙伴关系协定》谈判。

这是以政府间公报的形式确认新时代中俄关系在欧亚一体化构建过程中所要遵循的基本原则与基本理念。俄方对于中国在欧亚地区的经济政策一度持怀疑态度。而中国建设"一带一路"着眼的是整个欧亚大陆的经济合作，如果没有俄罗斯的参与和支持，前景将大打折扣。从这个意义上讲，充分利用两国战略协作的沟通机制，消除政治疑虑，才能真正实现利益共同体的目标。

四　一点思考

内政决定外交。中俄关系能否获得新的更大的发展，归根到底取决于两国国家利益的契合度，而这种契合度又取决于战略地位、国际环境、经济利益和政治价值四大因素的变化。

第一，战略地位。中国是俄罗斯的邻国。俄各派政治势力都认识到，不同中国建立睦邻友好关系，就不会有俄东部的安全和稳定。俄罗斯希望与东亚国家建立长期睦邻友好关系。中国外交的框架是"大国是关键，周边是首要，发展中国家是基础，多边是重要舞台"的全方位外交布局。俄罗斯占了三项：大国、周边，多边平台（上合组织、金砖国家机制、G20、联合国）。

第二，国际环境。从国际环境的角度看，俄罗斯与西方的地缘政治争夺将长期化，独联体地区是这一争夺的主战场。在这一过程中，俄罗斯积极争取中国的支持。

第三，经济利益。开发西伯利亚和远东资源、融入亚太经济，是俄罗斯经济持续发展的必然选择。俄罗斯已出现资源开发重心东移、对外经济联系西东两个方向并重的趋势。而且，在俄罗斯看来，中国已是世界经济"强国"。随着中国经济的发展和综合国力的增强，以及俄同西方矛盾的增加，俄罗斯会越来越重视与中国的关系。

第四，政治价值。"普京主义"拉大了俄罗斯与西方在政治价值观方面的距离，而中俄两国的共同语言在增加。独立自主的发展道路是中俄双方共同坚持和强调的基本原则。

总之，立足周边、放眼全球的周边外交已成为中国外交战略的亮点，而中俄关系是中国周边外交的重中之重。相邻国家间的关系，特别是相邻大国间的关系，对一个国家的安全和发展产生重大影响，有时甚至是决定性的影响。中俄关系的历史发展已经并将继续证明这一点。中俄双方多次公开表示，一个高水平、强有力的中俄关系，不仅符合双方利益，也是维护国际战略平衡和世界和平稳定的重要保障。

第十二章
欧亚合作：利益诉求与认知变化

欧亚地区自古以来就是世界各大文明交会的十字路口，是人类各大宗教和文化碰撞与融合的核心。与人类历史发展的每个关键时期一样，今日欧亚地区仍然担当着传承和过渡风格各异的民族文化、宗教意识和政治传统的角色。同时，东西方文明的对立、世界三大宗教观念的冲突、上百个民族的文化差异，在当今仍以新的形式集中体现在这一地区。加之冷战结束后出现的社会意识形态断裂带，各国社会政治结构在转型期显现的各种不稳定因素以及在经济发展模式与需求上的差异性，使欧亚地区的总体社会结构成为兼容与对立、多样与独特、合作与冲突并存的矛盾体。此外，这一地区在全球战略中占据的地位日显重要，尤其是在"9·11"事件后这一地区更为国际社会所关注，各大外部势力分别通过政治渗透、经济援助、军事合作、宗教影响等不同途径，在欧亚地区争夺于己有利的战略地位。历史文化渊源和现实利益纠结使该地区各国都无力也不可能单独解决本国面临的难题，而必须借助国际合作机制。而且，在国际化、全球化意识越来越强化的时代，在地区内某一国家中发生的事态，很快就会在全地区形成连锁反应，演化成为影响整个欧亚地区的共同因素。对此，欧亚地区各国领导人和政治家基本上形成了一致认识，即充分发挥这一地缘特性的积极方面，建立多种国际合作机制，促使相关各国在不同的机制中就政治、安全、经济等领域中的诸多问题分别加强对话、沟通和协作，以解决共同遇到的难题，应对共同面临的威胁。显而易见，求同与多赢是欧亚地区合作机制的重要特色。①

---

① 何希泉、许涛、李荣、刘桂玲、魏宗雷：《欧亚地区安全合作与趋势》，《现代国际关系》2002年第7期。

第一节　俄罗斯与"一带一路"

"一带一路"倡议提出后，俄罗斯对"一带一路"的态度经历了从最初的猜疑和担心到肯定和支持的转变。2020 年的新冠疫情没有影响俄罗斯对于"一带一路"倡议和"一带一路"与欧亚经济联盟对接合作的支持态度。2020 年 7 月 17 日，俄罗斯外长拉夫罗夫在同中国国务委员兼外长王毅通电话时明确表示：俄方愿以两国元首共识为引领，支持在新冠疫情防控常态化背景下加强俄中务实合作，推进欧亚经济联盟与"一带一路"建设对接。①

一　政府层面对于"一带一路"倡议认知的变化

俄罗斯对"一带一路"的认识经历了一个矛盾的过程，从最初的不解、疑虑、担忧，到逐渐理解、认可、接受，进而支持、配合、共建。2012 年普京总统就谈到要"搭中国经济之风，扬俄罗斯经济之帆"。2014 年 2 月，习近平主席赴俄出席索契冬奥会，两国元首就俄跨欧亚铁路与"一带一路"的对接问题达成了共识。2014 年 5 月，普京总统访华，两国签署了《中华人民共和国和俄罗斯联邦全面战略协作伙伴关系新阶段的联合声明》，提出双方将寻求丝绸之路经济带与欧亚经济联盟对接合作。2015 年 3 月，俄罗斯第一副总理舒瓦洛夫称，俄申请加入中国主导的、为"一带一路"提供资金服务的亚洲基础设施投资银行。2015 年 5 月 8 日，两国签署《中华人民共和国和俄罗斯联邦关于丝绸之路经济带建设和欧亚经济联盟建设对接合作的联合声明》。5 月，俄外长拉夫罗夫在白俄罗斯国立大学演讲时称，欧亚经济联盟不能也不应与强大的中国经济相隔离，强调要"互惠互利"。2015 年 7 月，在上海合作组织乌法峰会期间，双方签署文件将上合组织作为"一带一路"与欧亚经济联盟对接合作的主要平台，并指定由欧亚经济联盟经济委员会与中国商务部就经贸伙伴关系协定展开谈判。2015 年 9 月，在俄首届东方经济论坛上，普京还专门谈到了"一带一路"与欧亚经济联盟对接合作的战略意义。2016 年 3 月，俄副总理德沃科维奇向记者表示，俄罗斯将向中国转交欧亚经济联盟与"一带一路"对接合作框架内可对俄

---

① 《王毅同俄罗斯外长拉夫罗夫通电话》，《人民日报》2020 年 7 月 19 日。

进行投资的项目清单。在此期间，中俄在能源合作、互联互通、经贸便利化、电商、金融合作、人文交流、过境中欧班列等领域取得重要进展。2016 年 12 月，《俄罗斯联邦外交政策构想》指出，作为全面战略协作伙伴，俄未来将继续积极与中国发展各领域合作，共同应对全新威胁与挑战，在国际组织和多边机构中开展合作，解决全球和地区问题。2017 年 5 月，中国召开第一届"一带一路"国际合作高峰论坛，普京总统来华参加。至此，俄罗斯完成了从担心疑虑到参与支持的态度转变。①

在这个认知转变的过程中，乌克兰危机后的国际形势变化起到了推动作用。2013 年 11 月乌克兰危机爆发。2014 年克里米亚"回归"俄罗斯。俄罗斯随后受到西方国家制裁，国内经济面临重大压力。在国际石油价格大幅跌落之后，依靠石油出口拉动经济增长的俄罗斯，经济严重下滑。与中国密切的双边经济合作成为俄罗斯摆脱经济困境的出路。2014 年 5 月，普京总统明确宣布俄罗斯支持中国"一带一路"倡议，既有审时度势的战略考虑，也有经济重心转移到东部的经济发展需要。中俄两国经济互补性很强，两国建立稳定的全面战略协作伙伴关系，能够不断推动双方在科技、军工、农业、木材加工、能源等领域的密切合作。②

"一带一路"是中国在全球经济新环境下提出的重要倡议，欧亚经济联盟则是俄罗斯主导的紧密的制度性一体化区域经济组织。"一带一路"与欧亚经济联盟对接合作是实现欧亚区域合作的重要抓手。现阶段推进"一带一路"与欧亚经济联盟对接合作包括三个层次，首先是战略层面的对接，其次是制度层面的对接，中国希望通过经贸合作伙伴关系协定谈判，与欧亚经济联盟建立贸易便利化的制度安排，最终与后者建立自贸区。最后是优先领域的对接，除贸易合作外，对接将包括互联互通、金融合作、农业合作、产能合作等领域。"一带一路"项目能否顺利推进，"一带一路"能否与欧亚经济联盟顺利对接合作与能否有效防范风险密切相关。风险分为隐性和显性，对于显性风险容易看得到，会引起重

---

① 李兴：《俄罗斯对"一带一路"的认知》，http://www.cssn.cn/zx/201705/t20170513_3517528_1.shtml.

② 杨闯：《从分歧到契合："一带一路"下俄罗斯的战略调整与选择》，《人民论坛·学术前沿》2015 年 6 月下.

视。欧亚地区的显性风险点集中在以下方面：地缘政治风险、非传统安全风险、国内政治风险、投资环境风险、资金回报风险等；还有一些隐性的风险，比如在法律规定的公共投资市场准入的边界和标准、主体界定等，政府需要在其中发挥更大的作用。加强政府在总体规划布局、政府间协议和融资中的作用，加大软科学投入，搭建信息平台，提供咨询服务。要完善体制和机制，出台相关政策，对相关大项目进行必要把关，尽量为企业保驾护航。同时走出去企业也须承担自身责任，确定和实施项目时，做好各类风险评估，增加安保投入，提高风险预判、预估和有效应对能力。①

二 学界层面对于"一带一路"倡议的看法

总的来说，俄学界对"一带一路"与欧亚经济联盟对接合作的前景是看好的，并在这一点上与政界达成了共识。俄学者认可其将惠及沿线国家，两国方案是互补的，双方需要协调并加强在中亚的合作；建议加强基础设施互联互通的工作，并把说服中国作为俄对外部门的一项重要外交任务。俄罗斯瓦尔代国际辩论俱乐部的报告认为，俄罗斯与中国不是竞争对手，欧亚经济联盟和丝绸之路经济带将成为推动欧亚大陆经济发展的重要机制，欧亚联盟与丝绸之路经济带对接是俄中关系的新起点。俄中扩展区域合作的趋势不可阻挡。对俄中在欧亚大陆中心地带可能进行竞争的担忧没有必要。这在一定程度上代表了俄精英的认识。俄罗斯国立高等经济学院斯克里巴教授认为"一带一路"与欧亚经济联盟相互并不矛盾，在中亚地区并不构成竞争，并且有很光明的前景。但如何实现、落实对接合作，还要考虑其内部动力和政治过程。② 2018 年 6 月 7 日，《俄罗斯报》刊登俄罗斯外交和国防政策委员会荣誉主席、高等经济学院世界经济与政治系主任谢尔盖·卡拉加诺夫的文章《选择道路的自由》，该文认为，俄罗斯有机会在不疏远欧洲的同时，与亚洲建立密切合作，成为"大欧亚伙伴关系"的中心，这项倡议与中国"一带一路"倡议 90% 是吻合的。走向亚洲、迎接新的财富、力量

---

① 李建民： 《"一带一盟"对接是中俄两国的理性和顺势选择》，http://cass.cssn.cn/xueshucheng guo/guojiyanjiuxuebu/201601/t20160126_2844613.html。

② 李兴：《俄罗斯对"一带一路"的认知》，http://www.cssn.cn/zx/201705/t20170513_3517528_1.shtml。

和进步是俄罗斯的一种"回归"。①

第一届"一带一路"国际合作高峰论坛于 2017 年 5 月 14～15 日在北京举行，紧接着 2017 年 5 月 29～30 日，俄罗斯政府的主要智囊之一——俄罗斯国际事务委员会主办"俄罗斯和中国：向新型双边关系迈进"中俄智库高端国际会议。在这次国际会议上，"一带一路"是俄方官员和学者关注的核心问题之一。从发言上看，俄学界对"一带一路"的认识还存有部分担忧的情绪。俄罗斯科学院远东历史考古民族研究所所长拉林是俄国内著名的汉学家。他在主旨发言时公开提出："一带一路"是中国的地缘政治项目，而不是单纯的经济项目。他在俄罗斯主流媒体上也做同样表态。如 2017 年 5 月 15 日，俄罗斯《独立报》刊登《中国构建世界经济信息秩序》一文，拉林在其中表示："对俄罗斯来说，建设丝绸之路经济带的另一个坏处在于，它将大大增强中国在中亚的经济和地缘政治影响力，同时，俄罗斯的影响力将不可避免地相对减弱。"②

三　俄罗斯对于在"一带一路"倡议的框架下加强中俄经贸关系的看法

国内研究中俄经贸关系的学者一般有如下共识：一是受限于俄罗斯经济总量，中俄双边贸易额不会很高，也不宜将双边贸易额的高低作为判定两国经贸关系水平的唯一标准；二是今后一个时期，由于两国都在进行国内经济结构调整，中俄双边贸易额很难保持高速增长态势；三是俄罗斯需要转变理念，改善营商环境，这是决定未来中俄经贸合作水平的关键。但是，随着中俄经济总量的差距拉大，特别是随着中俄人均产值差距的缩小，俄罗斯国内所谓反对"为中国经济供血"的舆论有所抬头。2017 年 4 月 12 日的《独立报》发表题为《中国在俄罗斯的企业几乎没有为国家预算贡献收入：必须格外小心地对待中国投资》的文章，认为中国投资方主要投资自身感兴趣的经济部门，这些投资对俄罗斯经济的贡献微乎其微。中国企业家通过本国银行，用本国资金在俄罗斯建设使用本国人员并

---

① Сергей Караганов, Россия настроена на диалог-и с Европой, и с Азией, 7 июня 2018 года, https://rg. ru/2018/06/06/politolog – aziia – stanet – dlia – rf – vazhnejshim – istochnikom – peredovyh – tehnologij. html.

② Владимир Скосырев, Китай создает новый мировой экономический порядок, 15 мая 2017 года, https://www. ng. ru/world/2017-05-15/1_6987_china. html.

为本国游客服务的饭店，俄罗斯得不到任何个人所得税、增值税和利润税。①

俄罗斯主张加强人文交流和沟通，促进理解，反哺经济合作。俄罗斯科学院远东分院亚太研究中心专家伊万·祖延科指出："两国人民之间的文化鸿沟依然存在。无论在思维方式还是文化符号上，西方人都与俄罗斯更接近，也更易彼此理解。中俄人民积累了大量日常交往的经验，但这种交往在很大程度上仍然受到各种成见的束缚。中俄之间的相互理解程度依旧不足以提升合作效率。"② 俄罗斯国内舆论总体上认为中国需要适应俄罗斯商业文化才能更好地开展经贸对接合作。例如，2017 年 5 月 31 日俄罗斯《生意人报》刊登文章重点报道"俄罗斯和中国：向新型双边关系迈进"中俄智库高端国际会议，公开宣称："尽管两国政府付出了种种努力，俄中企业界暂时仍然缺乏互信。参加第三届'俄罗斯和中国：向新型双边关系迈进'研讨会的政治家、专家和企业家得出了这一结论。中国投资者依旧更喜欢向非洲、亚洲和拉美投资，因为俄罗斯的商业文化对他们而言过于独特。"③

在 2018 年 4 月中国社会科学院俄欧亚所举办的"一带一路"人文合作国际研讨会上，中俄双方学者都认为在推进"一带一路"的过程中，双方间的利益共识和理论共识得到了较多的强调，但培养双方间文化共识对增进两国人民心灵沟通、促进中俄两大民族的相知与互信具有更加长远的战略意义。2018 年 8 月 18 日，俄罗斯的东方学家列昂尼德·姆列钦发表评论，认为俄中经济联系越紧密越有利于促进双方关系。他表示，中俄之间的任何合作都能造福两国。作为邻居，双方相向运动的方向正确，即向文化、经济、军事和地缘政治靠拢。中国的建设越面向世界经济，中俄两国关系中的紧张和敌意就会越少，自然对正常交往的准备程度也就越高。中俄在经济上联系越紧密，不怀好意的理由就越少。2018年 10 月 29 日，俄罗斯《独立报》刊文，认为俄罗斯仍在新丝绸之路边缘，认为

① Анатолий Комраков, Госбюджет почти не получает отчислений от китайского бизнеса в РФ-К инвестициям из Поднебесной необходимо подходить с особой осторожностью, 12 апреля 2017 года, https://www.ng.ru/economics/2017-04-12/4_6972_china.html.

② Артем Кобзев, 《Культурная пропасть между нашими народами сохраняется》-Иван Зуенко о 《желтой угрозе》 и китайских инвестициях на Дальнем Востоке, 5 мая 2016 года, https://lenta.ru/articles/2016/05/05/relationwithchina/.

③ Михаил Коростиков, Китайские инвестиции приноравливаются к российской специфике, 31 мая 2017 года, https://www.kommersant.ru/doc/3312592.

中俄在官方层面合作积极，但私营企业互动薄弱。欧亚经济联盟与"一带一路"对接合作计划尚无一个项目得以实施。在接受中国直接投资方面，俄罗斯甚至落后于哈萨克斯坦。

在基础设施联通问题上，俄罗斯的看法较为积极。俄罗斯认为"一带一路"推动了俄罗斯铁路过境运输发展。2018 年 7 月 9~12 日，第五届中俄博览会在叶卡捷琳堡举行，其主要内容之一是聚焦双边跨境物流业的发展。在这方面需要讨论的问题包括俄罗斯作为中国市场主要粮食供应国的出口潜力、在电子商务框架内加快货物交付和分销、在两国之间引入"无纸化"货物运输方式以及过境铁路走廊发展的项目——"欧亚"高速铁路的设计和建设前景。俄罗斯认为，俄罗斯与中国之间铁路货运的发展势头强劲，通过简化流程并将其电子化、实现基础设施现代化和完善物流进程，俄罗斯往返中国的铁路货运量将成倍增长。与此同时，由于中国落实"一带一路"倡议框架下的优惠政策，铁路货运在中欧贸易总额中的占比也在迅速增长，这将有助于俄罗斯铁路过境运输实现大幅增长。俄罗斯认为，中俄服务贸易存在巨大增长空间。2018 年 11 月 9 日，俄罗斯《消息报》刊登对俄罗斯经济发展部部长马克西姆·奥列什金的采访。奥列什金认为，未来俄中可以在大型能源项目以外开拓贸易合作的行业和方向。中俄可以打造统一电商空间，让两国生产者获得进入对方市场的机会。重点在于建立结算体系，在支付商品和服务方面为那些开展对外经济活动的客户提供方便。①

2020 年突如其来的新冠疫情并没有影响中俄关系的发展，也没有影响俄罗斯对于"一带一路"倡议的支持态度。2020 年 7 月 8 日，习近平主席同普京总统通电话。习近平指出，中俄作为全面战略协作伙伴，密切战略沟通合作十分必要。中方愿同俄方继续坚定相互支持，坚决反对外部干涉破坏，维护好各自国家主权、安全、发展利益，维护好双方共同利益。习近平强调，中俄在新冠疫情最艰难的时刻相互支持、相互帮助，为新时代中俄关系增添了战略内涵。双方要在做好较长时间应对疫情准备的同时，研究采取灵活多样的方式，推动各领域合作加快复工复产。双方要利用好科技创新年契机，加强高技术、疫苗和药物研发、生物安全等领域合作，推动中俄关系不断迈向更高水平，助力两国各自发展，更好造

---

① Орешкин рассказал о сотрудничестве с Китаем，9 ноября 2018 года，https：//iz.ru/810072/2018-11-09/oreshkin-rasskazal-o-sotrudnichestve-s-kitaem.

福两国人民。中方愿同俄方不断在联合国等多边框架内密切协调配合，维护多边主义，反对霸权主义和单边行径，共同捍卫国际公平正义，为完善全球治理、推动构建人类命运共同体做出更大贡献。普京表示，俄中均珍视本国主权安全，始终坚定相互支持，无论是在新冠疫情艰难时刻相互伸出援助之手，还是不久前中国人民解放军仪仗队赴俄参加红场阅兵式，均再次印证了这点。俄中关系正处于历史最好水平。俄方坚定支持中方在香港特别行政区维护国家安全的努力，反对任何破坏中国主权的挑衅行为，相信中方完全有能力维护香港长期繁荣和稳定。俄方将对华关系作为外交最优先方向，愿同中方一道，继续推进两国各领域务实合作，加强在上海合作组织、联合国等框架下的战略沟通协调，维护全球战略稳定与安全。①

第二节　俄罗斯与欧亚经济伙伴关系

2017 年 7 月，在习近平主席访问俄罗斯期间，中俄双方签署《中华人民共和国商务部和俄罗斯联邦经济发展部关于欧亚经济伙伴关系协定联合可行性研究的联合声明》，显示了中俄两国深化互利合作，推进贸易和投资自由化、便利化及地区经济一体化的坚定决心，以及探讨全面、高水平、未来面向其他经济体开放的贸易投资自由化安排的共同意愿。欧亚经济伙伴关系成为当前中俄关系的新议程。

一　欧亚经济伙伴关系的构建

2015 年 5 月 8 日，中俄两国在莫斯科发表了《中华人民共和国和俄罗斯联邦关于丝绸之路经济带建设和欧亚经济联盟建设对接合作的联合声明》，达成了丝绸之路经济带建设与欧亚经济联盟建设对接合作的重要共识。② 2015 年 7 月，上海合作组织成员国元首峰会乌法宣言声明：成员国支持中华人民共和国关于建设丝绸之路经济带的倡议，认为上合组织成员国相关主管部门在这方面开展相互磋商和信息交流具有重要意义。

---

① 《习近平同俄罗斯总统普京通电话》，《人民日报》2020 年 7 月 9 日。

② 《中华人民共和国和俄罗斯联邦关于丝绸之路经济带建设和欧亚经济联盟建设对接合作的联合声明》，http://www.fmprc.gov.cn/web/gjhdq_676201/gj_676203/oz_678770/1206_679110/1207_679122/t1262143.shtml。

2015 年 12 月 3 日，普京在总统国情咨文中提议在欧亚经济联盟、上合组织和东盟之间开展有关经贸合作问题的对话。① 2016 年 5 月，在索契举行的俄罗斯—东盟峰会上，与会各方讨论了有关欧亚经济联盟—上合组织—东盟经济合作的各种提议，包括欧亚经济联盟与东盟签署自贸区协议的前景。过了不到两周，在阿斯塔纳（2019 年 3 月更名为努尔苏丹）召开的欧亚经济委员会最高理事会会议讨论了同样的问题。2016 年 6 月 17 日，在圣彼得堡国际经济论坛发表讲话时，普京提到了"大欧亚"框架内的经济一体化议题。他表示，欧亚经济联盟可以成为构建更广阔一体化格局的中心之一。这个格局中心指的是使欧亚经济联盟成为俄罗斯与中国、印度、巴基斯坦、伊朗和一系列未加入欧亚经济联盟的独联体国家，以及其他相关组织和国家发展伙伴关系的平台。普京公开表示：俄方计划在 2016 年 6 月与中方一起正式启动欧亚全面经贸合作伙伴关系的谈判，欧亚经济联盟的成员国家和中国将参与其中，希望这是为建立"大欧亚合作伙伴关系"迈出的第一步。②

2016 年 6 月，上海合作组织成员国元首峰会塔什干宣言声明：成员国重申支持中华人民共和国关于建设丝绸之路经济带的倡议，将继续就落实这一倡议开展工作，将其作为创造有利条件推动区域经济合作的手段之一。2016 年 6 月 25 日，中俄两国在北京再次发表"联合声明"，强调落实丝绸之路经济带建设与欧亚经济联盟建设对接合作具有重大意义，并主张在开放、透明和考虑彼此利益的基础上建立欧亚全面伙伴关系。声明明确提到："鉴此，两国元首责成两国政府相关部门积极研究提出落实该倡议的举措，以推动深化地区一体化进程。"③

2016 年 11 月 8 日，中俄发表总理定期会晤联合公报，表示积极评价两国学术机构就构建欧亚伙伴关系概念取得的研究成果，包括可能吸纳欧亚经济联盟、上海合作组织和东盟成员国加入。责成两国专家共同就此开展可行性研究。④

① Послание Президента Федеральному Собранию, 3 декабря 2015 года, http：//www. kremlin. ru/events/president/news/50864.

② Пленарное заседание Петербургского международного экономического форума - Владимир Путин выступил на пленарном заседании Петербургского международного экономического форума, 17 июня 2016 года, http：//www. kremlin. ru/events/president/news/52178.

③ 《中华人民共和国和俄罗斯联邦联合声明》，http：//www. fmprc. gov. cn/web/gjhdq_676201/gj_676203/oz_678770/1206_679110/1207_679122/t1375315. shtml。

④ 《中俄总理第二十一次定期会晤联合公报》，http：//www. fmprc. gov. cn/web/gjhdq_676201/gj_676203/oz_678770/1206_679110/1207_679122/t1413731. shtml。

2017 年 6 月，上海合作组织成员国元首峰会阿斯塔纳宣言声明：成员国欢迎"一带一路"倡议，高度评价"一带一路"国际合作高峰论坛成果并愿共同落实，支持在相互尊重、平等互利原则基础上促进可持续发展的各项国际、地区和国别倡议对接合作。

2017 年 7 月 4 日，中俄签署《中华人民共和国商务部和俄罗斯联邦经济发展部关于欧亚经济伙伴关系协定联合可行性研究的联合声明》，决定开展欧亚经济伙伴关系协定的可行性研究工作。声明的签署是习近平主席访俄重要经贸成果，显示了中俄两国深化互利合作、推进贸易自由化和地区经济一体化的坚定决心，以及探讨全面、高水平、未来面向其他经济体开放的贸易投资自由化安排的共同意愿，将为两国全面战略协作伙伴关系注入新动力。① 欧亚经济伙伴关系协定联合可研的开展是为了具体落实两国领导人关于"一带一路"倡议与欧亚经济联盟建设对接合作的重要共识，不仅有利于探索进一步扩大双边贸易投资往来，还将致力于创造更加公平、透明、便利、可预期的贸易投资环境，共同促进区域经济发展。联合可行性研究将是全面的，涵盖双方共同关注、职权范围之内的领域，包括服务贸易、投资及货物贸易的相关议题。②

2017 年 10 月 1 日，中国和欧亚经济联盟经贸合作协议谈判实质性结束。协议范围涵盖海关程序和贸易便利化、减少技术性贸易壁垒、贸易救济和部门合作等 10 个章节，旨在减少双方非关税贸易壁垒，提高贸易便利化水平，为双方进一步商谈更高水平的自贸安排奠定基础。上合组织区域经济合作议题也不断深入。总理会议批准《2017～2021 年上海合作组织进一步推动项目合作的措施清单》，成为引领区域经济合作的"五年计划"；贸易便利化工作组完成建章立制，为深化合作打下基础。③

2017 年 11 月 1 日，中俄发表总理定期会晤联合公报，双方表示将推动解决双边贸易和投资合作中的障碍和问题，提高便利化水平；继续积极推进"一带

---

① 《中俄签署〈关于欧亚经济伙伴关系协定联合可行性研究的联合声明〉》，http：//sms. mofcom. gov. cn/article/zatp/201707/20170702604755. shtml。

② 《关于习近平主席出访俄罗斯的相关经贸成果》，http：//www. mofcom. gov. cn/article/ae/ah/dia ocd/201707/20170702605431. shtml。

③ 《不忘初心 砥砺推动与欧亚地区"一带一路"合作》，http：//www. mofcom. gov. cn/article/zt_ dlfj19/fbdt/201710/20171002656834. shtml。

一路"建设与欧亚经济联盟对接，保障欧亚大陆经济持续发展，推动签署《中国与欧亚经济联盟经贸合作协议》；支持在欧亚大陆建立经济伙伴关系，积极评价两国相关部门就中俄"欧亚经济伙伴关系协定"联合可研所开展的工作。双方强调，将积极落实两国元首达成的共识，在开放、透明和考虑彼此利益的基础上，为推动地区一体化进程，继续就建立"欧亚经济伙伴关系"制定相关措施。双方认为，应建立区域内经贸合作制度安排，鼓励多种形式的地区经济合作，推动贸易、投资、基础设施建设便利化，逐步实现商品、资本、服务、技术的自由流动，助推中俄及整个地区的经济发展。双方表示，中俄将继续在上海合作组织框架内密切协作，推动提升该组织在本地区和全世界维护安全稳定、开展富有成效和互利的经济合作与人文交流方面发挥的作用。①

从上述欧亚经济伙伴关系这一概念的来龙去脉看，至少反映了以下四个问题。

第一，概念表述三次变化。从官方文件的内容可以看到，对如何界定欧亚区域合作的提法一共发生了三次变化。一般而言，对双边和多边关系中重要概念性提法的变化较为慎重，新旧提法之间的时间间隔通常都会在至少两年以上。然而，从 2016 年 6 月最初提出时的"欧亚全面伙伴关系"，到随后 2016 年 11 月的"欧亚伙伴关系"，再到 2017 年 7 月最终的"欧亚经济伙伴关系"，仅仅用了短短一年多的时间。这反映了中俄双方在如何共同促进区域经济发展这一关键问题上的密集磋商与不断调适。

第二，概念内涵不断缩小。伴随外交沟通的进程，前后三个概念之间的内涵差异也不言而喻：从可能涵盖政治、经济与安全等方方面面的关系到集中在经济领域内的区域合作。这反映了中方希望欧亚经济伙伴关系的构建应该集中在最大公约数上，即着眼于基础设施建设，促进互联互通，最多扩展到经贸和能源领域的互利合作。换句话说，中方想避免欧亚全面伙伴关系这一概念可能带来的地缘政治色彩。

第三，上合组织官方定位贴合上合组织实际。如果说 2015 年的对接声明还只是点到丝绸之路经济带建设和欧亚经济联盟建设相对接是要通过上海合作组织

---

① 《中俄总理第二十二次定期会晤联合公报》，http://www.gov.cn/xinwen/2017-11/01/content_5236106.htm。

平台开展合作，那么随着 2016 年欧亚伙伴关系的提出以及 2017 年上合组织的正式扩员，上合组织究竟以何种形式发挥对接平台的作用以及发挥什么样的平台作用就成为必须明确回答的问题了。现在可以看到，通过双方的协商，上合组织在"一带一路"建设和欧亚经济联盟对接中的定位明确为：在欧亚地区和全世界发挥维护安全稳定、开展富有成效和互利的经济合作与人文交流方面发挥作用。这个定位比较贴合上合组织的实际，上合组织每年的元首峰会公报一般也就是分为上述三个部分：地区安全、经济合作与人文交流。

第四，欧亚经济伙伴关系脱胎于俄方首先提出的"大欧亚"思想。俄罗斯官方与智库互相配合，有计划有步骤地提出了"大欧亚伙伴关系"，智库在其中发挥了桥梁和引导的作用。"大欧亚伙伴关系"具有"二轨外交"的特点。从"大欧洲"到"大欧亚"的历史脉络表明，"大欧亚伙伴关系"实际上反映了俄罗斯在国际格局中战略定位的发展变化，本质上是俄罗斯欧亚战略思想的延续和现实表达，这既是对俄罗斯国际定位和身份认同的最新解读，也是俄罗斯对当前形势和面临挑战的积极应对，意在经济发展、国家安全、外交突围与摆脱危机。从中俄关系的大局着眼，以我为主，既要积极争取自身的经济利益，更要考虑中俄共同发展的整体利益和长远利益，全面客观地审视"大欧亚伙伴关系"对丝绸之路经济带的影响。

二 对中俄关系新议程的影响

"欧亚经济伙伴关系"脱胎于"大欧亚伙伴关系"。因此，研究"欧亚经济伙伴关系"对于中俄关系的影响，需要放在"大欧亚伙伴关系"的整体背景下，并且需要跳出单一事件，从"欧亚时刻"的历史与现实、中俄关系的大局、中国外交自身的定力三个维度综合观察。

从历史上看，从古至今，欧亚大陆均呈现整体化但又文化与制度不一的特点。公元前 1000 年至公元 500 年古典文明时代最明显的特点，就是欧亚大陆趋于整体化。早期帝国被限制在各自所在的大河流域。到公元 1 世纪，罗马帝国、安息帝国、贵霜帝国和汉帝国一起，连成了一条从苏格兰高地到中国沿海、横贯欧亚大陆的文明地带，从而使各帝国在一定程度上能相互影响。技术进步是整体化的根源。公元 6 世纪前后，由于欧亚大陆趋于整体化，引发人们思考很多问题：如何对待各自的传统——抛弃还是使之适应过渡时期的需要。不同文明的独特哲学观念和社会制度正是在这一时期发展起来的，并形成各自特征延续至今。欧亚大陆形成有机整体的标志是地区间的商业联结和文化联结。商业联结指地区间主要的物质性联结。古丝绸之路的历史意义就在于此。尽管贸易方向发生过各种转变，但古典时代与早先的古代时期大为不同，其贸易范围大为扩大，贸易额巨幅增长。贸易范围不再局限于单个地区，而是随着货物经由海陆两路从欧亚大陆的一端运送到另一端，从而成为跨地区贸易。①

中国与欧亚大陆的联系源远流长。中国与中亚有记载的历史可以追溯到公元前126年，当时张骞从中亚返回中国，他是奉旨前去与匈奴结盟的使者。有几个时期，如汉朝（公元前206年至公元220年）和唐朝（618～907年），中国的实际军事控制区域扩展到了中亚，但到了元代（1271～1368年），潮流逆转，中亚的官员、商人、技师和手工业者在蒙古人的保护下蜂拥来到中央王国。1368年，明王朝建立后，中亚官员随蒙古人离去。② 而从中俄关系的历史来看，从1715年俄国东正教驻北京第一届传教团来华到十月革命爆发的两个世纪中，俄国在中国实际上具有一种特殊地位，俄国驻北京宗教使团和语言学堂的成员能够从内部观察中国，使得俄国有机会直接研究中国社会。他们在回国后开始进行系统性的汉学研究。③

从现实看，欧亚地区关涉中国整体外交。在丝绸之路经济带倡议提出之前，中国在欧亚地区缺少统领全局的规划。从丝绸之路经济带建设看，中亚是建设丝绸之路经济带的第一环，具有示范性效应，俄罗斯作为中国最大邻国，在丝绸之路经济带建设中具有基础性效应。基于此，中国在中俄关系的发展中着眼大局，实施战略性和政治性的举措是必要的。2016年，中国从维护中俄全面战略协作伙伴关系的角度出发支持俄罗斯的倡议，提出在开放、透明和考虑彼此利益的基础上建立欧亚伙伴关系。尽管对欧亚伙伴关系的概念内涵双方并没有给出正式解读，但是双方都认为，世界及欧亚战略格局正在发生深刻变

① 〔美〕斯塔夫里阿诺斯：《全球通史：从史前史到21世纪》上册，吴象婴等译，北京大学出版社，2006，第83～90页。
② 〔美〕费正清主编《中国的世界秩序：传统中国的对外关系》，杜继东译，中国社会科学出版社，2010，第200页。
③ 〔美〕徐中约：《中国近代史（1600～2000）：中国的奋斗》，计秋枫、朱庆葆译，茅家琦、钱承旦校，徐中约审订，世界图书出版公司北京公司，2013，第85页。

化，欧亚大陆发展的历史性机遇与挑战并存，中俄双方积极推动区域合作的努力具有重要意义。

欧亚地区国际战略环境仍在继续发生深刻变化。地区内各国求稳定、求发展所面临的内外压力进一步加大。中国经济发展长期向好的基本面没有变，但同时也面临复杂的内外环境和较大的下行压力。俄罗斯经济增长速度下降，对外政策积极主动，在国际重要热点地区和重大热点问题上频频出牌，赢得关注和重视。俄罗斯主导的后苏联空间一体化继续深化，并呈现不断扩大趋势。新欧洲国家在西向和东向之间徘徊，乌克兰危机爆发。中亚国家保持总体稳定，但安全与稳定仍是各国面临的挑战，经济增长与社会发展仍是亟待破解的难题。

在经济全球化与区域经济合作日益密切的大背景下，欧亚地区很多国家都希望与中国经济发展构建联系，或提出合作设想，或针对中国经济制定某种战略构想。我国周边已经出现或建成若干一体化设想或结构，不仅如此，各种自由贸易区倡议及谈判都显示区域合作不断升温。丝绸之路经济带倡议的提出宣示了中国与地区国家合作的愿望和理念，这种理念的核心是平等互利，包容互鉴，合作共赢，共同发展。

丝绸之路经济带不是机制化的国际组织，不谋求建立超国家机构，其合作方式灵活多样，在具体问题上是双边促多边。欧亚经济联盟则是一个实体，规则对成员国有约束力。这种对接其实有一定难度，但即使有各种各样的困难，对接合作也是必需的。2015 年 5 月 8 日，习近平主席和普京总统在莫斯科共同签署并发表《中华人民共和国和俄罗斯联邦关于丝绸之路经济带建设和欧亚经济联盟建设对接合作的联合声明》。俄方支持丝绸之路经济带建设，愿与中方密切合作，推动落实该倡议。中方支持俄方积极推进欧亚经济联盟框架内一体化进程，并将启动与欧亚经济联盟经贸合作方面的协议谈判。双方将共同协商，努力将丝绸之路经济带建设和欧亚经济联盟建设相对接，确保地区经济持续稳定增长，加强区域经济一体化，维护地区和平与发展。双方将秉持透明、相互尊重、平等、各种一体化机制相互补充、向亚洲和欧洲各有关方开放等原则，通过双边和多边机制，特别是通过上海合作组织平台开展合作。[1] 只有处理好与俄罗斯的关系，

---

[1] 《中华人民共和国和俄罗斯联邦关于丝绸之路经济带建设和欧亚经济联盟建设对接合作的联合声明》，《人民日报》2015 年 5 月 9 日。

才能更好地推进丝绸之路经济带建设。

既然在丝绸之路经济带建设中俄罗斯因素非常重要，在当前形势下必须注意一些问题。欧亚地区形势的特点：一是俄罗斯经济衰退，且欧亚地区受俄罗斯经济衰退的影响处于比较困难的局面；二是乌克兰危机后俄罗斯与西方关系全面恶化并将长期处于软对抗的博弈状态。在这种形势下，很多学者认为，这种困难局面同时也为中俄关系的发展和丝绸之路经济带建设提供了一个窗口期，应该利用好这个窗口期。

俄罗斯提出了"大欧亚伙伴关系"的战略构想，如何看待它与丝绸之路经济带建设之间的关系？

第一，中俄长期友好合作的政治基础没有变化。双方认为不同国情的国家选择的发展道路也不会完全相同，但都会选择独立自主道路。坚持互不干涉内政，尊重彼此发展道路选择，这是两国关系最重要的政治基础。在这个基础上，中俄双方不讳言双边关系中存在的问题，但都认为中俄关系不是普通的双边关系，而是两个相邻的同时又具有重要影响的大国之间的关系。即使存在一些问题，也要区分战略性问题和一般性问题。而且，中俄关系既然是不存在历史遗留问题的双边关系，那问题就是在中俄双方快速发展中出现的问题，只能靠发展来解决。因此，中俄关系必须继续发展，而且要致力于共同发展。这些都是苏联解体后中俄对发展双边关系的宝贵共识，体现了双方的志同道合，也是未来中俄关系发展的基础。

第二，俄罗斯已经进入经济发展的低速增长期，中俄实力差距不断缩小。这个变化值得密切关注。从历史上看，俄罗斯经济一直薄弱，却长期占据大国地位，因为该国往往更重视强大的军队和安全机构，维持强势政府，与此相对应的动员型发展模式一直缺乏效率，由此俄罗斯始终处在兴起—强盛—停滞—衰败这样一个发展周期上。当前，俄罗斯在普京任内，已经越来越走上一条俄罗斯熟悉的发展道路。据预测2030年以内俄罗斯经济增长率的年均预期是2.5%。中俄双方经济总量不断拉大的同时，人均产值不断缩小。2005年中国国内生产总值为2.2万亿美元，俄罗斯为7658亿美元，中国是俄罗斯的2.9倍；中国人均1352美元，俄罗斯人均4750美元，俄罗斯是中国的3.5倍。十年后，2015年中国国内生产总值已经超过10万亿美元，俄罗斯为1.3万亿美元，中国是俄罗斯的7.7倍。俄罗斯人均国内生产总值四年来下降近50%，2012年俄罗斯人均国内生产总值为 1.51 万美元，2016 年降到 8800 美元，[①] 2016 年中国人均国内生产总值 53980 元人民币[②]，约合 8126 美元。2018 年中国国内生产总值为 13.608 万亿美元，人均国内生产总值达到 9732 美元；2018 年俄罗斯国内生产总值为 1.66 万亿美元，人均国内生产总值约为 1.12 万美元。中国人均国内生产总值正在逐渐与俄罗斯持平。

第三，在与俄罗斯的交往中，既要积极争取自身的经济利益，更要考虑中俄共同发展的整体利益和长远利益。相互尊重发展差异是中俄两个世界级大国保持关系、健康发展的基础。从自然禀赋、产业结构、市场规模、发展水平、生态环境、到政治制度、民族性格、发展历史、意识形态，中俄双方均存在巨大差异。这种差异性必然会体现在对外交往中，体现在双边关系中。对俄罗斯人"利益最大化"的观念，需要以极强的战略定力，用好并拓展各领域、各层面的交流机制和方式进行沟通与合作。[③]

丝绸之路经济带倡议充分考虑了周边国家与中国的经济互补性和差异性，以及由这种互补和差异产生的机遇。这种互补性是中国与地区国家长期务实合作的重要基础。丝绸之路经济带倡议正是基于这种现实提出的。丝绸之路经济带建设对于国内来说，是我们改革开放新时期发展的新动力，对于外部世界而言，则是一项互利共赢的合作倡议。随着"一带一路"倡议的提出和实施，我们将迎来区域经济合作的新阶段。在这个建设过程中，需要关注和协调俄罗斯因素的影响。可以说，发展与俄罗斯的关系是今后中国国际战略运筹的一项重大任务。必须继续增强战略互信，实现共同安全、共同发展，为实现中国梦提供坚强保障。

总之，俄罗斯既是大国，又是我们的邻国，而且是我们周边最强大的一个邻国。中苏对抗的二十年就是中苏两国全面落后世界的二十年。中俄关系可以也必须持续稳定的发展。丝绸之路经济带建设的顺利推进也需要俄罗斯方面的理解与支持。中俄互为最主要、最重要的战略协作伙伴，深化新时代中俄全面战略协作

---

① Анастасия Башкатова, Россия потеряла 20 позиций в глобальном рейтинге МВФ, http://www.ng.ru/economics/2016-11-29/4_6872_mvf.html.

② 《中华人民共和国 2016 年国民经济和社会发展统计公报》，http://www.stats.gov.cn/tjsj/zxfb./201702/t20170228_1467424.html.

③ 季志业、冯玉军：《俄罗斯发展前景与中俄关系走向》，时事出版社，2015，第 398 页。

伙伴关系，在两国外交全局和对外关系中都占据优先的战略地位。这一战略定位必须坚持，中俄关系应保持强劲的发展势头。

第三节　俄罗斯与上海合作组织

由于国际形势与国内政治的双向影响，俄罗斯对上海合作组织的设想、定位、发展前景等问题的认知在不同时期有很大的变化。上海合作组织成立后，经历了"9·11"事件、伊拉克战争、独联体地区的"颜色革命"、俄格冲突、金融危机、乌克兰危机等重要国际政治事件，这些事件对于俄罗斯的国际观和国家利益观都产生了深刻影响。在治国理政观念发展变化的同时，俄罗斯对上海合作组织的认知也经历了从关注上合组织外部影响到兼顾上合组织内部建设的过程，进而经历了从上合组织是变化的世界秩序中地缘政治新主体的看法到上合组织应作为大欧亚新共同体中心力量的定位的变化。研究俄罗斯与上海合作组织的关系，也需要从中国发展的全局以及中国外交的总体要求着眼，才能更好地观察上合组织的发展，更好地理解俄罗斯对上海合作组织的认知。

一　上海合作组织是新时代中国特色大国外交的重要组成部分

2001 年 6 月 15 日，上海合作组织成立。这是 21 世纪初国际关系中的大事。上海合作组织是由中国、俄罗斯、哈萨克斯坦、吉尔吉斯斯坦和塔吉克斯坦构成的"上海五国"演变而来。

1996 年 4 月 26 日，五国元首在上海举行第一次会晤，签署了《关于在边境地区加强军事领域信任的协定》①；1997 年 4 月 24 日，五国元首在莫斯科举行第二次会晤，签署了《关于在边境地区相互裁减军事力量的协定》②。这两次会晤及其签署的文件表明，五国决心成为好邻居、好朋友、好伙伴，把世界

---

① 《中华人民共和国和哈萨克斯坦共和国、吉尔吉斯共和国、俄罗斯联邦、塔吉克斯坦共和国关于在边境地区加强军事领域信任的协定》，http://www.npc.gov.cn/wxzl/gongbao/1996-08/29/content_1480006.htm。

② 《中华人民共和国和哈萨克斯坦共和国、吉尔吉斯共和国、俄罗斯联邦、塔吉克斯坦共和国关于在边境地区相互裁减军事力量的协定》，http://www.npc.gov.cn/wxzl/gongbao/2000-12/07/content_5003798.htm。

上最漫长的陆地边界变成和平、安宁和友好合作的边界。这两次会晤是以中国为一方，俄、哈、吉、塔为另一方。从第三次起，会晤成为五国间的多边会晤。五国合作机制由此启动。一年一度的元首会晤被固定下来。会晤轮流在各国举行。

1998年7月、1999年8月和2000年7月，先后在阿拉木图、比什凯克、杜尚别举行五国领导人会晤。会晤讨论的内容不断扩大，由加强边境地区的信任和裁军问题发展到各个领域的全面合作。与此同时，在"上海五国"的框架内，除元首会晤外，又相继建立了外交、国防、执法与安全部门领导人、国家协调员等会晤机制。

2001年6月，乌兹别克斯坦正式加入"上海五国"机制，哈、中、俄、吉、塔、乌六国元首在"上海五国"机制的发源地上海举行会晤，签署了《"上海合作组织"成立宣言》，从而把"上海五国"机制提升到更高的合作层次。迄今，上海合作组织成员国已经举行了18次元首理事会。

以《上海合作组织宪章》《上海合作组织成员国长期睦邻友好合作条约》为遵循，上合组织构建起不结盟、不对抗、不针对第三方的建设性伙伴关系。这是国际关系理论和实践的重大创新，开创了区域合作新模式，为地区和平与发展做出了新贡献。如今上海合作组织已经成为世界上幅员最广、人口最多的综合性区域合作组织，成员国的经济和人口总量分别约占全球的20%和40%。上海合作组织拥有8个成员、4个观察员国、6个对话伙伴，并同联合国等国际和地区组织建立了广泛的合作关系，国际影响力不断提升，已经成为促进世界和平与发展、维护国际公平正义不可忽视的重要力量。[①]

上海合作组织是我国与邻国探索建立新型安全模式、新型国家关系和新型区域合作模式的产物。上海合作组织是新时代中国特色大国外交的重要组成部分。"上海精神"是新时代中国特色大国外交理念的鲜明体现。"上海精神"在新时代与时俱进。2018年青岛峰会后，在"上海精神"的发展观、安全观、合作观、文明观和全球治理观的指引下，上海合作组织开启发展新征程。

那么，俄罗斯是如何认识由中国倡导建立并伴随中国改革开放和社会主义现

---

① 《习近平在上海合作组织成员国元首理事会第十八次会议上的讲话》，http：//www.xinhuanet. com/world/2018-06/10/c_1122964013.htm。

代化建设而成长的上海合作组织？这种认知有没有发展变化？本章节拟就该问题进行探讨。

二 "9·11"事件后俄罗斯对上海合作组织的最初设想

2001年6月上海合作组织成立不久，"9·11"事件爆发。"9·11"事件之前，俄罗斯对在"上海五国"机制下达成的双边军事监督和相互通报边境100公里纵深地区重要军事活动的制度协定感到满意，因此响应了中国成立上合组织的倡议。俄罗斯认同成立上合组织的动机是显而易见的：需要一个打击宗教极端主义、维护地区稳定的组织。上合组织可以对车臣和其他极端主义挑战做出相应回答。但是在"9·11"事件后，局势发生了变化。

"9·11"事件后，美国在乌兹别克斯坦、吉尔吉斯斯坦和塔吉克斯坦建立军事基地。在俄罗斯看来，上合组织本来应当涉及谴责车臣恐怖主义，但车臣恐怖主义在"9·11"事件后已由俄罗斯内部现象变成国际现象。而在加入上合组织的中亚国家看来，"9·11"事件后的局势表明，美国迅速和有效地打击了极端主义和恐怖主义，其行动比上合组织单纯发表相关声明更为有力。

不仅如此，由于普京执政之初奉行战略收缩政策，致力于改善俄美关系，"9·11"事件后，北约组织和俄罗斯关系迅速升温。经过一系列外交活动，2002年5月28日，普京总统与北约成员国领导人签署《罗马宣言》，正式成立"北约—俄罗斯理事会"。

在这种国际形势的背景下，针对布什提出的"邪恶轴心"论，普京提出"稳定弧"概念，上合组织被俄罗斯视为地缘政治的工具。2002年4月19日，普京在与冰岛总统会晤后会见新闻记者，在谈到俄罗斯与北约的关系时，正式提出"稳定弧"思想。① 2002年6月5日，普京在接受《人民日报》记者采访时再次明确解释"稳定弧"的含义。②

普京认为，"稳定弧"由三部分组成：西部是北约，东部是中国占主导地位

---

① Заявление для прессы и ответы на вопросы журналистов по итогам российско-исландских переговоров, 19 апреля 2002 года, http://www.kremlin.ru/events/president/transcripts/21570.

② Интервью китайской газете《Жэньминь Жибао》, 5 июня 2002 года, http://www.kremlin.ru/events/president/transcripts/21624.

的上海合作组织，中部是由独联体 6 个国家建立的集体安全条约组织。普京标出"稳定弧"的地理轮廓：北约国家、俄罗斯、中亚国家和中国。"稳定弧"设想可能成为既证明集体安全条约组织有必要存在，又不让东西方之间发生新的对抗的第三条路。普京认为，俄罗斯和北约建立起来的"20 国"合作机制和俄罗斯同亚洲国家的合作能够建立起从大西洋延伸到太平洋、以俄罗斯南部为中腰的"世界上的稳定弧"。普京选择"弧"这个术语绝非偶然，布什在阐述国际安全问题时提出了"邪恶轴心"概念，"弧"就是解决这个问题的一个方案。①

这一时期俄罗斯对于上合组织的认知鲜明地体现在俄国内对上海合作组织的前景存在两种设想。第一种，使该组织转变为包括中、印在内的"新华约"来抵制北约和西方，但是这与普京的"稳定弧"主张相悖，普京这一时期的政策是俄罗斯力求同北约融为一体、美俄接近，并争取与美签署进一步削减进攻性战略武器的条约。第二种，是在上海合作组织基础上建立另一种组织，根据地区化主张同西方机构融为一体，由广泛的观察员国和成员国所组成。这种方案明确体现出俄罗斯的利益，因为较开放的组织形式有助于俄罗斯在建立欧亚全面安全体系中起关键作用。该方案同时还可带来战术好处，使上海合作组织作为一个组织更积极地加入阿富汗和平进程，在同盟友机构紧密接触的情况下，免遭极端主义的威胁。它还有利于消除一个微妙的问题，即谁可以或谁不可以成为这个组织的新成员。

从俄罗斯对于上合组织的举措看，从一开始俄罗斯就积极推动第二设想，即推动上合组织扩员并将上合组织视为实现俄罗斯国家利益的重要地缘政治平台。2002 年 6 月 7 日，第二届上海合作组织峰会在俄罗斯的圣彼得堡举行。在这次峰会上六国元首签署了《上海合作组织宪章》。对经历了"9·11"事件后国际形势变化的上海合作组织来说，签署组织宪章具有定航指引的含义。在谈到签署基本文件问题时，普京表示，这不仅对亚洲，而且对世界来说都是重要事件。②在俄罗斯看来，组织宪章在一定意义上改变了上合组织的职能性质。上海合作组织

---

① Андрей Миловзоров, Согнемось зла в дугу стабильности! 27 май 2002 года, https：//utro. ru/amp/articles/2002/05/27/79962. shtml.

② Владимир Путин принял участие в саммите Шанхайской организации сотрудничества, 7 июня 2002 года, http：//www. kremlin. ru/events/president/news/27109.

的前身——"上海五国"机制是为了解决复杂的边界和军事问题，随后扩展到应对恐怖主义、极端主义和分裂主义。边界军事问题和三股势力问题出现在苏联解体后，这种战略真空对中国、俄罗斯和中亚都构成威胁，上合组织成立的共同动力强劲。但是，阿富汗塔利班政权在"9·11"事件后垮台和有美军驻扎的中亚国家开始直接与美国发展关系，都对上海合作组织既有的功能设计产生了一定影响。

俄罗斯遵循第二种上合组织的发展设想，根据具体变化的国际形势要求和自身外交政策需求的变化，在圣彼得堡峰会上积极推动组织宪章和元首宣言通过，将被外界视为具有抗衡美国色彩的上合组织定位成"不针对个别国家或国家集团"的开放性联盟。不仅如此，遵循第二种设想的原则，俄罗斯公开宣称上海合作组织是亚洲多边合作的基石。[①] 同时，圣彼得堡峰会发表的元首宣言强调，该组织的合作中心已从安全问题转移到了经济问题上，认为上海合作组织未来工作中另一个有发展前途的领域是经济合作。能源、管道、自然资源利用和水资源等合作是总理会晤机制讨论的主要内容，为今后地区合作奠定物质基础。至此，上海合作组织发展的"两个轮子"——安全合作与经济合作，初具雏形。

三 伊拉克战争后俄罗斯对上海合作组织面临问题的看法

国际组织的成长和发展与国际形势的变化密切相关。2002 年 9 月 20 日，布什政府公布了《美国国家安全战略报告》，放弃了在冷战时期的威慑和遏制战略，转而采取所谓"先发制人"的战略。美国认为，禁止武器扩散条约未能防止伊拉克获取大规模杀伤性武器。美国的这一判断具有三个意义：其一，正式明确了下一个军事打击目标就是伊拉克；其二，明确了美国军事打击伊拉克的战略思想基础；其三，对大规模杀伤性武器的核查问题成为战前的关键问题。

战前，俄罗斯在联合国内外进行了反战游说。俄罗斯一直主张应在联合国范围内寻求尽快政治解决伊拉克问题，反对美国单方面使用武力推翻萨达姆政权。2003 年 3 月 17 日，普京表示，俄罗斯反对美国等国对伊拉克动武，俄罗斯在伊拉克问题上的立场是明确、坚定的，那就是主张通过和平的方式解决。俄罗斯还和法国、德国在联合国安理会展开斡旋，组成三国反战联盟。它们的态度在很大

---

① Дмитрий Косырев, Шанхайская организация сотрудничества-фундамент для многостороннего сотрудничества в Азии, 7 июня 2002 года, https：//ria. ru/20020607/169304. html.

程度上源于对经济现实和国家利益的考虑。① 俄罗斯在伊拉克的经济利益与普京执政之初外交实用主义的经济需求基本吻合。②

美国不顾国际社会多数国家的强烈反对，绕开联合国安理会对伊拉克发动了"先发制人"的军事行动。美国的这一行径违背了《联合国宪章》和国际法基本准则，是对联合国权威的严重挑战，并且破坏了冷战结束后所确立的国际安全体系和以主权国家为基础的国际政治体系，严重危及其他主权国家的安全利益。这些对正在寻求借助联合国权威整合外交资源的俄罗斯来说，无异于迎头一击。换句话说，伊拉克战争反映了美国强调本国主权的政治风格，也反映了俄美价值取向上的分歧。究竟用战争还是用和平手段解决伊拉克问题，已经不再是战术问题，而是选择何种战略的问题。③

伊拉克战争对俄罗斯认识上海合作组织的定位和前景产生了重要影响。俄罗斯学者认为，伊拉克战争暴露出上海合作组织成员国对外政策的不一致。俄罗斯和中国绝对反对战争；塔吉克斯坦、哈萨克斯坦、吉尔吉斯斯坦在"维持国际法框架内"持中立立场；乌兹别克斯坦则表示无条件地支持美国的军事行动。在伊拉克战争之后，俄罗斯、中国和塔吉克斯坦都最终批准了《上海合作组织宪章》，而乌兹别克斯坦、吉尔吉斯斯坦和哈萨克斯坦暂未批准。

俄罗斯认为，伊拉克战争还暴露出上海合作组织的发展存在一系列尖锐的问题，包括未来的成员国名单、发展战略和乌兹别克斯坦的特殊立场，这些问题的解决与否将决定该组织的命运。在俄罗斯看来，可能成为上合组织新成员的国家非常多，有印度、巴基斯坦、伊朗、蒙古国、韩国等。因为上海合作组织缺少一系列加入机制的章程性文件，巴基斯坦和印度的加入申请被拒绝。俄罗斯认为这是上合组织的战略定位问题，上合组织面临选择：要么让它成为一个开放的自由组织，要么依然保留半封闭的俄中模式。俄罗斯认为，上合组织的发展战略应同独联体集体安全条约组织在反对恐怖主义、极端主义、毒品走私以及在中亚建立与北约相似的军事政治组织方面接近。上海合作组织是否应该成为中亚国家之间

---

① F. Bowers, "Driving Forces in War-wary Nations", *The Christian Science Monitor*, February 25, 2003.

② D. G. Victor and N. M. Victor, "Axis of Oil?" *Foreign Affairs*, March–April, 2003.

③ Л. Шевцова, Россия между Америкой и Европой, Московские новости, No. 7, 2003 г..

矛盾和冲突的调解者也是一个有争议的问题。乌兹别克斯坦、哈萨克斯坦、塔吉克斯坦、吉尔吉斯斯坦四国在政治、经济、边界划定和资源分配上积累了大量的潜在冲突，而乌兹别克斯坦和哈萨克斯坦激烈争夺地区领袖地位也加剧了潜在冲突。上合组织还需要解决乌兹别克斯坦问题。乌兹别克斯坦没有出席上合组织2013 年 4 月在阿拉木图举行的外交部长会议。乌兹别克斯坦不是独联体集体安全条约组织和欧亚经济共同体成员国。①

四 "颜色革命"后俄罗斯对上海合作组织内部协作的需求

2005 年 7 月，时任俄罗斯总统上海合作组织事务特别代表沃罗比约夫在接受采访时认为，上合组织的工作重点首先是完善法律章程，其次是草拟经济合作方案。对于在吉尔吉斯斯坦发生"郁金香革命"和乌兹别克斯坦发生"安集延事件"中上合组织没有发挥出巨大作用，沃罗比约夫认为可以理解。他认为决定上合组织能力的是客观现实。上合组织并非军事政治联盟，亦非经济集团，无力解决众多难题。上合组织成员国具有不同的历史命运，具有迥异的发展潜力、物质和智力资源。组织内部奉行协商原则，唯有各方同意，决议方能通过。经验证明，上合组织内部是可以达成一致的，包括对一系列复杂问题。

对于中国提出的上合组织自由贸易区的建议，沃罗比约夫认为，上合组织并未将成立自由贸易区作为工作目标。在本组织的长期纲领中提到，经济合作的目的是为内部资源、资本和人员的自由流动创造有利条件，这是相当复杂的问题，因为成员国身处不同的经济组织之中。中国与吉尔吉斯斯坦已加入世贸组织，该地区还有欧亚经济共同体和独联体的经济合作机构，不久前成立了中亚合作组织。因此，俄罗斯认为上合组织自由贸易区的建议暂时不具有现实性。②

俄罗斯对上海合作组织内部协作的需求与独联体地区 2005 年前后爆发的"颜色革命"密切相关。从 2005 年俄罗斯反对派借助社会福利货币化改革带来的社会和民众的不满情绪以及独联体地区不断爆发"颜色革命"的势头，在西

① Сергей Лузянин, На пути к "азиатскому НАТО", http：//www. ng. ru/dipkurer/2003 – 05 – 26/10_ shos. html.

② Александр Ломанов, 《ШОС еще находится в младенческом возрасте》, http：//www. vremya. ru/2005/118/5/128948. html.

方势力的支持下，挑动民众举行街头抗议活动，扩大政治影响，以期改变俄罗斯的政治发展方向。俄罗斯政治存在的这种不确定性促使普京政权从 2005 年开始逐步采取立足俄罗斯政治实际，同时又面向俄罗斯未来发展的一系列卓有成效的举措，从制度保证和机制传递的各个层面确保俄罗斯政治体系的稳固。正是基于上述国内政治的需要，俄罗斯对上海合作组织内部沟通与协作的需求显著增强。

俄罗斯对于加强上合组织内部的协作有具体的设想。俄罗斯认为，上合组织框架内的合作应当也势必会扩大。重要的是，不要单纯追求数量，有必要列出若干优先领域，集中力量发展。上合组织内部各成员国经济实力和国际地位已经发生了明显的分化，各成员国在组织内部的地位出现了以下三大层次：影响力最大的是中国和俄罗斯；其次是哈萨克斯坦和乌兹别克斯坦两个地区大国，影响力居中；最后是吉尔吉斯斯坦和塔吉克斯坦。可以将乌兹别克斯坦和哈萨克斯坦单列出来，让它们负责维护中亚地区的安全与稳定；而俄罗斯和中国作为该组织的主要国家，由于其地缘政治和经济地位，应该负责上合组织总战略路线的制定以及与世界其他国家的交往。俄罗斯建议在维持上合组织领导机构现有的法律和事实上地位平等和集体决议机制不变的情况下，讨论在其内部实施三级责任机制的问题。对机构进行结构功能调整，一方面能够在中长期内缓和较为尖锐的哈萨克斯坦与乌兹别克斯坦之间的矛盾，平衡中亚这两大力量中心；另一方面，也能将上合组织内部的实力差距制度化。这一差距是引发组织内部各种分歧的源头。

俄罗斯对于上合组织的人文合作也予以充分重视。俄罗斯认为，各成员国都有各自独具特色的民族文化、传统和社会心理。既然上合组织成立的基础是互相尊重文明多样性，就必须将这一理念付诸实践。这不仅将推动组织内部各成员国的联合，也将把上合组织变成连接东西方文明的纽带。上合组织已具备了相当高的国际威望。2004 年 6 月，在上合组织塔什干峰会上，各成员国的联合声明在国际舞台上引起了强烈反响。为此，上合组织内部的组织原则、目标和作用空间需要加强设计，这将决定它对其他国家具有多大的吸引力。①

与此同时，这一时期的俄罗斯对于上合组织扩员低于对上合组织内部协作的热情。俄罗斯指出，共同抗击恐怖主义、分裂主义和极端主义是上合组织的主要

---

① Сергей Лузянин, Российско－китайское взаимодействие в XXI веке. Мировая экономика и международные отношения, 2005, № 5.

任务之一。在 2006 年的上合组织元首峰会上签订了反恐和禁毒合作协定。普京表示：上合组织是在 2001 年 9 月 11 日之前成立地区反恐怖机构的第一个国际组织。如今成员国的强力部门进行集体协作，这是为了制止贩毒活动。禁毒被俄罗斯视为在上合组织中的重要利益。①

对于上合组织扩大问题，俄罗斯表示这是一个很复杂的问题。如果伊朗加入上合组织，会对上合组织有什么影响呢？世界会如何看待这个组织呢？很难想象，印度和巴基斯坦谁先加入上合组织，两国对各自国际地位的变化通常很敏感。两国一起加入上合组织又会怎么样？竞争对手的加入会给上合组织造成什么样的影响？联合着约占世界一半但并不富裕人口的国际组织能否有效地发挥作用呢？应该使上合组织以现有状态更有效地加强合作，首先是在经济上，这是成立上合组织时的初衷。②

在上合组织成立五周年之际，俄罗斯终于对于上合组织内部的协作问题高度重视起来。普京表示上合组织是成功的国际合作新模式，"上合组织因素"是广袤的欧亚地区稳定的重要因素。这是地区政治和全球政治的现实。对于上合组织内部协作问题，普京明确表示："下一个合乎逻辑的行动是在制止贩毒活动方面进行协作，强力部门之间也会相应地密切合作。地区稳定问题始终处于上合组织成员国的密切关注之下。我们在这方面为最广泛的合作敞开大门。显而易见，上合组织范围很广的活动不仅仅局限于政治领域。我们有内容丰富的经济问题的议事日程。经济合作对上合组织来说正变得越来越重要。本地区拥有进行有效的互利合作的巨大潜力。这种合作能够大大提高人民的生活水平，把中亚变成世界最发达的地区之一。我认为，只有地区一体化机制才能够有效地实现上合组织成员国自然的竞争优势。这涉及能源行业、资源基础、运输、传统和创新工业部门、科学和技术等领域。人文领域在上合组织内越来越受重视。毫无疑问，这方面的工作将会丰富上合组织，将会以科学、文化、青年和人际等方面的联系充实上合组织。"③

---

① ШОС - новая модель успешного международного сотрудничества, 14 июня 2006 года, http：//www. kremlin. ru/events/president/transcripts/23633.

② Артур Блинов, ШОС на перепутье, http：//www. ng. ru/world/2006-06-15/10_ shos. html.

③ ШОС - новая модель успешного международного сотрудничества, 14 июня 2006 года, http：//www. kremlin. ru/events/president/transcripts/23633.

2007 年上合组织国家元首比什凯克峰会召开前夕，时任俄罗斯第一副外长杰尼索夫继续阐明俄罗斯对于上合组织内部协作重要性的观点。杰尼索夫认为，上合组织是个年轻的组织，还处在形成的阶段。暂停扩大上合组织是因为必须加强组织内部的关系，确定通过以何种方式与哪些有兴趣的国家进行接触或合作。还存在着一些组织和技术方面的问题，这些问题涉及如何确定对话伙伴国和上合组织观察员国的地位以及它们的潜力和权力范围。①

在加强内部协作的氛围下，2007 年 8 月 16 日，上海合作组织成员国元首理事会第七次会议——比什凯克峰会举行。六国元首共同签署了《上海合作组织成员国长期睦邻友好合作条约》。长期睦邻友好合作条约是一个宪法性的文本，是规范了成员国相互关系准则的重要政治法律文件，对促进上合组织成员国互利合作具有重要意义。

五 俄格战争后俄罗斯对上海合作组织与世界秩序关系的认识

2008 年 8 月，俄格战争爆发。时任俄罗斯总统梅德韦杰夫高调宣布了外交政策五项原则。梅德韦杰夫认为不能接受单极化。他说，俄罗斯不能接受由一国做出所有决定的世界格局，就连美国这样的大国也不能这样做，这种世界格局不会稳定，面临各种冲突的威胁。梅德韦杰夫强调，正如世界其他国家一样，俄罗斯也有自己利益攸关的地区势力范围。新的国际安全体系应以多极世界秩序为基础。② 俄罗斯地缘政治科学院院长伊瓦绍夫上将认为，俄格冲突背后的地缘政治目标是削弱俄罗斯，使俄罗斯无法妨碍美国建立世界新秩序。美式世界秩序是牺牲他国利益满足美国对世界关键地区和资源的控制，这对人类发展构成威胁。

在这种认识前提下，俄罗斯认为，只有上海合作组织呈现出健康的地缘政治新主体的轮廓。俄罗斯认为，组建上合组织的思想基础正是认识到单极世界秩序对人类来说是不稳定和危险的，并且具有建立军事暴力专制的趋势；在全球范围

---

① "Содержательная работа со странами-наблюдателями ШОС пока не сложилась", http://www.vremya.ru/2007/145/5/184889.html.

② Тамара Шкель, Пять принципов президента Медведева, http://www.rg.ru/2008/09/01/princypi.html.

内建立自由市场关系可能导致世界经济失衡，全球资源争夺的尖锐化，大量人口因饥饿、疾病和武装冲突而丧生；营造各个国家和文明之间的和谐关系；在平衡力量和潜力以及巩固严格的国际法体系基础上构建安全体系。上合组织汇聚了五种文明：俄罗斯文明、中华文明、伊斯兰文明、印度教文明和佛教文明。它们拥有很多共同点：首先，思想精神原则和集体主义原则高于个人狭隘实用主义的原则；其次，这些文明一致反对单极世界体系，反对货币主义思想占统治地位，支持维护《联合国宪章》确立的国际关系原则。

俄罗斯建议，为了确定未来世界的轮廓和人类发展的方向，必须在上合组织的主持下召开国际地缘政治大会，邀请反对单极世界体系和自由货币主义思想的国家和国际组织参加。国际社会的健康力量夺取地缘政治主动权的时刻已经到来。上合组织有义务领导这一历史性的必然进程，以便制止威胁人类文明存在的消极因素。[①]

俄格冲突前后，金融危机席卷全球，俄罗斯也深受其害。俄罗斯政治技术研究中心主任布宁认为，金融危机既检验了上合组织的稳定性，也给上合组织带来变革机会。在布宁看来，金融危机对全世界很多国家来说可谓是"试金石"。一方面，危机暴露了一大堆在相对繁荣时期可能被忽视的问题，并使它们变得异常尖锐。这些问题显示出一些国家缺乏效率，而对于另一些国家而言，危机是不可避免的。另一方面，危机一如既往地扮演了"防疫"角色，提供了制定更为有效的新方案的机会。这一切都和上合组织有关。危机也将成为检验该组织稳定性、暴露其内部问题的试金石。同时，它给上合组织带来了变革的机会。

上合组织的前景与其性质息息相关。该组织的任务之一是创造并维持一种关系体系，消除或减少中亚可能发生的地缘政治竞争。上合组织的经验展示出一种基于可以接受的妥协的解决方案。俄罗斯和中国在中亚应如何发展的问题上拥有相似的见解。它们都认为，应当保持中亚非政教合一的体制，避免出现破坏政治稳定的分裂运动和极端主义；同时，不能让美国和西方在该地区积极活动；并且要在必须扩大该地区经济合作问题上也保持一致。扩大经济合作的潜力和这方面的积极势头无疑是存在的，首先是在开展投资合作，以及发展交通运输、过境直

---

① Леонид Ивашов, Этот безумный мир－и ШОС, 26 августа 2008 года, https：//rian. com. ua/analytics/20080826/77985262. html.

运和现代化信息通信技术方面。发展上合组织在东西和南北方向巨大的过境运输潜力尤其重要。在这方面，上合组织成员国的地理位置给它们带来了得天独厚的机会。通过中亚可以在欧洲和东亚经济中心之间实现最短距离的货物空运。南北走廊也具有潜在的前景。建设交通基础设施曾不止一次地成为摆脱危机的良好手段。其次，能源也是一个天然的合作领域。上合组织中既有能源供应大国，也不乏能源消费大国。

但重要的问题不在于拥有潜力，而在于如何正确地发挥这些潜力。在这方面，上合组织还存在不少问题。其中的一些问题带有客观性，它们很难在可预见的未来得到解决。比如，上合组织成员国在发展水平和经济优先任务的性质上存在巨大差异，这对各国协调行动和理顺合作产生了消极影响。一方面，中国多年来展示出创纪录的经济发展速度；另一方面，塔吉克斯坦和吉尔吉斯斯坦还属于世界上最贫穷的国家，面前的道路并不平坦。另一个问题在于，俄罗斯、哈萨克斯坦和乌兹别克斯坦严重地依赖能源出口，它们客观上希望世界石油和天然气价格上涨，而中国、塔吉克斯坦和吉尔吉斯斯坦则恰恰相反，它们缺乏足够多的能源供应来源，世界能源价格的降低更符合它们的利益。上合组织内部还存在不少直接冲突的经济利益。它们使得各国在制定上合组织工作重点时出现分歧，并在实施一些联合项目的合理性和特殊性问题上各持己见。①

六 "一带一路"倡议提出后俄罗斯对上海合作组织的新定位

经过近十年的相互适应，金融危机后，俄罗斯对上合组织的认知基本成型。上合组织对于俄罗斯实现国家利益的重要意义在于：其一，上合组织是俄罗斯多极化国际战略的重要支点；其二，上合组织在确保俄罗斯南部边界安全方面可以发挥一定作用；其三，打击毒品犯罪。俄罗斯对上合组织的政策是：一是更关注上合组织的外部影响，兼顾上合组织内部建设；二是重点突出安全合作，经济合作则是有所选择，以不损害俄罗斯在中亚的利益并从属于欧亚一体化的整体要求为中心；三是坚决主张上合组织扩员，意图使上合组织结构发生重大变化，服务于俄罗斯的外交战略需要。

---

① Игорь Бунин, ШОС – пространство экономического взаимодействия и противодействия глобальному кризису, 5 июня 2009 года, http：//politcom. ru/8285. html.

2013 年中国提出"一带一路"倡议，同时俄罗斯也在经历乌克兰危机后国际观的调整。国内外形势的变化再一次促使俄罗斯对上海合作组织做出新定位。欧亚经济伙伴关系成为当前中俄关系的新议程，这一议程将对上海合作组织的发展产生重要影响。2017 年以来，俄国内围绕上合组织遵循均势原则，将上合组织建设成落实大欧亚共同体项目核心机构的提法越发明确。

实际这一想法与前述上合组织的官方定位并不相符。上合组织更多的是一种交流的平台，相关各方就地区安全、经济合作和人文交流等问题进行沟通与协作。如果像俄罗斯所提出的要以上合组织为基础重新构建面向整个欧亚大陆的新规则与新制度，这个定位并不适合中国。

2018 年青岛峰会的主旋律是弘扬"上海精神"。扩员后的上合组织重温了互信、互利、平等、协商、尊重多样文明、谋求共同发展的"上海精神"。不仅如此，习近平主席全面论述了"上海精神"的内涵实质，开启了上合组织发展壮大的新征程。第一，提倡创新、协调、绿色、开放、共享的发展观，实现各国经济社会协同进步，解决发展不平衡带来的问题，缩小发展差距，促进共同繁荣。第二，践行共同、综合、合作、可持续的安全观，摒弃冷战思维、集团对抗，反对以牺牲别国安全换取自身绝对安全的做法，实现普遍安全。第三，秉持开放、融通、互利、共赢的合作观，拒绝自私自利、短视封闭的狭隘政策，维护世界贸易组织规则，支持多边贸易体制，构建开放型世界经济。第四，树立平等、互鉴、对话、包容的文明观，以文明交流超越文明隔阂，以文明互鉴超越文明冲突，以文明共存超越文明优越。第五，坚持共商共建共享的全球治理观，不断改革完善全球治理体系，推动各国携手建设人类命运共同体。

俄罗斯认为，上合组织青岛峰会和 2018 年的 G7 峰会展现了两条不同的发展道路，这是两种全球主义模式之间的竞争。在类似欧亚经济联盟和中国"一带一路"倡议的框架内，相关平台将会因更多国家的参与变得愈加壮大。这恰好也是该模式与西方模式之间的原则性区别所在。西方领导人正在打造某种意义上的封闭式俱乐部，而上合组织成员国之间的合作并不针对其他国家。①

---

① Анна Седова, Тяньцзиньские деликатесы на фоне драчливой G7 – Визит Путина в КНР: в Квебеке и Пекине миру предложены противоположные пути развития, 9 июня 2018, https：//svpressa. ru/politic/article/202336/.

青岛峰会也是普京 2018 年总统就职后首次国事访问。普京在评价青岛峰会时强调："上合组织所在地区的经济增长较之世界平均速度要高得多,其前景势必非常光明,所有国家都会对此感兴趣……由于我们今日已明确了对自由贸易、打击贸易保护主义原则的拥护,这对于整个国际贸易、整个全球经济来说都具有非常重要的意义。"①

七 俄罗斯的亚太外交和美国的印太战略及与上合组织的关系

上合组织在俄罗斯亚太外交战略尤其是处理与印巴关系时的地位可以概括为进一步巩固上合组织在亚太地区事务中的作用,拓展上合组织的政治潜力。俄罗斯把巩固在亚太地区地位和加强与亚太国家关系视为其重要的外交战略方向,俄罗斯认为,这是由俄罗斯从属于这一发展最为迅猛的地缘政治地区所决定的。俄罗斯希望积极参与亚太地区的一体化进程,利用其机遇来实施西伯利亚和远东的社会经济发展计划,根据集体原则在亚太地区建立全面、开放、透明和平等的安全与合作架构。②

俄罗斯认为,美国的印太战略类似"小北约"的构架。众所周知,美国总统特朗普在 2017 年 11 月的亚洲之行期间积极宣传建立"自由开放的印度太平洋地区"的构想。2017 年 11 月 12 日,在亚太经合组织领导人会议框架内举行了美国、日本、澳大利亚和印度领导人的首次四方会谈,该对话形式成为美国印太战略的外交和军事政治表现形式。随后"印度太平洋地区"的概念出现在美国的官方文件《美国国家安全战略报告》和《美国国防战略报告》中。2018 年 5 月 30 日,时任美国国防部部长的马蒂斯宣布美国太平洋司令部更名为印度太平洋司令部。实际上,特朗普在亚太地区的军事政治战略与奥巴马时期相比并没有实质变化,仍是要维持并加强美国在这一地区的军事存在,但实现战略的方法有了重要变化。奥巴马时期的亚太地区力量再平衡战略聚焦中国周边地区国家,如日本、韩国、菲律宾、越南等,当前特朗普的印太战略明确是军事政治的联

① Путин оценил итоги визита в Китай, 10 июня 2019 года, https: //tass. ru/vef－2018/articles/5280999.

② Концепция внешней политики Российской Федерации, утверждена Президентом Российской Федерации В. В. Путиным 30 ноября 2016, http: //www. mid. ru/foreign_ policy/news/-/asset_ publisher/cKNonkJE02Bw/content/id/2542248.

盟——美日澳印。俄罗斯认为，美国印太战略的主要目的是构建遏华体系。①

　　基于上述对印太战略的认识，俄罗斯认为，上合组织的任务应该包括抵御外部力量在该地区的存在，最大限度地削弱美国对中亚和南亚国家的影响力，并确保上合组织国家能自己解决该地区存在的问题。② 2019 年 2 月，印巴发生边界冲突。这一事件强化了俄罗斯对上合组织的上述理念。印度总理莫迪和巴基斯坦总理伊姆兰·汗在 2019 年 6 月的上合组织元首峰会上没有举行会晤。③ 在俄罗斯看来，在上合组织内部俄中巴印四角的关系将决定上合组织能否成为解决类似印巴危机的真正机制。中俄两国无法直接解决印巴之间的争端，但可以在上合组织框架内创造信任氛围，促使印巴改善关系。④ 俄罗斯认为，上合组织可以帮助印巴建立信任机制，这是因为按照《上海合作组织成员国长期睦邻友好合作条约》，上合组织成员国之间不应有冲突。因此，巴基斯坦和印度在加入上合组织时已经有义务遵守组织原则，不用武力解决争端。这是让它们同时加入上合组织的意义。⑤ 而且，从印巴冲突来看，俄罗斯认为，印巴冲突能够降级的一大原因是不存在外部利益。冲突降级的最重要因素是，冲突参与者是自主决策的主权国家。2015 年的俄土事件和 2019 年的印巴事件都是如此。没有任何外部势力干涉，不存在外部利益。当出现代理人战争时，控制冲突就是一件非常复杂的事情。印巴冲突事件表明，主权原则极为重要，只要冲突双方可以自主决定并在对抗区域内建立起相当有效的相互遏制体系，就可以消除冲突。⑥

　　俄罗斯在应对印巴冲突问题上除了力陈上合组织的重要意义外，也不失时机地加深俄印关系。俄罗斯主张在外交重点一致、历史友谊和深刻互信的基础上进

① Александр Викторович Шитов, Вашингтон готовится победить Пекин на просторах двух океанов-Индо-Тихоокеанская стратегия США и связанные с ней угрозы для безопасности КНР, 31 января 2019, http：//nvo. ng. ru/concepts/2019-01-31/1_1032_strategy. html.

② Петр Акопов, Конфликт Индии и Пакистана может быть выгоден России, 28 февраля 2019, https：//vz. ru/politics/2019/2/28/966303. html.

③ Анархия и агрессивный Трамп：что беспокоило лидеров ШОС на саммите, 14 Июня 2019, https：//ia-centr. ru/publications/anarkhiya-i-agressivnyy-tramp-chto-bespokoilo-liderov-shos-na-sammite/.

④ Петр Акопов, Конфликт Индии и Пакистана может быть выгоден России, 28 февраля 2019, https：//vz. ru/politics/2019/2/28/966303. html.

⑤ Петр Акопов, Конфликт Индии и Пакистана может быть выгоден России, 28 февраля 2019, https：//vz. ru/politics/2019/2/28/966303. html.

⑥ Федор Лукьянов, Оптимизм среди уныния, 7 марта 2019, http：//svop. ru/main/28756/.

一步深化与印度的互惠战略伙伴关系，在迫切的国际问题上加强合作及巩固各领域互利双边关系。① 俄罗斯提出，俄罗斯和印度作为两个独立自主的大国，应确保不断发展的经济合作不受负面影响。两国合作的经济战略是保护经济关系免受市场破坏性力量和负面影响，合作不仅涉及核能，还涉及液化天然气、煤炭、石油以及印度对俄罗斯远东地区更大规模的投资。俄罗斯认为，俄罗斯与印度的关系是一种特殊的战略伙伴关系：两国有相同的信念，在国际问题上有广泛共识，贸易和投资正不断增长，两国还共享独有的军事技术和其他技术，互利的俄印合作将使多极世界更强大。②

在加深俄印关系的同时，俄罗斯也对中印在国际政治中的重要地位和影响给予高度认可。早在 2016 年外交政策构想中，俄罗斯就提出必须进一步发展俄罗斯—印度—中国框架下有效和互利的外交与经济合作。③ 2019 年中俄印三边高层在 20 国集团、金砖国家、上合组织等几场多边外交活动中都举行了会晤。俄罗斯国际事务理事会主任科尔图诺夫认为，中印是 21 世纪欧亚的心脏地带，中印的快速发展是国际关系体系结束西方阶段最重要的表现；欧亚的命运首先将取决于新心脏地带，即中国和印度之间的关系；而整个世界的未来很大程度上将取决于欧亚的命运。④

八 欧亚经济伙伴关系的构建对于上合组织发展的影响

欧亚经济伙伴关系已经成为当前中俄关系的新议程。上合组织在扩员后也进入发展新阶段。欧亚经济伙伴关系的构建对于上合组织的发展具有重要的影响。

① Концепция внешней политики Российской Федерации, утверждена Президентом Российской Федерации В. В. Путиным 30 ноября 2016, http: //www. mid. ru/foreign_ policy/news/-/asset_ publisher/cKNonkJE02Bw/content/id/2542248.

② Посол России в Индии: Индия и Россия укрепляют многополярный мир, 31 января 2019, https: //news. rambler. ru/other/41651604-posol-rossii-v-indii-indiya-i-rossiya-ukreplyayut-mnogopolyarnyy-mir-the-hindu-indiya/.

③ Концепция внешней политики Российской Федерации, утверждена Президентом Российской Федерации В. В. Путиным 30 ноября 2016, http: //www. mid. ru/foreign_ policy/news/-/asset_ publisher/cKNonkJE02Bw/content/id/2542248.

④ Андрей Кортунов, Воссоединение Хартленда: геополитическая химера или исторический шанс? 6 февраля 2019, https: //russiancouncil. ru/analytics - and - comments/analytics/vossoedinenie-khartlenda-geopoliticheskaya-khimera-ili-istoricheskiy-shans/.

第一，从上合组织的基本职能看，欧亚经济伙伴关系对上海合作组织的发展有积极影响。上合组织的定位或者职能应该分为基本职能和延展职能。对中国而言，尽管现在上合组织的地理空间扩展带来了议题和结构变化，但是中国对上合组织的定位或者基本职能仍然建立在以下三点的基础上：一是稳定边疆，构筑中国在欧亚大陆的安全屏障；二是推动区域经济合作，为中国经济开拓新的发展空间；三是上合组织是中国在国际舞台上的重要战略依托。其中，欧亚经济伙伴关系的构建与上合组织的第二点基本职能是高度契合的。

上合组织注重区域合作，坚持推进区域一体化和经济全球化的意愿在当前贸易保护主义抬头的氛围下尤为可贵。从世界经济发展趋势来看，世界多极化归根到底要以经济的多极化为基础。经济区域化是经济全球化的重要组成部分，也是经济多极化的具体体现，是历史发展的大趋势。实践证明，谁长期游离于区域化安排之外，谁就有在世界经济中被边缘化的危险。上合组织元首峰会多次明确要发展各个领域的区域合作。这说明，上海合作组织的发展壮大一方面反映了各成员国参加区域经济合作的共同愿望，另一方面也助推了世界经济区域化、一体化发展的时代潮流。

如果说从 20 世纪 90 年代初到上合组织成立，中国对上合组织成员国的外交重点是解决历史遗留问题，为建立新型国际关系奠定政治和法律基础，那么在这一基础上顺应区域经济合作的需要，逐步发展经贸关系就已成为中国对这些国家和这一地区外交的重点。如今，无论是国家关系，还是地区性的国际组织，如果没有强大的经济关系作为基础，这种国家关系和这样的国际组织就不可能有强大的生命力，不可能巩固和持久。中国同这些国家的关系是如此，上海合作组织也是如此。

经贸合作是巩固和发展上合组织的基础。为了进一步增强上合组织的吸引力和凝聚力，必须尽快在上合组织框架内继续加大经济合作的力度，惠及各国发展。中国是一个大国，经济发展迅速，面临诸多而又各具特色的邻国，在参与区域化经济合作方面有较多的选择。现阶段，在上合组织框架内，中国除了集中主要精力加快贸易和投资便利化谈判，还要明确合作的长远目标和前景，在各个领域细化长期合作纲要，把上合组织的定位牢牢建立在区域和经贸合作的基础上，实现该组织长期稳定发展。

上合组织多年来致力于推进区域经济的多边合作，希望推行多种层次的贸易自由化，这与欧亚经济伙伴关系的核心要旨完全一致。俄罗斯对于欧亚经济伙伴关系的下一步发展也是着眼于推进贸易便利化，从简化和统一行业合作、投资、非关税措施等方面的规范标准入手，将来逐步降低标准直到取消关税限制。从消除贸易壁垒乃至未来建立自由贸易区，欧亚经济伙伴关系的构建对于实现上合组织的上述目标具有积极意义。

第二，上合组织是中国实施对外出口市场多元化的战略平台。欧亚经济伙伴关系的构建将增进"一带一路"共建国家间合作，这有利于中国进一步推动对外出口市场多元化。上合组织作为"一带一路"与欧亚经济联盟对接的重要平台，本身就希望为各国搭建一个开放合作的平台，遵循创新发展、平等互利、开放包容原则，促进各国发展规划的对接，为各国乃至区域经济发展创造新机遇。

欧亚经济伙伴关系的构建将有利于中国扩大出口，实现国外市场的多元化。中国的发展离不开和平稳定的周边环境。过去五年，中国经济年均增速超过7%，对世界经济增长的贡献率达到30%；中国从上合组织成员国进口商品累计超过3400亿美元，中国企业对地区国家直接投资累计近150亿美元。[①] 今后，通过在上合组织覆盖地区合作开发矿产资源、投资办厂、收购企业、建立高科技园区、服务承包工程等，中国对这一地区的投资还会增加，从而带动和扩大中国商品和服务的出口，使该地区成为中国实施市场多元化和"走出去"战略的重要方向。

第三，欧亚经济伙伴关系的应有之义是加强科技合作。经中方倡议，上合组织已启动"上海合作组织科技伙伴计划"。欧亚经济伙伴关系的构建可以加强上合组织的科技合作，也有利于中国实现科教兴国和科技强国战略。俄罗斯是科技大国，也是军事技术强国。现在以及在可以预见的将来，俄罗斯都是中国引进军事技术的主要来源。通过购买技术和设备、联合研发、引进人才等措施，进一步加强与上合组织成员国，特别是同俄罗斯在核能、航天、航空、通信、新材料等高科技领域的合作，对中国实现科教兴国、科技强国战略有重要的推动作用。

第四，在看到积极效果的同时，也应关注俄罗斯在这一议程构建过程中展现

---

① 《李克强在上海合作组织成员国政府首脑（总理）理事会第十六次会议上的讲话》，http：//www. gov. cn/guowuyuan/2017－12/02/content_5243885. htm。

出的对国际秩序的新看法。美国在衰落，世界格局需要重建，这已成为俄罗斯的国家认知，[①] 也成为中俄全面战略协作伙伴关系难以回避的话题。中国应对此有所预案：不宜把中俄全面战略协作的出发点建立在美国正在衰落的基础上；不宜去推翻自己全面参与其中的国际体系，应有选择地与俄罗斯联手推动国际秩序的改革和完善。

尽管中国也主张对现有的国际金融体系进行全面、有效和必要的改革，以建立一个公平、公正、包容、有序的国际金融体系，使其能够更好地发挥监督、预警和帮助有关国家特别是发展中国家的作用，但是在应对国际危机等问题上，中国更愿意在多边组织框架内发挥自己力所能及的作用，建立以应对全球性问题为支点的国际合作平台。

因此，从中国国家利益出发，对于在构建欧亚经济伙伴关系过程中俄罗斯展现的国际观，应客观全面地分析，同时坚持建立上合组织时的初心，即在国际事务和国际组织中，在推动世界多极化发展、建立公正合理的国际新秩序方面，上合组织成员国是中国重要的战略依托。

九　从中国发展的全局以及中国外交的总体要求研究俄罗斯与上海合作组织的关系

研究俄罗斯与上海合作组织的关系，也需要从中国发展的全局以及中国外交的总体要求着眼，只有这样，才能更好地观察上合组织的发展，才能更好地理解俄罗斯对上海合作组织的认知。

上海合作组织是新时代中国特色大国外交的重要组成部分。随着 2010 年中国稳居世界第二大经济体，中国全球性大国的属性也逐渐显现。如果说过去中国在外交上遇到的问题和麻烦主要是外部世界的变化引起的，那么现在遇到的问题和麻烦在一定意义上是中国的快速发展带来的。对于这种快速发展，世界和中国自己都没有做好心理和政策上的准备。可以说，时代的发展要求中国回答一个问

[①]　比如，俄罗斯学者宣称用世界新秩序取代美式寡头秩序，认为世界出现两个对立的进程，一个是美国领导人的霸权秩序，一个是创造没有美国霸权的世界秩序。也就是说，伴随着不可避免的混乱，世界从多极走向两极的趋势开始形成，一极以美国为中心，另一极在欧亚。Сергей Караганов, Взаимное гарантированное сдерживание, 22 февраля 2017 года, http://www.globalaffairs.ru/pubcol/Vzaimnoe-garantirovannoe-sderzhivanie-18608.

题：中国应该如何全面均衡地处理与外部世界的关系。研究中国快速发展对世界的影响成为观察国际形势必不可少的视角。只有这样，才能得出比较全面的认识和正确的结论。党的十八大以来，中国领导人在观察国际形势时，就特别注意把"中国自己"摆进去。在中国特色大国外交思想的指引下，上合组织取得了丰硕成果。上合组织不仅在安全、经济、人文等合作领域取得巨大成绩，在机制建设方面也迈出历史性步伐。

"上海精神"追求的是互利共赢的理念。正因为如此，上合组织成为"一带一路"与欧亚经济联盟对接的平台。在上合组织发展的新征程与新形势下，欧亚大陆迎来历史合作机遇最大的相互交会期。国际和地区形势正在经历深刻复杂的变化，欧亚各国迎来了共同利益最多、合作机遇最大的历史时期。青岛峰会展现的"上海精神"，给地区发展振兴带来了前所未有的机遇。包括俄罗斯在内的欧亚国家正以更加坚定的决心、更加务实的举措，推动区域合作向更大范围、更宽领域、更高水平拓展，带动整个欧亚大陆发展、合作、繁荣。上海合作组织将以更加开放的胸襟、更加包容的心态、更加宽广的视角，为推动人类进步做出应有贡献。

相互尊重、平等互利既是新时代中俄全面战略协作伙伴关系也是上合组织不断发展的宝贵经验。在过去二十余年间，中俄两国关系能够顺利发展并建立全面战略协作伙伴关系，最关键的因素是两国能够遵循相互尊重的原则，尊重主权和领土完整、发展道路自主选择、不同文化的融合以及不同民族的价值观。既然欧亚经济伙伴关系是从欧亚大陆各国人民长远利益出发倡导建立，应符合各国人民的根本利益，那么相互尊重、平等互利也应该成为构建欧亚经济伙伴关系的基本原则。只要坚持构建欧亚经济伙伴关系的上述基本原则，那么包括上合组织成员国在内的欧亚大陆各国必将以更加开放的胸襟和更加宽广的视角，实现以人为本的包容性发展。

总之，在新的时代背景下各国对欧亚地区的合作基本形成了四大共识。

一是承认世界的多样性和不同文明的兼容性，主张各国社会发展的务实性和创造性。大多数国家越来越积极倡导和支持这一新的世界观，并以此为基础，对内制定更加符合本国国情的发展政策，稳步推动本国的经济和社会发展，对外谋求在平等互利的原则基础之上与世界各国发展友好合作关系。

二是体现了辩证的哲学观和社会观，在认识上突破了意识形态、民族文化和自然地理屏障的隔阂。欧亚地区国家在冷战后大都经历了一段探索发展模式的彷徨阶段。如何对待历史的沉积、如何对待现实中各国的巨大差异、如何对待来自不同方面的影响、如何与不同类型国家协调合作共同发展，曾一度成为不少新独立国家面临的重要课题。当前这些国家已突破了上述认识上的困惑和束缚，有效地推动了地区安全合作，并正在向更宽广的合作领域挺进。

三是主张多元化、多极化为核心的政治理念，具有很强的社会政治实践功能。冷战后，东西方学者围绕发展单极还是多极世界、单一文明还是多元文明等理论问题展开了激烈的争论，随着这一争论的深入和国际形势的发展变化，人们开始接受多样化并存和并行发展的理念。在不同文化、不同民族、不同宗教、不同意识形态的国家和地区间加强对话与合作的实践也充分证明了这一理念的强大生命力，包括上海合作组织在内的合作机制，在国际政治经济和安全领域的对话与合作日趋活跃。

四是注重反思历史上战争的经验教训，更强调区域内不同文化及政治主体间的对话、交流与合作。欧亚地区国家摒弃冷战思维，本着平等互利、求同存异和实事求是的原则，力争通过协调合作解决地区国家面临的现实困难和安全威胁，共同维护地区政治稳定和经济繁荣。在这一思想指导下，欧亚地区国家通过政治和外交手段积极解决相互之间存在的边界争端，共同营造和平与稳定的发展环境，并将地区合作推上一个新的台阶。①

---

① 何希泉、许涛、李荣、刘桂玲、魏宗雷：《欧亚地区安全合作与趋势》，《现代国际关系》2002年第7期。

结　论

本书主要从五个方面对苏联解体以来以俄罗斯发展道路为核心议题的俄罗斯问题进行了研究：第一，俄罗斯政治体制的特点及发展道路的选择；第二，政治发展与经济模式之间的关系，即垄断性经济结构与政治治理之间的关系；第三，内政外交的联动性问题，即俄罗斯精英的国际政治观及俄罗斯与外部世界的关系对俄转型与发展的影响；第四，历史传统与社会发展的关系，即保守主义取向的社会国家性质与政治稳定之间的关系；第五，传统文化与国家治理之间的关系，即历史上对内集权、对外扩张的国家特性与现实国家治理之间的相关性联系。总体来看，赶超西方、实现国家的现代化，使俄罗斯立于世界先进民族之林，这是贯穿俄罗斯历史的一条红线。从大历史观的视角看，当代俄罗斯的转型与发展是俄罗斯追求现代化进程中的一个阶段，俄罗斯的发展道路是传统与现代相结合之路。

一　俄罗斯发展道路的当代探索

苏联时期，对社会"发展阶段"的论证是以意识形态理论体系为基础。而超越社会发展阶段谋求快速发展的理想主义是导致苏联解体的政治根源之一，同时也成为苏联解体后俄罗斯确立发展道路时引以为鉴的教训。

苏联各个时期的领导人和历届苏共重大会议的文件及著名学者对苏联社会的"发展阶段"都进行过多次划分和表述。这是一个重要的理论和实践问题。苏联政治经济体制在斯大林时期基本形成，所以在苏共领导人看来，苏联不存在选择"发展道路"的问题，而只是需要确定"发展阶段"。而苏共正是对所处的社会发展阶段估计错误，提出一系列不切实际的任务和目标，使得发展的长远规划变成空洞的口号，给社会发展带来严重的危害和损失。这是苏联历史经验所证明的。①

与"发展阶段"概念密切相连，苏联时期影响发展道路方向的重大理论前提是"时代"概念的确立。"时代"这个概念在苏共的政治辞典里占有特殊地位。它是指人类社会发展过程中具有一定特点的阶段。苏共认为，弄清所处时代的特征，即弄清世界主要政治力量对比、相互关系及其发展规律和趋势，这是执政党制定战略和重大政策的依据。苏共一直认为，苏联所处的时代是社会主义走向全面胜利、资本主义走向全面崩溃的时代，是世界革命的时代。

"资本主义总危机"的理论则是时代理论的具体化和重要组成部分。所谓"总危机"，是指资本主义危机不仅席卷资本主义的经济领域，而且席卷了"国家制度、社会结构、政治、意识形态等资本主义关系的各个方面"。与此相联系，苏联在对外政策上长期闭关自守，在国内政策上则一直处于超越社会发展阶段的理想主义中。长期以来，苏共一直担心，扩大同资本主义国家的交流与合作会使国家主权受到侵害，会带来西方意识形态的渗透。这直接导致苏联闭关锁国，拒绝对外开放，延误了国家发展的历史机遇。②

有鉴于此，苏联解体后，俄罗斯认为自己走上了一条和平的、民主的、非帝国的发展道路。俄罗斯选择了新的全球战略，摒弃了"半个世界统治者"的传统形象，不再与西方文明社会进行武装对峙，也不再充当解决民族问题的"宪兵"角色。③ 可见，超越社会发展阶段的理想主义以及由此引发的一系列理论演变，使发展道路问题成为俄罗斯独立以后根本性的和全局性的核心政治问题。

叶利钦时期，"发展道路"是内涵复杂的政治概念，它与"政治转轨"的制度变迁及"俄罗斯向何处去"的历史选择紧密关联。复杂的国内外形势导致俄罗斯发展道路问题并没有得到根本解决。

俄罗斯在苏联时期，并未完成独立国家权力体制的构建。苏联解体后，政治转轨始于戈尔巴乔夫时期的俄罗斯必须尽快建立完整而有效率的国家政权体系来实现前所未有的自我管理。这种体系的构建受到由苏维埃制度向三权分立宪政制

---

① 刘克明、吴仁彰:《从列宁到戈尔巴乔夫:苏联社会主义理论的演变》，东方出版社，1992，第41页。
② 李静杰:《试析苏联同资本主义世界的对抗》，《俄罗斯中亚东欧研究》2006年第1期。
③ 〔俄〕叶利钦:《总统笔记》，李垂发等译，东方出版社，1995，第132页。

度转轨的内在约束，有其独特的政治转轨规律。而这对俄罗斯发展道路的影响是基础性和根本性的。

叶利钦时期急剧变革的背景和复杂多变的政治局面使俄罗斯在选择发展道路时充满了挑战。叶利钦自己也承认："鉴于所走过的历史道路和领土及资源的规模，俄罗斯不能不从全球角度、历史使命和对文明的作用来考虑问题。历史命运本身使我们不能只想到自己，而且还要想到全世界，想到我们在世界上的地位。"同时，他对俄罗斯发展道路的认定更多还是从全球角度来考虑："俄罗斯尽管有自己的特点，但它仍是世界文明的有机组成部分，并将积累发展民主的好经验。俄罗斯不仅将对此负责，而且还要按照新的文明秩序的要求不断变化，以便对整个世界的发展做出自己的贡献。"①

普京八年，通过有效的国家治理，俄罗斯加强了以总统制为核心的政治体制架构，并逐步形成了以国家创新发展战略为导向的发展道路。"俄罗斯发展道路"被赋予了明确的含义。

叶利钦为普京留下了俄罗斯宪政制度的基本框架：以中央与地方分权为主的联邦制度、以多党制为运作特点的政党制度、以议会党团为运行方式的议会制度、以全民普选为主的选举制度、以宪法法院为宪法审查机构的违宪审查制度、以总统制为核心的国家权力体制。俄罗斯宪政制度改变了苏联时期"议行合一"的权力结构，实行"三权分立"的权力结构。然而，由于叶利钦时期的一系列政策失误，普京执政之初面临严峻的形势，世纪之交的俄罗斯被各种错综复杂的政治、经济与社会问题所拖累。

普京为了实现强国富民的战略目标，有步骤地进行了政治体制改革，实现了俄罗斯从危机到复兴、从稳定到发展的成功跨越。普京政治发展道路的突出特点是加强以总统制为核心的权威主义体制。这种体制的基本特点是：普京的总统垂直权力体系基本确立，确保了以总统制为核心的政治体制；塑造了以普京为首的政治团队，精英政治相对稳定的局面基本形成；权力和资本的政治主从关系发生变化，国家政权与私人资本之间的政治互动方式基本明确，但潜在危险犹存；恢复国家作用与强化俄罗斯官僚制度之间呈现相互作用与影响的政治局面。普京认

---

① О национальной безопасности. Послание Президента Российской Федерации Федеральному собранию, Независимая газета, 14 июня, 1996 г. .

为，在他执政前八年间，俄罗斯始终在为建立稳固而有效的政治体系而努力，最终俄罗斯重新成为一个强国、一个不容他者忽视并有能力保卫自己的国家，并以此面貌重返世界舞台。①

社会存在决定社会意识。普京八年的治理绩效直接影响了民意的发展变化。俄罗斯民众和精英普遍认为，普京的方针路线适合俄罗斯国情，俄罗斯已经找到了一条可以实现再次崛起的发展道路。2007年12月31日，普京发表新年贺词明确表示，俄罗斯人民已经选择了一条通向成功的正确道路。② 2008年2月8日，普京在国务委员会扩大会议上发表讲话，提出2020年前远景战略，实际上是对俄罗斯未来发展道路的选择，这个选择对全社会都至关重要。俄罗斯面临为国家发展的下一个全新阶段有效运用积累起来的经验和资金的任务。国家创新发展战略是唯一现实的选择。③ 普京赋予了俄罗斯发展道路明确的含义，这就是国家创新发展战略。2008年5月7日，普京在梅德韦杰夫的总统就职典礼上再次明确表示：现在对于俄罗斯而言，极其重要的是继续奉行已经采取并且证明是正确的国家发展方针。对于像俄罗斯这样一个幅员辽阔、多民族和多宗教的国家，捍卫并继续维护国家统一，继续保持发展战略与民族精神的统一至关重要。④

"梅普组合"时期，普京八年形成的发展道路得到了继承。"发展道路的继承性"是发展道路概念的外延性表现。

普京执政八年中俄罗斯形成的发展道路符合俄罗斯的历史传统与现实需要，普京本人也认为俄罗斯已经找到了一条可以实现俄罗斯重新崛起的发展道路。因此，普京将2007年第五届国家杜马与2008年总统选举的战略性任务定位为继承这条发展道路。"继承性"的要求促使"普京计划"的诞生。在第五届国家杜马

①　Выступление на расширенном заседании Государственного совета 《О стратегии развития России до 2020 года》, 8 февраля 2008 г., http://president. kremlin. ru/appears/2008/02/08/1542_type63374type63378type82634_159528. shtml.

②　Новогоднее обращение к гражданам России, 31 декабря 2007 г., http://president. kremlin. ru/appears/2007/12/31/1519_type82634type122346_155818. shtml.

③　Выступление на расширенном заседании Государственного совета 《О стратегии развития России до 2020 года》, 8 февраля 2008 г., http://president. kremlin. ru/appears/2008/02/08/1542_type63374type63378type82634_159528. shtml.

④　Выступление Владимира Путина на церемонии вступления Дмитрия Медведева в должность Президента России, 7 мая 2008 г., http://president. kremlin. ru/appears/2008/05/07/1200_type63374type82634type122346_200263. shtml.

选举中，"统一俄罗斯"党的竞选纲领——"普京计划"对该党大获全胜起到了
重要作用，并在国家杜马选举结束后继续对俄罗斯政局产生重要影响。"普京计
划"及其所代表的国家创新发展战略已经成为俄罗斯中期发展前景内的治国理
念与战略规划，也标志着普京道路的延续性。

2008 年的俄格战争及全球金融危机对俄罗斯国家创新发展战略产生了不利
影响。"梅普组合"对此采取的基本策略是全力确保民生，同时强调发展目标不
变。在 2008 年 11 月 20 日的"统一俄罗斯"党全国代表大会上，"梅普组合"
已经为治理金融危机定下了基本的政策基调。一方面，普京表示，尽管俄罗斯发
生了金融危机，但俄罗斯绝不会放弃既定的发展战略；另一方面，普京指出，
"统一俄罗斯"党的政治前景，直接取决于其如何解决国家和世界面临的问题。

通过"梅普组合"的努力，尽管俄罗斯在初期应对金融危机时出现了政策
失误，但随后所采取的消除不利影响的基本政治策略取得了积极效果，鼓舞了民
众的信心，并赢得了民众对于政府的信任。在梅德韦杰夫总统 2009 年 5 月 12 日
批准的《2020 年前俄罗斯联邦国家安全战略》中，俄罗斯自信地宣称：俄罗斯
已克服了 20 世纪末系统性政治和社会经济危机，遏制了俄罗斯公民生活水平和
质量的下降，战胜了民族主义、分裂主义和国际恐怖主义的进攻，防止了对宪法
制度的损害，维护了主权和领土完整，恢复了增强自身竞争力并作为形成中的多
极国家关系的一个关键主体，提高了自己捍卫国家利益的能力。国家现行的国
防、国家和公共安全及俄罗斯持续发展政策与俄现时的内外部条件相符，为巩固
国家安全保障体系创造了前提条件，法治得到加强。经济领域的当务之急已得到
解决，国民经济的投资吸引力也在增强。① 俄罗斯创新发展道路的基本目标依然
不变，发展道路的继承性也得到了机制保障。

2012 年普京重返克里姆林宫，俄罗斯进入普京新时期。新时期影响发展道
路的核心因素即为乌克兰危机。俄罗斯国内外的智库普遍认为，乌克兰危机对俄
罗斯政治稳定产生了消极影响。例如，在俄罗斯国内影响力很大的《独立报》
专门发表编辑部的评论文章，认为从 2013 年开始，俄罗斯国内局势的突出特点
是经济增长放缓对社会稳定形成挑战，导致俄政治安全领域原本就存在的难题如

---

① Стратегия национальной безопасности Российской Федерации до 2020 года，http：//www. scrf.
gov. ru/documents/99. html.

宗教民族问题更加突出。乌克兰危机爆发后，俄罗斯由于"收回"克里米亚引起西方经济制裁，经济发展陷入停滞，外资大量流出。从长期看，这些因素都将对政治稳定局面形成挑战。① 单就俄罗斯对克里米亚的投入而言，对俄罗斯也是一种考验。② 俄罗斯政治研究中心分析部主任塔季扬娜·斯塔诺瓦娅认为，国际社会对普京及其团队的信任度降低。这既与俄罗斯表现出来的对地缘政治利益的追求有关，更与俄罗斯的不可预见性和与西方价值观对立的现实密切相连。③ 俄罗斯政治研究中心副主任马卡尔金认为，俄罗斯对乌采取的强硬政策得到了国内舆论的支持，但是国际社会的看法与俄民众完全不同。即便能以最小代价摆脱危机，对俄罗斯"侵略性帝国"的印象还是会长期存在。俄罗斯实际上自我隔离于西方，这威胁到俄罗斯企业在国际市场的地位，并可能打击俄陷入衰退的经济。④

2020 年 1 月 15 日俄罗斯总统普京在国情咨文中正式提出修宪。普京修宪是执政阶层经过充分酝酿后精心设计的政治举措。修宪与普京 2018 年再次执政以来稳中有忧的国内形势密切相关。普京修宪着眼于俄罗斯"2024 问题"的解决。从提出到落实，仅仅两个月内俄罗斯立法机构即完成了宪法修正的所有法律程序，这体现了俄罗斯社会对普京长期执政具有社会共识。此次修宪内容非常丰富，既涉及俄罗斯立法、行政与司法机构之间的权限划分，也预示俄罗斯未来有可能在独联体范围内采取重大行动，以实现这一地区的重新一体化。新冠疫情冲击了普京的既定部署。普京战略的前景与世界政治在后疫情时代的不确定性具有明显的共振性。

综上所述，1991 年苏联解体后俄罗斯处在复杂的历史性过渡时期：一方面它要从一种社会制度过渡到另一种社会制度；另一方面又要从原来苏联境内一个最大的行政区域过渡为一个新的独立国家。前者要求俄罗斯尽快从传统社会发展模式向新的模式过渡，后者要求俄罗斯积极探索适合国情的发展道路，并更好地融入国际社会。

---

① Почему Путина не пугает изоляция, Независимая газета, 17 марта 2014.
② Татьяна Становая, Жизнь после референдума: новые вопросы, 17 марта 2014.
③ Татьяна Становая, Внешнеполитический вираж, http://www.politcom.ru/17366.html.
④ Алексей Макаркин, Украинская стратегия россии, http://www.politcom.ru/17258.html.

二 俄罗斯发展道路面临的现实挑战

世界政治新阶段是"和平与发展时代的世界政治"的自然延伸。新阶段的世界政治正在陷入巨大的漩涡，"分"的逆流迎面而来，对全球化形成强烈的反冲击力。新阶段世界政治中的分化和分裂，是由两方面的长期因素造成的。第一个因素是经济不平等在全球范围的进一步扩大。无论是国与国之间，还是国家内部，现阶段全球范围内的经济不平等，达到了世界近现代历史上前所未有的程度。第二个因素是全球范围内人口流动所带来的社会认同的重新组合。当今世界上有 3 亿以上人口常年生活在出生地以外的国家，另外还有很多跨越国界的季节性劳工，各国的国内流动人口就更多了。这种现象，实际上割裂了种族、族群、教派、文化、价值观等方面的社会认同，加剧了许多国家政治的分极化。上述两个长期因素的结合，即经济不平等沿着社会认同的断层线加剧，构成了世界政治新阶段的若干特征：一是民粹主义和民族主义合流并同时上升；二是威权主义和强人政治回潮；三是地缘政治竞争加剧，战争危险冒头；四是技术创新为人类带来诸多好处，但也预示着很大的挑战和不确定性。①

世界政治新阶段的分化与挑战也在影响俄罗斯政治。研究俄罗斯局势的变化乃至未来俄罗斯发展的前景，都离不开对世界政治的观察。俄罗斯处于世界当中，世界政治的变化必然影响俄罗斯。2012 年以来俄罗斯政治出现的新变化与世界政治的新特点息息相关。就俄罗斯的政治形势来看，俄罗斯政治动态与世界政治的新特点产生共振，发展道路与政治稳定也面临一系列严峻挑战。

第一，民粹主义导致社会性抗议运动兴起。

俄罗斯社会结构的改变，最突出的表现为贫困阶层的扩大。社会不平等成为多数俄罗斯人的共识，82% 的俄罗斯人将不平等视为最严重的社会病。② 当前俄罗斯贫困问题突出，贫富差距拉大。在经济危机的背景下，贫困问题是俄罗斯十分严重的社会问题。2016 年，俄罗斯的贫困人口占总人口的 14.6%，意味着有 2000 多万人生活在最低生活标准之下。普京在 2017 年的国情咨文中也坦承了这

---

① 王缉思：《世界政治进入新阶段》，《中国国际战略评论 2018（上）》，世界知识出版社，2018。

② Российское общество: год в условиях кризиса и санкций, http://www.isras.ru/files/File/Doklad/Ross_obschestvo_god_v_usloviyah_krizisa_i_sanktsiy.pdf.

一点，并制定了脱贫的时间表，提出未来六年要使贫困率下降一半。贫困化和贫富差距拉大的现实滋生了社会不满情绪，俄罗斯社会性抗议活动的兴起与此相关。①

2018 年在贫困问题久拖不决的情况下，普京政府又启动了退休金制度改革。如果说经济不振引起贫困率反弹还被视为发展问题，那么，退休金制度改革就属于分配问题了。政治的核心就是资源的权威性分配。退休金制度改革涉及俄罗斯千家万户的切身利益。6 月世界杯期间俄罗斯政府提出退休金制度改革后，就面临大多数民众的抗议。9 月 9 日地方选举的当天，在俄罗斯全国 80 多个城市爆发了反对退休金制度改革的示威活动。其中包括远东地区和西伯利亚的数十个城镇也举行了游行示威活动。普京的支持率大幅下滑，创历年最低。"统一俄罗斯"党也在国家杜马单席位选区补选、联邦主体地方议会选举和联邦主体地方行政长官选举中全面受挫。"后克里米亚共识"对俄罗斯社会产生的稳定器效应基本结束，分配问题重新成为俄罗斯的核心问题，而分配问题反过来会放大发展问题的扩散效应，这是俄罗斯政治稳定的极大隐忧。

第二，互联网传播方式影响俄罗斯的传统政党政治。

2012 年普京再次执政以来，俄罗斯政治控制有三个执行路径。第一个执行路径是对俄罗斯基本政治制度的运行机制进行完善。普京通过 2016 年国家杜马选举和 2018 年总统大选，借助对政党法、选举法等一系列宪法性法律的修改，对政党制度、选举制度、议会制度和联邦制度等运行机制进行了互为支撑、联成一体的政治设计，反对派基本上陷在"政治控制网"中，难以组织有效的政治运作。第二个执行路径是普京对于俄罗斯三级行政体系，即联邦中央体系、联邦主体体系和地方自治体系都进行了严密管控。尤其是对于地方自治，按照俄罗斯宪法第 12 条的规定，地方自治不属于俄罗斯联邦国家权力体系，但是实际上近年来地方自治已被悄然纳入国家政治治理的总体规划中。第三个执行路径就是对互联网的政治控制。普京在第三任期伊始就颁布了诸多法令对互联网空间进行严格管控，限制反对派运动在传播和组织动员方面进行有效的活动。从 2012 年起普京政权几乎每年都要颁布法令限制相关信息在互联网的传播，如《网站黑名

---

① Послание Президента Федеральному Собранию, 1 марта 2018 года, http://www.kremlin.ru/events/president/news/56957.

单法》《反盗版法》《封闭极端主义网站法案》《博主法案》《反恐怖主义法案》等。2019 年 3 月，俄罗斯又制定了关于保障俄罗斯互联网安全稳定运行的法律。根据这项法律，俄罗斯数字发展、通信和大众传媒部下属的通信、信息技术和大众传媒监督局将负责俄罗斯互联网的稳定、安全和整体运行情况。该局有权在互联网稳定运行受到威胁的情况下接管它。① 执法机构可以根据这些法案在非常情况下关闭互联网的信息传播渠道。

第三，人口流动带来的认同危机。

俄罗斯是世界上最大的多民族国家之一。根据 2010 年全俄人口普查数据，俄罗斯共有 193 个民族。民族文化和语言多样性受到国家保护，俄国内在使用 277 种语言和方言。2018 年 3 月，俄罗斯民族事务局曾经提出《2025 年前俄罗斯国家民族政策战略（修正案）》草案②，将民族间关系复杂状况产生的原因归结为国际恐怖主义和极端主义的蔓延、社会和财产分化以及全球化导致的民族文化遗产、民族传统道德价值观的丧失等。③ 经过一年的讨论，2018 年 12 月普京签署最终版本。④ 令人意外的是，在这个版本中把草案中对于前述原因的敏感表述删除了。⑤ 这说明俄罗斯国内局势的复杂性：一方面，草案本身说明普京政府认识到全球化和信息化引发的人口流动对于俄罗斯国内局势的深刻影响；另一方面，由于俄罗斯 2018 年国内民粹主义的社会情绪上升，社会性抗议运动不断，

---

① Путин подписал законы о борьбе с фейками и оскорблением государства, https：//ria. ru/ 20190318/1551902295. html.

② Проект Указа Президента Российской Федерации "О внесении изменений в Стратегию государственной национальной политики Российской Федерации на период до 2025 года" （подготовлен ФАДН России 13. 03. 2018）, http：//www. garant. ru/products/ipo/prime/doc/ 56646789/#ixzz5UXUGYwTQ.

③ На состояние межнациональных（межэтнических）отношений негативно влияют следующие факторы：распространение международного терроризма и экстремизма；социальная и имущественная дифференциация；частичная утрата этнокультурного наследия, традиционных нравственных ценностей народов Российской Федерации в результате глобализации.

④ Владимир Путин подписал Указ 《О внесении изменений в Стратегию государственной национальной политики Российской Федерации на период до 2025 года, утвержденную Указом Президента Российской Федерации от 19 декабря 2012 г. № 1666》, 7 декабря 2018 года, http：//www. kremlin. ru/acts/news/59348.

⑤ http：//120. 52. 51. 98/static. kremlin. ru/media/events/files/ru/ zb8ne3ZCBHvIwztJfgKM3BHPo7AOVG3j. pdf.

出于政治稳定的需要，普京政府做了谨慎处理。

实际上，早在 2012 年普京第三次竞选总统时就发表过阐述《俄罗斯民族问题》的竞选文献，指出了人口流动对于民族认同等问题的影响。在普京看来，全球性民族发展趋于多元化，很多国家也实行了多元文化政策，而且全世界的移民现象还会加剧，这将会改变各大洲的面貌。他指出，这种过程是复杂的，很多国家都未能成功地同化移民。普京强调，尽管外在现象类似，但俄罗斯必须坚持以自己独特的方式解决问题，因为俄罗斯的民族和移民问题同苏联解体直接相关，实质上，是 18 世纪已基本形成的历史上的大俄罗斯的解体。普京提到，俄罗斯是统一的多民族国家，贯穿独一无二的俄罗斯文明的主轴线是俄罗斯人民和俄罗斯文化。他认为，必须巩固"历史性的国家"，用国家和文化来促进各民族和宗教的融合。①

第四，技术革命落后引发治理困境。

人类迄今已经历了四次工业革命。第一次工业革命从 18 世纪末到 19 世纪中叶，标志是以手工制品过渡到使用机械（蒸汽动力），从而带来工厂的发展。第二次工业革命始于 19 世纪末，标志是电的发明，带来大规模生产（流水线）的时代，广泛使用技术（电报、铁路、煤气、自来水），人和信息能前所未有地流动，汽车、冰箱等出现。第三次工业革命出现在 20 世纪 50 年代，由计算机等数字电子技术引发并带来自动化（电视和个人计算机）。当前是第四次工业革命，重点是人工智能、大数据、物联网以及融合了物理、数字和生物界的新兴技术。

研究资料表明，从公元前 1000 年到公元 1800 年，全世界的平均消费水平没有发生什么太大的变化。德国学者申霍夫 1903 年发表的研究报告表明，古罗马帝国人均购买力至少不低于大革命前夕的法国。而英国统计学家克拉克 1940 年甚至指出，英国在 18 世纪初的平均工资水平与工业革命之初的水平并没有太大的变化。全世界的消费水平只是到了 1800 年后才真正开始出现快速的增长，当然这种增长是不均衡的。19 世纪出现了几个技术发展较快的国家，世界生产总值的增长主要来自这几个国家。其他国家，如中国和印度，几乎没有什么发展，

---

① Владимир Путин. Россия: национальный вопрос, http://www.ng.ru/politics/2012-01-23/1_national.html.

反而越来越落后，而这些国家的人口却占到世界总人口的一半以上。也就是说，世界进入了"两极化发展"阶段。工业革命时代两极化发展的结果是出现了几个富国和众多贫穷的农业国。然而通过技术引进，那些贫穷的国家已经有可能赶上先进国家了，而且多数穷国已经抓住了这一机遇。用经济学家的话说，从 20 世纪中叶开始，两极化发展趋势被趋同化现象所取代。从那时起，贫穷国家数量大大减少，大多数国家进入了"中游"行列。不同国家追赶型发展的轨迹有着许多共同点。追赶型发展中国家的人口占世界总人口的 80%，生产总值占世界生产总值的一半以上，其年均经济增加值占全世界增加值的 2/3。①

俄罗斯在历次技术革命中都难以屹立潮头。普京明确指出，经济落后是俄罗斯面临的主要威胁②，而经济落后源于技术落后。在 2017 年 10 月的瓦尔代俱乐部会议上普京就已经明确指出：科技进步、自动化和数字化已经带来深刻的经济、社会、文化和价值观的变迁。以往在评估各国的作用和影响力时，参照的都是地缘政治地位、国土面积、军力和自然资源，如今科技正在成为另一个重要因素，将对政治和安全领域产生突破性乃至决定性的影响。③

第五，后疫情时代的不确定性。

2020 年新冠疫情突如其来。新冠疫情也对普京战略形成了冲击。2020 年是普京执政二十年（包括总理时期）。从 2019 年下半年开始，俄罗斯官方已经开始有意识地宣传普京的执政业绩。卢基扬诺夫认为普京 2020 年的国情咨文具有划时代意义，标志俄罗斯进入集中精力发展国内的新阶段。④ 就像普京本人所言，俄罗斯的国家防御能力已经得到保证，可靠的安全正在构成俄罗斯进步与和平发展的基础，使俄罗斯能够为解决最迫切的国内问题做得更多，集中精力于各地区以人为本的经济和社会发展。也就是说，普京认为，俄罗斯的安全利益已经得到了保障，现在要转向实现俄罗斯的发展利益。如前所述，这与俄罗斯国内形

---

① Михаил Дмитриев, Стратегия для небольшого государства. России нужно найти свое место в Евразии XXI века, Коммерсантъ, №217 от 21. 11. 2006.

② Послание Президента Федеральному Собранию, 1 марта 2018 года, http：//www. kremlin. ru/events/president/news/56957.

③ Заседание Международного дискуссионного клуба 《Валдай》, http：//www. kremlin. ru/events/president/news/55882.

④ Фёдор Лукьянов, Послание-2020 констатирует начало нового этапа, https：//rg. ru/2020/01/15/lukianov-poslanie-2020-konstatiruet-nachalo-novogo-etapa. html.

势的特点息息相关。普京将 2020 年定位为分水岭，作为向 21 世纪第三个十年过渡的重要年份。俄罗斯面临"突破性发展"的历史任务。[①]

借助宣传声浪，普京开年就力推修宪等一系列政治举措。但是，新冠疫情的蔓延让普京始料未及。本来，经济加速只靠国家项目显然是不够的。2013～2018 年，俄罗斯 GDP 年均增长 0.4%，落后于世界 GDP 增速。[②] 普京执政二十年来，前八年得益于市场改革初步成果和石油收入的增长，经济出现复苏。一系列国有集团公司的成立让国家在经济中的作用显著增强。与此同时，对油价和外国资本市场的依赖、企业效能低下、高通胀等问题也使俄罗斯经济系统性问题堆积如山，加重了 2008 年金融危机的影响，最终不得不将管理财富增长的政策转变为应对危机及其后果的政策。因此，即使没有新冠疫情，俄罗斯专家学者对于俄罗斯经济发展总的看法也是：虽然可以克服危机和确保宏观经济稳定，却无力解决更艰巨的任务，最多只能使经济走上发展的轨道。简单地说，俄罗斯经济有稳定无发展。[③]

新冠疫情对普京既定的战略部署形成冲击。新冠疫情前，根据经济发展部的预期，2020 年俄的经济增速将为 1.7%，随后两年为 3.1%～3.2%。[④] 新冠疫情在全球的蔓延让世界经济陷于停滞。世界银行预测，受新冠疫情和油价下跌影响，2020 年俄经济增速将下降为近五年来最低水平。俄罗斯近年来的对外成就依靠的是外交手段、政治经验和军事力量，却受限于薄弱的经济，在某种程度上还受限于人口状况。只要俄罗斯还在这些指标上显著落后，就无法突破发展的瓶颈。[⑤]

① Послание Президента Федеральному Собранию, Владимир Путин обратился с Посланием к Федеральному Собранию. Церемония оглашения прошла в Москве, в Центральном выставочном зале《Манеж》, http：//www. kremlin. ru/events/president/news/62582.

② Анастасия Башкатова, Затяжная стагнация страшнее кризиса – Отечественная экономика рискует потерять свои позиции в мире, 17 ноября 2019 года, http：//www. ng. ru/economics/2019 – 11 – 17/4_7728_ vvp. html.

③ Елизавета Базанова, Почему за 20 лет Россия так и не перешла от стагнации к развитию, 7 октября 2019, https：//www. vedomosti. ru/economics/articles/2019/10/08/813068 – 20 – let – stagnatsii.

④ Роман Маркелов, Климат – контроль – Что поможет разогнать рост российской экономики, 2 ноября 2019 года, https：//rg. ru/2019/11/20/chto – pomozhet – razognat – rost – rossijskoj – ekonomiki. html.

⑤ Фёдор Лукьянов, Послание – 2020 констатирует начало нового этапа, 15 января 2020 года, https：//rg. ru/2020/01/15/lukianov – poslanie – 2020 – konstatiruet – nachalo – novogo – etapa. html.

俄罗斯与世界政治具有强烈的共振性。俄罗斯当前的形势特点与世界形势的主题是共振的。当前世界政治主题是生存，即人的生命与人类的安全。当前全球停摆，这在人类发展史上都是罕见的。在和平年代，世界政治所体现的"生存"主题，以一种非传统安全因素——公共卫生问题体现出来，而不是传统意义上的战争形式，让人唏嘘不已。很多经济学家已经指出：世界正在发生的经济萎缩看起来不像是V形（触底反弹）、U形（缓慢复苏）或者L形（暴跌后陷入萧条），而是I形：金融市场和实体经济的直线下滑。即使在20世纪20年代经济大萧条和二战期间，全世界的基本经济活动也没有像今天这样实际上已经真正停摆。① 只有努力把经济发展和社会领域主要指标维持在一定水平上，才能把衰退加重和出现社会动荡的风险降到最低程度，同时还需要具备一定的稳定性，以抵御一旦事态向消极方向发展而可能产生的外部突变。②

关键在于新冠疫情结束之后俄罗斯会何去何从。目前有一种看法认为，冷战结束以后的这一轮全球化面临终结。这次全球性的疫情将这种各国深度分工、高度相互依赖的全球经济结构的内在脆弱性暴露无遗。美国积极运作，力求借助此次疫情，打破国际供应链，使就业岗位回流美国。美国政界宣传"在全球公共卫生紧急状态下，美国只能依靠自己"。全球化的动力是资本的逐利性和制度规则的一致性。新冠疫情结束之后的全球化如果是全球化2.0，或者说再全球化的话，那么其重点在于重新制定规则，全球化的形式将会有所调整，或许还会加深疫情之前就业已存在的不均衡的平行体系。有经济学家认为，今后以欧美日的市场经济体制为一方，以中国特色社会主义市场经济体制为另一方的经济全球化局面将会日益明显。如果出现这种局面，此前在经济全球化中没有融入世界经济体系之中、原先就处于全球化边缘的俄罗斯会怎样做？这是值得追踪和思考的重大问题。

---

① Игорь Липсиц, Этот кризис может оказаться тяжелее, чем в 90 - е годы, 8 апреля 2020, https：//newizv. ru/article/general/08 - 04 - 2020/igor - lipsits - etot - krizis - mozhet - okazatsya - tyazhelee - chem - v - 90 - e - gody.

② Анатолий Комраков, В российской экономике что - то пошло не так - Почему у Владимира Путина зазвучали нотки недовольства и беспокойства, 26 августа 2019 года, http：//www. ng. ru/economics/2019 - 08 - 26/4_7659_ economics. html.

　　总之，俄罗斯的发展变化与世界政治的历史潮流紧密相关。世界政治影响俄罗斯政治，俄罗斯政治稳定问题的解决也离不开世界政治的大背景。俄罗斯的发展变化就是在世界政治的普遍性与俄罗斯政治的独特性之间动态平衡发展。国际关系学当前出现非西方转向，从全球视角探究俄罗斯的历史发展正当其时，可以说，从知识生产的角度看，研究世界政治中的俄罗斯具有很强的学术价值。

　　俄罗斯与世界政治的关系可以用"互动"与"传导"两个关键词来概括。世界政治的历史潮流影响了俄罗斯发展道路的选择，而作为跨越欧亚大陆的俄罗斯，其国家行为也对世界政治的走向留下深刻印记。在这层互动关系之上，还可以观察到传导效应。世界政治发展到当今阶段，技术革命对传统政治带来重大的冲击，全球化和逆全球化造成的分与合的历史潮流对俄罗斯国内议程和外部环境的传导影响远远强于历史上任何一个时期。

　　俄罗斯从来不是一个孤立的个体，它一直是世界政治的一部分。通过将各个历史时期世界政治的发展轨迹与俄罗斯同一时期政治主题的比较，可以扼要归纳俄罗斯发展的历史进程与基本特点。如果说 21 世纪以前世界政治中的俄罗斯，与外部世界的关系还可以有融入、并立和孤立三个选项，它们相互作用，交错消长，互为影响，那么在世界政治进入新阶段后，世界政治新特点对于俄罗斯政治的传导效应将会更加彰显。

三　俄罗斯发展道路的对外影响

　　内政决定外交。俄罗斯发展道路的变化决定了其外交的基本政策。

　　自普京执政以来，俄罗斯发展的目标就是强国战略。先后在普京前八年出现的"普京计划"和"梅普组合"时期的"新政治战略"，以及在普京新时期特别是 2018 年后提出的"突破性发展"战略，都是俄强国战略在不同时期的具体化。

　　普京一上台就表示：俄罗斯唯一现实的选择是做强国，做强大而自信的国家，做一个不反对国际社会、不反对别的强国，而是与其共存的强国。[①] 强国战

---

① Послание Федеральному Собранию Российской Федерации, 8 июля 2000 г., http://kremlin.ru/events/president/transcripts/21480.

略的含义是指在可预见的未来，俄罗斯应当在世界上真正强大的、经济先进的和有影响力的国家中占有一席之地，俄罗斯的所有决定、所有行动都只服从于这一战略。强国战略的目标是：具有发达公民社会制度和牢固民主的国家，有竞争力的市场经济国家，有精良装备的、机动的武装力量的强国。①

普京强调，俄罗斯为维护世界战略稳定做出了极大贡献，俄罗斯需要一支现代化的强大军队，这支军队应在任何情况下都能确保国家安全和领土完整，必须能应对全球和地区性的冲突。普京还特别指出，与独联体国家进一步发展关系、完善经济互动机制具有特殊意义，因为独联体地区是俄罗斯利益攸关的地区。②

普京认为，要维护俄罗斯的外交利益，必须发展经济，并帮助独联体邻国提高国际威望，使俄罗斯和独联体诸国的改革进程及各项指标保持同步。俄罗斯需要与所有国家在解决国际问题方面进行有效的合作，维护边境地区安全并为解决国内问题创造良好的外部条件。③ 普里马科夫在 1996 年就任俄罗斯外交部部长后就公开批评西方指责俄罗斯在独联体境内用"帝国"方法建立一体化是不客观的。他认为，俄罗斯寻求独联体地区一体化的客观基础是存在的，而且非常坚实。从地域上看，独联体各国世世代代就是一个"统一国家"，而不只是在苏联时期。而且在这期间，人员出现大规模流动，人口状况发生根本变化。在俄罗斯境外有 2600 万俄罗斯族人，那里还生活着数千万讲俄语的人，其中包括许多民族在各国的代表。这些自然会加深对地区一体化的向往。普里马科夫还指出，在经济方面，苏联一体化程度之高，是世界上其他国家难以想象的。密切的经济联系虽被打破，但人们客观上仍然希望重新恢复。不过，在一体化过程中存在一个限制条件，即不能提出重建苏联的任务，这是无法实现的，该提法本身也是没有意义的，这样只会破坏俄罗斯同独联体许多国家的关系，阻碍一体化进程。因此，俄罗斯外交部的主要任务是开展对独联体的工作，要推动一体化进程，鼓励向心趋势，同时保留独联体所有国家

---

① Послание Федеральному Собранию Российской Федерации, 16 мая 2003 г., http：//kremlin. ru/events/president/transcripts/21998.

② Послание Федеральному Собранию Российской Федерации, 10 мая 2006 г., http：//kremlin. ru/events/president/transcripts/23577.

③ Послание Федеральному Собранию Российской Федерации, 25 апреля 2005 г., http：// kremlin. ru/events/president/transcripts/22931.

的主权，并消除可能的冲突。①

可见，俄罗斯强国战略的内涵可分为两个方面：一是要建设发达的经济和强大的武装力量，使俄罗斯重新成为世界强国；二是要维护俄罗斯的地缘政治地位，这首先要求它保持和加强对独联体国家的影响力。后一点是俄罗斯的国家特性决定的，即俄罗斯只有确立对独联体国家的控制权，重新构建俄罗斯的欧亚战略，才能保持欧洲大国和世界大国的传统地位，避免被边缘化。

由这两个方面产生了俄罗斯发展的两个基本任务。一是全力发展经济，这是俄罗斯一切工作的中心。国家创新发展战略是唯一现实的选择。② 2018 年总统大选前普京明确表示：经济落后是俄罗斯最大的威胁。二是保障独联体这个对俄"具有特殊利益的地区"（регионов привилегированных интересов）的稳定③，这同时也是保障俄罗斯的安全利益。俄罗斯希望发展对美关系，但外交政策的重中之重是强化其在独联体地区的影响力。④

俄罗斯对外政策的两点原则由此产生：一是处理好与外部世界关系，为发展经济创造最佳的国际环境；二是开展积极外交，避免在俄罗斯自身力量不足时发生严重损害俄罗斯利益的国际变动。

俄罗斯强国战略的内涵和俄罗斯发展的两个基本任务，以及由此带来的外交政策的两个原则，它们之间是有矛盾的：发展经济要求"收"，即集中精力于国内，减少对外参与和付出；确保独联体的"特殊利益"却要求"放"，只有开展

---

① 1996 年 1 月 5 日，叶利钦解除科济列夫外长职务。这表明俄罗斯倒向西方的外交战略正式结束。科济列夫从 1990 年 10 月担任外长起，一直是俄罗斯大西洋主义外交战略的坚定执行者。随着北约东扩的开启，俄罗斯对外战略逐渐改变。1996 年 1 月 9 日，时任对外情报局局长普里马科夫被任命为外交部部长。普里马科夫上任后，迅速践行维护俄罗斯大国地位和利益的全方位外交战略，这被称为"普里马科夫外交学说"（Внешнеполитическая доктрина Примакова）。1996 年 6 月，普里马科夫在莫斯科国际关系学院学术委员会上阐述了俄罗斯对外政策的主要任务。上述言论即出自此次座谈会。普里马科夫认为，尽管实行全方位外交，但是俄罗斯的外交重点依旧是加强独联体一体化进程。Внешнеполитическая доктрина Примакова, https：//www. referat911. ru/Politologiya/vneshnepoliticheskaya – doktrina – primakova/ 140185 – 2105440 – place1. html.

② Выступление на расширенном заседании Государственного совета 《О стратегии развития России до 2020 года》, 8 февраля 2008 г. , http：//kremlin. ru/events/president/transcripts/ 24825.

③ Тамара Шкель, Пять принципов президента Медведева, Российская газета, 1 сентября 2008 г. .

④ Кирилл Беляянинов, Россию признали сложной, но не самой страшной, Газета "Коммерсантъ", http：// www. kommersant. ru/doc/2145219.

积极外交，才能保持地缘政治地位，应对西方的地缘政治压力和"颜色革命"的挑战。

上述内部特征对中俄美三边关系产生了一般意义上的影响。

在处理俄美关系时，俄罗斯外交陷入了困境：一方面，俄罗斯要想再次崛起，其必须保持对独联体的控制；另一方面，控制独联体的任何努力，都被西方视为"帝国意识"的复活，是对民主制度的背离。俄罗斯与西方的地缘政治矛盾总是以各种方式出现，因此我们常说俄美关系存在结构性矛盾。

在处理中俄关系时，俄罗斯外交相对顺利：一方面，中俄两国面临共同任务，即都需要致力于各自国内发展，寻求与邻国稳定的周边关系；另一方面，双方都面临来自西方对于内政问题的压力。苏联解体后，中俄关系发展得十分顺利。

乌克兰危机导致俄乌关系及俄罗斯与西方关系全面恶化，双方将长期处于软对抗的博弈状态，这对俄罗斯的国际环境和周边安全环境有消极影响，进而对俄罗斯国家形象、国家认同、发展环境、发展动力及政治稳定等方面产生连锁不利影响，俄罗斯实现既定的发展战略目标面临挑战。

上述的最新变化对俄罗斯国际秩序观、国家利益观以及国家认同的认识产生了重要影响。

一是体现在俄罗斯的国际秩序观上。如果说 2007 年普京在慕尼黑安全会议上还只是指责美国的单极霸权和世界政治的单一权力中心，乌克兰危机后，普京已经直接批评美国主导的现有国际秩序。概括起来，有以下几点：第一，从历史看，俄罗斯是冷战结束以后地缘政治博弈的受害者；第二，从现实看，俄罗斯一直以来面临由美国主导的直接或者间接的外部威胁，这种威胁的表现对内是违宪夺权，对外是挤压战略空间；第三，从未来一个时期看，俄罗斯的战略重点在后苏联空间及周边国家。总之，俄罗斯有一种受害者的心态。

二是体现在俄罗斯的国家利益观上，即更加注重安全利益，视其高于发展利益。这对精英选择产生影响。乌克兰危机后俄罗斯内政突出的特点就是强力部门地位的强化和强力人员被重新安置在核心关键岗位。近些年，俄罗斯每年举行地方选举前后，普京都会运用代理行政长官制度替换地方精英，而这些人强力部门背景的色彩明显。

三是俄罗斯的国家认同也从"大欧洲"转向"大欧亚"。

上述最新变化对中俄关系以及中俄美三边关系的影响主要体现在以下三个方面。

第一，未来中俄关系的主要活动空间集中在大欧亚地区。中俄国家利益契合度不断加深的同时，利益的摩擦点也在增多。从中俄务实合作到地方合作这些问题都会有所体现。

俄罗斯战略家并不讳言以"大欧亚"制衡中国的意思，表达了对中国的防范心理，认为"大欧亚"最重要的潜在功能是嵌入与中国发展关系、合作、平衡的网络，以此预防中国变成潜在的"霸主"。[①]对于中国的快速发展俄抱有复杂心态，认为"欧洲世纪结束于1914年，美国世纪结束于我们眼前，中国世纪不会到来——它会遭到各国遏制"[②]。中俄关系的战略互信如何在新的形势下加强是一个重要课题。新时代的中俄关系并行不悖最好，这需要双方有所妥协和相互让步，在区域一体化过程中彼此独立而又同时发展。

第二，在俄美关系长期处于软对抗的博弈状态之际，中美关系竞争激烈。

乌克兰危机以来，俄罗斯内政出现上述变化的同时，国际格局也在出现快速变化。大国力量对比出现变化，国际政治学界出现"世界权力转移"的概念。如果说乌克兰危机是冷战结束后俄罗斯与西方结构性矛盾的总爆发，那么乌克兰危机后，中美矛盾已经上升为美国对外战略中首要关注的问题。

2017年底2018年初美国官方的三份战略文件是美国第一次清晰地将中国定义为"首要战略竞争者"：《美国国家安全战略报告》将中国定性为"战略竞争对手"；《美国国防战略报告》声称美国安全的首要关切不再是恐怖主义，而是大国间的战略竞争，中俄首当其冲；《核态势评估》报告将中国同俄罗斯并列，视为美国核安全的"主要威胁"。美国对华政策已从合作与遏制并举过渡到以全面遏制为主。全面遏制已经成为美国对华的现实政策。在美国看来，中国已经毫无疑问地超越俄罗斯成为美国未来必须全力应对的"主要战略竞争对手"，而且已超越经贸领域和亚太区域，是全方位和全球性的"对手"，核心问题是防止国

---

① Сергей Караганов，От поворота на Восток к Большой Евразии，Международная жизнь，5 номера 2017 года，https：//interaffairs.ru/jauthor/material/1847.

② Тимофей Бордачёв，《Две войны》Запада и Россия，11 июля 2018 года，https：//globalaffairs. ru/number/Dve-voiny-Zapada-i-Rossiya-19666.

际领导权的转移。

第三，中国外交应以我为主。

首先，在中美不断竞争的大背景下，中国发展的根本问题在于中国能否很好地解决国内发展的问题，这是一切对外政策的基础。其次，中国也不应该把未来中俄战略协作的出发点建立在对美斗争上，如前所述的俄政策走向，俄罗斯与中国并行不悖已经是很好的局面。最后，发展因素和历史因素决定了相互尊重发展差异是中俄两国保持关系健康发展的基础。两国从自然禀赋、产业结构、市场规模、发展水平到民族性格、发展历史都存在差异，这种差异性必然会体现在对外交往中，体现在双边关系中。

总之，俄罗斯的国家特征是对内集中管理、对外建立安全缓冲区，实际上反映的是国家性和聚合性。对内集中管理，就是集中优化一切政治资源实现跨越式发展，建立大国和强国，普京时期要实现强国战略，这是俄罗斯国家性的体现。对外建立安全缓冲区，以达到实现国家安全的目的。普京时期要实现欧亚战略，实际上体现了俄罗斯的聚合性特点。国家性和聚合性的结合，促成俄罗斯发展道路的两个基本特点：一是以大国主义、强国思想、国家作用和主权民主为内核的俄罗斯保守主义成为其观念共识；二是以动员型模式实现追赶型发展成为其路径依赖。

俄罗斯的变革有其独一无二的特质，最重要的是其本土特征和那种无所不包的地缘政治变化。苏联原本是世界上两个超级大国之一和两极体制中的一极，苏联解体后，俄罗斯在实施经济和政治变革的时候，其地缘政治也在快速衰退。作为这一变革中必不可少的一部分，俄罗斯试图与外部世界建立一种新的关系，但直至今日，俄罗斯在融入、并立与孤立之间并未找到一种令人满意的平衡。在西方看来，主要挑战是按照西方的模式将俄罗斯纳入新的国际秩序。俄罗斯传统的大国心态，使其较难融入新的国际秩序。当然，主要在于俄罗斯新角色的定位取决于其内部政治秩序的变化，而这个变化过程还远没有结束。国际政治的重大问题都与对俄罗斯国内状况的评估交织在一起。①

一般而言，经济基础决定上层建筑，内政决定外交，这在普遍意义上是对

---

① Richard Sakwa, "New Cold War or Twenty Years' Crisis?: Russia and International Politics", *International Affairs*, Vol. 84, No. 2, 2008.

的。例如，俄罗斯在 20 世纪 90 年代的衰弱不是外部压力造成的，而是新的国家体制不完善、政治阶层不成熟、最高领导层缺乏政治意志造成的。如果从与外部世界关系的角度看，俄罗斯的主要问题之一是其对国家在世界中的地位认识还不明确，对整个世界的认识也还没有到位。1994 年以前，处于重塑俄罗斯与外部世界关系的历史性关键时刻，俄罗斯与外部世界并没有发生对抗。总的来说，当时存在非常有利的外部环境。但是，因为没能制定实现经济增长以及政治复兴的战略，国家无力摆脱持续的经济危机，执行权力机关也软弱无力和腐败。这种危机造成的国内局势动态，反过来影响了其对外政策。①

但是，从另外某种意义上看，外部影响与内部政策又紧密联系、互为影响，而且外部影响有时是决定性的。如果说俄罗斯的经济是政治的"人质"，那么政治有时甚至是对外战略目标的"人质"。在西方国家的视野中，期望俄罗斯彻底放弃现有的在独联体范围的利益要求，变成一个内向型的满足于周边睦邻关系的国家是不可能的。俄罗斯实现复兴的根本目标，如力争成为欧亚国家、坚持走符合俄罗斯本国国情的发展道路、坚守地缘战略底线不动摇等，与美国对俄罗斯的战略目标存在潜在的结构性冲突。这种基于国家特性前提下的结构性矛盾压过了民主化政治发展的需求。只要俄罗斯坚持以在后苏联空间一体化的方式实现崛起就会与西方有本质性的矛盾。可见，社会政治经济制度和价值观的基本相同，也不能消除双方国家利益的相互碰撞，甚至尖锐对立。

俄罗斯可能受到孤立和走向孤立的最大威胁还是来自自身，来自内部。如果不能制定出经济振兴战略，如果以反西方为基础建立动员模式，那么这种孤立只能越来越加深。动员模式短期效果明显，但这种动员不可避免会招致外部世界更强烈的反应，俄罗斯与外部世界的关系将会陷入死结。以反西方为基础对国家发起动员的诱惑力，在俄罗斯政治思想中占有很重要的地位，它部分源自政界人士中那些极端民族主义派别和极"左"的传统派。② 俄罗斯国内的政治力量对比和社会内部根深蒂固的反美情结，会保证普京政府维持政局的基本稳定，但是经济发展陷入困境的教训比 2008 年金融危机爆发时更为深刻，这已经促使普京团队

---

① Российская внешняя политика перед вызовами XXI века.

② Российская внешняя политика перед вызовами XXI века. http：//svop. ru/public/pub2000/1263/.

更深入地思考发展道路问题。未来俄罗斯发展道路的前景值得密切关注。

　　什么是俄罗斯？俄罗斯何以为俄罗斯？这依然是我们未来需要孜孜以求不断探索的本源性问题，而对俄罗斯发展道路的分析和研究是笔者过去十年认识和理解俄罗斯的一个阶段性总结。我们很难将政治学已有的理论套现在对俄罗斯的分析上，也不能用中国人的思维认识俄罗斯，比如发展是中国的硬道理，但安全才是俄罗斯的硬道理。今后我们所能做的依然是要继续加强对俄罗斯思想与文化的研究，培养战略思维；继续加强对俄罗斯观念与制度的研究，培养综合思维；从俄国历史中理解现实俄罗斯，培养历史思维。英国前首相丘吉尔说："俄罗斯是谜中之谜。"① 笔者希望，通过对俄罗斯发展道路的研究能够更好地认识俄罗斯，解读俄罗斯之谜。

---

　　① "It is a Riddle Wrapped in a Mystery inside an Enigma", http：//www. churchill - society - london. org. uk/RusnEnig. html.

参考文献

一 中文著作

1. 季志业、冯玉军：《俄罗斯发展前景与中俄关系走向》，时事出版社，2016。

2. 冷溶、汪作玲：《邓小平年谱：1975～1997》（上），中央文献出版社，2004。

3. 李静杰、郑羽：《俄罗斯与当代世界》，世界知识出版社，1998。

4. 李永全主编《"俄罗斯学"在中国》，社会科学文献出版社，2017。

5. 刘克明、吴仁彰：《从列宁到戈尔巴乔夫：苏联社会主义理论的演变》，东方出版社，1992。

6. 梅孜主编《美俄关系大事实录（1991～2001）》，时事出版社，2004。

7. 秦亚青：《关系与过程：中国国际关系理论的文化构建》，上海人民出版社，2012。

8. 沈志华：《中苏关系史纲：1917～1991年中苏关系若干问题再探讨》（下册），社会科学文献出版社，2016。

9. 王缉思：《世界政治的终极目标》，中信出版集团，2018。

10. 〔美〕徐中约：《中国近代史（1600～2000）：中国的奋斗》，计秋枫、朱庆葆译，茅家琦、钱承旦校，徐中约审订，世界图书出版公司北京公司，2013。

11. 朱寰、马克垚主编《世界史》（古代史编 下卷），高等教育出版社，2011。

12. 〔澳〕约翰·伯顿：《全球冲突——国际危机的国内根源》，马学印、谭朝洁译，中国人民公安大学出版社，1991。

13. 〔俄〕安德烈·齐甘科夫：《俄罗斯与西方：从亚历山大一世到普京》，关贵海、戴惟静译，上海人民出版社，2017。

14. 〔俄〕弗拉迪斯拉夫·祖博克、康斯坦丁·普列沙科夫：《克里姆林宫秘史》，徐芳夫译，世界知识出版社，2001。

15. 〔俄〕盖达尔：《帝国的消亡：当代俄罗斯的教训》，王尊贤译，社会科学文献出版社，2008。

16. 〔俄〕格奥尔基·弗洛罗夫斯基：《俄罗斯宗教哲学之路》，吴安迪、徐凤林、隋淑芬译，张百春校，上海人民出版社，2006。

17. 〔俄〕奇斯佳科夫：《俄罗斯国家与法的历史》（第五版，上卷），徐晓晴译，付子堂审校，法律出版社，2014。

18. 〔俄〕瓦·奥·克柳切夫斯基：《俄国史教程》（第二卷），贾宗谊、张开译，展凡校，商务印书馆，2013。

19. 〔俄〕叶利钦：《总统笔记》，李垂发等译，东方出版社，1995。

20. 〔俄〕伊·伊万诺夫：《俄罗斯新外交》，陈凤翔等译，当代世界出版社，2002。

21. 〔苏〕列夫·托洛茨基：《俄国革命史》（第一卷），丁笃本译，商务印书馆，2018。

22. 〔美〕菲利普·李·拉尔夫、罗伯特·勒纳、斯坦迪什·米查姆、爱德华·伯恩斯：《世界文明史》，赵丰等译，商务印书馆，1998。

23. 〔美〕费正清主编《中国的世界秩序：传统中国的对外关系》，杜继东译，中国社会科学出版社，2010。

24. 〔美〕梁赞诺夫斯基、斯坦伯格：《俄罗斯史》，杨烨等译，上海人民出版社，2007。

25. 〔美〕格雷厄姆·艾利森、菲利普·泽利科：《决策的本质：还原古巴导弹危机的真相》，王伟光、王云萍译，商务印书馆，2015。

26. 〔美〕斯塔夫里阿诺斯：《全球通史：从史前史到21世纪》上册，吴象婴等译，北京大学出版社，2006。

27. 〔英〕克里斯托弗·希尔：《变化中的对外政策政治》，唐小松、陈寒溪译，上海人民出版社，2007。

28. 〔英〕赫伯特·乔治·威尔斯：《世界史纲》，孙丽娟译，北京理工大学出版社，2016。

二　外文著作

1. А. Е. Чирикова, В. Г. Ледяев, Власть в малом российском городе, М.: Изд. дом Высшей школы экономики, 2017.

2. Гофман А. Б. Традиция, солидарность и социологическая теория. Избранные тексты. Москва: Новый Хронограф, 2015.

3. Дмитриев Анатолий Васильевич, Диаспоры и землячества в современной России: факторы воспроизводства традиционных ценностей в инокультурных средах, Федеральный научно – исследовательский социологический центр РАН, г. Москва, 2017.

4. Оганисьян Ю. С., Социализм как первая стадия капитализма. Опыт постсоветской России: Монография. –М.: Современная экономика и право, 2015.

5. Развитие человеческого потенциала как условие и фактор модернизации России и ее регионов: сборник статей Всероссийской научно – практической конференции (Уфа, 19 – 20 ноября 2015 г.) / под ред. Р. М. Валиахметова, Г. Ф. Хилажевой. –Уфа: Гилем, Башк. энцикл., 2015.

6. Результаты радикальных реформ и проблема поддержки принципов и ценностей демократии в России / П. М. Козырева, А. И. Смирнов. – Москва.: Новый Хронограф, 2015. – (Серия 《Российское общество. Современные исследования》).

7. Российская молодежь в динамике десятилетий. Статистические материалы и результаты исследований: ［монография］/［Д. Л. Константиновский, Г. А. Чередниченко и др.］. М.: IS RAS, 2017.

8. Российское общество и вызовы времени. Книга первая / М. К. Горшков ［и др.］; под ред. Горшкова М. К., Петухова В. В.; Институт социологии РАН. – М.: Издательство 《Весь Мир》, 2015.

9. Россия реформирующаяся. Вып. 13: Ежегодник / Отв. ред. М. К. Горшков. – Москва: Новый хронограф, 2015.

10. С. В. Кулешов, Д. А. Аманжолова, О. В. Волобуеви, Национальная политика россии: история и современность. Москва, 1997г..

11. Согласие в общест ве как условие развит ия России. Выпуск 4. Неравенст во в современном общест ве. Полит ические и социальные аспект ы: сборник ст ат ей / Инст ит ут социологии РАН; от в. ред. О. М. Михайленок, В. В. Люблинский. − М.: ИС РАН, 2015.

12. Социальное прост ранст во российских регионов: ［монография］/ ［3. Т. Голенкова］; от в. ред. 3. Т. Голенкова; Инст ит ут социологии РАН. −Москва: ИС РАН, 2017.

13. Социально‐полит ическая т рансформация в современной России: поиск модели уст ойчивого развит ия: сборник ст ат ей / Ин−т Справедливый Мир, Рос. ассоц. полит . науки, Ин−т социологии РАН; ［редкол.: Л. И. Никовская (от в. ред.), В. Н. Шевченко, В. Н. Якимец］. −Москва: Ключ−С, 2015.

14. Тощенко Ж. Т. Фант омы российского общест ва. — М.: Цент р социальн ого прогнозирования и маркет инга, 2015.

15. Федоров Б. Г. Пыт аясь понят ь Россию. Санкт −Пет ербург: Лимбус Пресс, 2000.

16. Экст ремальност ь и экст ремизм в социальных практ иках российской молодёжи / ［В. В. Брюно и др.］; от в. ред. Т. А. Хагуров, М. Е. Позднякова. −М.: ФНИСЦ РАН, Краснодар: Кубанский гос. ун−т , 2017.

17. Baev, Pavel K.; & Bruce Jones, Restoring equilibrium: US policy options for countering and engaging Russia, Foreign Policy at Brookings, 4. Washington DC: Brookings Institution, 2018.

18. Fiona Hill and Clifford G. Gaddy. Mr Putin: Operative In The Kremlin, Brookings Institution Press, 2013.

19. Shaun Walker, The Long Hangover: Putin's New Russia and the Ghosts of the Past, Oxford University Press, 2017.

三 中文论文

1. 李永全、冯玉军、薛福岐等：《夯实理论基础 建立学科规范："俄罗斯政治社会文化"学科建设笔谈》，《俄罗斯学刊》2015 年第 2 期。

2. 何希泉、许涛、李荣、刘桂玲、魏宗雷：《欧亚地区安全合作与趋势》，

《现代国际关系》2002 年第 7 期。

3. 季志业：《俄罗斯的东北亚政策》，《东北亚论坛》2013 年第 1 期。

4. 李凤林：《亲历中苏（俄）边界谈判记：为长斌新著序》，选自姜长斌《中俄国界东段的演变》，中央文献出版社，2007。

5. 李静杰：《俄罗斯关于"文明选择"的争论》，《太平洋学报》1997 年第 2 期。

6. 李静杰：《试析苏联同资本主义世界的对抗》，《俄罗斯中亚东欧研究》2006 年第 1 期。

7. 李静杰：《新世纪的中俄关系》，选自关贵海、栾景河主编《中俄关系的历史与现实（第二辑）》，社会科学文献出版社，2009。

8. 李静杰：《中俄关系 60 年的回顾与思考》，选自《中国对外关系：回顾与思考（1949～2009）》，社会科学文献出版社，2009。

9. 李静杰：《中俄关系七十年》，《俄罗斯东欧中亚研究》2019 年第 4 期。

10. 李静杰：《中俄战略协作和中美俄"三角关系"》，《俄罗斯东欧中亚研究》2014 年第 4 期。

11. 李静杰：《中俄战略协作伙伴关系及其美国因素》，《东欧中亚研究》2000 年第 3 期。

12. 王缉思、唐士其：《三十年来的世界政治变迁：同一性与多样性并存》，《国际政治研究》2010 年第 1 期。

13. 王缉思：《世界政治潮流与美国的历史作用》，选自《世界政治研究》第二辑，中国社会科学出版社，2018。

14. 王缉思：《世界政治进入新阶段》，《中国国际战略评论 2018（上）》，世界知识出版社，2018。

15. 赵华胜：《评俄罗斯转向东方》，《俄罗斯东欧中亚研究》2016 年第 4 期。

16. 郑羽：《俄罗斯的独联体政策：十年间的演变》，《东欧中亚研究》2001 年第 4 期。

17. 郑羽：《俄罗斯与北约：从"和平伙伴计划"到马德里峰会》，《东欧中亚研究》1997 年第 6 期。

18. 朱晓中：《冷战后中东欧国家的对外关系》，《东欧中亚研究》1997 年第 1 期。

19. 朱晓中：《浅析近年来俄罗斯影响中东欧国家的两个重要特点》，《俄罗斯学刊》2017 年第 6 期。

四 外文论文

1. А. Чубарьян, Десятилетие внешней политики россии, Международная жизнь, No. 6/ 2001г..

2. А. Лившиц, Рыночная экономика: путь России, Вопросы Экономики, №2, 1993, с. 43-48.

3. А. Чубарьян, Десятилетие внешней политики россии, Международная жизнь, №. 6, 2001г..

4. Алексей Макаркин, Украинская стратегия россии, http: //www. politcom. ru/17258. html.

5. Аналитический доклад-Выдвижение и регистрация кандидатов на выборах глав регионов, назначенных на 9 сентября 2018 года, https: //www. golosinfo. org/ru/articles/142798.

6. Андрей Кортунов, Почему мир не становится многополярным, 26 июня 2018, https: //globalaffairs. ru/global – processes/Pochemu – mir – ne – stanovitsya – mnogopolyarnym–19635.

7. Андрусенко Л. На чем основан "феномен Путина": Чтобы поддержать рейтинг президента на максимальной высоте, его команде придется начать поиск врагов // Независимая газета, 28 декабря 2001 г..

8. Бег с препятствиями - Каким для России станет наступивший политический год, http: //www. itogi. ru/russia/2014/3/197201. html.

9. Владислав Иноземцев, Как изменится Россия в 2020 году, 26 декабря 2014г, http: //rbcdaily. ru/economy/562949993485667.

10. Глухова А. В. Почему в России так трудно достигается согласия? /Никовская Л. И. Экономика и Политика в Переходном Обществе: Кризис Взаимодействия. М. : Эдиториал УРСС, 2000.

11. Дмитрий Евстафьев, Россия на фоне глобального кризиса: расписание на послезавтра, 《Эксперт 》№44 (1095) 29 октября 2018 года.

12. Доклад《Минченко консалтинг》:《Политбюро 2.0: демонтаж или перезагрузка?》, http://www. minchenko. ru/Doklad% 20Politburo% 202.0 _ 2016% 2007. 11. pdf.

13. Игорь Бунин, Кризис в современной России: социально – политическое измерение, http://www. politcom. ru/7573. html.

14. Игорь Бунин, Образ Путина: до и после крыма. Что дальше? http://www. politcom. ru/17456. html.

15. Игорь Бунин, От《ручного управления》к развитым институтам, http://www. politcom. ru/6462. html.

16. Игорь Зевелев, Реализм вXXI веке – Американо – китайские отношения и выбор России, 23 декабря 2012, https://globalaffairs. ru/number/Realizm – v – XXI–veke–15792.

17. К. М. Андреев, Как жить протестантам после принятия " закона Яровой"? http://szohve. org/novosti/tserkov – i – obshchestvo/1379 – kak – zhit – protestantam –posle –prinyatiya–zakona–yarovoy.

18. К. С. Бенедиктов, Россия и ОБСЕ: реальные и мнимые возможности сотрудничества. //Внешняя политика и безопасность современной России. 1991 – 2002, http://window. edu. ru/resource/984/46984/files/mion–ino–center07. pdf.

19. Никонов В. Чего ждать: Путин в системе политических координат // Независимая Газета, 7 Мая 2000 г..

20. Никонов Вячеслав Алексеевич, Современный мир: новые реальности, Стратегия России№8, Август 2009.

21. Обретение будущего: Стратегия 2012. Конспект. http://www. riocen ter. ru/files/Finding_ of_ the_ Future% 20. Summary. pdf.

22. Понять Россию: самосознание и внешняя политика, Время новостей, 19 июня 2008.

23. Российская внешняя политика перед вызовамиXXI века. http://svop. ru/ public/pub2000/1263/.

24. Российское общество: год в условиях кризиса и санкций, http://www. isras. ru/files/File/Doklad/Ross_ obshchestvo_ god_ v_ usloviyah_ krizisa_ i_ sanktsiy. pdf.

25. Сергей Караганов, 2014: Предварит ельные ит оги. http：//svop. ru/main/13459/.

26. Сергей Караганов, Взаимное гарант ированное сдерживание, 22 февраля 2017 года, http：//www. globalaffairs. ru/pubcol/Vzaimnoe – garantirovannoe – sderzhivanie-18608.

27. Сергей Караганов, От поворот а на Вост ок к Большой Евразии, Международная жизнь, 5 номера 2017 года, https：//interaffairs. ru/jauthor/materi al/1847.

28. Сергей Лузянин, Российско – кит айское взаимодейст вие вXXI веке. Миро вая экономика и международные от ношения, 2005, № 5.

29. Совет по внешней и оборонной полит ике предст авил т езисы 《Стратегия для России: российская внешняя полит ика: конец 2010–х–начало 2020–х годов》, http：//svop. ru/wp-content/uploads/2016/05/т езисы_ 23мая_ sm. pdf.

30. Тат ьяна Ст ановая, Внешнеполит ический вираж, http：//www. politcom. ru/17366. html.

31. Тимофей Бордачёв, 《Две войны》 Запада и Россия, 11 июля 2018 года, https：//globalaffairs. ru/number/Dve–voiny–Zapada–i–Rossiya–19666.

32. Федор Лукьянов, Внут ренняя империя— о России в процессе пересмот ра мирового порядка, Огонёк, №50 от 22. 12. 2014.

33. Alexander Nikitin, "The End of the 'Post – Soviet Space': the Changing Geopolitical Orientations of the Newly Independent States", Chatham House, February 2007, https：//www. chathamhouse. org/sites/files/chathamhouse/public/Research/Russia% 20and% 20Eurasia/bpnis0207. pdf.

34. Anders Aslund, Democracy in Retreat in Russia, FEBRUARY 17, 2005, http：//carnegieendowment. org/2005/02/17/democracy–in–retreat–in–russia/25wg.

35. Andrew C. Kuchins and Clifford G. Gaddy Friday, Putin's Plan: The Future of "Russia Inc." The Washington Quarterly, February 2008.

36. C. Rice, Campaign 2000: Promoting the National Interest, *Foreign Affairs*, January–February, 2000.

37. D. G. Victor and N. M. Victor, Axis of Oil? *Foreign Affairs*, March –

April，2003.

38. Dmitri Trenin，"Pirouettes and Priorities：Distilling a Putin Doctrine"，The National Interest，Winter 2003-2004.

39. Dmitri Trenin，China，Russia and the US-a shifting geopolitical balance，http：//www. publicserviceeurope. com/article/1583/china-russia-and-the-us-a-shifting-geopolitical-balance.

40. Frank L. Klingberg，The Historical Alternation of Moods in American Foreign Policy，http：//www. manatee. k12. fl. us/sites/highschool/southeast/klingberg. pdf.

41. Fred Weir and Scott Peterson，"Russian terrorism prompts power grab"，The Christian Science Monitor，September 14，2004.

42. Gabriel A. Almond，Russell J. Dalton and G. Bingham Powell，Jr，European Politics Today，Longman，1999.

43. Hard Diplomacy and Soft Coercion：Russia's Influence Abroad，London：Royal Institute of International Affairs，2013.

44. Harley Balzer，"Eager dragon，wary bear：Why China and Russia have parted ways"，International Herald Tribune，September 24，2007. http：//www. nytimes. com/2007/09/24/opinion/24iht-edbalzar. 1. 7616634. html?_r=1.

45. Ivan Krastev，Gleb Pavlovsky，The arrival of post-Putin Russia，https：//eng. globalaffairs. ru/book/The-arrival-of-post-Putin-Russia-19399.

46. Kimberly Marten，Putin's Choices：Explaining Russian Foreign Policy and Intervention in Ukraine，The Washington Quarterly，Summer 2015.

47. Lauren Goodrich and Peter Zeihan，The Financial Crisis and the Six Pillars of Russian Strength，http：//www. russianworldforums. com/viewtopic. php?p=192.

48. Leon Aron，"The Putin Doctrine-Russia's Quest to Rebuild the Soviet State"，Foreign Affairs，March 8，2013.

49. Putinism：the ideology. http：//www. lse. ac. uk/ideas/publications/reports/pdf/su13-2-putinism. pdf.

50. R. Pipes，Is Russia Still an Enemy? Foreign affairs，September-October，1997.

51. Richard Sakwa，"New Cold War or Twenty Years' Crisis?：Russia and International Politics"，International Affairs，Vol. 84，No. 2（2008）.

52. Richard Weitz, Russia Wants to Remake Globalization in Its Own Image, November 24th, 2016, https：//www. hudson. org/research/13192 – russia – wants – to–remake–globalization–in–its–own–image.

53. Robert Kagan, The End of the End of History：Why the twenty–first century will look like the nineteenth, The new republic, 23 April, 2008.

54. Russia Redefines Itself and Its Relations with the West, Washington Quarterly, March, 2007, http：//carnegieendowment. org/publications/index. cfm？fa = print&id = 19111.

55. Samuel P. Huntington, The Erosion of American National Interests, Foreign Affairs, September/October 1997.

56. Sarah E. Mendelson, Generation Putin–What to expect From Russia's Future Leaders, Foreign Affairs, January/February 2015.

57. Sherman W. Garnett, Russia's Illusory Ambitions, Foreign Affairs, March/April 1997.

58. Zalmay Khalilzad, "Losing the moment？The United States and the world after the Cold War". The Washington Quarterly, Spring 1995.

图书在版编目（CIP）数据

俄罗斯的发展道路：国内政治与国际社会／庞大鹏
著 . -- 北京：社会科学文献出版社，2020.10（2022.3 重印）
ISBN 978-7-5201-7254-7

Ⅰ.①俄… Ⅱ.①庞… Ⅲ.①政治-研究-俄罗斯
Ⅳ.①D751.2

中国版本图书馆 CIP 数据核字（2020）第 181469 号

俄罗斯的发展道路
——国内政治与国际社会

著　　者／庞大鹏

出 版 人／王利民
责任编辑／张苏琴　仇　扬
责任印制／王京美

出　　版／社会科学文献出版社·当代世界出版分社（010）59367004
　　　　　　地址：北京市北三环中路甲 29 号院华龙大厦　邮编：100029
　　　　　　网址：www.ssap.com.cn
发　　行／社会科学文献出版社（010）59367028
印　　装／三河市东方印刷有限公司

规　　格／开 本：787mm×1092mm　1/16
　　　　　　印 张：22　字 数：381 千字
版　　次／2020 年 10 月第 1 版　2022 年 3 月第 2 次印刷
书　　号／ISBN 978-7-5201-7254-7
定　　价／98.00 元

读者服务电话：4008918866